U0617803

权威·前沿·原创

皮书系列为
"十二五""十三五""十四五"时期国家重点出版物出版专项规划项目

BLUE BOOK

智库成果出版与传播平台

化妆品产业蓝皮书

BLUE BOOK OF COSMETICS INDUSTRY

中国化妆品产业研究报告
（2024）

ANNUAL REPORT ON COSMETICS INDUSTRY

IN CHINA (2024)

主　编／杜志云

社会科学文献出版社
SOCIAL SCIENCES ACADEMIC PRESS（CHINA）

图书在版编目（CIP）数据

中国化妆品产业研究报告 . 2024 / 杜志云主编 .
北京：社会科学文献出版社，2024.11. --（化妆品产
业蓝皮书）. -- ISBN 978-7-5228-4687-3

Ⅰ. F426. 7

中国国家版本馆 CIP 数据核字第 20248WU898 号

化妆品产业蓝皮书

中国化妆品产业研究报告（2024）

主　　编 / 杜志云

出 版 人 / 冀祥德
组稿编辑 / 路　红
责任编辑 / 丁阿丽　张炜丽
责任印制 / 王京美

出　　版 / 社会科学文献出版社·皮书分社（010）59367127
　　　　　　地址：北京市北三环中路甲 29 号院华龙大厦　邮编：100029
　　　　　　网址：www. ssap. com. cn
发　　行 / 社会科学文献出版社（010）59367028
印　　装 / 天津千鹤文化传播有限公司

规　　格 / 开　本：787mm×1092mm　1/16
　　　　　　印　张：24　字　数：360 千字
版　　次 / 2024 年 11 月第 1 版　2024 年 11 月第 1 次印刷
书　　号 / ISBN 978-7-5228-4687-3
定　　价 / 168. 00 元

读者服务电话：4008918866

支持单位

（按笔画排序）

上海博烁实业有限公司
山东花物堂生物科技有限公司
广东华润顺峰药业有限公司
广东伊丽汇美容科技有限公司
广东金穗知识产权代理事务所
广东省科学院微生物研究所
广东爱碧生生物科技有限公司
广东康容实业有限公司
广东雅姿精化有限公司
广州凡岛网络科技有限公司
广州艾卓生物科技股份有限公司
广州华淼生物科技研究院有限公司
广州玮弘祺生物科技有限公司
广州梦尔达科技有限公司
广州臻颜化妆品有限公司
优微（珠海）生物科技有限公司
完美（中国）有限公司
杭州花凝香生物科技有限公司

态创生物科技（广州）有限公司

挪亚检测认证集团有限公司

前研化妆品科技（上海）有限公司

珠海贝美生物科技有限公司

诺斯贝尔化妆品股份有限公司

清远市望莎生物科技有限公司

深圳杉海创新技术有限公司

澳宝化妆品（惠州）有限公司

薇美姿实业（广东）股份有限公司

主要编撰者简介

杜志云 博士，俄罗斯自然科学院外籍院士，广东工业大学生物医药学院教授、博士生导师，中国科学院新疆理化技术研究所客座教授、博士生导师，广东省"千百十工程"省级人才。广东省化妆品学会理事长，广东工业大学天然药物与绿色化学研究所所长，广州市白云区广工大化妆品研究院院长（校地合建），广东省药食两用资源综合利用工程技术中心主任，中法细胞衰老与免疫科学研究院院长，中国药学会制药工程专委会委员，中国民族医药学会方药量效分会副会长，广东省毒理学会常务理事，广东省药学会制药工程专委会副主任委员，广东省药学会药物化学专委会副主任委员，广东省中医药学会网络药理学专委会副主任委员，JDSCT 期刊主编。主要从事天然药物与中药现代化、分子药理与药食同源、精准健康与产业转化研究。重点开展新药创制、医学转化、功能食品及功能化妆品研发。近年来，主持国家级项目 4 项，省部级项目 15 项，企业横向合作项目 50 余项。发表高水平论文 278 篇，SCI 论文 159 篇，被引用次数近 7000 次，h 因子 47；参编著作 8 本；授权发明专利 60 项。获教育部国家级教学成果特等奖、二等奖，广东省科学技术进步二等奖，中国产学研合作创新与促进奖一等奖，广东省教育厅教学成果一等奖等多个奖项。

摘　要

当前，外部环境愈加复杂、严峻且充满不确定性，同时国内产业结构调整也在不断深化，这些都给化妆品产业的发展带来了新的挑战。然而，宏观政策的积极效应仍在持续释放，新质生产力也在加速发展，这些因素则给化妆品产业的发展带来了新的支撑。总体来看，中国化妆品产业依然展现出积极的增长态势和创新潜力。

现阶段，国内化妆品上下游企业正处于以科技创新为引领，推动产业高质量发展的转型过程。需要在科技力、产品力、持久力、国际力、传播力、文化力等方面夯实基础，抓住机遇，调动政、产、学、研、医、用、媒、资的力量，以提升美妆科技创新能力为核心，多方共同打造协同创新平台，推动美妆科技与全产业链配套设施的有效对接，打造更多具有国际影响力的中国制造品牌，推动产业向高端化、智能化和绿色化转型，共同迎接中国化妆品新时代的到来。

本书分为政策与监管篇、产业篇、专题篇、技术创新篇、比较与借鉴篇。政策与监管篇聚焦国际标准化组织（ISO）、欧盟、美国、法国、韩国的化妆品标准，对比研究了我国化妆品国家标准、行业标准、团体标准的发展现状，并提出加强标准化领域的合作创新、推广应用、国际合作与交流等建议。报告对新规实施以来化妆品法规的发展现状和政策体系、化妆品安全评估、功效测评技术应用与监管等进行梳理，并有针对性地提出了相应的策略和建议。产业篇针对化妆品主要品类，重点梳理了护肤产业、彩妆产业、洗护发产业、身体护理产业的发展历程、现状以及未来的机遇与挑战。专题

篇以化妆品特色细分领域为出发点，分析化妆品原料、包装、专利等领域的发展现状及未来趋势。技术创新篇分析了化妆品生产中重要的关键技术与新技术的基本特性及在化妆品中的应用情况。比较与借鉴篇详细介绍了欧盟化妆品法规政策与发展状况及对我国化妆品产业发展的启示。

在化妆品高质量发展的新时代，广东省化妆品学会聚集行业专家智慧，对化妆品产业发展状况进行持续研究，以新质生产力赋予化妆品产业发展新动能，为政府监管部门、企业、美业投资者等提供参考。

关键词： 化妆品产业　新质生产力　科技创新

目 录 ⤵

Ⅰ 政策与监管篇

Ⅱ 产业篇

Ⅲ 专题篇

Ⅳ 技术创新篇

Ⅴ 比较与借鉴篇

皮书数据库阅读**使用指南**

政策与监管篇 ⟪⟫

B.1
化妆品标准发展报告

王世川*

摘　要：　化妆品标准是化妆品行业规范有序发展的重要技术保障。本报告以化妆品出口贸易为依据，重点聚焦国际标准化组织（ISO）、欧盟、美国、法国、韩国的化妆品标准，从标准化对象、标准效力以及标准管理机制和制定主体等方面归纳了这些国家、地区和组织的发展现状，为我国化妆品发展提供借鉴。随后分别研究了我国化妆品国家标准、行业标准、团体标准的发展现状，总结了化妆品标准呈现出规范对象较为集中，标准制定机制和主体多样，技术机构是标准制定主力以及我国政府、行业、企业对化妆品团体标准的重视程度越来越高的特点，针对当前化妆品国家标准体系仍需进一步完善、相关标准的标龄普遍较长、团体标准发展不平衡、标准交叉重复等问题，提出了化妆品标准化工作需要加强顶层设计和系统规划、加大化妆品标准的制修订力度、加强标准化领

---

* 王世川（国家市场监督管理总局国家标准技术审评中心）。

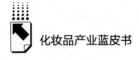

域的合作创新、加强化妆品标准的推广应用、加强化妆品标准国际合作与交流等建议。

关键词： 化妆品 国家标准 行业标准 团体标准

标准是经济活动和社会发展的重要技术支撑，对于提升产品质量、促进产业升级、增强市场竞争力等具有重要作用。《国家标准化发展纲要》提出要不断提升消费品标准和质量水平，加快构建推动高质量发展的标准体系。《"十四五"国家药品安全及促进高质量发展规划》提出要完善化妆品标准技术支撑体系，健全标准制修订工作机制。化妆品产业的高质量发展离不开标准体系的制定，标准体系的制定有助于推动化妆品产业更好地参与国际竞争、服务国家发展、支撑行业布局、打造团体合力、凸显地方优势、树立企业品牌。

一　全球视野下化妆品标准体系发展现状

国际标准化组织（ISO）是最大的国际标准组织，其制定的化妆品国际标准在全球的影响力首屈一指。我国化妆品近年来的主要出口目的地集中在欧盟、美国、法国、韩国等国家、地区和组织，① 其发布实施的化妆品标准也影响着我国化妆品产业的发展。

（一）ISO 化妆品标准发展现状

ISO 在 1998 年成立了 ISO/TC 217 化妆品国际标准化技术委员会，该委员会主要负责化妆品领域国际标准的制定。目前，ISO/TC 217 化妆品国际标准化技术委员会已发布 49 项国际标准，正在制定 3 项国际标准。其发布

① 海关总署官网，http://www.customs.gov.cn/。

的国际标准主要涉及微生物学检测方法、实践指南、包装和标签要求、化学元素检测、精油产品等方面。[①]

（二）欧盟化妆品标准发展现状

欧盟标准化工作由欧洲标准化委员会（CEN）负责。CEN 成立了 CEN/TC 392 化妆品欧洲标准化技术委员会，该委员会主要负责化妆品领域欧盟标准的制定。目前，CEN/TC 392 化妆品欧洲标准化技术委员会已发布了 40 项国际标准，这些标准基本上等同采用 ISO 国际标准，因此在标准规范对象方面基本跟 ISO 保持一致。[②]

（三）美国化妆品标准发展现状

美国化妆品标准的制定主要由私营机构承担，相关标准制定的组织主要有美国材料与试验协会（ASTM）、美国保险商实验室（UL）、美国药典委员会（USP）等。此外，还有政府认可的第三方认证或检测组织，以及美国个人护理产品协会（PCPC）、美国化妆品原料评价委员会（CIR）等行业组织。其制定的化妆品标准主要涉及化妆品术语、标签、成分、包装等方面。[③]

（四）法国化妆品标准发展现状

法国化妆品标准的制定是以市场和企业的需求为主导，主要有三种方式。一是由法国标准化协会（AFNOR）组织制定；二是同一类化妆品企业共同发起，向 AFNOR 申报标准立项；三是同一类化妆品企业共同制定规范或手册，由 AFNOR 认可。目前，AFNOR 主要有 25 项化妆品相关国家标准，主要涉及分析方法、实验方法、生产实践指南、检验检测、产品要求、术语等方面。[④]

---

① ISO 官网，https://www.iso.org/committee/54974.html。
② CEN 官网，https://cennow.com/。
③ 姚海成、周伟、洪浪：《美国化妆品法规概述》，《日用化学品科学》2022 年第 6 期，第 8~12 页。
④ 国家标准馆，https://www.nssi.org.cn/nssi/front/index.jsp。

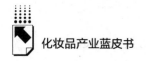

（五）韩国化妆品标准发展现状

韩国标准化机构按照组织性质分为政府机构和公共机构。政府机构包括韩国产业通商资源部（MOTIE）、韩国技术标准署（KATS）及工业标准审议会（ISC）。公共机构包括韩国标准协会（KSA）、韩国化妆品协会（KCA）等专业标准化组织。韩国的国家标准体系包括国家标准和团体标准两个层级，均为自愿性标准。韩国的化妆品标准是参考美国、日本及欧洲的标准而制定。[①] 目前，韩国化妆品标准均采用 ISO 标准，因此在标准类型方面基本跟 ISO 保持一致。[②]

通过比对分析国内、国外化妆品标准制定情况可以发现：一是标准化对象较为集中，方法类标准居多；二是 ISO 以及欧盟制定的标准具有较强的全球影响力，其制定的标准被其他国家或地区广泛采用；三是标准管理机制和主体多样，政府主导与市场主体主导制定标准并存；四是国际化妆品标准的制定模式与管理机制可供我国借鉴。

二　中国化妆品国家标准发展现状

（一）标准概况

目前，我国化妆品国家标准共有 241 项，包括已发布的国家标准 172 项（其中 9 项已作废，163 项现行有效）和国家标准计划项目 69 项（其中正在起草的 15 项，已终止研制或暂缓研制的有 54 项）（见表 1）。[③]

① 申利珍：《韩国化妆品生产与市场概况——访韩国化妆品工业协会会长俞相玉》，《中国化妆品》2000 年第 8 期，第 58~59 页。
② 国家标准馆，https://www.nssi.org.cn/nssi/front/index.jsp。
③ 全国标准信息公共服务平台。

（二）数据分析

从标准效力来看，这些标准中有 3 项现行有效的强制性国家标准和 4 项正在制定的强制性国家标准，其余现行有效和正在制定的均为推荐性国家标准。从标准规范的对象来看，这些标准主要涉及检测/诊断方法、原料、包装、标签、评价、符号/语言、限值、管理等。另外，这些标准主要由全国香料香精化妆品标准化技术委员会、全国质量监管重点产品检验方法标准化技术委员会、工业和信息化部、全国包装标准化技术委员会、国家认证认可监督管理委员会、国家药品监督管理局、国家卫生健康委员会、中国轻工业联合会组织制定，具体情况如表 1 所示。

表 1　化妆品国家标准数据统计

单位：项

序号	归口单位	国家标准计划		已发布的国家标准	
		正在起草	已终止或暂缓	发布	作废
1	全国香料香精化妆品标准化技术委员会	9	15	130	7
2	全国质量监管重点产品检验方法标准化技术委员会	—	—	16	1
3	工业和信息化部	—	—	3	1
4	全国包装标准化技术委员会	—	1	1	
5	国家认证认可监督管理委员会	—	—	2	
6	国家药品监督管理局	6	1	4	
7	国家卫生健康委员会	—	36	7	—
8	中国轻工业联合会	—	1	—	
合计		15	54	163	9
		69		172	

资料来源：全国标准信息公共服务平台。

基于表 1 的数据统计可以发现：一是专业技术机构是制定化妆品国家标准的主力，政府主导标准制定工作逐步弱化；二是标准制定工作以产业发展

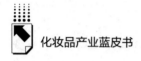

需求为导向，不合时宜的标准及时予以废止或终止；三是行业组织在化妆品国家标准制定中作用缺失，需调动其积极性与主动性；四是普遍存在化妆品国家标准标龄过长的问题，需及时进行复审。

三 中国化妆品行业标准发展现状

根据《中华人民共和国标准化法》的有关规定，行业标准是指对没有国家标准而又需要在全国某个行业范围内统一的技术要求所制定的标准。行业标准不得与有关国家标准相抵触。有关行业标准之间应保持协调、统一，不得重复。行业标准在相应的国家标准实施后，即行废止。行业标准由行业标准归口单位统一管理。

（一）标准概况

目前，化妆品行业标准总计有 180 项，具体分布在 7 个行业，主要包括化工行业、轻工行业、能源行业、国内贸易行业、出入境检验检疫行业、机械行业以及新闻出版行业。这些标准现行有效的有 162 项，废止的有 18 项（见表 2）。①

（二）数据分析

从标准分布上看，出入境检验检疫行业化妆品标准数量最多，有 128 项（包括 114 项现行有效标准和 14 项废止标准），机械行业化妆品标准数量最少，只有 1 项。从标准效力来看，这些标准均为推荐性标准。从涉及的标准类型来看，这些标准主要有检验/测定方法、设施设备、原料、管理等类型。从标准的制定主体来看，虽然涉及的部门较多，但是海关和认证部门更重视用标准来规范管理。另外，标准化技术机构制定的标准居多，在化妆品行业标准制定工作中发挥着重要的作用，具体情况如表 2 所示。

---

① 全国标准信息公共服务平台。

表 2　化妆品行业标准数据统计

单位：项

序号	行业	标准数量		相关部门/机构
		现行有效	废止	
1	化工	5	0	全国涂料和颜料标准化技术委员会；全国化学标准化技术委员会无机化工分技术委员会
2	轻工	38	2	全国香料香精化妆品标准化技术委员会
3	能源	2	0	全国石油产品和润滑剂标准化技术委员会
4	国内贸易	0	2	商务部
5	出入境检验检疫	114	14	海关总署；国家认证认可监督管理委员会
6	机械	1	0	工业和信息化部
7	新闻出版	2	0	全国印刷标准化技术委员会
合计		162	18	
		180		

资料来源：全国标准信息公共服务平台。

　　基于表 2 的数据统计，可以发现：一是化妆品行业标准涉及的领域较为丰富，标准发挥的作用十分重要；二是化妆品行业标准的废止率远低于国家标准，标准具有较高的质量和水平；三是更多的技术委员会参与行业标准的制定工作，为标准的推广与应用提供了重要保障；四是行业主管部门更多从各自的业务职责和管理需求出发制定相关行业标准，标准成为行业管理的重要抓手。

四　中国化妆品团体标准发展现状

　　团体标准是由团体按照团体确立的标准制定程序自主制定和发布，并由社会自愿采用的标准。这里的团体是指具有法人资格，且具备相应专业技术能力、标准化工作能力和组织管理能力的学会、协会、商会、联合会和产业技术联盟等社会团体。根据《深化标准化工作改革方案》，团体标准是市场自主制定的标准，增加标准有效供给的同时，更侧重于提高竞争力。

（一）标准概况

当前化妆品团体标准蓬勃发展，可谓是百花齐放、百"团"争艳。据统计，制定团体标准的主体既有国家级团体也有省级团体，另外地市级和区县级的团体也积极组织制定团体标准并对外公示。在全国团体标准信息平台上，有362项与化妆品相关的团体标准，其中有20个行业的国家级团体公示了69项团体标准，来自19个省份的47个团体公示了245项团体标准，来自6个省份的14个地市级团体公示了19项团体标准，来自6个省份的8个区县级团体公示了29项团体标准，具体情况见表3。

表3　化妆品团体标准分布情况统计表

序号	团体		团体数量（个）	团体标准数量（项）
	团体级别	行业/地域分布		
1	国家级团体	20个行业	20	69
2	省级团体	19个省份	46	245
3	地市级团体	14个地市	14	19
4	区县级团体	8个区县	8	29

资料来源：全国团体标准信息平台。

（二）数据分析

在国家级团体中，中国香料香精化妆品工业协会公示了22项化妆品团体标准，位居首位，占32%。全国城市工业品贸易中心联合会公示了10项化妆品团体标准，位居次席，其余国家级团体公示的团体标准数量均为个位数，具体情况如图1所示。

在省级团体中，广东省有10个团体公示了化妆品团体标准，团体标准数量领先于其他省份。山东省和上海市各有6个团体公示了化妆品团体标准，此外浙江省也有5个团体公示了化妆品团体标准。公示化妆品团体标准的省级团体具体情况如图2所示。

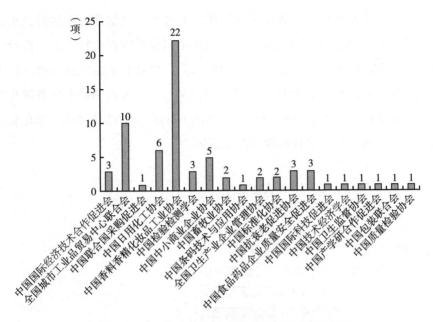

图1 国家级团体公示化妆品团体标准数据统计情况

资料来源：全国团体标准信息平台。

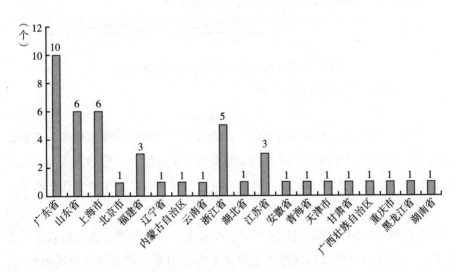

图2 省级团体公示化妆品团体数据统计情况

资料来源：全国团体标准信息平台。

比较团体公示的标准数量可以发现，上海日用化学品行业协会公示了
43 项化妆品团体标准，数量最多，其次是中国香精香料化妆品工业协会和
浙江省健康产品化妆品行业协会，分别公示了 22 项化妆品团体标准。广东
省化妆品学会公示了 21 项团体标准，紧随其后。另外广州开发区黄埔化妆
品产业协会作为区县级团体公示了 11 项团体标准。有 11 个团体公示化妆品
团体标准排名前 10，具体情况如图 3 所示。

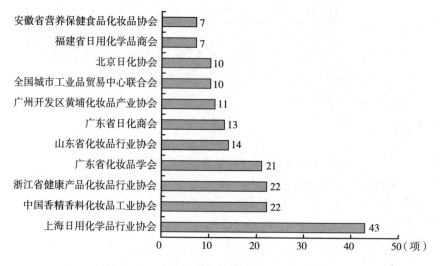

图 3　公示化妆品团体标准前 10 的团体情况

资料来源：全国团体标准信息平台。

此外，已公示的化妆品团体标准，既包括产品标准、技术标准，也囊括
了服务标准和管理标准，标准化对象既涉及化妆品原料、检测方法等，又涉
及化妆品的原料、容器、包装、检测方法、试验、评价、生产实践指南等。

通过对已公示的化妆品团体标准进行分析可以发现：一是社会团体参与
化妆品团体标准制定的积极性非常高，标准制定主体涵盖了各层级以及主要
省份；二是化妆品团体标准存在发展不平衡的现象，更多集中在沿海地区；
三是化妆品团体标准分布不均衡，广东省领先于国内其他省份；四是化妆品
团体标准还存在交叉重复的现象，影响行业规范有序发展。

五　化妆品标准化工作问题和未来发展展望

（一）现状总结

通过梳理国内外、各层级化妆品标准发展现状，可以发现以下特征。

第一，化妆品标准规范对象较为集中。规范对象主要涉及分析方法、实验方法、生产实践指南、检验检测、产品要求、术语等，这是市场需求在其中起到了重要的导向作用，同时也揭示出化妆品标准缺少体系性规划。

第二，标准制定机制和主体多样。美国化妆品标准的制定主体分散于各相关行业协会。法国、韩国则是国家标准化管理机构在其中扮演主要角色，组织行业协会、企业等利益相关方制定化妆品标准，因此国内外在合作制定化妆品标准时应当根据不同的对象制定不同的策略。

第三，技术机构是制定化妆品国家标准的主力。国外的行业组织、第三方机构，国内的标准化技术委员会是制定化妆品标准的主力。这些机构从第三方的角度来制定标准，既能保障标准的科学、公平、合理，又能及时地对市场、企业的标准需求做出回应。

第四，我国政府、行业、企业对化妆品团体标准的重视程度越来越高。我国社会团体参与化妆品团体标准制定的积极性非常高。国家级、省级、地市级以及区县级的相关团体均组织制定并公示了相关化妆品团体标准，有效保障了化妆品行业标准的供给。

（二）问题梳理

当然，当前的化妆品标准化工作还存在一定的问题，主要包括以下方面。

第一，当前化妆品标准体系仍需进一步完善。当前发布实施的化妆品标准尚未覆盖整个化妆品产业。从全生命周期理论看化妆品产业，其涉及研发、设计、生产、运输、销售、售后、回收、召回等多个环节，并且每个环

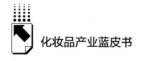

节均需要标准予以规范，因此除当前发布实施的标准外，化妆品标准在类型、覆盖面等方面仍有很大的缺口。

第二，化妆品标准的标龄普遍较长。以国家标准为例，70%以上的国家标准标龄超过 5 年。根据《中华人民共和国标准化法》的有关规定，国家标准应当每隔 5 年进行一次复审，经过复审对不适应经济社会发展需要和技术进步的应当及时进行修订或者废止。

第三，化妆品团体标准存在发展不平衡的现象。在四个层级的团体中，省级团体制定并公示的化妆品团体标准数量最多，是国家级团体制定并公示团体标准的 3 倍多。从社会影响力来看，国家级团体的社会影响力远高于其他团体，因此，需要国家级团体在化妆品团体标准化工作中发挥更大的作用。

第四，化妆品标准还存在交叉重复的现象。不论是原料还是检测方法等，均存在多个标准。以山茶籽油团体标准为例，中国联合国采购促进会、全国城市工业品贸易中心联合会、福建省日用化学品商会、上海日用化学品行业协会均制定并公示了相关团体标准，这既造成标准化资源的浪费也降低团体标准的效能，甚至影响到产业的健康有序发展。

（三）发展建议

我国化妆品标准化工作已经拥有了良好的发展基础。作为全世界最大的新兴市场，中国的化妆品产业蕴藏了更多的新质生产力。因此，要充分发挥标准支撑和化妆品产业新质生产力加速形成的推动力和支撑力作用，应当重点关注以下工作。

第一，加强顶层设计和系统规划。相关部门应建立、完善化妆品标准体系和发展规划，以建立多层次、多元化、高水平、高质量的化妆品标准体系为目标，加强前瞻性、全局性、系统性设计，促进产业链上、下游标准的有效衔接，把握标准化发展内在规律，以新思路、新举措推动化妆品标准化工作全面提高水平。

第二，加大化妆品标准的制修订力度。提高化妆品标准制修订工作效率和频率，对侧重安全标准和检验标准等影响人体健康的关键方面进行整理与完善，交叉部分进行合并，缺失标准进行补足，积极应对化妆品产业的高速发展和新产品类型的出现，不断满足现阶段化妆品产业高速发展对高质量标准体系的持续需求。

第三，加强标准化领域的合作创新。相关部门、技术机构、各层级行业组织和社会团体应加强互动，保障标准制定的公平性、透明性、可操作性和覆盖率，保证标准中技术指标的先进性、标准的可操作性，提升标准供给水平，实现产业链、创新链与标准链的协同融合，促进技术、产品、标准同步，引领产业共同发展。

第四，加强化妆品标准的推广应用。全方位、多渠道、多维度宣传化妆品标准，积极扩大各层级标准在产业中的应用。同时，建立化妆品标准实施信息反馈、实施效果评价机制。树立标准实施效果良好且符合产业发展趋势的典型，并推动标准向更高层级转化。

第五，加强化妆品标准国际合作与交流。积极开展化妆品国际先进标准跟踪研究，加强与国外相关组织的合作交流，推荐有能力的个人承担 ISO 相关技术委员会秘书处、工作组召集人或担任相关领导职务。加快化妆品标准外文版翻译出版工作，推进中国化妆品标准和国际标准体系兼容，积极转化采用国际标准，提升我国标准与国际标准一致性程度。

B.2
化妆品安全与功效测评技术应用
与监管研究

摘　要：　近年来，随着《化妆品监督管理条例》的颁布与实施，中国化妆品监管进入新的发展阶段。本报告首先综述了中美欧日韩化妆品原料的监管要求以及原料安全评估内容，发现各国监管模式虽各有特点但均采用风险管理的原则，既强调政府监管的重要性，也强调化妆品企业的责任，中国目前逐步向国际接轨，不断引入国际化妆品成分安全评估的新理念、新方法和新工具。其次，本报告研究了中国对化妆品宣称的管理。化妆品宣称是对产品的描述性说明，其形式多种多样，涉及产品的功能、成分、特征等。对化妆品的宣称进行分类，化妆品宣称包括安全相关宣称、客观功效宣称、主观功效宣称、文化宣称、原料组分宣称等。本报告还简述了相关法规，为企业和读者介绍一些常见的功效检测方法。

关键词：　化妆品原料监管　安全评估　化妆品功效法规　功效评价

一　化妆品原料毒理及安全性评价[①]

（一）中国化妆品原料监管要求

1. 中国化妆品原料监管概述

1989 年，《化妆品卫生监督条例》首次提出使用化妆品新原料生产化妆品，必须经国务院卫生行政部门批准。化妆品新原料是指在国内首次使用于

---

① 本部分执笔人：陈方（深圳青澜生物技术有限公司）；胡艳东、郑慧奇（深圳瑞德林生物技术有限公司）；陆智［无限极（中国）有限公司］；李锦聪［绿翊（广州）技术服务有限公司］。

化妆品的天然或人工原料。2011 年 7 月起实施的《化妆品新原料申报与审评指南》规定了化妆品新原料的定义、安全性要求、申报资料要求、审评原则。2011 年发布的《关于进一步规范化妆品新原料行政许可有关事项的通知》对毒理学试验开展前的数据要求以及毒理学试验报告要求等内容进行了阐述。

2015 年，国家食品药品监督管理总局发布《已使用化妆品原料名称目录（2015 版）》，对 2014 年 6 月 30 日发布的《已使用化妆品原料名称目录》进行调整更新，形成了《已使用化妆品原料名称目录（2015 版）》，收录了 8783 个化妆品原料，并作为判断是否属于化妆品新原料的依据。同年，国家食品药品监督管理总局发布的《化妆品安全技术规范（2015 年版）》（以下简称《规范》）对化妆品禁用组分、禁用植（动）物组分、限用组分、准用防腐剂、准用防晒剂、准用着色剂、准用染发剂进行了规定。

2020 年，我国颁布《化妆品监督管理条例》[1]，替代《化妆品卫生监督条例》（1989 年），将化妆品原料分为新原料和已使用的原料。国家对风险程度较高的化妆品新原料实行注册管理，对其他化妆品新原料实行备案管理。根据《化妆品监督管理条例》第十一条，在我国境内首次使用于化妆品的天然或者人工原料为化妆品新原料。具有防腐、防晒、着色、染发、祛斑美白功能的化妆品新原料，经国务院药品监督管理部门注册后方可使用；其他化妆品新原料应当在使用前向国务院药品监督管理部门备案。国务院药品监督管理部门可以根据科学研究的发展，调整实行注册管理的化妆品新原料的范围，经国务院批准后实施。为更好地落实《化妆品监督管理条例》的相关要求，2021 年国家药监局发布《已使用化妆品原料目录（2021 年版）》[2]，收录 8972 个化妆品原料，并发布了《化妆品新原料注册备案资料管理规定》（以下简称《规定》），对化妆品新原料注册备案资料要求进行规定。

---

[1] 《化妆品监督管理条例（中华人民共和国国务院令第 727 号）》，2020 年 6 月 16 日，https：//www. nmpa. gov. cn/xxgk/fgwj/flxzhfg/20200629190501801. html。

[2] 《国家药监局关于发布〈已使用化妆品原料目录（2021 年版）〉的公告（2021 年第 62 号）》，国家药监局，2021 年 4 月 27 日，https：//www. nmpa. gov. cn/xxgk/ggtg/hzhpggtg/jmhzhptg/20210430162707173. html。

2. 化妆品新原料安全评估概述

原料的安全是化妆品安全的前提条件。为保障化妆品安全，国家药监局于 2021 年发布《化妆品安全评估技术导则》①（以下简称《导则》），对化妆品和化妆品原料的安全评估进行了规范。对于《已使用化妆品原料目录（2021 年版）》中的原料，其在淋洗类和驻留类产品中的最高历史使用量为企业的产品安全性提供参考；若使用《规范》中的限用和准用原料，满足《规范》要求即可；对于其他既没有标注最高历史使用量，也不是《规范》中的准/限用已使用目录原料，则需严格按照《导则》规定的风险评估程序进行安全评估。

对于化妆品新原料，需要按照《规定》中关于新原料的情形分类开展毒理学试验。《规定》将新原料分为六种情形，按照不同的情形分别提交相应的毒理学试验项目资料（见表 1）。

情形一：国内外首次使用的具有防腐、防晒、着色、染发、祛斑美白、防脱发、祛痘、抗皱（物理性抗皱除外）、去屑、除臭功能以及其他国内外首次使用的具有较高生物活性的化妆品新原料。

情形二：国内外首次使用的不具有防腐、防晒、着色、染发、祛斑美白、防脱发、祛痘、抗皱（物理性抗皱除外）、去屑、除臭功能的新原料。

情形三：不具有防腐、防晒、着色、染发、祛斑美白、防脱发、祛痘、抗皱（物理性抗皱除外）、去屑、除臭功能的新原料，且能够提供充分的证据材料证明该原料在境外上市化妆品中已有三年以上安全使用历史。

情形四：具有防腐、防晒、着色、染发、祛斑美白、防脱发、祛痘、抗皱（物理性抗皱除外）、去屑、除臭功能，且能够提供充分的证据材料证明该原料在境外上市化妆品中已有三年以上安全使用历史。

情形五：具有安全使用历史的化妆品新原料（原料所使用的部位应与使用部位一致）。

---

① 《国家药监局关于发布〈化妆品安全评估技术导则（2021 年版）〉的公告（2021 年第 51 号）》，国家药监局，2021 年 4 月 8 日，https://www.nmpa.gov.cn/xxgk/ggtg/hzhpggtg/jmhzhptg/20210419163037171.html。

情形六：化学合成的由一种或一种以上结构单元，通过共价键连接，平均相对分子质量大于 1000 道尔顿，且相对分子质量小于 1000 道尔顿的低聚体含量少于 10%，结构和性质稳定的聚合物（具有较高生物活性的原料除外）。

表 1　新原料情形分类和毒理资料项目要求

	毒理资料	情形一	情形二	情形三	情形四	情形五	情形六	备注
安全性评价	1. 急性经口或急性经皮毒性试验	○	○	○	○			在情形三中，能够同时提供国际权威安全评价机构评价结论，认为在化妆品中使用是安全的安全评估报告或符合伦理学条件下的人体安全性检验报告的，可不提交该项资料
	2. 皮肤和眼刺激性/腐蚀性试验	○	○	○	○	○	○	
	3. 皮肤变态反应试验	○	○	○	○	○		
	4. 皮肤光毒性试验							原料具有紫外吸收特性时需提交该项试验资料
	5. 皮肤光变态反应试验							除情形六外,原料具有紫外吸收特性时需提交该项试验资料
	6. 致突变试验	○	○	○	○			
	7. 亚慢性经口或经皮毒性试验	○	○		○			
	8. 致畸试验	○						
	9. 慢性毒性/致癌性结合试验	○						
	10. 吸入毒性试验							原料有可能吸入暴露时须提交该项资料
	11. 长期人体试用安全试验	○						

续表

安全性评价	毒理资料	情形一	情形二	情形三	情形四	情形五	情形六	备注
	12. 其他毒理学试验							根据每个新原料的实际情况提交其他资料

注：表中画"○"的，表示必须提交该项资料。

资料来源：《化妆品新原料注册备案资料管理规定》。

除了上述的毒理学试验，在实际申报过程中，还会根据化妆品原料的目的功效，在开展人体功效研究前补充人体安全性评价内容。目前常见的试验为《规范》中记载的人体斑贴试验和人体试用试验安全性评价。除臭、祛斑、防晒类应进行人体斑贴试验。[①] 以下情况下需开展人体试用试验安全性评价：驻留类产品中理化检验结果 pH≤3.5 或企业标准中设定 pH≤3.5 的产品；宣称祛痘、抗皱、祛斑等功效的淋洗类产品；宣称防脱发作用的产品应当进行人体试用试验安全性评价，更好地反映产品的特点和安全性。

3. 新监管体系下化妆品新原料管理的变化

（1）化妆品新原料根据风险程度进行分级管理，取代旧监管体系下的"一刀切"方式。对于高风险的化妆品新原料基本保留了原有管理模式；而对于非高风险的化妆品新原料采取备案制，大大缩短了官方审评时间。

（2）相较于 2011 年 7 月起实施的《化妆品新原料申报与审评指南》，《规定》更加完善和明晰了化妆品注册备案的资料要求。新监管体系下的化妆品注册备案的资料要求相比旧监管体系有所增加，比如增加了功效依据资料、安全使用历史相关资料等。

（3）《规定》明确了动物替代方法要求。对于未收录于《规范》的动物替代试验方法需要确认其是否已被国际权威替代方法验证机构收录，且需要提交该方法能准确预测该毒理学终点的证明资料。尽管国内的动物替代方

---

① 《国家药监局关于发布实施化妆品注册和备案检验工作规范的公告（2019 年第 72 号）》，国家药监局，2019 年 9 月 3 日，https://www.nmpa.gov.cn/xxgk/fgwj/xzhgfxwj/20190910153001302.html。

法正在逐步完善，但目前已经被接受的动物替代方法仍然有限，导致新法规实施前期对很多国际化妆品原料企业来说，动物实验数据依然成为化妆品新原料项目推进的阻力之一。

（4）对于一些非高风险的功能性新原料如具有防脱发、祛痘、抗皱（物理性抗皱除外）、去屑、除臭功能的新原料，虽然按照备案制管理，但其毒理学试验要求同高风险新原料仍然保持一致。

（5）细化毒理学试验情形，比如只有针对国内外首次使用的有健康危害（不包括局部毒性）的新原料才要求开展毒物代谢及动力学试验；对于国内外首次使用的高风险的新原料、较高生物活性的新原料、纳米新原料，需要考虑长期进行人体试用安全试验、皮肤吸收/透皮试验、免疫毒性试验。

（6）毒理安全评估要求参考最新的《导则》进行制作。

（7）对通过注册/备案的新原料设定 3 年监测期，即在监测期内，新原料注册人或备案人拥有新原料的使用权，每年应定期向国务院药品监督管理部门报告新原料安全使用情况。

4. 化妆品新原料毒理性规定的特殊情形概述

（1）亚慢性毒性/长期毒性试验

部分安全系数很高的产品所能接受的最低剂量设计，即亚慢性毒性试验或长期毒性试验的剂量选择一般有下列几种方法。

1）以相同物种的毒性资料为基础。亚慢性试验高剂量的选择，可以参考两个数值：一种是以该受试物的急性毒性的阈剂量为亚慢性毒性的最高剂量，另一种是取受试物半数致死量（LD50）的 $1/20 \sim 1/5$ 为最高剂量。

2）通过对急性毒性试验的剂量范围进行研究发现，直接用急性毒性资料来确定慢性毒性试验的剂量，经常可能会高估或低估剂量。

3）对于药物或保健食品，以动物实验药效学或功能学资料为基础来确定低剂量设计。如药效学或功能学资料来自相同物种，低剂量原则上应等于或高于同种动物药效学试验或功能学试验的有效剂量，或根据体表面积换算的药效学或功能学等效剂量。

4）对于药物或保健食品，在毒性不大时，保健食品的高剂量至少为人

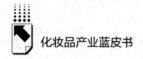

拟用最大剂量的 100 倍，化学药的 30 倍，中药的 50 倍。

5）利用毒动学资料，在合理的剂量范围内，提高剂量可以增加检测毒效应的能力。

用以上几种方法进行亚慢性和长期毒性试验的剂量设计，结果也许不一致，甚至相差一个数量级，需要根据经验判断。

慢性毒性试验剂量选择，高剂量可以根据亚慢性毒性效应的最大耐受剂量（MTD）来确定。高、中、低 3 个剂量间组距以 2~10 倍为宜，最低不小于 2 倍。[①] 因此，部分安全系数很高的产品的慢性毒性剂量设计，可以通过参考亚慢性毒性试验剂量选择的第（4）点，参考化学药的高剂量数值，采用人拟用最大剂量的 30 倍作为高剂量，低剂量组以动物试验药效学或者人体功效试验的有效剂量作为低剂量，中剂量选用二者之间的浓度。

（2）经口/经皮途径

根据欧盟消费者安全科学委员会（SCCS）发布的第十二版《化妆品成分测试和安全评估指南》所述，皮肤重复剂量毒性研究，在质量足够好的情况下，将会被 SCCS 考虑在内，因为它是最常用的化妆品应用途径。然而，在实践中，经口途径研究经常用于 MoS 计算，以考虑（最坏的情况）全身暴露情况。[②] 因此，经口的重复剂量毒性研究被应用于系统毒性分析是更为广泛的做法。

（3）慢性毒性/致癌性结合试验

根据欧盟 REACH 法规（EC）No. 1907/2006 中附件 X 致癌性相关内容，当该物质被归类为生殖细胞诱变剂 1A 或 1B 类，则会被默认假设为可能存在致癌性的基因毒性机制，在该情况下，直接认为该物质具有致癌性。当该物质被归类为生殖细胞诱变剂类别 2，或者从重复剂量研究中有证据表明该物质能够诱导增生和/或肿瘤前病变时，注册人可进行致癌性研究，或者管

---

① 付立杰、周宗灿主编《现代毒理学简明教程》，军事医学科学出版社，2012。

② SCCS（Scientific Committee on Consumer Safety），*SCCS Notes of Guidance for the Testing of Cosmetic Ingredients and Their Safety Evaluation 12th Revision*，15 May 2023，Corrigendum 1 on 26 October 2023，Corrigendum 2 on 21 December 2023，SCCS/1647/22.

理局可要求其进行致癌性分析。① 因此，可认为如果该物质未被归类为生殖细胞诱变剂类别 2 及以上，并且重复剂量研究中未发现该物质有诱导增生和/或肿瘤前病变时，可不考虑进行致癌性研究。

《化妆品安全评估资料提交指南》中的内容，"原料经基因水平和染色体水平的毒理学试验结果均未显示具有遗传毒性，且重复剂量毒性试验未发现致癌性相关指标异常，也无其他已有证据显示有相关危害，经对上述相关资料进行充分分析，确认无潜在的致癌风险，可豁免其致癌性毒理学试验数据的评估"，② 与欧盟 REACH 法规（*EC*）*No. 1907/2006* 的要求是一致的。

因此，对于慢性毒性/致癌性结合试验，可以通过分阶段的形式进行，在亚慢性重复剂量研究中增加实验动物数量，在亚慢性重复剂量研究完成时进行部分动物的病理学研究，若未发现致癌性相关指标异常，且基因突变研究和染色体畸变研究均未显示遗传毒性，可不再进行致癌性研究。

（4）毒代动力学试验

1）最低的试验周期要求

一般来说，毒代动力学试验研究需要根据实际情况进行。对于无明显蓄积性的物质（即在排泄物中能回收大部分原材料及其代谢物），一般进行毒代动力学试验研究的周期为 7~15 个工作日；对于有明显蓄积性的物质，则一般是在整体毒理试验研究中同步开展，在最终进行病理学研究时检查该物质的蓄积部位、相关的病理学表现等，其试验周期可能为 2~3 个月。

2）亚慢毒毒性和慢毒毒性/致癌试验是否需要同步开展

亚慢性毒性试验、慢性毒性试验和致癌试验在药物、化学物质等的安全性评价中各自扮演着不同的角色，是否需要同步开展取决于具体的情况和研究目的。如果研究的主要目的是快速评估某种化合物的急性或亚慢性毒性，

---

① REACH：《化学品注册、评估、授权和限制》。
② 《化妆品安全评估资料提交指南》，2024。

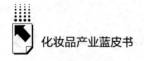
可能不需要立即进行慢性毒性试验或致癌试验。但如果目的是全面评估化合物的长期安全性和致癌潜力，则可能需要考虑同步或相继进行这些试验。而从科学上和经济上考虑，慢性毒性试验倾向于和致癌试验合并进行。[①]

（二）欧盟的监管要求

1. 欧盟的法规监管

欧盟化妆品法规是欧盟针对化妆品行业制定的一项重要法规，旨在确保化妆品的安全性，保护消费者权益，并促进化妆品市场的公平竞争。

（1）核心内容

化妆品定义：化妆品是施于人体表面任何部位（包括表皮、头发、指甲、唇及外生殖器）或牙齿及口腔黏膜，以清洁、增加香气、改变容颜、纠正身体异味、保护或保持其处于良好状态为目的的物质或制剂。这涵盖了多种产品类型，如皮肤护理产品、洗浴和身体护理产品、头发护理产品、口腔护理产品、化妆用品等。[②]

安全性评估：该法规要求制造商在产品投放市场前进行安全性评估，并提交相应的安全报告。评估内容包括产品的配方、原料、生产工艺等，以确保产品不会对消费者造成危害。

市场准入：在欧盟销售的化妆品必须在化妆品通知门户（CPNP）进行注册，以获取市场准入资格。注册过程中，制造商需要提供详细的产品信息，包括成分、用途、使用方法等。某些特殊类型的化妆品还需要经过额外的评估和审批。

标签与说明：该法规对产品的标签和说明进行了详细规定。标签上必须注明产品的名称、成分、生产日期、保质期等信息；说明书中则必须提供产品的使用方法、注意事项等。

---

① 付立杰、周宗灿主编《现代毒理学简明教程》，军事医学科学出版社，2012。

② *Regulation(EC) No. 1223/2009 of the European Parliament and of the Council of 30 November 2009 on Cosmetic Products(Recast)*（Text with EEA Relevance），Official Journal of the European Union，http：//data. europa. eu/eli/reg/2009/1223/oj.

（2）特殊规定

对于防晒产品、染发产品等高风险产品，该法规要求制造商进行更加严格的安全评估和测试，并提交更多的资料和证明文件。此外，欧盟还定期更新和修订化妆品法规，以适应化妆品行业的最新发展和市场需求。

2. 欧盟化妆品成分监管概况

在新原料的管理上，欧盟规定除具有较高风险的新原料，如染发剂、防腐剂、防晒剂、着色剂，需经欧盟消费者安全科学委员会（SCCS）评估是安全后才能使用外，其他一般新原料如祛痘剂等的安全性，由企业负责。[1]

3. 化妆品新原料毒理学试验要求

欧盟化妆品成分的安全评估由 SCCS 进行。安全评估通常基于行业提供的成分安全档案，在某些情况下使用成员国当局提供的数据，以及公开文献或其他相关来源的数据等。考虑到欧盟化妆品法规的有效测试和营销禁令，所有可用的科学数据都得到了应用。这包括所调查化合物的物理和化学性质、通过相关途径暴露的计算机数据，如从定量结构活性关系（QSAR）建模获得的结果、化学类别、分组、通读、基于生理药代动力学（PBPK）/生理毒代动力学（PBTK）建模、体外和离体试验结果以及从测试和化妆品上市禁令前进行的动物研究（体内）中获得的数据。

典型的安全评估程序包括以下要素：危害识别、暴露评估、剂量反应评估、风险表征与管理等。申请人可以对照《供 SCCS 评估的化妆品成分档案的资料清单》（SCCS/1588/17）[2] 和《化妆品成分测试及安全评估指南》（SCCS/1647/22）[3] 进行自查。

4. 相关的毒理学工具

鉴于化妆品法规中的测试和营销禁令，SCCS 特别关注适用于化妆品

---

[1] *Regulation(EC) No. 1223/2009 of the European Parliament and of the Council of 30 November 2009 on Cosmetic Products(Recast)* （Text with EEA Relevance）, Official Journal of the European Union, http：//data. europa. eu/eli/reg/2009/1223/oj.

[2] 袁欢、高家敏、张凤兰等：《国内外祛痘化妆品管理现状的对比研究》，《香料香精化妆品》2022 年第 1 期，第 86~92 页。

[3] *Checklists for Applicants Submitting Dossiers on Cosmetic Ingredients*, 7 March 2017, SCCS/1588/17.

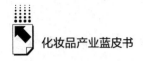

安全测试的替代方法。化妆品及其成分的风险评估正在转向 NAM 和新技术与历史动物数据（如有）的战略结合，以形成证据权重（WoE）决策方法。

（1）生理药代动力学（PBPK）模型

生理药代动力学（PBPK）模型是对生物群中化学物质的吸收、分布、代谢和排泄的定量描述，基于这些过程的关键生理、生化和物理化学决定因素之间的相互关系。[1] 目前，还没有经过验证的完全覆盖 ADME 领域的替代方法。一些体外模型可以适用于评估物质在胃肠道的吸收（如 Caco-2 细胞培养物）或物质的生物转化（如分离的肝细胞、HepaRG ?? 细胞及其培养物），但大多数现有模型尚未得到正式验证。

PBPK 模型的数据供 SCCS 进行定量风险评估，需提供以下详细的信息，[2] 包括模型结构和表征、模型参数化（含获得机制决定因素例如解剖、生理、物理化学、生物化学参数）、数学和计算实现、模型模拟（即动力学模拟）、模型评估和验证等。

还需要注意的是，PBPK 建模通常基于动物实验数据。而这些动物实验数据只有在符合相关监管规定的情况下，才能接受此类建模结果。尽管 PBPK 模型具有诸多优点，但由于其复杂性和建模难度，目前在实际应用中仍存在一些局限性，如模型构建错误、专业人才缺乏等。总体上看，PBPK 模型在新药研发、仿制药评价、药物相互作用研究和特殊人群用药研究等领域发挥着重要作用。随着技术的不断进步和经验的不断积累，PBPK 模型的应用将更加广泛和深入。

（2）定量构效关系（QSAR）模型

定量构效关系（QSAR）是一种在化学、生物学和毒理学等领域广泛应

---

[1] SCCS (Scientific Committee on Consumer Safety), *SCCS Notes of Guidance for the Testing of Cosmetic Ingredients and Their Safety Evaluation 12th Revision*, 15 May 2023, Corrigendum 1 on 26 October 2023, Corrigendum 2 on 21 December 2023, SCCS/1647/22.

[2] 沈淑娇、樊玉娟、裴福荣、严东明：《生理药动学模型发展现状及其在药物临床研究中的应用》，《中国临床药理学与治疗学》2020 年第 3 期，第 334~343 页。

用的分析方法，用于解释和预测特定分子的生物活性或物理化学性质与其结构之间的定量关系。

QSAR 模型是通过数学方法建立化合物的分子结构特征参数（称分子结构描述符）与生物活性之间的量化关系模型。对一系列已知生物活性的化合物，通过建立 QSAR 模型，找到分子结构与生物活性之间的定量关系，进而对未知同系列化合物的生物活性进行预测。[①] QSAR 模型分析的实现依赖于各种软件工具，如 OECD QSAR Toolbox、EPI Suite、Toxtree、T. E. S. T、VEGA、Danish QSAR Database、Schrodinger 等，这些工具提供了丰富的数据和模型，支持 QSAR 分析的数据查找、预测、模型构建等功能。

QSAR 模型在多个领域都有重要的应用，包括但不限于：药物发现和设计、毒理学研究、环境风险评估、化合物的 ADMET 性质预测、替代动物实验等。尽管 QSAR 模型在多个领域都有广泛的应用，但仍面临一些挑战，如数据质量和可靠性的提高、算法和模型的改进等。随着计算能力的提高和算法的发展，QSAR 模型分析在药物发现和毒理学评估中变得越来越重要，未来有望克服这些挑战，进一步扩大其应用范围。

（3）新方法论（NAM）和下一代风险评估（NGRA）

用于化妆品成分的传统风险评估框架基于三个支柱：危害识别、剂量评估和暴露评估。NAM 尤其适用于危害识别，可以代表独立的方法并因此取代特定毒理学终点的体内方法，也可以组合使用。急性毒性的 NAM 验证已经为监管部门所接受。但系统长期的毒性试验仍缺乏 NAM。目前正在寻找可用于危害识别还可用于长期暴露后毒性物质定量风险评估的非动物方法。

NGRA 是一种与人类相关、暴露导向、假设驱动的风险评估，旨在防止伤害。它整合了几个 NAM，在不使用动物实验的情况下做出与人类健康相关的安全决策。NGRA 应使用分层和迭代的方法进行，遵循对可用数据的适当文献搜索和评估原则，并使用稳健和相关的方法和策略。重要的是，

---

① Anand O., Pepin X. J. H., Kolhatkar V., Seo P. "The Use of Physiologically Based Pharmacokinetic Analyses-In Biopharmaceutics Applications-Regulatory and Industry Perspectives," *Pharm Res.* 8 (2022)：1681-1700.

NGRA 应当具有独立透明的评估逻辑，任何评估员遵循这套逻辑都能获得相同的评估结论。NGRA 还应描述不确定性的来源并尽量量化不确定性，评估方法的逻辑和不确定性均应记录在案。

（4）毒理学关注阈值（TTC）

TTC 方法旨在筛选和优先考虑化学结构和暴露数据中已知但没有或毒性数据有限的极少量化合物，根据不同的暴露量水平，采用 Cramer 分类法将物质的毒性分级，归类为低毒性的物质，可豁免一些毒理学数据，这个过程称为"基于暴露的豁免（Exposure-Based Waiving）"。

欧洲食品安全局（EFSA）得出结论，TTC 方法不应用于以下（类别）化学品：高效致癌物（即黄曲霉毒素样、氮氧基或 N-亚硝基化合物、联苯胺和肼类）、无机化学品、金属和有机金属蛋白质、类固醇、已知或预计具有生物累积性的化学品、纳米材料、放射性化学物质和含有未知化学结构的化学物质的混合物等。

与任何风险评估工具一样，TTC 方法的应用需要确保数据库的质量和完整性、所研究化合物预期用途暴露数据的可靠性以及任何推断的适当性。

5.需要特别关注的一些成分

（1）纳米材料（NM）的安全性评估

欧盟化妆品法规（*EC*）*No. 1223/2009* 提出，"纳米材料"是指具有一个或多个外部尺寸或内部结构的不溶性或生物持久性且有意制造的材料，其范围为 1 至 100 纳米。将 NM 作为化妆品成分使用，需要进行彻底的安全性评估，因为在纳米尺寸上，材料的物理化学性质、生物动力学行为和/或毒理学效应可能会发生与尺寸相关的变化。暴露的 NM 可能会扩大不溶性和持久性纳米颗粒的有害影响。如果欧盟委员会对纳米材料的安全性有顾虑，将征求 SCCS 的意见，只有在获得授权的情况下才能用于化妆品。

《化妆品中纳米材料的安全评估指南》（SCCS/1611/19）是 SCCS/1484/12 的最新修订版。它涵盖了安全评估的主要要素，即一般考虑、材料表征、暴露评估、危害识别、剂量反应表征和风险评估，适用于符合欧盟化妆品法规（*EC*）*No. 1223/2009* 中纳米材料标准的任何材料，如材料中颗粒处于纳米级的比例大于等于 50%。SCCS 根据纳米材料的溶解性能将纳米材料分为"几乎不溶""非常微溶""微溶"等类别。

NM 的安全性评估遵循与非纳米成分相同的程序，但要特别考虑纳米方面。由于纳米级尺寸以及可能改变的摄取和生物动力学，一些纳米材料可能对消费者构成健康风险，应特别关注 ADME（吸收、分布、代谢和排泄）参数的测定。即使纳米颗粒本身没有系统性易位，降解产物或纳米颗粒的溶解部分也可能易位。另外，Ames 试验不适用于纳米材料致突变性评估，可采用体外哺乳动物细胞基因突变试验、体外染色体畸变试验或微核试验等其他体外替代的测定方案（SCCS/1564/15）。同时，还需确定 NM 不会产生不利的免疫效应，尤其对于由肽、蛋白质、其他免疫原性或致敏性物质组成，或表面含有上述物质的 NM。溶血、补体活化、调理和吞噬作用以及细胞因子分泌的体外测定均与体内测定结果显示出良好的相关性。

（2）CMR 物质的安全使用

根据欧洲议会和理事会 2008 年 12 月关于物质和混合物的分类、标签和包装的第 1272/2008 号条例，被归类为致癌、致突变或生殖毒性（CMR）的物质具有危险特性，因此应禁止在化妆品中使用这些物质。然而，某种物质的危险特性不总是带来风险，因此经 SCCS 评估安全的 CMR 2 类的物质可以用于化妆品。对于被归类为 CMR 1A 或 1B 类的物质，如这些物质符合食品安全要求，特别是由于其天然存在于食品中，不存在合适的替代物质，在SCCS 认为使用安全的条件下，可在化妆品中使用这些物质。

（3）《化学品注册、评估、授权和限制》（REACH）和欧盟化妆品法规关于动物实验的衔接

欧盟化妆品法规（*EC*）*No. 1223/2009* 提出化妆品组分禁止动物测试。但欧盟 REACH 法规（*EC*）*No. 1907/2006* 提出每年生产/进口超过 1 吨的物质需要向欧洲化学品管理局（ECHA）进行 REACH 注册，要满足REACH 注册要求必然会涉及动物测试。因此，欧盟委员会在 2014 年做出

了如下解释。

1）仅用于化妆品的物质的 REACH 注册人不得进行动物实验来满足对人类健康终点的信息要求，但用于评估工人暴露风险而进行的试验除外。

2）如果物质被用于包括化妆品在内的多种用途，那么 REACH 注册人就可以开展动物实验，不过动物实验应该作为获取注册数据的最后手段。

3）REACH 注册人可以为获取物质对环境影响的数据而开展动物实验，不过动物实验也是获取数据的最后手段。

因此，化妆品法规下动物实验的禁令对于 REACH 法规下环境节点的测试要求、工人的暴露以及物质的非化妆品用途并不适用，相关的注册人仍可以将动物实验作为获取 REACH 注册数据的最后手段以履行 REACH 法规义务。同时，出于风险评估目的，欧盟官方有可能要求注册人开展动物测试，特别是生殖毒性试验、亚慢性毒性试验等缺乏合适的替代测试方法，这种情况下开展的动物测试不视为违反欧盟化妆品禁止动物测试的要求。

6. 中国与欧盟相关规定的比较

对于化妆品原料数据库的管理，我国《已使用化妆品原料目录》为区分是否为我国境内使用的化妆品新原料提供依据，新原料必须经注册或备案，并通过安全监测期后，方可纳入《已使用化妆品原料目录》进行管理。而欧盟的化妆品原料数据库是对原料信息的客观收录，并未区分原料是否为已使用原料。原料的纳入要求和程序也与我国不同，欧盟 CosIng 中的原料来源于欧盟早期的化妆品常用原料名单和欧盟化妆品法规中收录的禁用、限用和准用原料。因此，相较于欧盟，我国对新原料的管理更为严格。

在收录的原料具体信息方面，我国《已使用化妆品原料目录》中包含的原料信息与欧盟的数据相比较少，目前只包含原料名称、最高历史使用量及相关备注。而欧盟的化妆品原料数据库中，原料基本信息除原料名称外还包括原料定义、结构式、分子式、来源、使用目的、适用产品类型等，尤其是欧盟的 CosIng 实现了多字段高级检索及各信息模块的互联互通，大大方便了用户对原料信息的检索和获取。因此，相较于欧盟，我国化妆品原料的信息尚待补充和完善。

中国的化妆品及其成分的安全评估方法越来越接近欧盟，但仍有一些潜在的空白领域或差异。比如，没有提到 NAM，而且对已经经过验证的 NAM，也没有任何关于其优先使用的描述；没有提供纳米材料的使用指南；缺少如何处理化妆品中 CMR 的说明。此外，在防晒剂的方面，仍缺乏更为明确的安全性评价指南。国内普遍采用动物实验来全面证明其安全性，对动物替代方法的使用尚处于启蒙阶段。

（三）美国的监管要求

1. 美国化妆品原料监管概况

美国化妆品监管长期基于"企业自律"，美国食品药品监督管理局（FDA）主要实行"事后监管"的策略，即 FDA 既没有针对化妆品上市前的批准程序（化妆品颜料除外），也不对化妆品安全性、有效性进行审批。2022 年 12 月，美国国会通过了《2022 年化妆品监管现代化法案》（MoCRA），这是自 1938 年《联邦食品、药品和化妆品法案》颁布以来对化妆品总法的首次重大改革。[①] MoCRA 规定制造商或分销商应确保每种化妆品产品和成分的安全性都有充分的证据，并且必须保留必要的安全性证据记录。根据新修订的"掺假"条款，没有足够安全性证明的化妆品将被视为"掺假"。

在美国，不得有意在化妆品中添加危害性原料。但与中国、欧盟等国家、地区和组织的监管方式不同，美国的禁用及限用组分规定较为简单，法规仅发布了少量的化妆品禁用、限用组分，且修订频次也非常低。同时，各州政府有权自行制定辖区内的毒害物质清单。但美国对着色剂（包括染料、

---

① 谢志洁、刘佐仁、黄浩婷等：《国际化妆品监管模式比较研究》，《中国食品药品监管》2023 年第 9 期，第 14~21、168 页。

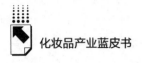

颜料或任何其他为化妆品增色的物质）建立了严格的准用清单，不得使用清单之外的着色剂，除非获得 FDA 的审批。

同时，美国将部分风险程度较高且含有特定功效活性成分的化妆品归属为非处方药（OTC）产品。在 OTC 专论中，与化妆品相关的活性成分功效主要包括祛痘/痤疮治疗的成分、防晒成分、防龋成分、牙齿脱敏成分、某些皮肤保护剂（如收敛剂、治疗皮肤干燥或开裂、尿布疹治疗相关成分等）、去屑成分、抗菌成分、止汗剂相关的成分等。在 OTC 专论中的活性成分通常被认为是安全有效的。专论中会提供活性成分的使用要求和限制、标签和其他的一般要求。如果产品符合 OTC 专论中的要求，则产品上市前可以进行简单的产品列名，不需要经过 FDA 的批准。如果不符合 OTC 专论，那么产品的合规路径是进行新药申请，通过这个途径申请需要提交完整的药物申请资料。

当产品具有两种合法的预期用途时，必须符合 FDA 化妆品法规和药品法规。比如，具有抗痤疮、防蛀牙、抗头皮屑、生发/脱发、皮肤漂白和防晒保护声明的产品。这些产品的成分同时作为化妆品和 OTC 产品成分，受 FDA 监管。

此外，化妆品原料评价委员会（CIR）是进行化妆品原料风险评估的社会组织，其评估报告对于化妆品生产企业的原料选择具有重要参考意义。CIR 选择评估的原料一般基于成分潜在的生物活性、在化妆品中的使用频率、皮肤渗透程度以及其他因素。完成评估后，CIR 会在《国际毒理学杂志》中发布意见，并在其网站（*https://www.cir-safety.org/ingredients*）上进行公开。虽然 CIR 的评估结果没有法律效力，但美国食品药品管理局通常支持其意见。

2. 着色剂的审评审批

美国对于着色剂的管理非常严格，需要经过多批次认证或审批的程序。美国《联邦规章典集》（CFR）第 21 篇"食品与药品"总目中已收录的化妆品用着色剂有 65 种。对于未收录于着色剂清单中的原料，如果要作为化妆品用着色剂，则必须经过 FDA 的审批。对于通过审批、可用作着色剂的每一种原料，都必须有相应的一条法规对其原料规格、使用限制等进行详细说明。

3. 非处方防晒成分的审评审批

美国将防晒产品作为药品进行管理。符合 OTC 专论的防晒产品，可作为 OTC 上市，不符合要求的需履行严格的新药申请审批程序。为满足行业的创新发展需求，2014 年 11 月，美国发布《防晒霜创新法案》（*Sunscreen Innovation Act*，*SIA*），以加快新型防晒剂的审批速度。按照该法案，企业或个人可向 HHS 提出申请，对防晒剂成分进行评估并考虑是否将其纳入 OTC 专论，以及对 21CFR352 OTC 专论中的防晒产品进行再评估和修订。

为落实《防晒霜创新法案》，FDA 于 2016 年 11 月发布了《非处方防晒药品安全性和功效性数据行业指南》。该指南反映了 FDA 对 OTC 防晒活性成分或活性成分组合在临床前、临床以及上市后不同研究阶段开展安全有效性研究的观点。目的是充分收集资料，确保对防晒剂是否为公认安全和有效做出准确的判断。主要的研究内容包括非临床安全性试验（致癌性、发育和生殖毒性、毒代动力学）、局部用药安全性研究（人体刺激性、致敏性和光安全性）、生物利用度（人体吸收研究/最大用量试验）和上市后观察到的不良事件等。FDA 也可以考虑有科学依据的替代方法，并鼓励申请人在开展研究前与 FDA 围绕拟采用的替代方法进行讨论。[①]

基于以上内容可以发现，相较于中国，美国的化妆品监管处于相对比较宽松的状态。首先，在产品安全性方面，企业自主对于产品的安全性负责，一旦发生安全性问题，民众会通过民事诉讼来解决。其次，除一些和 OTC 相关的活性物之外，美国的化妆品新原料和化妆品上市是不需要经过任何备案或者批准，因此会有部分企业通过不宣传产品的高活性来逃避监管，这也与我国政策不同，在我国，化妆品及化妆品新原料都需要通过国家相关管理

---

① 萧惠来：《美国 FDA 对防晒剂安全性和有效性研究的技术要求》，《香料香精化妆品》2017 年第 1 期，第 66~71 页。

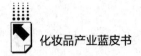

机构注册或备案审批后才能够进行上市贩卖。

2022 年发布的新规对于美国新的化妆品有新的产品和场地备案要求。第一次在法律上明确要求化妆品公司需要做安全评估，但安全评估的细节还没有公布。

（四）日本的监管要求

1. 日本化妆品原料监管概况

日本对化妆品和医药部外品监管的主要法律依据是《药事法》，监管主体单位是日本厚生劳动省。日本厚生劳动省对化妆品的管理大致分为两部分：一类是普通化妆品，类似于我国的无特殊功效化妆品；另一类是医药部外品，类似于我国的含有高活性成分的特殊化妆品。

对于普通化妆品使用的防腐剂、防晒剂和焦油色素，发布"可使用成分名单"，原料使用的浓度、规格等必须同名单规定的一致。对于不在名单内的原料，可以通过补充急性毒性试验、皮肤单次/多次刺激性试验、光敏性试验、光毒性试验、光刺激性试验、眼刺激性试验、斑贴试验、遗传毒性试验、重复毒性试验、生殖毒性试验和透皮试验这些毒理学试验进行申请，审核通过后便可进入目录清单内进行使用。同时，厚生劳动省发布"化妆品禁止使用成分和限制使用成分名单"，企业生产化妆品不得使用禁用物质，选用限用物质必须符合限用标准（包括浓度、用途、规格等），除此之外的原料，企业可任意使用，自主对其安全性负责，自行制定化妆品原料规格并依其管理。①

对于医药部外品原料，厚生劳动省公布"医药部外品可用原料名单"，②

---

① 殷露琴、吴艳：《日本普通化妆品法规概述》，《香料香精化妆品》2023 年第 5 期，第 45~51 页。

② 厚生労働省，厚生省告示第 332 号（MHLW Notice. 332）：薬事法第五十九条第六号及び第六十一条第四号の規定に基づき名称を記載しなければならないものとして厚生労働大臣の指定する医薬部外品及び化粧品の成分（平成 12 年 9 月 29 日）（*Determination of Quasi-drug and Cosmetic Ingredients that are Designated by the Ministry of of Health as Ingredients the Require Labeling, 2000*）。

名单包括了医药部外品可以使用的活性成分和添加剂（活性成分之外的其他成分）名单及使用规格。企业生产医药部外品只能使用该名单内的原料，而且原料使用的浓度、规格等必须同名单规定的一致，如果使用了超过浓度、规格或其他的新活性成分原料，需要进行新原料的注册。

2. 日本医药部外品新原料的安全性要求

日本对医药部外品中所用新原料实行审批制度，该类新原料和产品一起进行审批，申报时需要提交新原料的使用背景、理化性质、安全性和稳定性等方面的资料。根据 2014 年 11 月 21 日发布的《关于医药部外品等的批准申请》，[①] 日本将医药部外品的注册申请根据其是否含有新功效成分或新添加剂（非功效成分），是否为新剂型、新含量、新配伍、新用法等分为 11 种不同的情形，并提交不同的安全评估材料，具体见表 2、表 3。其中要求最多的为第一种情形，即含有新活性成分的医药部外品，类似于中国的含有新的高风险活性成分的特殊化妆品。这类情形需要完成所有的 11 项毒理学试验。其他情形均按照法规内容提交相应的试验申请即可。

表 2　医药部外品申请的材料清单

《实施细则》第四十条第一款第二项规定的材料	材料内容
A. 与产品的来源或发现及其在国外使用有关的文件	1. 与发现的起源或历史有关的文件； 2. 与国外使用状态相关的材料； 3. 特性相关材料及与其他准药物的比较研究
B. 与物理和化学性质、标准、试验方法等有关的文件	1. 结构确定相关文件； 2. 与理化性质等有关的文件； 3. 与标准和测试方法相关的文件

---

① 厚生劳働省，医薬部外品等の承認申請について（平成 26 年 11 月 21 日薬食発 1121 第 7 号），https://www.pmda.go.jp/files/000160384.pdf。

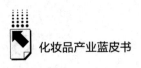

续表

《实施细则》第四十条第一款第二项规定的材料	材料内容
C. 稳定性研究	1. 长期实验； 2. 加速实验； 3. 影响因素实验
D. 安全性材料	1. 单剂量毒性数据； 2. 重复剂量毒性数据； 3. 遗传毒性材料； 4. 关于致癌性的材料； 5. 关于生殖和发育毒性的材料； 6. 关于局部刺激的材料； 7. 皮肤致敏材料； 8. 光学安全材料； 9. 关于吸收、分布、代谢和排泄的材料； 10. 人体斑贴试验； 11. 人体长期给药（安全性）研究
E. 与功效或效果有关的文件	1. 与支持功效或效果的基础测试相关的材料； 2. 人类使用结果数据

资料来源：《关于医药部外品等的批准申请》。

日本对于化妆品和医药部外品的原料进行分类管理，对于化妆品，除《化妆品基准》中提到的禁用组分、限用组分清单中所收录的物质以外，允许在企业承担安全自认的情况下，自行判断使用。在新原料管理方面，日本区分了有使用历史和无使用历史的原料，根据相应的判断依据来评估原料的安全性。对于医药部外品中的配合成分、法定清单中未被收录的成分，如用于医药部外品，应作为新原料和产品一同申报。

对于化妆品原料安全信息的管理包括以下几个层面的内容：政府层面发布了《医药部外品原料规格》，将可用于医药部外品的原料基本信息予以公布，例如外观、性状、比重、纯度试验和确认试验方法等；企业自行制定并作为医药部外品的成分，得到厚生劳动省批准的原料规格由企业自行管理，不对外公开；对于其他的化妆品原料，企业可参考日本化妆品工业联合会的《化妆品原料规格制定指南》，自行制定化妆品原料规格并依其进行管理。

表3 医药部外品注册分类及材料要求

类型	备注	A1	A2	A3	B1	B2	B3	C1	C2	C3	D1	D2	D3	D4	D5	D6	D7	D8	D9	D10	D11	E1	E2
1 含有新活性成分	活性成分与已批准的医药部外品不同或者应用方法明显不同的医药部外品	○	○	○	○	○	○	○	○	○	○	○	○	○	○	○	○	○	○	○	○	○	○
2-1 具有新功能的医药部外品	与先前批注的活性成分具有相同的活性成分,但具有不同适应症和作用的医药部外品	○	○	○	×	×	○	△	×	△	×	×	×	×	×	×	×	×	×	×	△	○	○
2-2 新剂型的医药部外品	与先前批准的医药部外品有相同活性成分,但是剂型不同	○	○	○	×	×	○	○	△	○	×	×	×	×	×	×	×	×	○	△	△	△	○
2-3 新含量医药部外品	活性成分与已批准医药部外品相同,但配方量不同的医药部外品	○	○	○	×	×	○	△	×	△	×	×	×	×	×	△	△	△	△	△	△	△	○
2-4 新配方医药部外品	活性成分及其配方与已批准医药部外品相同,但活性成分与已批准医药部外品组合不同的医药部外品	○	○	○	×	×	○	△	△	△	×	×	×	×	×	△	×	×	△	△	△	△	○

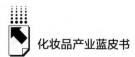
续表

类型	备注	A1	A2	A3	B1	B2	B3	C1	C2	C3	D1	D2	D3	D4	D5	D6	D7	D8	D9	D10	D11	E1	E2
2-5 新用法医药药部外品	活性成分与已批准医药部外品相同,但用法不同的医药部外品	○	○	○	×	×	○	△	×	△	×	×	×	×	×	△	×	×	△	△	△	△	○
3 含有新添加剂的医药药部外品	将没有使用过的添加物配合使用,或者即使是使用过的添加物,也要配合超过前例的量的医药部外品	○	○	×	○	○	○	△	△	△	○	△	○	△	△	○	○	○	△	○	×	×	×
4 类似医药部外品	虽然与已批准的品种不相同,但即使不进行新的活性,安全性试验,也可以认为与已批准的品种具有同一性的医药部外品	×	×	×	×	×	○	△	×	△	×	×	×	×	×	×	×	×	×	×	×	×	×
5-1 同一医药部外品	与已批准医药部外品活性成分及其配方,活性成分组合,功效,效果,用法用量和剂型相同的医药部外品,或者同的医药部外品各种符合医药部外品各种生产销售批准标准的医药部外品	×	×	×	×	×	○	△	×	△	×	×	×	×	×	×	×	×	×	×	×	×	×

类型	备注	A1	A2	A3	B1	B2	B3	C1	C2	C3	D1	D2	D3	D4	D5	D6	D7	D8	D9	D10	D11	E1	E2
5-2 新指定医药部外品	《药品和医疗器械质量、活性性、安全性保障法》(昭和35年第2第2第145号法)第2条第2款第3项的规定指定的医药部外品(厚生劳动省21年2月6日第25号通知)。包括第(1)、(13)、(15)、(19)、(20)和(24)类[第(5)~2类)]所列	×	×	×	×	×	○	△	×	△	×	×	×	×	×	×	×	×	×	×	×	×	×
5-3 新范围医药部外品	5-2中所示公告的(2)、(4)、(12)、(14)、(16)、(22)、(23)及(27)所列的医药部外品外品	×	×	×	×	×	○	△	×	△	×	×	×	×	×	×	×	×	×	×	×	×	×

注：右栏的符号和编号为表2所规定的资料的符号和编号，原则上，○表示需要提供，×表示不需要提供，△表示由各个医药部外品来判断。另外，即使是标注了×的资料，根据个别品种的申请内容，有时也需要提供。

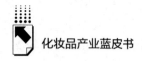

因此，日本的化妆品法规整体类似于中国，同样也是基于风险管理的目的对化妆品及原料进行管理，且相关安全性、毒理学试验也比较完善，可供中国参考。

（五）韩国的监管要求

1. 韩国化妆品原料监管概况

根据韩国《化妆品法》①，基于功效宣称以及人体作用程度的不同，将化妆品分为一般化妆品和机能性化妆品。一般化妆品分为儿童用、沐浴用、人体清洁用、化妆用、芳香用、染发用、彩妆化妆用、护发用、手脚指甲用、剃须用、基础化妆品等 11 种。机能性化妆品是指有助于美白、抗皱、防晒、助晒、染发（不包括暂时改变发色的产品）、脱毛（不包括以物理方式除体毛的产品）、防脱、缓解粉刺（痤疮性皮肤）、缓解特应性皮炎干燥、缓解萎缩纹等的化妆品。目前，根据《药品事务法》② 第 2 条第 4 款的规定，医药部外品不属于化妆品。这些产品主要包括止汗剂、牙膏和口腔护理产品。

韩国对化妆品原料的管理采用否定清单制度。韩国食品医药品安全部（MFDS）制定了《化妆品安全标准规定》③，其规定了禁用原料（附件 1）和限用原料清单（附件 2），其中禁用原料约 1049 种（如曼陀罗及其草药制剂、侧金盏花及其制剂、槟榔及其制剂等）、限用防腐剂 59 种、限用防晒剂 31 种、限用着色剂 45 种、其他限用原料 80 种。对国内外报道的含有危害物质并对国民健康有危害的化妆品原料，《化妆品法》第 8 条要求 MFDS 应迅速开展危害评价，判定其是否具有危害性。完成危害评价后，MFDS 部长可将相关化妆品原料列为禁用物质或限用物质。此外，韩国化妆品原料管理部门对于人体细胞、组织培养液的安全标准也给出了明确范围，对于捐赠者的资格、细胞和组织的采集和检查、人体细胞和组织培养液的安全性评价

---

① 《化妆品法》，https://www.law.go.kr/。
② 《药品事务法》，https://www.law.go.kr/。
③ 《化妆品安全标准规定》，https://www.law.go.kr/。

及功效试验等都做出了细化要求，详细信息可见《化妆品安全标准规定》
附件3。

拟在机能性化妆品中使用新功效原料的企业，韩国规定需要在申报产品
时提交原料的安全性评价报告和功效试验报告。而一般新原料仅需要和产品
一同向监管部门备案。

2. 化妆品原料使用标准确定及变更审查规定

根据《化妆品法》和《化妆品法实施条例》① 的相关规定，韩国食药
部于 2020 年 6 月发布《化妆品原料使用标准的确定和变更审查规定》②，该
规定明确了《化妆品法》中未指定或未允许使用原料的申请程序和方法，以
及更改使用标准的规定和变更审查规定。该规定并于 2023 年 9 月修订。根据
上述规定，需要进行审查的原料包括：未按照《化妆品安全标准规定》通知
的防腐剂、防晒成分等，未按照《化妆品色素种类和标准》③ 申报的色素，
改变《化妆品安全标准规定》或《化妆品色素的种类和标准》所列任何成
分的使用标准的原料。

3. 机能性化妆品功效原料的安全性评价

机能性化妆品的功效原料按照《机能性化妆品审查相关规定》④ 进行管
理。《机能性化妆品审查相关规定》详细规定了审查对象需提交的材料、毒
理学试验方法、原料和产品使用标准及试验方法、功效原料清单与含量等。
使用清单以外的功效原料时需在申报机能性化妆品时提交相应资料。

机能性化妆品审查应提供的材料有证明安全性和有效性的资料〔来源
和研发资料、安全性数据、有效性数据（功效测试数据和人体试验数据）、
防晒/耐水防晒/防紫外线系数〕、质量标准和试验方法的资料。安全性数据
也需要按照《非临床试验管理标准》进行数据测试。人体吸入试验和人体
累积吸入试验必须在国内外大学或专门研究机构进行，并且在相关领域专

---

① 《化妆品法实施条例》，https://www.law.go.kr/。
② 《化妆品原料使用标准的确定和变更审查规定》，https://www.law.go.kr/。
③ 《化妆品色素种类和标准》，https://www.law.go.kr/。
④ 《机能性化妆品审查相关规定》，https://www.law.go.kr/。

家、研究机构、医院或其他相关机构的指导和监督下进行评估。

韩国政府制定了弹性的申报材料要求，若机能性化妆品使用的功效原料符合《机能性化妆品审查相关规定》附件4公布的功效成分及其含量，使用的标准及试验方法在《功能性化妆品标准及试验方法》的范畴内，则可豁免相关资料的提交，提高申报效率。对于使用《功能性化妆品标准和测试方法》、《国际化妆品成分目录（ICID）》和《食品标准和规格》①中规定的成分来制造或进口含相关成分的机能性化妆品，可豁免提交安全性数据；对于已提交了人体应用测试数据的产品，可豁免提交功效测试数据；对于在机能性化妆品类别中，原料和内容物在被告知无需提交数据的情况下，可豁免提交来源和研发资料、安全性数据以及有效性数据；对于防晒系数（SPF）为10及以下的产品，可豁免提交防晒/耐水防晒/防紫外线系数报告。

4. 韩国动物实验的相关规定

《化妆品法》第15条规定，经过动物实验（指按照《动物实验相关法律》第2条第1号实施的动物实验）生产制造、进口的化妆品和化妆品原料将不得流通和销售。以下情况除外：①制定防腐剂、着色剂、防晒剂等限用原料使用基准时，或对国民健康存在隐患的化妆品原料需要进行安全性评价的情况；②不存在替代动物实验需要进行动物实验的情况；③出口化妆品，按其出口国家的法令需要进行动物实验的情况；④按照出口国的法令，产品开发时需要进行动物实验的情况；⑤按照其他法令实施动物实验且开发出的原料用于化妆品的制造等的情况；⑥实施替代动物实验存在困难，食品医药品安全部部长指定的情况。

韩国食品医药品安全部于2007年颁布了《化妆品毒性试验动物替代试验法指南》，包括体外3T3NRU光毒性试验、局部淋巴结试验、固定计量法、急性毒性分级法、牛角膜浑浊和渗透性试验、局部淋巴结试验、体外刺激性试验重建皮肤模型、离体鸡眼试验，等等。

为了提高行业竞争力以及更好地与国际法规接轨，韩国对化妆品原料的

---

① 《食品标准和规格》，https://www.law.go.kr/。

管理采用否定清单制度，设立了禁用原料和限用原料清单，同时建立了危害评价制度和使用原料目录报告制度。使用《化妆品安全标准规定》和《化妆品色素的种类和标准》清单以外的原料需根据《化妆品原料使用标准的确定和变更审查规定》提交资料进行审查。

相比较来看，中国化妆品原料的合规路径更注重注册和备案流程的完善，而韩国则更侧重于安全标准的制定和执行，强调对动物实验的限制和产品的安全性。因此，从近年来韩国化妆品法规体系的调整可以看出，韩国政府对化妆品的监管理念是确保消费者的使用安全。韩国今后将对化妆品原料定期进行安全评估，预计从2024年到2025年评估100种色素和其他成分的安全性，同时讨论国内危害评估结果及欧洲等国家的动向，为安全标准的修订提供参考。

（六）监管机构可接受的系统毒性试验解决方案

1.交叉参照法

NGRA主要关注暴露量以及人体内的代谢过程，通过采用交叉参照（RAX）法，并结合生物学和基于生理的生物动力学最新进展的新思路方法，来确定目标化学物的系统暴露量。新思路方法涵盖的范围非常广泛，包括体外检测、生物学机制研究、基于化学结构的量效分析等，检测对象可以选择人源性细胞、基因以及体外培养组织等生物相关性更高的对象。

以交叉参照（RAX）法为例，其策略[①]包括：确认目标化学物的应用场景，确定其外暴露量；确认目标化学物及其主要代谢产物的分子结构及理化性质；收集目标化学物及其主要代谢产物的现有毒理学数据，分析其潜在的数据缺口；采用专家判断以及模型分析方法，甄别目标化学物的相似化学物，收集其所有毒理学数据，确立相似性假设等。

如果数据充足，则可以直接采用交叉参照法推导目标化学物的系统毒效

① Alexander-White C. , Bury D. , Cronin M. , et al. , "A 10-Step framework for Use of Read-Across （RAX） in Next Generation Risk Assessment （NGRA） for Cosmetics Safety Assessment," *Regul Toxicol Pharmacol* （2022）.

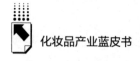

应终点（PoD），并结合其潜在的暴露量，计算安全边际值（MoS）并判定分析的可靠度。如果数据不足，则按需开展更深层次的分析，以收集目标化学物与相似化学物的生物利用度/ADME数据，确定其内暴露量，并进行毒作用机制相似度分析等。

总的来说，NGRA法是通过结合更多相关的生物学机制和效应研究的新技术方法，帮助提高安全性评价结论的准确性和可靠性，对于系统毒性有一套完整的评估策略。

2. 其他可能被采纳的方法

（1）器官芯片

器官芯片是一种通过微芯片制造方法制造的微流体细胞培养设备，能够模拟和重构人体器官的生理功能。这使得它能够在体外环境下模拟人体内的生物过程和疾病状态，从而进行系统毒性研究。

（2）类器官+毒代动力学

类器官是利用成体干细胞或多能干细胞进行体外三维培养而形成的具有一定空间结构的组织类似物，可以模拟人体微小组织的功能和特性。类器官起源于20世纪90年代，科学家们已经制备出了具有多种器官功能的类器官，如肝脏、肾脏、心脏等。使用类器官结合毒代动力学试验，可以先通过毒代动力学了解化学物在动物体内的代谢和分布特点，再选择合适的类器官模型进行系统毒性研究。

（3）斑马鱼实验

斑马鱼已经完成全基因组测序，其生物信息易于获取，且基因与人类基因同源性高达87%，有与人类近似的毒性特征和信号传导通路。斑马鱼的各种器官和组织在解剖学、生理学和分子水平上已经被证实类似于哺乳动物，其是一种可比性较强的模式动物。在实验周期和成本方面，斑马鱼实验具有周期短、成本低的优势，有着广阔的应用前景。

（七）未来发展展望

综上所述，当前的新原料监管政策和要求相较于2021年已经有了很大的改变，这不仅促进了化妆品新原料在我国的上市，同时还最大限度上地保证了化妆品新原料的使用安全。但同时也面临一些困难和挑战，例如，对于原料的毒理学试验要求相较于国外过于严苛，且部分毒理学试验没有相关的指导原则，以及对于高活性原料定义不明确，对于《规定》情形三、情形四、情形五的要求过于严苛，等等。这在一定程度上可能会给我国化妆品行业带来一定影响，不利于一些处于发展阶段的资金较为紧缺的中小型化妆品原料企业的发展。此外，国际上大都不把已使用原料清单作为区分新原料的依据。我国仅有 8972 个原料收载于目录内，在对于原料实现相对完善的监控、保证原料安全性方面，还有极大的发展空间。

二 化妆品功效宣称法规与评价方法[①]

（一）化妆品功效宣称相关法规梳理

从化妆品功效宣称整个法规体系来看，和功效宣称相关的可通过四个规定来了解，即《化妆品监督管理条例》《化妆品分类规则和分类目录》《化妆品功效宣称评价规范》《化妆品标签管理办法》。

1.《化妆品监督管理条例》（以下简称《条例》）

（1）在《条例》第三条明确阐述了化妆品的定义，"本条例所称化妆品，是指以涂擦、喷洒或者其他类似方法，施用于皮肤、毛发、指甲、口唇等人体表面，以清洁、保护、美化、修饰为目的的日用化学工业产品"。企业应该从化妆品定义的 4 个目的出发，来确定化妆品的范畴。

（2）在《条例》第十六条中明确阐述了化妆品的分类，"用于染发、烫发、祛斑美白、防晒、防脱发的化妆品以及宣称新功效的化妆品为特殊化妆品。特殊化妆品以外的化妆品为普通化妆品"。企业应该根据此来对化妆品进行分类管理。

---

① 本部分执笔人：陶竞越、王悦、李璇、杨洁莹、石丽丽（挪亚检测认证集团有限公司）。

（3）在《条例》第二十二条充分体现"放管服"和"社会共治"原则，"化妆品的功效宣称应当有充分的科学依据。化妆品注册人、备案人应当在国务院药品监督管理部门规定的专门网站公布功效宣称所依据的文献资料、研究数据或者产品功效评价资料的摘要，接受社会监督"。

2.《化妆品分类规则和分类目录》

要理解《化妆品分类规则和分类目录》（以下简称《目录》），需要关注"新功效"定义。

功效宣称分类目录中有 26 个"一级功效词"，① 实质上是从监管角度罗列的 26 个大类，无论是哪些功效，在分类编码过程中都要能回到这 26 个大类，如果回不去那就是新功效。新功效定义在《目录》第九条有所阐述：功效宣称、作用部位或者使用人群编码中出现字母的，应当判定为宣称新功效的化妆品。

对于新功效的正确把握，要从正确理解"过程"和"结果"宣称的含义出发。这 26 个一级功效词都是结果宣称，即在产品作用下，消费者实际能获得的直接结果，而行业中确实有一部分从业者会误把"过程"宣称当成"新功效"来看待，比如"清除自由基""抑制络氨酸酶"等，这些之前热烈讨论过的"新功效"，最终都可以归类到这 26 个大类中。

3.《化妆品功效宣称评价规范》

对企业来说最关键的部分就是表 4"化妆品功效宣称评价项目要求"。

首先，要了解四类功效宣称科学依据——人体功效评价试验、消费者使用测试、实验室试验、文献资料或研究数据的定义。

其次，特殊化妆品的三个国标方法都已经发布，而普通化妆品的十几个大类方法尚不明确。功效是一个以非标为主的测试，现在以及未来的很长一段时间里都是，所以相关证明方法的逻辑自洽性就极为重要，需要从功效方案设计这个维度进行深入探讨。

此外，该文件也对化妆品功效宣称评价试验的开展提出了具体要求，即《化妆品功效宣称评价试验技术导则》。

---

① "一级功效词"是本报告为了方便读者理解所设立的一个概念。

表4 化妆品功效宣称评价项目要求

序号	功效宣称	人体功效评价试验	消费者使用测试	实验室试验	文献资料或研究数据
1	祛斑美白①	√			
2	防晒	√			
3	防脱发	√			
4	祛痘	√			
5	滋养②	√			
6	修护②	√			
7	抗皱	*	*	*	△
8	紧致	*	*	*	△
9	舒缓	*	*	*	△
10	控油	*	*	*	△
11	去角质	*	*	*	△
12	防断发	*	*	*	△
13	去屑	*	*	*	△
14	保湿	*	*	*	*
15	护发	*	*	*	*
16	特定宣称(宣称适用敏感皮肤、无泪配方)	*	*		
17	特定宣称(原料功效)	*	*	*	*
18	宣称温和(无刺激)	*	*	*	△
19	宣称量化指标的(时间、统计数据等)	*	*	*	△
20	宣称新功效	根据具体功效宣称选择合适的评价依据			

说明:选项栏中画√的,为必做项目;选项栏中画*的,为可选项目,但必须从中选择至少一项;选项栏中画△的,为可搭配项目,但必须配合人体功效评价试验、消费者使用测试或者实验室试验一起使用。

注:①仅通过物理遮盖作用发挥祛斑美白功效,且在标签中明示为物理作用的,可免予提交产品功效宣称评价资料;②如功效宣称作用部位仅为头发的,可选择体外真发进行评价。

资料来源:《化妆品功效宣称评价规范》。

4.《化妆品标签管理办法》

功效宣称落脚到《化妆品标签管理办法》,需要的是底线思维。尤其需要注意的是第十九条关于禁止标注或者宣称情形的规定。以第七条为例,针

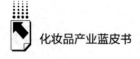

对原料宣称要满足三点要求：①原料宣称真实有效有相关证明材料；②原料添加量达到有效添加；③原料宣称需与成品宣称保持充分关联性。

（二）几个常见功效测试方法

1. 人体功效评价试验

人体功效评价试验主要围绕化妆品功效宣称评价规范中的 26 个功效来展开设计。

第一，特殊化妆品（如具有祛斑美白、防晒、防脱发功效的化妆品）都要按照国家强制性标准方法开展测试。

（1）祛斑美白

美白一法是黑化模型法（采用日光模拟器人工光源），美白二法则是开放使用法模型。

在美白一法中，试验产品涂抹后任一时间点肤色视觉评分差值或 ITA°差值与阴性对照相比有显著性改善（$P<0.05$），或经回归系数分析整体判断试验产品与阴性对照相比皮肤黑化有显著改善时（$P<0.05$），则认定试验产品具有祛斑美白功效。

在美白二法中，试验组（侧）使用产品后任一访视时点视觉评估、仪器测试或图像分析相关参数中任一参数的变化结果相差显著（$P<0.05$），或使用样品后测试值结果显著优于对照组（侧）结果时（$P<0.05$），则认定试验产品有祛斑美白功效。①

（2）防晒

SPF② 是防晒产品对 UVB 防护能力的量化指标，也是防晒伤能力的参考依据。在受试者纳入时，应选择皮肤类型为Ⅰ、Ⅱ、Ⅲ型的受试者，即照射后易出现晒伤而不易出现色素沉着者。

---

① 赵华、王楠：《化妆品功效评价（Ⅲ）——美白功效宣称的科学支持》，《日用化学工业》2018 年第 3 期，第 129~133、139 页。

② $SPF = \dfrac{使用防晒化妆品防护皮肤的 MED}{未防护皮肤的 MED}$

抗水抗汗功能是防晒化妆品一项经典的属性。测试可以通过对洗浴前后防晒产品 SPF 的变化来评估防水性能。通过 40 分钟的抗水性测试可以标注一般抗水性，通过 80 分钟的抗水性测试可以标注强抗水性。

PFA① 是防晒产品对 UVA 防护能力的量化指标，也是防晒黑能力的参考依据。在受试者纳入时，应选择皮肤类型为Ⅲ、Ⅳ型的受试者，即照射后易出现色素沉着者。

（3）防脱发

调节激素影响的产品、促进生发作用的产品，不属于化妆品。

通过对比试验组和对照组，使用产品后脱发计数或局部、整体毛发密度的变化无显著减少，又或者脱发计数或毛发密度的变化低于对照组来表征试验产品的防脱发功效。

第二，祛痘、滋养和修护也都是必须做人体试验的功效类别。滋养和修护又分为在皮肤和头发上的不同部位功效宣称。

祛痘的定义是有助于减少或减缓粉刺（含黑头或白头）的发生、有助于粉刺发生后皮肤的恢复。其中调节激素影响的、杀（抗、抑）菌的和消炎的产品，不属于化妆品。一般采用皮肤科医生临床评估的粉刺（白头、黑头）、丘疹或总和计数等来直接评估祛痘功效。

滋养的定义是有助于为施用部位提供滋养作用。在皮肤上的功效通过主要参数可通过皮肤光泽度、皮肤粗糙或平滑度等相关参数进行评价；当评价部位在头发时，可加入皮肤角质层水分含量指标进行共同评价。当滋养的宣称部位为头皮时，一般通过离体发束进行评价，通过对使用测试样品前后或与对照组相比较的发束光泽度、梳理性、摩擦力来进行评价。

修护的定义是有助于维护施用部位保持正常状态。其中用于疤痕、烫伤、烧伤、破损等损伤部位的产品，不属于化妆品。修护作用在皮肤上的功效宣称主要通过皮肤前后经表皮水分流失率来进行评价，作用在头发上的功效宣

① $PFA = \dfrac{使用防晒化妆品防护皮肤的 MPPD}{未防护皮肤的 MPPD}$

称主要通过对受损发束的抗拉强度、梳理性、摩擦力、光泽度来进行评价。

第三，适用敏感皮肤和无泪配方是进行特定宣称的化妆品功效宣称，应当通过人体功效评价试验或消费者使用测试的方式进行功效宣称评价。其中适用敏感皮肤需注意纳入的受试者应均为敏感肌，可参考《化妆品安全技术规范》中的人体试用试验安全性评价中的方法；无泪配方可通过眼科医生观察眼刺激性结合受试者自评来进行评价。

第四，具有抗皱、紧致、舒缓、控油、去角质、防断发和去屑功效，以及宣称温和（如无刺激）或量化指标（如功效宣称保持时间、功效宣称相关统计数据等）的化妆品，应当通过化妆品功效宣称评价试验方式，也可以同时结合文献资料或研究数据分析结果，进行功效宣称评价。

抗皱的定义是有助于减缓皮肤皱纹产生或使皱纹变得不明显。可采用三维图像分析仪结合图像分析软件分析皱纹相关参数，包含但不限于长度、深度、占比面积等相关参数。使用样品后或和对照组相比，任一参数有显著性改善（$P<0.05$）则说明样品具有抗皱功效。

紧致的定义是有助于保持皮肤的紧实度、弹性。可通过图像分析软件进行图像分析，或能测得皮肤特征参数（皮肤弹性或紧致度）来进行紧致功效评价。使用样品后或与对照组相比，以上任一参数呈显著性改善（$P<0.05$）则说明样品具有紧致功效。

舒缓的定义是指有助于改善皮肤刺激等状态。一般纳入受试者的肌肤类型为敏感肌，此类受试者肌肤易因外界刺激处于敏感状态，评价方法可结合主观评价、半主观评价和客观评价法。评价参数包括但不限于乳酸刺痛评分、皮肤红度等。

控油的定义是有助于减缓施用部位皮脂分泌和沉积，或使施用部位出油现象不明显。可通过皮肤油脂含量或卟啉变化来进行评价。

去角质的定义是有助于促进皮肤角质的脱落或促进角质更新。去屑的定义指有助于减缓头屑的产生，有助于减少附着于头皮、头发的头屑。这两项均可通过不同部位的皮肤鳞屑相关参数进行相关评价。

防断发是指有助于改善或减少头发断裂、分叉，有助于保持或增强头发韧性。根据定义可通过发束的断裂根数或头发的抗拉性能进行相关评价。

温和（无刺激）可参考《化妆品安全技术规范》中的人体试用试验安全性评价中的方法或消费者自评是否出现不良反应来进行主观评价。

第五，仅具有保湿和护发功效的化妆品，可以通过文献资料调研、研究数据分析或者化妆品功效宣称评价试验等方式进行功效宣称评价。

保湿的定义是用于补充或增强施用部位水分、油脂等成分含量，有助于保持施用部位水分含量或减少水分流失。根据定义可以提取到的参数有皮肤角质层水分含量、皮肤经表皮水分流失率、皮肤油脂含量等测试参数。

护发的定义是有助于改善头发、胡须的梳理性，防止静电，保持或增强毛发的光泽。根据定义可以提取到的参数有头发光泽度、梳理性、摩擦力、静电值等测试参数。

2. 实验室试验

实验室试验是在体外进行的实验，通常有物理化学法、生物化学法、细胞生物法、三维重组皮肤模型替代法等。其优势有试验周期短、经济简便、易于开展深层次机理研究等，因此越来越受到行业和消费者的重视。[①]

（1）保湿：保湿类化妆品主要通过吸湿和保水对皮肤起保湿作用。吸湿是化妆品中的保湿剂吸收空气中的水分子，使皮肤角质层保持湿润；保水是化妆品在皮肤表面形成一层封闭的润滑膜，限制皮肤表面的水分向环境中散失。主要方法是用重量法和细胞法来表征保湿的效果。

（2）美白祛斑：皮肤中黑素含量与黑素颗粒的分布对肤色具有关键性的决定作用。在黑素细胞内，黑素合成主要是酪氨酸酶催化酪氨酸形成多巴，在其他关键酶的作用下形成黑素，并且黑素通过黑素小体分泌转运到表皮细胞中，其中一部分黑素会随着角质细胞脱落，而另一部分则沉积在表皮细胞表面，决定皮肤的颜色。通常通过测定抑制酪氨酸酶的活性来表征美白效果；或者直接测黑素含量及和黑素相关的基因来表征。

---

① 何文丹、刘磊、杨舒颜等：《化妆品功效评价（Ⅺ）——体外试验技术在发用化妆品功效评价中的应用》，《日用化学工业》2019 年第 1 期，第 5~11、33 页。

（3）防晒：体外仪器法原理是基于漫透射光谱学，在紫外吸收很低的载体上涂抹一定厚度的防晒产品，然后使用仪器进行测定。

（4）抗皱、紧致、抗光老化、抗氧化、抗糖基化：皮肤的老化可以分为内源性老化和外源性老化。当皮肤受到紫外线辐射后，细胞内会产生过量的活性氧，促进衰老相关基因表达，诱发炎症级联反应并降低弹力蛋白和胶原蛋白的表达量，导致皮肤出现松弛、皱纹等老化现象。那么无论是生化法还是细胞法等最终都是通过 ROS、MMP-1、AGES、弹性/胶原酶、弹性/胶原蛋白这些参数来表征。

（5）修护、祛痘、舒缓：皮肤受到外界刺激时，角质形成细胞就会产生免疫应答。不论是修护、祛痘还是舒缓效果都可通过相关机理的炎症因子表征。

（6）控油、去屑、去角质：通过抑制 5α-还原酶活性来降低 DHT 水平是缓解皮脂腺过度分泌脂质的重要途径。所以控油效果一般通过 5α-还原酶的活性或者皮脂腺油脂分泌量来表征。去屑的功效可以通过抑制马拉色菌来表征的。根据去角质的原理，将产品作用于动物离体皮肤，一段时间后，通过角质剥落膜剥离法分析离体皮肤脱落角质蛋白总量及角质细胞，评估产品的去角质能力。

（7）温和：实验室试验可采用鸡胚绒毛尿囊膜试验，该方法适用于化妆品、化妆品原料眼刺激性、腐蚀性作用的筛选和检测。

3.消费者使用测试

消费者使用测试是指在客观和科学方法基础上，对消费者的产品使用情况和功效宣称评价信息进行有效收集、整理和分析的过程。消费者使用测试具有试验周期短、成本低、能提供直接反馈等特点。[①]

（三）总结与展望

1.化妆品功效分析与评价面临的挑战

化妆品行业已进入"功效时代"，塑造功效的差异化已经成为诸多企业

---

① 刘唯一、周琳、赵华：《化妆品功效评价（XIII）——消费者使用测试》，《日用化学工业》2021年第6期，第485~490页。

的运作模式。日益完善的国家监管制度体系，对于整个化妆品行业，包括品牌方、原料方、代工厂、消费者、检测机构，都起到了巨大的推进作用。品牌方开始以"功效作用机理、实验数据量化、功效检测报告、产品使用场景"等为出发点阐述品牌故事。功效检测机构除满足合规性的基础功效测试需求外，还要满足方案设计可视化、过程可视化、结果可视化等市场需求。

2. 未来展望

希望化妆品行业在新规的严格监管下焕发新生。期盼化妆品行业能更加聚焦于基础研究，深入探寻功效作用之机理，从原料的根源出发，挖掘新概念，探索更多维度的测评方法。

B.3
化妆品网络经营合规分析报告

肖佳尚 蒋双镖 胡磊 任江 邓成忠*

摘 要： 当前，互联网电子商务模式迅速兴起，互联网已成为我国消费者购买化妆品的主要渠道。然而，随着化妆品网络销售市场规模不断扩大，相关的监管面临新的挑战。本报告结合我国化妆品网络经营市场现状和监管形势，强调规范化妆品网络经营责任的重要性。分析网络销售中的交易模式、违法违规情况及风险点，并针对化妆品企业网络销售提出了加强网络经营监管、完善监测平台、提升监管针对性和实效性等建议。同时，针对跨境电商和直播电商等新兴渠道，强调了构建多层次监管体系的重要性。

关键词： 网络经营 交易模式 化妆品

一 化妆品网络经营现状

（一）化妆品网络经营现状

相关统计数据显示，2021 年我国化妆品网络销售市场规模达 2634 亿元，占整体化妆品销售额的 65%，同比增长 10%；预计 2024 年，我国化妆品网络销售市场规模将突破 3500 亿元。[①] 其中，综合电商、化妆品电商

---

    * 肖佳尚、蒋双镖（山东省医药工业设计院有限公司）；胡磊、任江（杭州老爸评测科技股份有限公司）；邓成忠（广州市市场监督管理局法规处）。

    ① 周笛、冀玮、郑晓红等：《我国化妆品网络经营监管现状分析与对策思考》，《中国食品药品监管》2024 年第 1 期，第 82~89 页。

和线下专柜是我国消费者购买化妆品的主要渠道。① 相关统计数据显示，截至 2024 年 1 月，全国化妆品主流电子商务平台已超过 100 家。中国连锁经营协会与德勤联合发布的《2023 年中国网络零售 Top100 报告：精益化运营推动零售企业加快突围》显示，前 100 强企业总销售额超 2 万亿元，同比增长 13.2%，其中前 20 强企业的网络销售额占比超过 90%；个护用品和化妆品上榜企业达到 7 家，网络销售额占比 7.9%，同比增长6.4%。②

我国网民规模突破 10 亿人，是世界第一大网络零售市场，跨境电商增长尤为迅猛。根据初步测算，2023 年，我国跨境电商进出口额约为 2.38 万亿元，增长 15.6%。其中，出口 1.83 万亿元，增长 19.6%；进口 5483 亿元，增长 3.9%。③ 参与跨境电商进口的消费者人数逐年增加，2023 年达到 1.63 亿。

我国化妆品网络销售的主要渠道可以分为四类：传统电商平台、社交电商、直播电商和其他渠道。传统电商平台是当前我国化妆品网络销售的主要渠道，而微博、微信群、朋友圈等社交电商渠道是化妆品相关信息的主要传播平台。随着"网红经济"的崛起，直播电商也成了网络销售化妆品的重要新兴渠道。

（二）《化妆品网络经营监督管理办法》的出台背景

随着互联网经济的高速发展，化妆品网络销售已经成为化妆品经营的主要渠道之一，也是化妆品质量安全问题的重灾区。网络经营化妆品的监督抽检不合格率、风险监测问题发现率均显著高于传统销售渠道。为进一步规范化妆品网络经营行为，《化妆品监督管理条例》《化妆品生产经营监督管理办法》均对化妆品网络经营行为作出相关规定，《中华人民共和国电子商务

---

① 孙笑笑：《电商平台纷纷"出手"化妆品"线上禁令"来了!》，《中国化妆品》2022 年第 Z2 期，第 30~32 页。
② 《2023 年中国网络零售 Top 100 报告：精益化运营推动零售企业加快突围》，中国连锁经营协会官网，2023 年 9 月 4 日，http://www.ccfa.org.cn/portal/cn/xiangxi.jsp?id=444965。
③ 杜海涛：《跨境电商出口增长 19.6%（经济新方位）》，百家号，2024 年 1 月 22 日，http://baijiahao.baidu.com/s?id=1788745609002569045&wfr=spider&for=pc。

法》《网络交易监督管理办法》也对规范网络交易市场秩序作出明确要求。在此基础上，2023年3月，国家药监局出台《化妆品网络经营监督管理办法》（以下简称《办法》），旨在进一步细化、明确上位法相关规定，研究适用于化妆品网络经营监管的新方法、新手段。

《办法》全文共五章35条，具体内容体现在4个方面：一是明确化妆品网络经营的监管对象和监管部门；二是明确平台对平台内经营者的管理责任；三是明确平台内化妆品经营者的法律义务；四是明确化妆品网络经营监管要求。《办法》明确了化妆品电子商务经营者的主体包括化妆品电子商务平台经营者、平台内化妆品经营者以及通过自建网站、其他网络服务经营化妆品的电子商务经营者。

《办法》出台的意义。一是突出平台作用，加强对平台的管理与协作；二是突出源头治理，加大对网络经营违法行为的打击力度；三是突出问题导向，解决虚假宣传等网络经营监管问题；四是突出监管协同，理顺网络经营监管工作机制，坚持"以网治网"的管理思路，强化化妆品网络经营监测工作。新消费模式下，化妆品品类的线上营销也在不断加码，直播、社群、电商等形式急需行之有效、科学监管的交易环境，这也使得各大电商平台加大对化妆品的销售、商家自身经营标准等审核力度，倒逼平台尽快适应精细化运营和差异化竞争阶段。《办法》成为首部专门针对化妆品网络经营而出台的法规，美妆电商"野蛮生长"的时代即将面临终结，与时俱进的监管措施为化妆品产业再加"安全阀"。

（三）化妆品网络经营的发展趋势

为触达更多消费人群，完成市场下沉，各大化妆品品牌商纷纷加快网络销售布局，使得我国化妆品网络销售市场规模呈现不断扩大的态势。①

化妆品直播电商的融合、线上线下渠道及跨境电商的整合等创新媒体盈

---

① 杨云霞：《化妆品电子商务监管方式探讨》，《科学大众》2021年第6期，第393~397页。

利模式的兴起与持续迭代，不断推动化妆品电商平台成为各大化妆品品牌商获取市场份额的重要途径。

2020 年，在电子商务发展整体有所降速的情况下，化妆品企业与化妆品电子商务平台通过密切合作，持续探索新模式，拓宽新业态，保持了正向增长。化妆品电子商务平台已成为撬动化妆品产业发展的"云支点"。[①]

（四）网络合规经营是化妆品行业高质量发展的必然要求

2021 年 12 月，国家药监局等八部门联合印发的《"十四五"国家药品安全及促进高质量发展规划》指出，要加强对化妆品网络销售行为的监督管理，完善网络交易违法违规行为监测平台，及时排查处置网络销售化妆品风险，提升监管针对性和实效性。[②]

2023 年 3 月，国家药监局发布的《办法》明确了化妆品网络交易合规的管理要求。网络经营化妆品作为网络交易类型情形之一，同样也需符合《中华人民共和国电子商务法》和《网络交易监督管理办法》等规定，这些规定对于平台方和经营者的各项管理要求体现了相同的立法宗旨。例如，《中华人民共和国电子商务法》第三十八条强调了平台方在"自治领域"内履行自我管理的"准监管"义务的重要性，若平台方未履行相应义务，则会承担相应的过错责任。《网络交易监督管理办法》第十九条对于全面、真实、准确、及时披露商品或者服务信息的原则要求，又与《办法》第二十二条第二款产生呼应，该条款可作为理解《办法》相关条款精神背后所蕴含监管理念的底层基础。

化妆品网络经营链路围绕上下游资质及授权展开，涵盖淘宝、天猫、京东、拼多多、抖音、小红书、唯品会等平台。平台的监管基本上也是围绕产品质量、知识产权、店铺运营及宣传推广等四个方面展开的。如在出

---

① 周迪、冀玮、郑晓红等：《我国化妆品网络经营监管现状分析与对策思考》，《中国食品药品监管》2024 年第 1 期，第 82~89 页。

② 《"十四五"国家药品安全及促进高质量发展规划印发》，中国政府网，2022 年 1 月 2 日，https://www.gov.cn/xinwen/2022-01/02/content_5667258.htm。

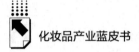

现《淘宝网市场管理与违规处理规范》第二十四条"出售假冒商品"的情况时，该链路能够通过证明产品合法合规使店铺减轻或免除处罚。而第三十七条对于"发布未经准入商品"情形的处罚，则能够证明网络销售链路合规的重要性。又如根据《中华人民共和国商标法》第五十七条，若所售商品与正品比对不一致，商品会被认定为侵犯注册商标权。然而《中华人民共和国商标法》第六十四条为销售者提供了合法抗辩的权利，即销售不知道是侵犯注册商标专用权的商品，能证明该商品是自己合法取得并说明提供者的，不承担赔偿责任。

《办法》是化妆品网络交易领域的特别规定，强调源头治理，加大对网络经营违法行为的打击力度。对于涉网重大质量安全问题，平台在采取必要措施制止后，还应当将违法线索报告给平台内化妆品经营者的实际经营地监管部门，依法调查处理。不得以平台治理的方式代替监管部门的行政管理措施，仅对网络经营违法行为"一删了之"。

为更好地配合政策落地，商指针已重磅推出化妆品网络经营监督大数据平台。该平台通过 AI 模型、云计算、高速数据解析转换与装载技术、分布式虚拟存储技术等，对化妆品网络经营中存在的违规行为进行实时监测、及时预警。目前平台监测的违规类型包括备案信息不规范、未公示备案信息、疑似未备案、疑似冒用他人备案信息、与官方标签不一致、虚假宣传等不合格情况。只有做到生产及网络经营链路合法合规，规范网络销售行为，才能促进化妆品产业的高质量发展。

二 我国化妆品网络经营交易模式与风险点

（一）我国化妆品网络经营的主要模式及其优缺点

我国化妆品网络经营通常以 B2B、B2C、O2O、第三方交易平台（含跨境电商平台）等经营模式为主，其优缺点见表1。

表1　化妆品网络经营主要模式的优缺点

经营模式	优点	缺点
B2B模式	企业与企业之间通过专用网络或Internet,进行数据信息的交换、传递,开展交易活动的商业模式。交易对象广泛、交易操作规范,降低采购、库存成本,缩短周转时间	交易次数少,交易金额大,不够灵活;交易过程复杂。从质量保证上看,具有虚拟性,消费者只能看见图片,无法看见甚至感知实物,出口跨境电商还可能存在难收款或配送不到位的风险
B2C模式	从消费者角度看,具有不受时间、地点限制的便利性,价格透明、品种齐全、种类繁多、一站购物,平台具有客户评价机制。如在2020年上半年,B2C模式有效满足消费者购买化妆品的需求。通过质量保证措施,获得顾客满意。从国家整体层面看,利于经济发展,减少流通环节	从质量保证上看,具有虚拟性,消费者只能看见图片,无法看见甚至感知实物。从消费者角度看,尽管购买化妆品方便,直接线上交易,但因相关信息不对称,与化妆品经营企业建立信任度会有多种疑虑;从市场监督管理部门角度看,市场地域性范围广,是一种跨区域性的平台及客户端,监督管理有一定的挑战
O2O模式	线上提供商务信息、服务预订等方式,把线下商店的商品及服务信息推送给互联网用户,将线下商务的机会与互联网有机结合在了一起,让互联网成为线下交易的前台,从而将他们转化为自己的线下客户,有效扩大业务覆盖范围。一、二线城市有成熟的物流配送体系,O2O模式在这些城市布局较广,在城市核心区域基本实现"半小时""1小时"配送	从质量保证上看,具有虚拟性,消费者只能看见图片,无法看见甚至感知实物,配送条件很难保证;从消费者角度看,尽管购买化妆品方便,直接线上可交易,但因相关信息不对称,与化妆品经营企业建立信任度会有多重疑虑,退换货难度大,权益和个人信息的保密难以保障
第三方交易平台	保持中立的立场,得到参与者的信任,集成买方需求信息和卖方供应信息、撮合买卖双方、支持交易以便利市场操作,买卖双方企业与第三方平台集成,能够更好地利用第三方平台的规模效益。可实施实时监测与追溯管理	数据获取的及时性、准确性、企业的商业保密性和数据信息的安全性都不能完全保证。难以做到免费为监管部门提供交易数据、实时共享接口

（二）我国互联网流通企业主要的几种业务模式

1.互联网流通企业业务模式

互联网流通企业业务模式有化妆品零售、批发企业自建网站销售模式,化妆品零售、批发企业加入网络交易第三方平台销售模式或两种模式的组合。

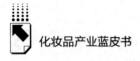

（1）化妆品零售企业自建网站销售模式

由零售企业将以电商模式销售品种的全部信息挂在本企业的自建网站或网络客户端应用程序网页上供消费者挑选，消费者选定相应的品规下单后并在该零售企业指定的账号或第三方的支付平台上支付，该零售企业从账号或第三方平台上收到购货资金后，通过物流公司快递到订单指定的收货地址及交给收件人查验。

（2）化妆品批发企业自建网站销售模式

由销售企业将以电商模式销售品种的全部信息挂在本企业的自建网站或网络客户端应用程序网页上供企业选购，当购买方确定购买意向时，先与销售方互相交换企业资质并签订购货合同和质量保证协议，然后选定相应的品规下单后并在销售企业指定的账号或第三方的支付平台上支付，销售企业从账号或第三方平台上收到购货资金后，通过物流公司运输到订单指定的收货地址及交给收货人查验。

（3）化妆品零售企业加入网络交易第三方平台销售模式

此模式实现依赖于有效的担保交易机制，首先由支付宝提出。此模式解决了电子商务交易中的信用问题。由零售企业将根据第三方平台入驻要求入驻，交易流程包括零售企业展示商品、消费者下订单并通过支付宝付款、零售企业通过物流公司发货到订单指定的收货地址及交给收件人查验，消费者确认收货且无退货要求之后支付宝将款项转给零售企业。零售企业负责回答消费者咨询、处理投诉、解决售后问题等，如果发生欺诈等行为，消费者可以要求退款。

（4）化妆品批发企业加入网络交易第三方平台销售模式

①选择合适的第三方平台，专门的电子商务平台或是综合性的网络服务平台。②批发企业需要在该平台上注册账号并开设网店。包括填写企业信息、上传相关证件（如营业执照等）、设置店铺基本信息等步骤。③上传产品信息。企业需要将自己的产品信息上传到平台上，包括产品图片、描述、价格等。④营销推广。批发企业可以利用平台的营销工具进行推广，如优惠券、促销活动等；还可利用社交媒体和其他在线渠道进行宣传，提高品牌知

名度和产品曝光率。⑤订单处理与物流配送。购买方有购买需求时签订购货合同和质量保证协议。购买方下单后，企业需要处理包括确认订单信息、安排发货，通过物流公司运输配送，确保产品能够及时、安全地送达客户手中。⑥客户服务与售后。回答客户咨询、处理投诉、解决售后问题等，以确保客户满意度。

2. 跨境电商出口模式

我国跨境电商出口模式有四种，分别是特殊区域出口、一般出口、跨境电商 B2B 直接出口和跨境电商出口海外仓。

（1）特殊区域出口：细分为特殊区域包裹零售出口和特殊区域出口海外仓零售。此模式在综合保税区等海关特殊监管区域开展，其增长态势尤为明显。

（2）一般出口：境外消费者下单付款后，相关企业将交易、收款、物流等电子信息实时传输给海关，海关审核该包裹的《申报清单》，查验后放行包裹，再通过国际运输、境外配送交予境外消费者。

（3）跨境电商 B2B 直接出口：境内企业通过跨境电商平台与境外企业达成交易后，通过跨境物流将货物直接出口送达境外企业。

（4）跨境电商出口海外仓：境内企业先将出口货物通过跨境物流运达海外仓，再通过跨境电商平台实现交易后从海外仓送达境外购买者。海外仓有自营型海外仓、第三方海外仓、亚马逊物流模式三种类型。

（三）化妆品网络经营常见的违法违规情形

化妆品网络经营常见的违法违规情形见表2。

表2 常见的违法违规情形

违法违规情形类别	具体情形或案例
网售无证化妆品（如无证生产的、产品无备案或无许可的）	许多成分不明、功效不清的三无"化妆品"，打着"绿色环保""纯手工制作""奇效祛痘""快速美白"旗号进行宣传。浙江湖州李某经营了一家网店，李某从网上某化妆品销售商家购入大包装的某品牌人参珍珠膏及塑料小包装盒，手工分装并加贴自制的标签后，在其经营的网店上销售。李某在该商品的宣传页面上标明产品为手工制作，并虚假宣称该产品具有美白、淡斑等功效

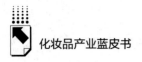

续表

违法违规情形类别	具体情形或案例
知识产权侵权,假冒化妆品品牌、商标情形,或技术及配方侵犯知识产权人合法权益	有些化妆品品牌内部人员"泄露"上市化妆品喷码大概号段,以让假冒产品与正品同步更新喷码。售假不法分子通过网络开店、虚假刷单等提高店铺信誉度,吸引"捡便宜"的消费者。一旦网店被封号,他们会重新开始另一个,继续售假;通过仿造产品外观,达到消费者无法辨别的程度是侵权实务中最常见的,多数顾客购买商品后无法辨别真假。有表现为生产或制造假冒商标和表现为销售假冒商标,也有通过高薪挖对方企业人才或通过买通对方企业人员窃取配方
销售劣质化妆品	经营变质、销售不符合国家强制标准或技术规范要求的化妆品、通过勾兑分装等擅自配制化妆品后网销
销售备案号已经注销的化妆品	市场发现某品牌的"黛珂牛油果乳液"原备案号"国妆网备进字(浙)2020000774"已于2023年4月6日注销,但仍有商家在网络销售,且销售产品净含量等信息与备案信息不符,该"黛珂牛油果乳液"涉嫌"一号多用"。在深圳市龙岗区某工业园内的3处场所均在现场发现该款化妆品,同时在现场查获无合法来源化妆品一批。经权利方现场鉴定,涉案的化妆品均为假冒品牌方注册商标的未经进口备案的产品,涉案货值460余万元,已达到刑事立案标准
未及时停售国内已注销的化妆品	国家药监局公告注销的化妆品,部分电商平台和经营企业未能及时关注、跟进,未能在注销公告生效后,及时下架停售已注销的化妆品。如一化妆品店在短视频平台销售一款名为"SEEMSURE 司素 377VC 焕颜亮肤面膜",其成分中含苯乙基间苯二酚,该产品的成分超出普通化妆品使用范畴,其化妆品备案号在国家药监局网站早已注销
更改化妆品使用期限和网络经营超过使用期限的化妆品	2023年6月,当事人岳阳市岳阳楼区李某通过各种网络渠道低价收购临近有效期或过期的品牌化妆品后,通过剪掉尾标并用打码机重新打码等手段进行处理,再通过网络平台进行销售。执法人员现场检查发现三个仓库,仓库内堆放涉及多个知名品牌的洁面、修护面霜、保湿精华、润肤液、爽肤水、化妆水等54个品种近6000瓶(支)产品,还有大量已超过有效期的化妆品,及部分被剪掉标有出厂日期和批号尾标的化妆品,以及打码机及电脑等设备。经鉴定,该场所发现的各类化妆品中,大量产品为超过有效期的劣质产品,且还有部分为假冒商标产品
恶意竞争宣传	电商平台的竞争大,不少商家选择通过低价、抹黑方式抢夺客户。如卖家出售自营品牌的卸妆水,但在详情页描述"质量比某品牌更好,价格比某品牌更低",构成不正当竞争
虚假、夸大宣传	由于存在"械字号面膜""食品级化妆品"的概念,在宣传化妆品时,商家使用医疗用语或易使推销的商品与药品、医疗器械相混淆的用语。违反《化妆品标签管理办法》及《中华人民共和国广告法》,效果夸大词语用"最"好

违法违规情形类别	具体情形或案例
账货流向不一致风险	下游客户在平台注册时预留收货地址信息与营业执照地址不相符,而开展B2B业务的化妆品企业为确保业务量对此视而不见,进而导致化妆品实际发货地址与下游客户信息不一致的情况
跨境电商的"代购"风险	代购化妆品运输需要经过海关的,卖家应确保代购化妆品符合相关海关法律法规的规定。若代购化妆品违反法律法规的规定,导致化妆品被海关没收、扣押或采取其他强制措施的,相应的风险由卖家承担
跨境电商出口风险	包括知识产权、税务等违法风险、虚假贸易、夹藏违禁品出口。跨境电商热销"网络爆款"特点决定了其蕴藏侵犯知识产权风险。知识产权纠纷是目前最主要法律风险之一,其中侵权是"重灾区"。侵权可以分为侵犯商标权、侵犯版权(如"盗图")、侵犯专利权等
违规储运及委托配送	储存、运输条件不符合产品的温度要求,如一外卖骑手送化妆品时,将化妆品和点餐的饭盒贴放在一起,造成温度超标影响质量且容易被污染
实物与订单不符以及退货存在质量风险	下单买产品A却收到的实物是产品B,网络销售化妆品在此环节一进一出甚至几进几出,而电商企业对退回化妆品的真伪缺乏可靠的鉴别能力,很可能出现被近效期化妆品甚至假劣药品"狸猫换太子",进而导致后续的化妆品经营质量风险
销售无法追溯、无合法来源的境内外化妆品	网售私自带入国内的境外化妆品并上架销售。销售无法追溯、无合法来源的国内化妆品
平台未履行审核管理义务	有些平台没有对所有入驻企业履行审核管理义务,导致无法准确掌握入驻企业信息,带来管理风险
化妆品网络销售的链路不合规风险	化妆品经营端口(品牌方)与生产端口(工厂)、销售端口(分销商)和零售端口(电商平台的店铺)之间存在产品及生产资质、委托合同、出厂检验报告、商标证、销售授权、商标使用授权以及店铺授权等必要文件缺失,导致存在网络经营风险。如菲诗蔻生姜洗发水在带货直播时宣称"防脱发"功效,归属特殊化妆品,搜索药监局网站,菲诗蔻生姜洗发水仅作为普通化妆品做了产品备案。这就意味着,该款洗发水在没有注册证的情况下进行销售,违反了"化妆品销售需要备案或者注册证"的要求。这一缺失情况使淘宝头部主播李佳琦翻了车,可见链路完整、合规的重要性。又如中国A公司诉B公司X宝店未经其许可,擅自在网络平台销售带有原告第x号商标的化妆品,侵害其商标权。该化妆品由境外E公司统一生产,并由F公司引进到国内,X宝店主C自F处合法购得。由于A、E、F公司为关联企业,根据法院关于知识产权的意见,只要X宝店主能够提供完整的产品链路证明产品合法来源,即可基于平行进口理论证明该产品的销售不构成商标侵权

（四）化妆品网络经营风险点

1.化妆品网络经营数据安全的风险

电商企业依靠成熟的第三方平台和自建电商网站，开展互联网化妆品销售业务，而自建电商网站又以租用云服务器为主。电商企业的网络经营数据，实则储存在受托的第三方平台或云服务器的运营商手中，经营数据的准确性和安全性全部掌握在受托方手中。虽然经营数据按期进行本地备份，但调研时并未发现企业对备份数据的可靠性进行过恢复性测试或与企业自身计算机管理系统数据进行过完整比对。长此以往，云端和本地的经营数据可能存在难以匹配的问题。

一方面，虽然《办法》对化妆品电子商务平台经营者住所地、平台内化妆品经营者实际经营地以及化妆品注册人、备案人、境内责任人住所地，监管部门在化妆品网络经营监管工作中的协同配合、工作机制等进行了规定。但在实际工作中，仍存在化妆品网络经营案件风险控制、信息调取、协查反馈等处理效率低问题。另一方面，监管部门与化妆品电子商务平台尚未形成有条件的数据共享机制，化妆品网络经营安全风险防范的有效性和执行率偏低。同时，化妆品电子商务平台在获取最新化妆品注册数据、备案数据和许可数据等方面仍存在困难，无法及时准确地对平台内化妆品经营者的实名登记信息和入网产品信息等进行校验，为化妆品网络经营数据安全埋下了隐患。

2.化妆品消费者隐私泄露与群体权益保障的风险

化妆品消费者不仅存在其权利易受侵害的情况，还存在其权利遭受侵害后难以救济的问题。目前，针对互联网化妆品销售者对消费者权利侵害的情况，消费者只能通过诉讼、调解等途径解决。但在实践中，诉讼成本较高，时间成本也非常高，通过诉讼的方式维权通常对于消费者来说往往得不偿失。另外，针对该类纠纷引起的权利救济问题，消费者虽然可以寻求消协的保护，但无法向中国日化商业协会等自治组织寻求救济。

3. 跨境化妆品存在的风险

随着跨境美妆市场多年的发展，其中的各种风险也是逐渐暴露。目前，跨境电商进口已经有相当大的规模，成为很多民众消费的重要渠道，但跨境电商产品质量参差不齐的现象突出。[①] 主要风险如下。

（1）法律法规风险

不同国家、地区和组织对化妆品的进出口实施特定的限制或禁止措施。这些措施是基于质量、安全性及合规性的考量，以确保出口产品符合当地法规要求。某些化妆品成分或产品质量因不符合目标市场国的法规标准而被禁止进口，给化妆品企业带来了额外的挑战。[②]

（2）产品质量风险

由于各国的化妆品标准不同，化妆品生产所在地企业的生产及供应链，比如原料、生产体系执行标准、成品放行标准、经营销售与商标文化、监管法规等都有很大差别。[③]

一些国家的化妆品质量标准比较粗糙且监管不严，加之各种转口贸易所负责的供应链不合规，导致跨境化妆品终端产品暴露出一些质量问题，例如跨境美妆包材问题、国内外标准的差异问题、产品的稳定性问题。

（3）虚假宣传风险

以跨境电商模式经营化妆品的业务，往往是监管部门的监管盲区，也是广告虚假宣传的多发地，出现编造原料来源、产品工艺、产品功效等现象，[④] 例如，由于跨境化妆品标签及广告审查不受国内功效宣称有关法规约束，有些跨境电商企业进行虚假宣传，如进行类医疗式宣称，但不能提供充

---

① 杜进等：《产品风险画像技术在跨境电商质量安全监管中的应用研究》，《中国口岸科学技术》2023 年第 1 期，第 88~95 页。

② 陈钰芬：《基于全流程的进口 B2C 跨境电商商品质量风险评估体系构建》，《商业经济与管理》2019 年第 12 期，第 5~16 页。

③ 周科选、韩永辉、余林徽：《跨境电商产业政策对中国进口产品质量的影响研究》，《兰州学刊》2023 年第 2 期，第 41~58 页。

④ 梁福：《质量溯源导向下跨境电商商品质量监管体系构建策略》，《商业经济研究》2016 年第 9 期，第 98~99 页。

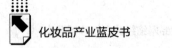

分证据;[①] 很多跨境美妆没有在详情页上披露全成分,有些产品没有更多反映质量安全和功效检测的报告,[②] 全外文标识其实让很多消费者难以识别基础的安全信息;一些跨境美妆是伪跨境,货在境内生产,然后在香港、东南亚等地走了一圈回来成为伪跨境产品,[③] 对外宣传是境外产品,实际没有取得当地合法售卖资质。

(4)维权风险

跨境电商的生产企业、品牌商、代理商等相距较远或链路很长,跨境化妆品存在的很多质量和合规问题都无法落地纠正,如有不良反应也无法正常申报,几乎没有第三方机构能够进行鉴别服务,导致很多美妆产品问题被掩盖,消费者主张权益很不方便。[④]

4. 化妆品直播电商交易风险

随着直播电商的火爆,风险也不断地暴露出来。根据《2023年(上)中国直播电商市场数据报告》,[⑤] 在国内知名网络消费纠纷调解平台"电诉宝"受理用户维权的案例中,退款问题(占比21.64%)、商品质量问题(占比16.83%)、发货问题(占比10.58%)、网络欺诈问题(占比10.10%)、网络售假问题(占比6.73%)、虚假促销问题(占比6.73%)、退换货难问题(占比6.73%)、售后服务问题(占比6.25%)、订单问题(占比3.37%)、霸王条款问题(占比2.40%)等是直播电商投诉中常见的问题类型。

(1)产品质量风险

在化妆品直播电商交易中,一些不法商家销售假冒伪劣产品,质量不达

① 马士健:《跨境电商网站质量对消费者网络购买意愿影响实证研究》,硕士学位论文,安徽大学,2016。
② 张林凤:《跨境电商物流服务质量指标体系的构建研究》,《管理科学与工程》2017年第3期。
③ 张择:《质检总局:规范跨境电商治理质量"乱象"》,《质量探索》2016年第1期,第6页。
④ 彭时音:《博弈论视角下我国出口跨境电商商品质量问题与对策》,《商业经济研究》2022年第15期,第138~141页。
⑤ 《2023年(上)中国直播电商市场数据报告》,2024。

标，可能含有有害物质，给消费者的健康带来潜在威胁。[①] 例如，非法添加风险物质的山寨、贴牌、仿牌等"白牌"产品流向消费者，添加激素、抗生素、汞等有害物质的产品，也快速转到直播渠道，[②] 对消费者造成较大危害；产品标签和详情页不一致，标签中的禁限制功效成分和配方实际成分也不一致的情形时常发生，[③] 宣称无防腐剂但是实际发现加入防腐剂，宣称与标识不一致，[④] 美白剂也存在虚标问题；以植物提取物为原料的产品也存在质量风险。[⑤] 在 2024 年年初某博主大热的油橄榄成分争议中，该博主带货某品牌产品中未检出油橄榄标志性成分橄榄苦苷和羟基酪醇，还可能存在产品微生物超标，如果在货架期内或者消费者正常使用范围内难以抵抗微生物负载，将发生微生物污染的情况。[⑥]

（2）虚假宣传与欺诈风险

商家往往过度渲染产品的优势，故意隐瞒产品的缺陷或不足，甚至夸大其实际性能，以此误导消费者作出购买决策。

1）夸大功效

这是在直播领域违规频率最高的情况之一，主要有：不按备案内容宣称，甚至宣称特定功效，大量普通化妆品宣称或变相宣称防晒、祛斑美白和染发功效；宣称消炎、抗菌、抑菌、抗氧化、抗糖、抗老、抗衰等内容，[⑦]

---

① 江莹：《我国化妆品直播电商现状与规制研究》，《日用化学品科学》2023 年第 10 期，第 61~66 页。

② 张茜茜：《电商直播带货中存在的问题及对策分析——以抖音为例》，《南北桥》2022 年第 13 期。

③ 邓伟健、王定姣、温顺灵：《化妆品供应链中质量管理的探索》，《中国洗涤用品工业》2021 年第 2 期，第 61~66 页。

④ 周云、郑静：《网售化妆品智慧治理的实践与思考》，《市场监督管理》2022 年第 1 期，第 52~53 页。

⑤ 郭延禄、罗公利、侯贵生等：《"种草"与"翻车"，网红直播带货的产品质量问题与治理研究》，《中国管理科学》2023 年第 10 期，第 162~174 页。

⑥ 段艳华：《直播带货中消费者权益保护机制的完善》，《法制博览》2023 年第 5 期，第 109~111 页。

⑦ 朱秀芬、李洪帅、田雨婷：《直播销售产品质量的责任问题研究》，《商业经济》2023 年第 5 期，第 79~81 页。

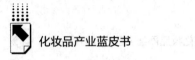

直播间多次通过使用商标、图案、字体颜色大小、色差、谐音或者暗示性的文字、字母、汉语拼音、数字、符号等方式暗示产品具有医疗作用或者进行虚假宣称；功效图片夸张，对比图明显存在伪造痕迹；通过宣称原料功效间接表达产品未备案的功效。[①]

2）原料质量和工艺与宣称不符

宣称同样的原料，实际来源及到货时的原料不符合购买时宣称的原料，[②] 如某某冰川水、某某玫瑰精油，实际溯源与宣称不符；宣称为单一物质的添加量，实际为原料复合物添加量，[③] 其产品中有效成分含量实际很低。又如宣称含有天然成分椰油酰胺丙基甜菜碱，该物质实质是化学合成的。

3）功效报告质量不高

自从国家要求进行功效宣称评价以后，出现了各种功效检验机构，这些机构的水平参差不齐，功效报告已成泛滥之势，[④] 很多功效报告逻辑不清，数据明显伪造，如防晒报告的十个数据雷同、前后日期颠倒、$P > 0.05$ 情况下仍然下"存在显著差异"的结论、功效报告结论无此功效仍然放在备案摘要上面作为该功效证明；实地走访检验机构发现原始记录造假。[⑤]

4）商业信息造假

主要通过伪造 GMV 和用户评价数据，通过篡改销售数据、用户评价及刷信誉等，营造出一种产品热销、好评如潮的假象，[⑥] 以此欺骗消费者。

① 张玄、戴君怡：《直播带货发展现状及质量安全问题研究》，《老字号品牌营销》2022 年第24 期，第94~96 页。

② 杨智淇：《直播带货利益相关者的质量治理模式研究》，《中国商论》2022 年第 5 期，第16~18 页。

③ 孙林：《直播带货模式中产品质量管控路径研究》，《质量探索》2022 年第 2 期，第 81~86 页。

④ 杜可欣：《"直播带货"中产品质量问题及监管方向》，《中国质量监管》2022 年第 5 期，第 58~60 页。

⑤ 万晓君、赵卫：《高质量开展网售化妆品抽样工作的研究与建议》，《中国食品药品监管》2023 年第 3 期，第 84~91、152 页。

⑥ 潘小红等：《我国化妆品产品稳定性研究与管理现状的探讨》，《日用化学工业》（中英文）2024 年第 2 期，第 201~208 页。

5）产品造假

从国际大牌、国产领先品牌、中等规模品牌，甚至到新锐品牌都存在假冒产品的现象，[①] 常用办法是仿制或收购品牌产品空盒包装后加入自己的料体，[②] 某些直播间售卖的就是黑作坊工厂生产的无证产品。

三　化妆品网络经营风险防范与合规建议

（一）提高网络经营监管信息技术报送能力，完善化妆品网络交易规范体系

1. 提高平台海量数据的自动化信息报送能力

《办法》鼓励化妆品电子商务平台与监管部门建立开放数据接口等形式的自动化信息报送机制，然而目前除国家局南方所、浙江省药监局等少数已拥有相关数字化技术的监管部门外，多数省份仍不具备对化妆品电子商务平台所反馈的海量数据进行分析与利用的技术条件与能力。监管部门目前仍无法准确掌握市场中化妆品电子商务平台底数、平台内化妆品经营者情况、店铺数量等相关信息，对于化妆品网络经营风险线索的处理、消费舆情的捕捉、违法行为的制裁等存在监管盲区。建议监管部门加强化妆品网络经营监管信息化、数字化和智慧化建设。

2. 加强对直播从业人员的培训和考核

为杜绝一些不良直播现象的发生，相关部门可以规定直播从业人员必须接受综合培训和资格考试，对不良行为采取积分罚则制度，同时针对主播、直播间和 MCN 机构引入统一的信用评价系统。

3. 制定各种网络经营交易模式细则，建立化妆品网络交易规范体系

一方面，制定和完善网络直播带货的细则；另一方面，对于在网络直播

① 陈烨琪、曹伟：《新〈条例〉背景下网购化妆品服务质量评价体系构建与监管策略探索》，《药品评价》2022 年第 21 期，第 1285~1288 页。
② 田少雷等：《对化妆品生产质量管理体系中物料管理的探讨》，《中国食品药品监管》2022 年第 12 期，第 66~73 页。

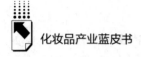

带货中易出现的侵权和夸大宣传现象，通过加大对其的处罚力度来对参与主体起到一定的威慑作用。网络交易只有具备规范体系，才能达到共同打击不法行为的目的。

（二）构建化妆品网络经营监管协作机制，提升监管协同配合程度和监管效能

1.建立多方信息共享互联互通机制

建立政企间跨区域、跨部门的信息共享互联互通机制。监管部门和电子商务平台应协力搭建平台内化妆品经营者相关信息核验、入网产品信息发布、日常经营行为检查、违法行为制止和线索报告撰写等方面的协作路径，加快构建信息共享机制。平台应定期对化妆品网络经营监管中遇到的问题与监管部门进行及时有效的沟通，实现政企间数据有限互通、业务在线联动，提升监管效率。建议监管部门出台配套协作机制等文件，规范风险信息报送流程，并尽可能以标准化信息共享的程序和格式向化妆品电子商务平台有条件开放相关数据库，并把握好开放数据的程度、限度和责任边界，形成政企协作、社会共治的新局面。①

2.提高监管效能与多方之间的协同程度

要密切关注监管效能以及监管部门内部及监管部门和化妆品电子商务平台之间的协同程度。在实际工作中，客观存在化妆品网络经营案件风险控制、信息调取、协查反馈处理效率低等问题。监管部门与化妆品电子商务平台也尚未形成有条件的数据共享机制。化妆品网络经营安全风险防范的有效性和执行率偏低，容易造成监管资源的浪费。同时，化妆品电子商务平台在获取最新化妆品注册数据、备案数据和许可数据等方面仍存在困难，无法及时准确地对平台内化妆品经营者的实名登记信息和入网产品信息等进行

---

① 李艳菊等：《〈化妆品监督管理条例〉下化妆品风险监测质量研究》，《医学动物防制》2023年第3期，第262~266页。

校验。①

3. 建立多部门协同监管平台和风险监测体系

（1）一方面，建立一个多部门协同参与的智慧监管平台，全国各级药监部门、各个联动协作单位均可利用这个平台，实现资源共享，联合执法。另一方面，通过线上监测和线下检查的同步开展，确保化妆品网络交易的链条始终处于监管之下。依靠这个智慧监管平台并充分利用大数据等新技术纵向全面打通省、市、县三级化妆品监管平台，横向全面实现各部门化妆品相关信息共享，实现大数据与监管的深度融合。

（2）建立由各级药品监督管理部门牵头、各相关部门共同参与的协调联系机制，解决监管部门因职责界限不清产生的问题，避免出现重复监管或监管缺位，有案情及时通报和移送，做好联动查处和协同打击，形成多部门紧密配合无缝衔接的监管合力。

（3）对于问题频出的产品渠道和种类，建立监测信息通报机制。如定期抽查跨境产品的生产条件合规要求、包装标签及流通管理，不能让跨境产品成为黑作坊和质量问题的重灾区。

4. 运用失信联合惩戒手段

（1）对存在严重违法违规问题的化妆品网络销售者、第三方平台，可以实施失信联合惩戒，药监部门可通过政务网站、搜索引擎等途径予以公示，建议工信部门对"黑名单"企业和平台停止接入服务。

（2）建议药品监管部门严格按照《化妆品监督管理条例》《办法》中的相关规定对化妆品原料、生产、流通、使用等企业的日常监督管理情况，建立诚信档案，将违反法律的企业拉入"黑名单"，并将该信息定期公布在药品监管部门的官网。同时健全信息共享平台，让相关信息及时传达，提高监管效能。

5. 构建统一、高效、多层次的监管体系

针对化妆品直播卖货领域的监管问题，构建一个统一、高效、多层次的

---

① 周笛等：《我国化妆品网络经营监管现状分析与对策思考》，《中国食品药品监管》2024年
第1期，第82~89页。

监管体系。具体而言，应加大事前预防和事中监管的力度，加强对直播平台和化妆品生产企业的监督和管理。建立各部门间的协作与配合、信息共享和联合执法机制，形成监管合力。加大消费者权益保护力度，完善投诉举报机制，及时查处违法行为，维护市场秩序和消费者合法权益。

（三）在基层管辖区域内推行"135"监管架构模式制度

"1个智慧平台"：如在辖区建立完善零售专卖店或药店哨点监测工作机制。"3个衔接"：建立与公安、城管、海关等部门共同参与市场管理的"三个衔接"制度。"5制"：网格包保责任制，日常巡查检查抽样制，信息互通共享制，督查督办制，日常监管中发现的问题、举报投诉和市长区长热线中发现的问题等问题清单制。通过召开联席会议及联络员会议、签署合作备忘录、建立信息通报制度等方式细化制定切实可行的实施方案，保障"两法"衔接链条的无缝对接。完善案件处理信息通报机制，避免同类案件在辖区内的企业重复出现。

（四）探索"互联网+数字时代"化妆品网络销售智慧监管

第一，构建"三大业务网"。构建以核心监管业务为内容的巡查网、检测网与执法网，三网合一实现对全市范围内全流程、全覆盖的智能化网络监管。

第二，实现"四大智能板块"配套使用。将智慧政务、智慧监管、智慧应用、智慧服务四大智能板块，分别用于全监管业务、政务服务、内部政务管理、分析预警和大数据辅助决策等。

第三，强化数据监控能力。在保护企业数据安全性的前提下，可借助智能技术公司力量或大数据，有效辅助平台强化数据监控能力，提高对风险因素的感知、预测、防范能力，更有效识别假冒伪劣化妆品。如借助商指针和阿里巴巴的大数据来有效辅助平台强化数据监控能力，提高对网络销售经营活动中风险因素的感知、预测及防范能力，更有效地识别假冒伪劣化妆品，及时进行风险研判，有利于查处时有的放矢及第一时间快速掌握并固定证据，提高成功查处率和监管效率。

（五）完善消费者维权赔偿路径

消费者在网络平台上购买到不合格或与宣传不符的化妆品，可以追究经营者或生产者的侵权或违约责任。与化妆品质量相关的责任主要由化妆品的注册人／备案人承担。如果是产品质量问题，化妆品经营者在承担侵权或者违约责任后对消费者进行首负赔偿，然后再由经营者向注册人或备案人追偿。同时，应对平台主播、MCN 机构提出更严格的要求，要求其必须履行协助消费者维权的义务，广告商或者电商平台如果不能提供经营者或生产者的真实信息及联系方式，应当承担赔偿责任、连带责任，而不只是协助义务。同时对于明知或者故意的行为，造成严重伤害的，消费者有权要求惩罚性赔偿。

B.4
中国牙膏政策与法规分析报告

陈敏珊　肖俊芳*

摘　要：　本报告主要阐述了我国牙膏行业发展的情况，并从牙膏行业的监管演变、牙膏标准体系的发展、牙膏新法规的基本要求等方面对牙膏监管做了具体介绍，对牙膏行业的未来发展进行展望。牙膏新法规，从原料到成品，从研发、检测、生产到经营，对整个产业链作出了明确规定，提出了更加严格的要求，更加强调企业的质量安全主体责任。牙膏市场管理体系逐渐完善，既是对行业新的规范，也是新的推进。

关键词：　牙膏监管　牙膏备案　牙膏行业　消费者权益

2023 年可以说是牙膏行业的法规元年。2023 年 3 月，国家市场监督管理总局颁布我国第一部牙膏监管法规——《牙膏监督管理办法》；2023 年 9 月，国家药品监督管理局发布《关于贯彻落实牙膏监管法规和简化已上市牙膏备案资料要求等有关事宜的公告》通知文件；2023 年 11 月，国家药品监督管理局发布实施《牙膏备案资料管理规定》。牙膏新法规的颁布实施，意味着牙膏行业逐渐从行业自律阶段进入更加科学的监管新时代。

一　我国牙膏行业发展和监管历史回顾

（一）我国牙膏行业的发展历史

现代意义上的口腔护理用品始于 18 世纪英国正式生产的牙粉，1922

---

　*　陈敏珊、肖俊芳［薇美姿实业（广东）股份有限公司］。

年，中国化学工业社研制出我国第一支牙膏——"三星"牌牙膏，开创了牙膏的新纪元。[①] 我国现代口腔护理用品行业，尤其是牙膏行业的发展经历了五个阶段：第一阶段是从解放初期到 1979 年，此阶段我国牙膏行业处于有计划的发展阶段，主要为满足人们的基本消费需求。20 世纪 80 年代为第二阶段，国家开始实行工业产品自销，国营牙膏企业开始蓬勃发展，行业规模不断扩大，牙膏企业由第一阶段的 40 家增加至 140 家左右。20 世纪九十年代为牙膏行业发展的第三阶段，外资企业凭借其雄厚的资金实力、先进的产品技术和管理理念、多样的营销手段迅速发展，几乎占领了中国国内牙膏市场的半壁江山。21 世纪初期为牙膏行业发展的第四阶段，企业进入壁垒变高，行业特点、行业竞争状态及消费者特点逐渐明朗化，产品品种及竞争者数量不断增多，向多样化方向发展，行业技术渐趋定型。[②] 2006 年至今为第五阶段，在口腔护理用品行业竞争格局趋稳态势下，随着中国国内科学技术的不断发展，民族品牌开始在国内口腔护理市场大放异彩。由于各企业对市场、消费者把握程度存在差异，因此涌现了不同模式的民族企业，逐渐改变了外资品牌和本土品牌的竞争格局，整体呈现百花齐放的发展局面。

根据中国口腔护理用品工业协会统计数据，截至 2023 年 12 月，国内取得牙膏生产许可证的生产企业有 245 家，这些企业主要分布在我国东南部地区，广东省占到一半以上。行业规模以上牙膏生产企业有 60 家，2022 年其主营业务收入达 263.56 亿元，利润达 49.68 亿元，创汇 3.89 亿元。生产量方面，2022 年全行业牙膏生产量为 60 万吨，其中生产量前十名的占比 72%，此外，本土企业占比 52%，外资企业占比 33%，合资企业占比 15%；出口 18 万吨，占全部产量的 30%。

[①] 相建强：《中国口腔护理用品工业的历史与发展现状》，《日用化学品科学》2023 年第 2 期，第 1~8 页。

[②] 相建强：《中国口腔护理用品工业的历史与发展现状》，《日用化学品科学》2013 年第 2 期，第 1~8 页。

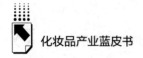

（二）我国牙膏行业监管演变历程

自新中国成立后，牙膏一直由国家轻工部门管理，从轻工业部到第一轻工业部、中国轻工总会再到国家轻工业局。2000 年 3 月，原国家轻工业局撤销，牙膏行业管理职责开始由行业协会承担，即由中国轻工业联合会负责协调。此后，牙膏行业的政策由国家发展和改革委员会审批，后改为由国家工信部审批。牙膏行业的生产质量监督则由原来的国家质检总局负责。

牙膏是人们日常维护口腔健康的基础用品。我国各相关部门一直在加强牙膏的监督管理，并不断完善相关政策。2005 年，国家质检总局依据《中华人民共和国工业产品生产许可证管理条例》，对牙膏生产企业实施生产许可管理，颁发化妆品（牙膏单元）生产许可证。2020 年 6 月，国务院发布《化妆品监督管理条例》，规定牙膏参照有关普通化妆品的规定进行管理。2023 年 3 月，国家市场监督管理总局发布《牙膏监督管理办法》，进一步明确了牙膏产品备案、功效宣称等制度要求。2023 年 11 月，国家药品监督管理局发布《牙膏备案资料管理规定》，对贯彻实施《牙膏监督管理办法》、规范牙膏备案工作做了具体规定。

（三）我国牙膏标准体系发展

任何产品的标准体系都是伴随行业的不断发展而逐步建立起来的，牙膏行业也不例外。我国出台的第一个牙膏产品标准是 1957 年制定、1967 年通过的部颁"牙膏暂行标准"。我国第一个牙膏国家标准于 1987 年颁布，该标准从颁布到现在已历经了 4 次修订（1995 年、2001 年、2008 年、2017 年）。

随着行业的发展，功效型牙膏、牙膏用原料规范、牙膏功效评价等标准也应运而生。2009 年，经国家标准委批准，全国口腔护理用品标准化技术委员会成立，下设牙膏、中草药牙膏和牙刷 3 个分标委。①

行业现有标准包括口腔护理用品、口腔护理用器具及口腔护理用品原辅

---

① 孙东方：《我国口腔护理用品（牙膏）行业标准化体系构建》，《口腔护理用品工业》2018 年第 5 期，第 25~26 页。

材料三类产品标准和相关检测方法标准，并以国家标准、行业标准、团体标准三个形式构建了完善的口腔清洁护理用品行业标准体系，[①] 对口腔清洁护理用品行业的产品质量提升起到了保障作用。目前，牙膏行业有国家标准24 个，行业标准 67 个，团体标准 23 个。[②]

二　牙膏新规重点内容解读

（一）牙膏新规具体体现

1. 明确牙膏分类要求

《牙膏监督管理办法》将牙膏定义为以摩擦的方式，施用于人体牙齿表面，以清洁为主要目的的膏状产品。口腔清洁护理用品种类繁多，包括常见的牙粉、漱口水，以及属于卫生消毒类产品的口腔抑菌膏（"消"字号）、属于医疗器械类产品的牙齿脱敏凝胶（"械"字号）、属于药品类的丁硼乳膏（"药"字号）等产品，但这些均不属于牙膏的范畴。这些产品安全风险相对较高，需要按照药品、医疗器械实施严格监管。

2. 明确牙膏及牙膏原料的管理要求

《牙膏监督管理办法》规定了对牙膏实行备案管理，牙膏新原料按照风险程度进行注册或者备案管理。国产牙膏在上市销售前应向所在地省、自治区、直辖市药品监督管理部门备案；进口牙膏在进口前应向国家药品监督管理局备案。牙膏备案人应当选择符合法律、法规、强制性国家标准、技术规范要求的原料生产牙膏，同时对使用原料的安全性负责。

---

① 孙东方：《我国口腔护理用品（牙膏）行业标准化体系构建》，《口腔护理用品工业》2018年第 5 期，第 25~26 页。

② 《新规实施！牙膏功效不能随便说》，"鸡东县消费者协会"微信公众号，2024 年 10 月 5 日，https：//mp. weixin. qq. com/s？_iz ＝ MzIzOTAwNTI0MQ ＝ ＝ &mid ＝ 2650466394&idx ＝ 2&sn ＝ 1df5d30ebccc554e87bf1e2af636caa1&chksm ＝ f0280ace0b944a69e91a2865d6c65ace1803a917f3da30a5e6fc5a22add71fd84f480949daf2&scene＝27。

3.继续沿用牙膏生产许可制度

从事牙膏生产活动的企业，应当依法向所在地省、自治区、直辖市药品监督管理部门申请取得生产许可证。牙膏备案人、受托生产企业应当建立生产质量管理体系，按照化妆品生产质量管理规范的要求组织生产。

4.明确牙膏功效宣称管理和标签要求

新法规要求牙膏的功效宣称必须有充分的科学依据，并规定了牙膏标签应当标注和禁止标注的内容。《牙膏监督管理办法》规定，牙膏标签应当标注下列内容：产品名称；备案人、受托生产企业的名称、地址，备案人为境外的应当同时标注境内责任人的名称、地址；生产企业的名称、地址，国产牙膏应当同时标注生产企业生产许可证编号；产品执行的标准编号；全成分；净含量；使用期限；必要的安全警示用语；法律、行政法规、强制性国家标准规定应当标注的其他内容。牙膏标签禁止标注下列内容：明示或者暗示具有医疗作用的内容；虚假或者引人误解的内容；违反社会公序良俗的内容；法律、行政法规、强制性国家标准、技术规范禁止标注的其他内容。

（二）牙膏新规解读

1.遵循四大原则

一是严格落实"四个最严"的要求。根据《化妆品监督管理条例》第七十七条，牙膏参照有关普通化妆品的规定进行管理；牙膏备案人按照国家标准、行业标准进行功效评价后，可以宣称牙膏具有防龋、抑牙菌斑、抗牙本质敏感、减轻牙龈问题等功效。《牙膏监督管理办法》从牙膏的新原料管理、产品备案、标签宣称、功效评价等方面设定了一系列监管制度，明确法律责任，切实维护消费者健康权益。《牙膏备案资料管理规定》则对牙膏备案所需提交的八项资料逐条进行细化，并基于安全原则，对各项资料提出了技术性要求。

二是突出重点的原则。从产品特性及国际监管经验来看，牙膏与化妆品在管理方面共性较多。为提高监管效率，突出牙膏监管重点，牙膏法规主要聚焦在明确牙膏管理的具体要求，对牙膏备案管理、牙膏新原料注册备案、牙膏生产许可、安全评估、功效宣称等做出专门规定，对于与化妆品管理一致的内容，则未作重复规定。

三是突出问题导向的原则。当前牙膏市场上存在的主要问题是部分产品夸大功效、虚假宣传，没有统一的标准尺度。牙膏新法规不仅清晰明确牙膏的边界，而且对基础清洁功能及四大功效（即防龋、抑制牙菌斑、抗牙本质敏感、减轻牙龈问题）作出了明确规定，在开展相应功效评价的基础上，牙膏产品的功效宣称用语不能明示或暗示医疗作用、夸大甚至虚假宣传，切实维护公平公正的市场竞争环境，保障消费者权益。

四是坚持稳中求进的工作原则。考虑到对牙膏实行备案管理是对整个牙膏行业的新要求，牙膏备案基本参考了普通化妆品的备案经验，并充分吸收现行标准中的成熟做法和经验，如在一些资料编制原则上参考了化妆品备案模板，以方便备案人准备备案资料；参考现有化妆品备案信息服务平台的建设经验，建设牙膏备案信息服务平台，方便企业操作。在牙膏检验报告的相关要求中，拓宽检验检测机构资质要求，落实自检相关要求，根据不同牙膏的不同特点，科学、合理地豁免相应试验项目资料要求。此外，还结合行业实际，多方面、多方式努力为企业减轻负担。

2. 牙膏新规特点

（1）强调牙膏质量安全。牙膏在其他国家、地区和组织，部分甚至全部按照药品或者医疗器械进行管理；部分国家、地区和组织对牙膏实行注册管理，监管方式比我国严格。根据《化妆品监督管理条例》，牙膏备案人进行功效评价后，可以宣称牙膏具有防龋、抑制牙菌斑、抗牙本质敏感、减轻牙龈问题等功效。考虑到这几种功效的牙膏在部分国家、地区和组织按照药品或医疗器械进行管理，安全风险较大，对功效性牙膏备案资料提出了更高要求，如需要进行人体功效评价；而仅宣称清洁功效的牙膏可免于功效评价及上传功效依据摘要，符合相关要求的可免于口腔黏膜刺激毒理学试验。另外，含氟的防龋牙膏功效性和安全性已经过充分验证，因此含氟量达到相关要求的，可免于防龋功效评价。基于不同功效类别、使用人群、产品特点和潜在安全性风险，我国对牙膏安全和功效相关资料提出不同要求，旨在更科学、有针对性地控制牙膏安全风险，保障消费者使用安全。

（2）参照普通化妆品管理，与化妆品的注册、备案既有区别又有联系。我国已经出台的化妆品领域规范性文件共同构成了支持化妆品注册、备案的"四梁八柱"。牙膏与化妆品既有共性，又有其自身特点，因此部分技术支撑文件存在不适用于牙膏的情况。在牙膏新规起草过程中，能参照化妆品执行的内容尽量参照化妆品执行，避免无意义重复；根据牙膏特点调整部分要求，明确牙膏与化妆品的差异，以降低牙膏企业和监管部门的适应成本，提高备案和监管工作效率。

（3）加强配方填报和原料管理。根据《牙膏监督管理办法》第九条，牙膏备案人应当选择符合法律、法规、强制性国家标准、技术规范要求的原料用于牙膏生产，对其使用的牙膏原料安全性负责。牙膏备案人进行备案时，应当通过备案信息服务平台明确原料来源和原料安全相关信息。相比化妆品原料目录，牙膏已使用原料目录将收集更多原料信息，并根据已使用证据及相关研究资料进行进一步明确和完善。由于原料名称等信息需要逐步规范，备案人在填报配方时应注意原料名称和使用目的。原料标准中文名称已经被权威机构发布的目录（如《国际化妆品标准中文名称目录》）收录的，应提供目录中的标准中文名称；未被权威机构目录收录的，应该按照相应原则命名，必要时需要说明命名的合理性，并提供相应证明资料。同时，应根据原料在产品中实际发挥的主要作用标注主要使用目的，与原料的理化性质、产品属性、配方工艺等相符。

（4）提出检验检测要求。牙膏进行备案时，备案人应当提交产品检验报告，包括微生物与理化检验报告、毒理学试验报告、功效评价报告等。新法规允许备案人根据产品特点及自身情况，从众多符合要求的检验检测机构中自行选择，可以是化妆品注册和备案检验机构、药物非临床安全性评价研究机构、药物临床试验机构和/或医疗器械临床试验机构（具有口腔科目的医疗机构执业资格）等，但要注意所选择的技术机构应当具备相应检验或评价资质。同时，根据牙膏行业特点，对于多家生产企业生产同一产品的、采用多种制膏工艺生产牙膏的、同一备案人备案同系列牙膏产品的，提高提交产品检验报告的要求。此外，对于需要进一步完善检验和评价方法，不断制修订相关法律规定。

（5）细化功效宣称要求。目前，我国部分牙膏仍存在功效宣称混乱，部分宣称与药品、医疗器械界限模糊，容易误导消费者，给消费者健康带来安全隐患。明确牙膏的定义，规定牙膏的功效宣称应当有充分的科学依据，强调牙膏标签禁止标注明示或者暗示具有医疗作用等内容。企业应针对发布的牙膏功效宣称提供可以确保评价结果科学、准确和可靠的功效评价报告。其中，宣称具有防龋、抑制牙菌斑、抗牙本质敏感、减轻牙龈问题等功效的牙膏，必须提交人体功效评价试验报告；宣称其他功效的，可以根据功效宣称的需要，采用人体评价方法或其他评价方法证明所宣称的功效。如需宣称原料的功效作用，还可开展文献资料调研、研究数据分析、评价试验等，以证实原料具有所宣称的功效，且原料的功效宣称应当与产品的功效宣称具有充分关联性。[①] 完成功效评价后，牙膏备案人应当在进行牙膏备案的同时，通过备案平台上传并公布功效宣称所依据的文献资料、研究数据或者产品功效评价资料的摘要，接受社会监督。仅宣称具有清洁功效的牙膏产品可免于上传并公布摘要。

（6）完善安全评估要求。牙膏产品上市前，备案人应当通过充分的分析评估和技术评价确保产品安全性。牙膏备案前，备案人应当自行或者委托专业机构开展安全评估。安全评估的重点和难点在于对配方中各成分的评估。考虑到部分牙膏原料的基础数据尚不完善，无法进行安全评估，允许备案人通过提供成分3年以上安全使用历史的客观证明材料等途径，完善产品安全评估资料。在确保充分评估牙膏使用安全的前提下，结合我国牙膏行业现状，指导备案人合规准备和提交牙膏备案资料。

（7）严格儿童牙膏管理。儿童产品一直是安全监管的重点。《牙膏监督管理办法》第二十条规定，宣称适用于儿童的牙膏产品应当符合法律、行政法规、强制性国家标准、技术规范等关于儿童牙膏的规定，并按照国家药监局的规定

---

① 《国家药监局关于发布实施〈牙膏备案资料管理规定〉的公告》。

在产品标签上进行标注。国家药监局已明确儿童牙膏的定义、可以宣称的功效类别以及儿童牙膏标志图案等，儿童牙膏的部门规章、政策法规及技术支撑文件也相对完善。《牙膏备案资料管理规定》进一步明确了儿童牙膏的定义、警示用语的标注方式，提出在安全评估资料中提交配方设计原则等要求。

三 我国牙膏行业未来展望

（一）监管角度——规范牙膏监管，促进产业升级

新的监管模式覆盖了牙膏生产经营的整个产业链。首先是牙膏原料。根据前期牙膏产品已使用原料目录的收集情况，目前已有上千种牙膏已使用原料，如无使用历史的将被视为新原料，新原料的使用需根据原料使用风险情况进行备案或注册。其次是牙膏的生产经营。对牙膏的生产继续实行许可管理；产品上市前须开展质量检验与安全评估；牙膏功效宣称必须有功效评价报告支持；对已上市销售的产品要求建立不良反应监测机制，收集产品不良反应情况。新监管模式的贯彻实施对牙膏行业来说具有重要转折意义，更加规范行业的发展。《化妆品监督管理条例》等一系列新法规的实施，正在重构化妆品监管的法规制度体系。新的监管模式必将倒逼包括牙膏在内的化妆品产业转型升级，这既是挑战，也是发展机遇。

（二）行业角度——稳步推进牙膏行业高质量发展

一直以来，在中国口腔清洁护理工业协会的指导下，牙膏行业整体自律性较好，基础标准体系比较健全，产品质量总体安全可靠。考虑到这些实际情况，新的监管模式延续或部分采用了行业现有法规。[1] 但行业需要高质量发展，企业要做高端、优质的产品，就需要高科技的不断赋能，在源头上持续加大技

---

[1] 相建强：《全面贯彻〈牙膏监督管理办法〉更好推进行业高质量发展——协会相建强理事长在贯彻落实〈牙膏监督管理办法〉工作新闻发布会上的讲话》，《口腔护理用品工业》2024年第1期，第53~55页。

术研发投入，同时需要在原料、工艺、功效、安全评价等关键领域实现突破。

（三）公众角度——提升公众正确认知，不断满足市场需求

一方面，公众口腔健康意识的逐年提高，对美丽、健康的需求和投入也在快速增长；另一方面，消费者的消费正在逐渐变得更加理性，对产品功效有高预期，对产品质量的容忍度降低。面对公众越来越追求专业、效果好的产品的需求，企业既要不断推陈出新、不断推出满足消费者需求的好产品，同时也要做好科普，对公众予以更加正确的引导与科学知识普及。

牙膏新法规的正式实施，意味着牙膏市场管理体系逐渐完善，这既是对行业新的规范，也是新的推进。相信在新法规的稳步推进下，牙膏行业将取得更加高质量的发展。

产业篇 ⟨⟩

B.5
中国护肤产业发展报告

摘　要： 　本报告从修护皮肤屏障、抗衰老、美白祛斑、精准护肤、男士护
肤、熬夜肌肤护理等几个皮肤常见的护理领域研究了护肤产品的肌肤构成、
问题出现的机理、有效原料、产品解决方案、产品评价和未来发展趋势等。
在修护皮肤屏障方面，从细胞层数、角质代谢速度、细胞种类、脂质等维度
总结了身体与面部皮肤差异性，分析了皮肤屏障受损的影响因素及引发的皮
肤问题，并对修护皮肤屏障原料和产品应用案例进行了综述，提出了解决皮
肤屏障受损问题的对策。在抗衰老方面，分析了皮肤的衰老主要分为内源性老
化和外源性老化，抗衰老产品的研发与原料有密切的关系。在美白祛斑方面，
从中国消费者对美白祛斑化妆品的诉求与认知入手，分析美白祛斑添加剂的应
用现状、特点及作用机理，对美白祛斑化妆品进行了功效评价，介绍了以玫瑰
为代表的植物新原料发展趋势。在精准护肤方面，论证了运用生物学、组学研
究和大型生物信息数据库和网络人工智能技术来系统分析皮肤差异的成因、现
象以及产生的机理的精准护肤原理和有效解决方案。在男士护肤方面，分析了
男士护肤存在的误区，如过度清洁、过度依赖单一产品、不注意防晒等，提出

科学的护肤步骤。在熬夜肌肤护理方面，本报告分析了当前熬夜护肤产品市场的发展现状，从皮肤机理角度剖析了熬夜肌七大表观问题的现象及原因，提出了"由内至外"的熬夜肌解决方案。

关键词： 修护皮肤屏障　抗衰老　美白祛斑　精准护肤　男士护肤　熬夜肌护理

一　修护皮肤屏障技术发展及应用①

（一）国内皮肤屏障状况研究

皮肤屏障是保护人体的第一道防线，既可阻止外源性物质伤害皮肤，也能避免营养物质流失。狭义的皮肤屏障指表皮渗透屏障、微生物屏障、免疫屏障与化学屏障共同构成的整个皮肤屏障体系。②

表皮中的角蛋白、丝聚蛋白、细胞间连接、角化包膜、蛋白酶和细胞间脂质等结构和成分在皮肤屏障功能发挥过程中起着重要作用。若其结构和功能受到损害，皮肤屏障功能就会减弱。③经表皮失水率（Trans Epidermal Water Loss，TEWL）是衡量皮肤屏障功能的一个重要指标。④

1. **身体与面部皮肤屏障相关指标的差异性**

（1）细胞相关差异性

角质层的厚度因位置的不同而异。有研究表明足底皮肤的角质层最厚，

---

① 本部分执笔人：刘倩、李本悦、黄小梅、张晔翔、杨洁（山东花物堂生物科技有限公司）。

② 涂颖、何黎：《表皮的渗透屏障与其他屏障功能相关研究进展》，《皮肤科学通报》2017年第4期，第379~382页。

③ Van Smeden J., Bouwstra J. A., "Stratum Corneum Lipids: Their Role for the Skin Barrier Function in Healthy Subjects and Atopic Dermatitis Patients," *Curr Probl Dermatol* 49 (2016), pp. 8-26.

④ Sun Zhanxue, Wang Jingjun, Kong Yuhong, et al., "Effect of Yupingfeng Granules on the Skin Barrier in Atopic Dermatitis Mice Models," *J Tradition Chinese Med* 38 (2018), pp. 872-878.

有 86±36 个细胞层，而生殖器皮肤角质层最薄，只有 6±2 个细胞层，此外，面部皮肤有（9±2）个细胞层，颈部皮肤有（10±2）个细胞层，头皮皮肤有（12±2）个细胞层，躯干皮肤有（13±4）个细胞层以及手掌和脚底皮肤有（47±24）个细胞层。对角质形成细胞而言，面部细胞通常一周内迁移到皮肤上层，而身体细胞迁移和代谢速度则较慢，通常需要 2 周时间。对黑色素细胞而言，面部每平方毫米的皮肤中含有约 15 个黑色素细胞，面部在光暴露更多的情况下，黑色素水平越高，而身体非光暴露部位黑色素水平较低，光暴露部位黑色素水平较高。[①]

（2）内含物质的差异性

神经酰胺（Ceramide，CER）是皮肤的主要脂质之一，并作为一种有效的信号传导分子，在神经系统的鞘脂代谢和皮肤屏障中起着重要的作用。相比面部皮肤而言，身体皮肤有更长的神经酰胺碳链，而碳链长度与皮肤屏障功能成正相关。[②]

游离脂肪酸在小腿皮肤的含量高于前臂皮肤。棕榈酸、月桂酸和油酸等会提高皮脂腺中抗菌肽的释放，从而达到抗菌效果，阻止外界有害物质进入机体。

2. 影响皮肤屏障受损的因素

一些内源性和外源性因素或疾病可导致皮肤屏障受损，造成皮肤水分流失，同时降低对外部的微生物和其他刺激物的抵御能力。

（1）内源性因素

1）自身肤质状况：天生皮肤的角质层较薄，屏障功能较弱，容易受刺激产生红肿、热痛痒等敏感反应。此外，油性肌肤的消费者面部出现痤疮，长此以往会导致面部皮肤屏障遭到破坏，引发更严重的油敏问题。

2）年龄：随着年龄的增长，表皮更新变慢，皮肤萎缩，老化的皮肤在角质层的结构完整性和水合作用上有所降低，其胶原结构发生改变导致皮肤

---

① 刘倩、梅华倩等：《身体与面部皮肤的差异性与针对性护理》，《日用化学品科学》2023 年第 2 期，第 61~65、69 页。

② 刘倩、梅华倩等：《身体与面部皮肤的差异性与针对性护理》，《日用化学品科学》2023 年第 2 期，第 61~65、69 页。

弹性降低，抵抗损伤并在损伤后自行修护的能力也会显著降低。此外，皮肤老化会放大抑制脂质合成的效应，增强神经酰胺酶的活性，导致神经酰胺的缺乏。而且老化皮肤中天然保湿因子的水平特别是乳酸和尿素的成分也会降低，这些都进一步导致皮肤屏障受损。[1]

（2）外源性因素

1）过度清洁：过度清洁会将皮肤表面皮脂过度清除，破坏皮肤表面的皮脂膜，且清洁产品中的表面活性剂可导致角质层中的脂质和天然保湿因子流失，使皮肤表面的 pH 值升高，改变蛋白酶的活性，引起角质层蛋白变性，长此以往会逐渐破坏皮肤屏障。经常使用热水洗脸，也会导致皮肤表面的脂质流失，影响皮肤屏障功能。

2）紫外线照射：暴露部位的皮肤受大量紫外线照射将明显延缓皮肤屏障功能的恢复速度，紫外线照射可导致表皮脂质含量降低，从而导致细胞间板层脂质结构的异常，最终影响皮肤屏障功能。[2]

皮肤屏障受损引发的肌肤问题包括皮肤干燥、色素沉着和过敏。短期皮肤干燥可使用保湿修护类化妆品进行改善，但若放任皮肤持续干燥，易引发乏脂性皮肤病；黑素合成相关基因的表达上调，表明皮肤屏障损伤可加重紫外线诱导的皮肤色素沉着。[3] Li 等研究表明，皮肤屏障结构缺失可导致局部皮肤神经末梢保护能力减弱、神经纤维密度增加、感觉神经敏感性增强，进一步增强局部血管反应并放大局部皮肤炎性反应，加重皮肤刺痛、瘙痒、烧灼和紧绷感等敏感症状。[4]

---

[1] Danby S. G. , "Biological Variation in Skin Barrier Function：From A（Atopic Dermatitis）to X（Xerosis），" *Curr Probl Dermatol* 49（2016）, pp. 47 - 60. Barco D. , Gimenez-Arnau Am, "Xerosis: A Dysfunction of the Epidermal Barrier," *Actas Dermosifiliogr* 9（2008）, pp. 671–682.

[2] 刘之力、孙铮、王皓等：《日常暴露日光改变表皮通透屏障功能稳态动力学及角质层的致密性》，《中华皮肤科杂志》2010 年第 10 期，第 733~734 页。

[3] 何黎：《皮肤屏障受损在黄褐斑发生机制中的作用》，载《2019 全国中西医结合皮肤性病学术年会论文汇编》，2019。

[4] Li D. G. , Du H. Y. , Gerhard S. , et al. , "Inhibition of TRPV1 Prevented Skin Irritancy Induced by Phenoxyethanol. A preliminary in Vitro and in Vivo Study," *Int J Cosmet Sci* 39（2017）：pp. 11-16.

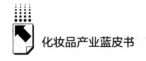

（二）修护皮肤屏障解决方案

1. 修护皮肤屏障的技术及原料

（1）植物仿生脂质技术

植物仿生脂质技术是指精选多种天然植物油，通过科学配比，模拟皮肤屏障结构中的天然脂质成分，补充皮肤角质层必需的不饱和脂肪酸，补充皮肤缺失的脂质成分，与皮脂相容，从而快速修护皮肤屏障。天然植物油对皮肤具有良好的渗透性，且含有大量角鲨烯、维生素类以及植物甾醇等皮肤所需营养物质，对保持皮肤健康、提高皮肤水分含量、修护皮肤屏障等有着重要作用。例如玉泽的皮肤屏障修护身体乳就是利用红花籽油、鳄梨油、油橄榄果油、牛油果树果脂、稻糠油五重植物油脂科学配比，补充肌肤缺失脂质，形成锁水膜，达到滋润亲肤的效果。

（2）植物提取物

植物提取物含有丰富的植物多糖、黄酮、多酚活性物质，常作为基础原料添加在护肤、护发等产品中。例如，马齿苋提取物中含有酚酸、黄酮、香豆素、生物碱、萜类、多糖、维生素、矿物质等多种活性物质，可以收缩血管、抑菌、清除氧自由基、减轻疼痛并发挥抗炎和抗过敏及止痒功效。再如，青刺果油盛产于云南丽江海拔 2000m 以上无污染地带，其富含棕榈酸、硬脂酸、油酸等脂肪酸，所含脂肪酸含量及比例与人体表皮脂质含量接近，可以增加角质层神经酰胺合成及提高表皮酸性神经酰胺酶表达，具有良好的保湿及修护皮肤屏障功效。

2. 半亩花田自研 RIVETOR® 屏障修护技术

（1）RIVETOR® 屏障修护技术简介

RIVETOR® 是以牡丹新品种"鲁农丹 1 号"提取的牡丹籽油为核心，精选稻糠油、燕麦仁油，三重天然活性油脂协同维稳增效，形成科学配伍，实现强韧屏障、抵御刺激损伤的效果。其中，牡丹籽油的不饱和脂肪酸含量达90%以上，可以直接对细胞间的脂质进行补充，也可以促进皮肤屏障相关蛋白表达，进一步加快皮肤屏障的修护。[①] 稻糠油内含有长链的葡糖神经鞘糖脂，

---

① 王顺利、任秀霞、薛璟祺等：《牡丹籽油成分、功效及加工工艺的研究进展》，《中国粮油学报》2016 年第 3 期，第 139~146 页。

其保湿修护效果一般较其他植物来源神经酰胺优异，能够达到强效补充干燥肌肤缺失脂质的效果，[1] 燕麦仁油可以通过激活过氧化物酶体增殖物激活受体 (Peroxisome Proliferator-Activated Receptors, PPARs)，一周内可增加 70% 神经酰胺的合成，[2] 其特有的燕麦生物碱，具有优良的抗氧化活性、抗炎活性，可以减少瘙痒感，舒缓皮肤，从而达到即时舒缓皮肤敏感及干痒的效果。

（2）RIVETOR® 功效研究

三种植物油脂科学配伍后，经 3D 皮肤模型实验研究证明，RIVETOR® 不仅能够修护化学刺激造成的皮肤屏障损伤和减少炎症反应，也能够抵御 UV 引起的色素沉着、胶原降解，具有抵御刺激、修护屏障、维护稳态的功效。RIVETOR® 能够修护化学刺激十二烷基硫酸钠引起的皮肤屏障损伤，使丝聚蛋白（Filaggrin，FLG）、兜甲蛋白、转谷氨酰胺酶 1 含量显著升高，同时 RIVETOR® 能够显著抑制炎性因子白细胞介素-8、白细胞介素-1α 的表达，从而达到修护皮肤屏障的功效。

临床测试中通过使用仪器测试 34 位受试者使用产品 14 天和 28 天前后脸颊部位皮肤角质层水分含量、皮肤经表皮水分流失率、红斑指数 EI，评估原料的保湿、修护、舒缓功效，结果显示，使用产品后脸颊皮肤角质层水分含量显著性升高，脸颊皮肤经皮水分流失率和脸颊皮肤红斑指数 EI 显著性降低。

（3）RIVETOR® 升级为 RIVETOR® PRO

RIVETOR® PRO 是通过乳化均质技术，将牡丹籽油与四重神经酰胺进行包载，制备了牡丹籽油神经酰胺复合原料包。通过体外皮肤模型证实 RIVETOR® PRO 具有提高 FLG 含量和促进天冬氨酸蛋白水解酶 14 表达的功效，通过人体功效评价显示其具有促进皮肤即时和长效保湿的功效。

---

[1] Shimoda H., *16-Natural Products Supporting the Extracellular Matrix: Rice Ceramide and Other Plant Extracts for Skin Health*, (Nutritional Cosmetics. Boston; William Andrew Publishing. 2009).

[2] Chon S. H., Tannahill R., Yao X., et al., *Keratinocyte Differentiation and Upregulation of Ceramide Synthesis Induced by an Oat Lipid Extract Via the Activation of PPAR Pathways*, 4 (2015).

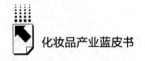

（三）修护皮肤屏障产品解决方案

1. 用户需求

在日常护理中化妆品可以用于正常肌肤的保湿滋养，预防干燥，保湿修护已然成为化妆品最基础的功能。课题组针对 18～29 岁女性消费者进行调查，在回收的 1712 份有效问卷中，通过皮肤科医生的专业判断发现具有身体皮肤干燥问题的消费者有 827 人，占比 48.3%。其中以一级干燥为主，占比 85%，其次为二级干燥，占比 12.1%，三级和四级干燥人群较少，分别占比 2.2% 和 0.7%。皮肤干燥的表观与分类如表 1 所示。

表 1　皮肤干燥的表观与分类

分数	描述
0	无干燥症状
1	有轻微的起皮现象，皮肤外观稍显粗糙和灰暗
2	皮肤表面附着细小皮屑或少量大块皮屑，外观轻度粗糙发白
3	皮屑均匀分布，皮肤外观明显粗糙、轻度发红且有少量裂纹
4	大量皮屑脱落，皮肤外观粗糙、泛红伴有湿疹样改变和皲裂

资料来源：李姗姗等《皮肤干燥症研究进展》，《中国皮肤性病学杂志》2019 年第 5 期，第 599～603 页。

2. 解决路径

修护皮肤屏障主要通过以下几个路径来实现。

补水保湿：普通的保湿剂以甘油、透明质酸钠等为代表，其通过空间填充和与水结合从而达到很好的保湿补水效果，封住皮肤表面防止水分蒸发。

屏障修护：以神经酰胺、植物油（多不饱和脂肪酸）等为代表，能够补充皮肤缺失成分，增强皮肤屏障功能。

促进内生性保湿：增强角质层锁水力，增强角质层持水力，促渗技术提升产品的保湿效果。

仿生皮肤结构——液晶结构：液晶结构，在皮肤表面上更容易铺展，具有优异的锁水性能和缓释性能，从而减缓了水分的挥发。[①]

舒缓抗炎：增加皮肤耐受性，舒缓肌肤，重新调节皮肤内的平衡。

平衡皮肤微生态：通过改变皮肤表面 pH 值、潮湿度和皮脂含量等理化性质，从而影响皮肤菌群的多样性，使皮肤整体状态发生变化。影响宿主-微生物关系的可能是内源性的微生物群落遗传变异、宿主内分泌及免疫系统变化，也可能是受外源性的护肤品、药品等影响，增加皮肤表面微生物的多样性，可以帮助维持皮肤菌群的健康。

3. 典型案例——产品解决方案

半亩花田依托于 RIVETOR® 屏障修护技术并不断升级，同时开发了倍润身体乳和精油香氛修护身体乳等系列产品。

倍润身体乳产品中拥有液晶结构，在皮肤表面上更容易铺展，同时具有优异的锁水性能和缓释性能。促渗技术促进皮肤对活性成分的吸收，提高活性成分进入皮肤的有效量促进 FLG 表达，进一步提升产品的保湿功效，同时加促渗剂能促进紧密连接蛋白（CLDN-1 蛋白）的表达从而增强屏障功能，提高产品的锁水功能。

半亩花田精油香氛修护身体乳是以油养肤为基础，具有舒缓抗炎、平衡皮肤微生态、放大内生性保湿等多重功效的产品。其主要成分牡丹籽油富含亚油酸可促进皮肤内神经酰胺的合成，增厚角质层，增强角质层持水力，此外，亚油酸、神经酰胺可改善皮肤屏障，达到长效保湿的效果。[②] 补充细胞间脂质中的游离脂肪酸，能够维持皮肤屏障功能稳定。研究表明，神经激肽-1（NK-1）受体是引发皮肤痒感的关键，二氢燕麦生物碱可作为 NK-1 受体拮抗剂并调节皮肤的过度反应，是从源头上调节感觉神经的链式反应。叔丁基环己醇使钙流量迅速恢复正常，抑制炎症因子 TRPV1 释放，增加皮

---

① 周梦、舒鹏、冯蓓等：《卵磷脂类液晶乳液的性能》，《应用化学》2018 年第 10 期，第 1227~1233 页。

② Li Xia, Yang Qi, Zheng Jie, et al., "Efficacy and Safety of a Topical Moisturizer Containing Linoleic Acid and Ceramide for Mild-To-Moderate Psoriasis Vulgaris: A Multicenter Randomized Controlled Trial," *Dermatologic Therapy* 6 (2020): 14263.

肤耐受性，舒缓肌肤调节皮肤内的平衡。燕麦发酵产物包含微生物与燕麦的直接代谢产物或次级代谢产物等，营养成分丰富，能有效抑制金黄色葡萄球菌和表皮葡萄球菌，调节皮肤微生态，此外，燕麦发酵产物还能调控皮肤屏障结构，促进 FLG 和 LOR 蛋白的表达，改善皮肤因屏障受损而导致的皮肤干燥粗糙问题。

（四）皮肤屏障修护技术的未来发展趋势

生命科学领域的快速发展，尤其是表型组学研究的不断深入，促进了皮肤屏障修护技术的不断发展，也带动皮肤屏障的研究，涌现了诸多有价值的成果，其中微观的分子水平的研究成果尤其显著。从表型组学研究的视角归纳皮肤屏障多维度前沿研究成果，能够为皮肤屏障修护策略提供更系统全面的解决方案。未来，可以更加深入研究皮肤屏障调控的分子机制、皮肤屏障修护的新靶点和策略，多维度进行研究，从单一的科研探索到多学科的融合发展，从前沿研究到临床应用的深入探讨，例如，通过修护屏障提升皮肤自我修护能力让皮肤更健康，通过修护屏障抵御外界刺激减缓皮肤衰老等。

二　化妆品抗衰老功效的研究分析[①]

（一）抗衰老化妆品市场分析及产业情况

在中国，抗衰老护肤品已成为人们关注的热点，这驱动着化妆品企业在产品成分、配方上不断进行研发创新。美业颜究院最新数据显示，2021～2023 年，抗衰老功效的化妆品在护肤市场中的占比逐年上升，2023 年提升至 34%，仅次于保湿、补水和修护功效化妆品，并且 2023 年淘系抗衰老市

---

① 本部分执笔人：姚月月、刘一蕊、刘媛、侯钰婷、刘文倩（广州华森生物科技研究院有限公司）。

场销售额达到 409 亿元。①

从关注抗衰老产品的人群年龄来看，抗衰老概念已向年轻群体渗透，26~35 岁的人群最关注抗衰老护肤品的相关信息，有 80.2% 的人群是在 35 岁前已经开始使用抗衰老产品。90 后和 00 后群体的抗衰老意识也逐渐增强，已成为抗衰老产品消费的主力人群。②

（二）皮肤衰老及抗衰老机制

1. 皮肤衰老机理

皮肤衰老的机制大体上可分为内源性老化和外源性老化。内源性老化受遗传基因和机体新陈代谢影响，是正常的自然规律、不可避免；外源性老化是外界刺激因素对皮肤产生损伤并加剧内源性衰老的过程，日光照射（紫外线、蓝光）、环境污染、气候环境和人为因素等都是外源性老化的重要影响因素。

（1）内源性老化

1）遗传因素

受遗传影响的内源性老化是所有细胞都会发生的过程，对皮肤的影响是整体性的，机体中所有正常分裂细胞的复制能力会随着时间的推移而下降，存在有限分裂倾向和增殖极限。染色体末端的端粒在这一过程中承担重要角色，能防止染色体之间相连，保护染色体不会被核酸酶降解，维持遗传基因的完整性。端粒随着细胞的分裂，每次大约丢失 30~200 个碱基，数次分裂后，端粒对于染色体的保护功能变差，造成细胞原有功能的丧失，出现生长停滞、无法继续增殖的现象，③该过程是不可逆的，被称为细胞衰老。

① 美业颜究院：《2024 抗衰老功效市场洞察及趋势风向》，2024。
② 《抗衰老护肤品的行业前景如何？》，https://www.zhihu.com/question/454191398。
③ 王瑞艳、刘玮、刘红梅：《皮肤细胞老化的生物标记及其意义》，《中华医学美学美容杂志》2011 年第 2 期，第 159~160 页。

2）活性氧

在皮肤中，有 1.5%～5% 的氧气通过内在代谢过程转化为活性氧（ROS），[①] ROS 是线粒体有氧代谢电子传递链的副产物，除遗传因素外，被认为是内源性衰老的主要原因。

当细胞中的抗氧化剂不能中和 ROS 时，过量的 ROS 会产生氧化应激反应并激活大量信号通路，进而对构成细胞中的主要物质（核酸、蛋白质、脂质）和重要细胞器（线粒体）造成氧化损伤和炎症损伤，增加基质金属蛋白酶（MMPs）、弹性蛋白酶、透明质酸酶的产生，导致细胞功能异常，引起皮肤问题。[②]

3）炎性衰老

近年来，炎症已被认为是内源性老化的组成部分，可以简单归纳为衰老相关分泌表型（Senescence-associated Secretory Phenotype，SASP）破坏皮肤微环境，触发促炎因子的分泌产生皮肤炎症，加速免疫细胞的衰老致使机体有害物质不能及时被清理；炎症因子堆积造成炎症损伤进一步加速细胞老化。[③] 同时，炎症反应和过量 ROS 引起的氧化应激反应之间也存在相互促进作用。

4）自噬

有研究认为自噬也与衰老相关。自噬是通过限制组织损伤并促进修护和维护的生物程序来减轻环境压力并延长寿命。这些细胞保护程序在衰老过程中逐渐减弱，导致多种细胞功能障碍，加剧衰老过程。但目前其作用机制尚不明确。[④]

---

① Poljšak B., Dahmane R. G., Godić A., "Intrinsic Skin Aging: the Role of Oxidative Stress," *Acta Dermatovenerol Alp Pannonica Adriat* 2 (2012), pp. 33-36.
② 钟美莹、张浩、黄琴等：《基于表观遗传学的皮肤抗衰老及相关化妆品的研究与发展》，《日用化学工业》2023 年第 10 期，第 1220~1226 页。
③ Xia L., Chentao L., Wanying Z., et al., "Inflammation and Aging: Signaling Pathways and Intervention Therapies," *Signal Transduction and Targeted Therapy* 1 (2023): 239.
④ M. A. L., Beth L., Jayanta D., "Autophagy and the Cell Biology of Age-Related Disease," *Nature Cell Biology* 12 (2018), pp. 1338-1348.

（2）外源性老化

1）光老化

由日光照射引起的皮肤老化被称为光老化，是外源性老化最主要的组成部分，其中造成皮肤老化最严重的射线为紫外线。其主要作用机制在于，日光直接诱变皮肤细胞 DNA 产生胸腺嘧啶二聚体光产物，造成 DNA 损伤；光线也能增加细胞中 ROS 含量。此外，紫外线射线会上调 Smad7 的表达，干预 TGF-β1/Smad 信号通路，从而抑制胶原蛋白的合成。[①]

2）环境污染

有研究表明，空气污染会增加皮肤色斑的形成并产生过量 ROS，从而使皮肤处于氧化应激状态。污染物中亲脂性强、易发生皮肤渗透的多环芳烃类物质，是角质形成细胞表达的配基依赖性转录因子——芳香烃受体（AhR）的高效配基，在与芳香烃受体结合后可以产生 ROS，进而造成皮肤老化。[②]

3）气候环境

不同地域的气候导致这些地区的空气湿度、日照强度、温度等不同，这些因素都会对皮肤老化产生影响。例如，空气湿度较高能够保持皮肤湿润度，有助于延缓衰老；温度较高的地区，皮肤油脂分泌较多，会影响皮肤表面微生物的寄居，如热带、亚热带地区及高温潮湿环境的人群的皮肤表面马拉色菌含量高于温带、寒带地区的人群，而马拉色菌含量过高会引起脂溢性皮炎等皮肤疾病，加速皮肤的衰老。

4）人为因素

不恰当的护肤方式、使用刺激性较高的产品有可能造成皮肤损伤，加速皮肤老化。

[①] Park B., Hwang E., Seo A. S., et al., "Eucalyptus Globulus Extract Protects Against UVB-induced Photoaging by Enhancing Collagen Synthesis Via Regulation of TGF-β/Smad Signals and Attenuation of AP-1," *Archives of Biochemistry and Biophysics* 637（2018），pp. 31-39.

[②] 甄雅贤、刘玮：《环境空气污染与皮肤健康》，《中华皮肤科杂志》2015 年第 1 期，第 67~70 页。

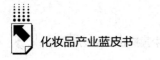

2. 抗衰老原理

基因调控的内源性衰老是人为无法干预的，但部分 ROS、炎症等介导的内源性老化和外源性老化可以通过人为干预来减缓衰老过程。

（1）抗氧化

自由基被称为"衰老的元凶"，ROS 介导多种衰老相关的信号通路，因此抗氧化是抗衰老的主要手段之一。当机体受到外界刺激（日光、炎症等），产生的 ROS 超过机体中抗氧化剂能够中和的含量水平时，为保护细胞基因以及线粒体免受氧化应激的过度损伤，Nrf2 信号通路会被激活，血红素加氧酶 1（HO-1）含量上调，将产生更多强抗氧化剂胆红素，中和过量的 ROS。[①] 由此，可以通过补充皮肤细胞中的抗氧化物质或者通过一些活性物促进 Nrf2 信号通路的激活来起到抗氧抗衰老的目的。

（2）抗炎

炎症和衰老之间存在恶性循环，降低皮肤炎症反应可以打破这一恶性循环。炎症的反应机制较为庞大复杂，抗炎的方法可以大体上归为减少促炎因子的产生、增加抗炎因子的分泌，以及皮肤表面微生物的调节。例如，最新研究发现，白介素-17（IL-17）是导致皮肤老化的重要因素。实验表明，阻断 IL-17 的功能可以帮助皮肤延缓衰老。[②]

（3）紫外线防护

皮肤老化的80%原因是光老化。[③] 光老化是皮肤衰老的最主要外源性因素，紫外线又是日光中对皮肤影响最大的射线，注重紫外线防护可以阻断光老化过程。

① Jungeun K., Jisun O., et al., "Grape Peel Extract and Resveratrol Inhibit Wrinkle Formation in Mice Model Through Activation of Nrf2/HO-1 Signaling Pathway," *Journal of Food Science* 6 (2019), pp. 1600-1608.
② Paloma S., Elisabetta M., Júlia B., et al., "Targeting Lymphoid-Derived IL-17 Signaling to Delay Skin Aging," *Nature Aging* 6 (2023), pp. 688-704.
③ Friedman O., "Changes Associated with the Aging Face," *Facial Plastic Surgery Clinics of North America* 3 (2005), pp. 371-380.

（4）适度清洁、污染防护、保湿

污染、极端气候和人为因素都可能是加速老化的诱因，有意识地进行污染防护，形成正确的护肤方式都可以降低加速衰老的风险。

（三）抗衰老原料的研究进展

1. 合成原料

目前，被公认有效的抗衰老合成原料主要有四类：多肽类、维生素 A 类、多糖类和抗氧化类。

（1）多肽类

多肽是蛋白质的组成单元，是由 2~10 个氨基酸以肽键连接在一起而形成的化合物，多肽类原料的主要作用机制是帮助合成皮肤胶原蛋白。

目前市面上抗衰老功效认可度较高的有胶原肽、乙酰基六肽-8、棕榈酰五肽-3、芋螺毒肽、蛇毒肽、蓝铜胜肽等。重组胶原蛋白也是目前市场上的热门抗衰老原料。由于其富含丰富的亲水性氨基酸残基，适合成纤维细胞的黏附与生长。同时，它的趋向性作用可引导上皮细胞快速进入受损部位，有效提高皮肤再生速度，缩短创伤愈合时间。

（2）维生素 A 类

维 A 家族的成员不少，如视黄醇（又叫维 A 醇）、视黄醇乙酸酯、棕榈酸视黄酯等，对于延缓皱纹的加深，均有一定的改善作用。2023 年 6 月，为防止维生素 A 摄入量过高对人体产生危害，欧盟化妆品法规对化妆品中维生素 A 类化合物的使用含量作出限制。

（3）多糖类

在抗衰老方面，多糖中的木糖可以促进糖胺聚糖（GAGs）的合成，帮助支撑细胞外基质（ECM）的结构，增加 ECM 中的水分含量，从而起到紧致皮肤和增加皮肤弹性的作用。其中最被消费者熟知的多糖类就是羟丙基四氢吡喃三醇（也叫玻色因）。

（4）抗氧化类

抗氧化类产品的主要作用机制如上文所述，目前此类物质在产品中应用

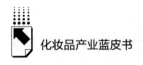

较多的有维生素 C、辅酶 Q10、维生素 E、虾青素、肌肽等。

2. 天然产物提取/发酵原料

与合成原料不同，未经过专项提纯的天然产物提取原料或者发酵原料大部分活性功效比较综合，功效作用机制也不是单一的通路。表 2 和表 3 汇总了部分有报道的抗衰老天然产物提取原料和发酵原料的活性成分及其功效机制。

表 2　天然产物提取原料活性成分和功效机制汇总

名称	活性成分	功效机制
狭叶山月桂	扁蓄苷	增强皮肤弹性蛋白和 I 型胶原蛋白的表达、抗氧化
咖啡豆	绿原酸，黄酮类	I 型前胶原↑，MMP-1↓，MMP-3↓，MMP-9↓，黄嘌呤氧化酶活性↓，AP-1 表达↓
虎杖	白藜芦醇	$Nrf2/HO-1↑$，ROS↓，酪氨酸酶↓
玻璃苣/琉璃苣	迷迭香酸	Nrf2↑，调节 MMP-1、MMP-3 和 IL-6 的表达，光损伤保护
藜麦	多酚	MMP-1 mRNA 表达↓，MMP-9 酶活性↓，酪氨酸酶活性↓，ROS 水平↓

表 3　发酵原料活性成分和功效机制汇总

名称	活性成分	功效机制
半乳糖酵母样菌发酵产物滤液	氨基酸、多糖类物质、维生素、多酚	Nrf-2↑，CDKN2A↓
乳酸杆菌	肽、胞外多糖（EPS）、细菌素、淀粉酶、蛋白酶、脂肪酶、乳酸	ROS↓，DPPH↓，SOD/CAT/GSH-Px 表达↑
二裂酵母发酵产物溶胞产物	核酸、多肽、短肽、氨基酸、维生素	ROS↓，DPPH↓，SOD/CAT/GSH-Px 表达↑，IL-8↓，TNF-α↓
乳酸菌发酵溶胞产物	肽聚糖、蛋白质、磷脂、甾醇脂肪酸、酶类、肽和氨基酸、核苷酸、胞外多糖等	DPPH↓，在乳液中有抵御 UV 射线能力

天然产物提取原料和合成原料相比，存在不稳定性和应用难度更高的问题。原料开发过程中天然产物提取原料容易发生颜色变化、活性物析出失活

等问题，同时天然产物提取原料离子性较强，在配方框架成分的选择上要求较高。

（四）抗衰老功效产品的研究进展

1. 化妆品抗衰老功效的产品研发

表4对市场上热门的抗衰老化妆品的产品及其功效宣称进行总结。从表4可以发现：（1）市场上热门的抗衰老护肤品多采用A醇、玻色因、胜肽和二裂酵母等明星抗衰老成分；（2）很少有单一抗衰老用途化妆品存在，多采取修护等复合途径，可能与抗衰老作用机理与其他作用机理有较多重合之处有关。

表4 市场上热门的抗衰老化妆品及其功效宣称

品牌产品	抗衰老成分	功效宣称
雅顿粉胶精华	0.1%A醇+双肽	双重抗老,淡纹优等生
欧莱雅紫熨斗眼霜	玻色因+胜肽	淡眼纹黑眼圈
雅诗兰黛小棕瓶精华	律波肽+二裂酵母	修护抗老
丸美小红笔眼霜	6重高浓胜肽（Erasin0003、寡肽-215、芋螺三环肽、棕榈酰五肽-4、乙酰基六肽-8和肌肽）	眼纹眼袋救星
兰蔻小黑瓶精华	双重酵母（10%二裂酵母和3000万酵母精粹）	大牌修护抗老

资料来源：信息来源于淘宝、京东平台销量和厂家宣传资料。

2. 化妆品抗衰老功效的评价方法

常用的抗衰老功效评价方法有：生物化学法、细胞生物学法、动物实验法、感官评价法和人体试验法。

（1）生物化学法

生物化学法包括清除自由基法、抑制金属蛋白酶法和抑制弹性蛋白酶法。其特点是操作简单、成本低，适用于高通量筛选，但不能全面反映化妆品的作用机理。

（2）细胞生物学法

建立细胞模型来模拟人体生理环境，通过观察化妆品对细胞增殖、分化能力的影响，并测试清除自由基、抗氧化能力等指标，以评价抗衰老效果。

（3）动物实验法

使用动物（如小鼠、大鼠等）制备皮肤衰老模型，通过注射 D-半乳糖或紫外线照射诱导皮肤老化，然后用取血测定、细胞方法、皮肤观察等进行定量分析，测试抗衰老物质的效果。

（4）感官评价法

常见的方法有视觉评估和受试者自我评估。视觉评估是由研究人员进行的半定量评分，受试者自我评估则是让受试者通过填写问卷等方式进行评估。

（5）人体试验法

通过分析皱纹的数量、长短、体积、面积等指标来评估抗衰老效果。目前，常用三维皮肤快速成像系统和其他面部成像系统进行测试，如 VISIOD-3D 和 VISIR-CR 等。

（五）抗衰老原料和产品的发展趋势

2024 年 1 月，国务院办公厅发布了《关于发展银发经济增进老年人福祉的意见》，其中明确提出发展抗衰老产业，并将"推进化妆品原料研发、配方和生产工艺设计开发"写进了意见。这是国家层面首次支持抗衰老相关产业发展，对于化妆品抗衰老领域未来的发展具有重要意义。

AgeClub 的市场调研表明，一线城市有高达 92% 的中老年群体使用化妆品，随着中国人口老龄化的加速，中老年美妆市场预计将展现出巨大的发展潜力。

有研究提出，科技是任何产业发展的原动力，化妆品行业的科技链有三大块：原料、配方和评价。在原料方面，天然提取物和生物发酵技术近年来受到了市场与消费者的关注，但化妆品原料仍依赖合成技术，需要结合化妆品配方体系确定合成原料的方向与应用性能。在配方方面，化妆品配方涉及多学科交叉的知识体系，尤其是需要基于胶体与界面化学的理论基础开发配方。针对原料特性，设计载体结构，开发具有市场竞争力产品体系是未来产品开发的主要方向。新法规实施以来，关于化妆品原料及产品的评价方法的要求更加严格，意味着整个行业需要关注和建立更为完善的评价体系。①

总的来说，抗衰老原料和产品的发展有两大趋势：一方面，抗衰老护肤市场的竞争日益加剧；另一方面，生物科技等先进技术的进步为皮肤老化的基础研究提供了强有力的支持。只有通过更深入的基础研究，品牌才能在市场上具有更大的竞争优势。

三 美白祛斑化妆品市场与技术发展情况②

（一）美白祛斑化妆品产业发展现状

随着人们生活水平的提高和美容意识的增强，美白祛斑产品的市场需求逐渐增长，消费者更加注重产品的功效和成分。中国消费者的护肤理念从自然传统护肤转为关注成分科学护肤，再到如今的功效科技护肤，其需求也是从产品润肤需求转为注重护肤成分和科学的护肤步骤再到精简精准护肤。纯净美妆也在 2023 年得到了空前的发展。市场上涌现出了越来越多注重科研与技术的美白祛斑产品，以满足消费者对于更有效、更安全产品的需求，同时行业内企业也加快了加大研发投入、提高产品质量和创新能力的步伐。

此外，美白祛斑产品市场也面临一些挑战和变化。随着消费者对于产品的了解程度逐步提升，他们对于产品的功效和安全性提出了更高的要求。市场上出现了一些不法企业，夸大产品功效，甚至添加有害成分，给消费者带来了健康风险和信任危机。

针对以上情况，政府加强监管，行业协会和企业都在加强自律，以维护市场秩序和消费者权益。政府加强了对美白祛斑产品的监管力度，加大了对

① 思骅：《中国化妆品市场新亮点》，《中国化妆品》2021 年第 7 期，第 118~120 页。
② 本部分执笔人：夏树敏、杨杏［澳宝化妆品（惠州）有限公司］。

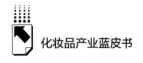

不合规产品和广告的处罚力度；行业协会加强了行业自律和规范；企业则加强了产品质量管控和宣传，以提升产品竞争力和市场地位。

美白祛斑产品在中国市场的发展呈现出了旺盛的市场需求和持续增长的趋势，同时也面临着竞争激烈和市场不规范的挑战。只有不断提升产品质量、加强科研创新、规范市场秩序，才能更好地满足消费者需求，推动行业健康发展。

（二）中国消费者对美白祛斑化妆品的认知和诉求

中国消费者对美白祛斑化妆品的认知和诉求是影响其市场发展的重要因素之一。首先，消费者对美白和祛斑的认知往往基于其对美丽和肌肤健康的追求。在中国文化中，白皙的肤色一直被视为美丽的象征，许多消费者希望通过使用美白祛斑产品来改善肤色，减少色斑和瑕疵，获得更加光滑、均匀的肌肤。其次，消费者在选择美白祛斑产品时往往会注重产品的安全性和有效性。随着美白祛斑产品种类的增多，消费者对产品成分和功效的了解程度也在不断提高。他们更倾向于选择天然成分和经过临床验证的产品，以确保产品的安全性和有效性。因此，对于企业来说，加强产品研发和临床验证，提供安全有效的产品至关重要。

以牙膏为例，2023 年 3 月国家市场监督管理总局发布了《牙膏监督管理办法》，这意味着牙膏不能宣称美白功效。然而，市场却衍生出从日常护理的牙刷、牙膏到进阶护理的水牙线、护牙素。在 2023 年 8 月舒客天猫官方旗舰店销售品类分布中，牙齿美白脱色剂占比 7.53%。同时其推出的使用酵素生物美白技术的美白牙膏也受到消费者欢迎。由此可见，目前国家对于牙膏功效宣称的监管还未进入严管状态，美白牙膏是不是"智商税"也需要做进一步的市场教育。

再以面膜为例，2023 年面膜市场规模达到 660 亿元，占化妆品市场总规模的 8.14%，2018~2023 年中国面膜市场规模复合增长率为 6.7%。从消费者对面膜功效的需求调研中发现，美白祛斑面膜占比为 42.77%；2023 年 1~9 月不同功效面膜销量对比，美白祛斑面膜占比 27.9%，仅次于保湿补水面膜（63.8%）和舒缓修护面膜（32.7%）。[①] 如将面膜核心消费人群分为 6 组，其中商业女精英、小镇生活家和潮流女青年对于美白祛斑功效型面膜更为偏爱。[②]

此外，消费者对美白祛斑产品的诉求也在不断演变。除追求美白和祛斑效果之外，他们还希望产品能够具有滋润保湿、抗氧化、修护肌肤等多重功效。因此，市场上出现了越来越多具有多重功效的美白祛斑产品，如添加了抗氧化成分、具有防晒功能的产品等，以满足消费者多样化的需求。

消费者对于美白祛斑产品的购买渠道也在发生变化。传统的实体店销售模式逐渐被电商平台和社交媒体等新兴渠道所取代。越来越多的消费者倾向于在电商平台上购买美白祛斑产品，这不仅方便快捷，还能够通过用户评价和分享获取更多产品信息，提高购买决策的准确性。

综上所述，中国消费者对美白祛斑化妆品的认知和诉求是多方面的，包括对产品功效、安全性和多重功能的关注，以及对购买渠道的多样化需求。企业只有充分理解消费者的需求，并不断提升产品质量和服务水平，才能在激烈的市场竞争中取得更大的发展空间。

（三）美白祛斑添加剂的应用现状

美白祛斑产品中的添加剂是影响产品质量和功效的重要因素之一。当前，美白祛斑添加剂的应用现状呈现出多样化和创新性。

首先，随着科技的进步和研发技术的提升，越来越多的新型添加剂被应用于美白祛斑产品中。这些新型添加剂包括但不限于维生素 C、熊果苷、透明质酸、烟酰胺等。

其次，天然植物提取物作为美白祛斑产品的添加剂也越来越受到关注和应用，如绿茶提取物、甘草提取物、薏米提取物等，它们能够深层滋养肌

---

① 思骅：《中国化妆品市场新亮点》，《中国化妆品》2021 年第 7 期，第 118~120 页。
② 上海嘉世营销咨询有限公司：《2023 面膜行业发展简析报告》。

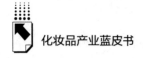

肤、抑制黑色素生成，提高肌肤的透明度和光泽度。①

此外，一些其他成分也被广泛添加到美白祛斑产品中，以增强产品的整体功效和使用体验。例如具有抗炎抗菌功效的添加剂、抗氧化剂、保湿剂和修护剂等，可以有效减少炎症反应，减缓色斑的形成和扩散，帮助肌肤抵御外界环境的侵害，提高肌肤的防御能力等。

（四）美白祛斑新原料发展现状

从成分声量来看，围绕水杨酸和烟酰胺生产的美白祛斑产品声量更高，而互动量则是"A醇"更胜，此外，VC精华也有相对较高的讨论热度。新成分的不断涌现也让消费者对功效性和安全性产生顾虑。从2023年1~11月抖音平台消费者购买产品的评论中可发现，刺激、不安全相关的评论占比50%。根据2023年1~11月抖音平台热销品牌和产品分析数据可知，外资品牌主打的美白祛斑功效成分是烟酰胺、VC，而本土品牌则专攻植萃功效成分，如珍白因、光甘草定。美白祛斑产品的发展离不开新原料的应用。近年来，随着科技的进步和生物技术的发展，越来越多的新原料被引入化妆品领域，为美白祛斑产品的创新和发展提供了新的动力。

首先，一些天然植物提取物成为美白祛斑产品的热门原料。例如，从植物中提取的熊果苷、薏米提取物、甘草提取物等。

其次，一些生物技术原料逐渐应用于美白祛斑产品中。例如，利用生物发酵技术获得的多肽、酶类、胶原蛋白等，它们在美白祛斑产品中的应用，为产品的功效和品质提升提供了可能。

此外，一些化学合成原料也在美白祛斑产品中得到广泛应用。例如，维生素C衍生物、熊果苷类化合物、酸类物质等。这些化学合成原料通过科学配比和技术处理来实现产品的安全性和有效性。

未来，随着科技的不断进步和消费者需求的不断变化，美白祛斑新原料

---

① 青眼情报：《2024年面膜趋势洞察报告》。

的研发和应用将会更加多样化和前沿化，为美容产业的发展注入新的活力和动力。

（五）美白祛斑化妆品功效评价技术现状

传统的功效评价方法主要包括临床试验、实验室测试和用户调研等。临床试验是验证美白祛斑化妆品功效和安全性的重要手段，通过在人体皮肤上进行观察和测试，评估产品的美白效果、斑点减少程度以及肤质改善情况。实验室测试则是针对产品成分和配方进行的化学分析和生物学实验，通过测定成分含量、活性成分释放速度等参数，评估产品的稳定性和功效。用户调研则是收集消费者对产品使用感受和效果反馈的数据，了解产品的实际效果和用户满意度。这些传统的功效评价方法在一定程度上能够反映产品的功效和效果，但存在评估周期长、数据获取难等问题，需要不断地进行优化和改进。2021 年 3 月，国家药品监督管理局发布了《化妆品祛斑美白功效测试方法》［作为《化妆品安全技术规范（2015 年版）》新增的检验方法之一］，其中提到两种测试方法，一种是紫外线诱导人体皮肤黑化模型祛斑美白功效测试法，另一种是人体开放使用祛斑美白功效测试法。

随着科技的发展和仪器设备的进步，新型的功效评价技术逐渐应用于美白祛斑化妆品领域。例如，皮肤生物学分析技术能够通过光学显微镜、电子显微镜等仪器观察皮肤细胞结构和功能，评估产品对皮肤的影响和作用机制。皮肤成像技术则能够通过红外线摄像、激光扫描等技术获取皮肤表面和深层组织的图像数据，实时监测产品的吸收和渗透情况，评估产品的渗透性和有效性。基因组学技术则能够通过 DNA 分析和基因表达检测，评估产品对皮肤基因的调控和影响，揭示产品的作用机制和长期效果。这些新型的功效评价技术具有高效、准确、客观的特点，能够更全面地评估产品的功效和效果，为美白祛斑化妆品的研发和生产提供了更科学的依据和方法。

除此之外，企业为了能够快速准确地进行皮肤诊断或实现试妆效果，提供定制化产品服务，即利用人工智能、AR／VR、光谱、DNA／RND 等皮

肤检测技术，帮助消费者更好地了解自己的皮肤并做出购买决策。

综上所述，美白祛斑化妆品功效评价的技术在不断地发展和完善，传统的临床试验、实验室测试和用户调研等方法与新型的皮肤生物学分析技术、皮肤成像技术和基因组学技术相结合，共同构成了多层次、多维度的评价体系。未来，随着科技的不断进步和技术的不断创新，美白祛斑化妆品功效评价的技术将会更加完善和先进，为产品质量和效果的提升提供更有力的支持。①

（六）总结与展望

对于美白祛斑化妆品行业而言，2024 年是挑战和机遇并存的一年，取得了一定的成绩，但也面临着诸多新的问题和挑战。

首先，2024 年美白祛斑化妆品行业保持了持续稳定的增长态势，市场规模进一步扩大。随着人们对美容需求的不断提升和健康意识的增强，美白祛斑产品成为消费者日常护肤的必备品之一，市场需求持续旺盛。同时，随着互联网和电商平台的发展，线上销售渠道逐渐成为美白祛斑产品的主要销售渠道，为行业的发展带来了新的动力和机遇。

其次，2024 年美白祛斑化妆品行业面临着产品同质化严重、竞争激烈等问题。随着市场竞争的加剧和消费者需求的多样化，各大品牌纷纷推出各类美白祛斑产品，导致市场上同类产品层出不穷，竞争日益激烈。在这种情况下，如何突出产品特色、提升品牌影响力成了行业发展的关键。

最后，2024 年美白祛斑化妆品行业在产品研发和创新方面取得了一些进展。随着科技的发展和生物技术的应用，越来越多的新原料和新技术被应用于美白祛斑产品的研发和生产中，为产品的功效和效果提升提供了新的可能性。同时，产品的安全性和绿色环保性也成了消费者关注的焦点，行业需

---

① 杨枭、刘源、封悦等：《美白化妆品的综述》，《中国洗涤用品工业》2024 年第 4 期，第 54~65；赵华、王楠：《化妆品功效评价（Ⅲ）——美白功效宣称的科学支持》，《日用化学工业》2018 年第 3 期，第 129~133、139 页。

要加大研发力度，不断推出更安全、更有效的产品。

展望未来，美白祛斑化妆品行业仍将面临新的机遇和挑战。随着消费者对美容需求的不断增长和对产品品质需求的不断提升，行业将会继续保持稳定增长的态势。同时，行业将加大对科技创新和产品研发的投入，不断推出更符合市场需求和消费者期待的产品。在政策法规的引导下，行业将进一步规范市场秩序，加强产品质量和安全管理，提升品牌竞争力，为美白祛斑化妆品行业的健康发展奠定坚实基础。

四　国内精准护肤行业发展现状及趋势[①]

（一）精准护肤概念

精准护肤是一种个性化、定制化的护肤方式，其核心是根据每个人的肤质、皮肤状态及年龄、生活环境、生活习惯等因素，为其定制最适合本人的护肤方案。精准护肤的目的是提升护肤产品的适用性和效果，为用户提供更好的护肤效果与体验。[②]

随着生物技术的发展和组学研究技术的普及，对大型生物信息数据库网络 AI 的挖掘，可以系统地分析皮肤差异的成因、现象及产生的机理机制，为后续个性化护肤产品的开发提供理论基础。从理论上讲可以通过获得个体的皮肤信息，从皮肤问题产生的路径，以及控制解决皮肤问题的靶点，去寻找有效的抑制手段和方法。在筛选针对性的活性配方阶段，可以根据肌肤的特点、皮肤的问题，以及产生问题的靶点，采用有效的成分，通过科学配伍，全方位地解决皮肤问题，并在后续产品应用使用阶段，提供相应的定制化服务。精准护肤和个性化护肤产品的开发，对有针对性地改善消费者的皮肤问题，具有重要的意义。

[①] 本部分执笔人：周靖茹、杨继承（广东伊丽汇美容科技有限公司）。

[②] 薛婉婷、李丽、董银卯等：《美白功效评价现状及发展趋势》，《日用化学工业》2021 年第 9 期，第 890～896 页。

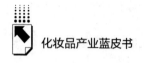

（二）精准护肤的技术发展趋势

精准护肤是聚焦皮肤层面的健康管理，并且更聚焦于皮肤潜在的问题，分析个体皮肤问题和皮肤特征的差异靶点和症状的相互关系。2022年11月，国家药监局发布了《关于开展化妆品个性化服务试点工作的通知》，同时生物学检测技术的发展和普及，基因组、转录组、蛋白组、菌群、代谢组连同脂质组学在皮肤科学的应用，结合对皮肤无损伤的检测设备的推广应用，可以识别个人皮肤特征与问题，使得皮肤调控靶点的差异实现可能，同时大数据库和人工智能AI的发展，为精准护肤的实现提供更多的解决途径。[①]

1. 皮肤健康调控

皮肤健康调控包括调控机体和皮肤衰老、皮肤暗沉和皮肤敏感。

2. 精准健康检测

（1）基因组学

关于基因组学的研究，包括DNA序列、基因功能和结构、基因在细胞内表达调节、基因组与生物体发育、进化以及疾病的相关性等方面的研究。目前主要应用在疾病诊断、新药研发、个性化治疗、新病预防和筛查方面。主要检测方法有：全基因组重测序、转录组测序和目标靶向区域测序。

（2）蛋白组学

蛋白组学是研究生物体所有蛋白质总体结构、数量、功能、互作关系和表达水平等方面的系统性学科。目前应用于新药研发、生命科学基础研究、疾病诊断与治疗以及个体化医疗。主要检测方法有：质谱技术、高通量测序技术和蛋白质亲和层析法。

（3）代谢组学

代谢组学的主要分析内容是各种产物的小分子代谢物（一般以分子量小于1000为标准）及代谢路径的底物。大部分是将人体代谢产物如唾液、尿液、血

---

① 艾瑞咨询：《2023年精准护肤趋势报告》。

浆、血清以及细胞和组织的提取液作为样品。主要检测方法包括色谱质谱（GC-MS、LC-MS）、核磁共振（NMR）和液相色谱-质谱联用（LC-MS）。

3.精准皮肤检测

（1）组学检测

组学检测的优缺点见表5。

表5　组学检测优缺点

组学	优点	缺点
基因组学	1. 帮助理解生物体的遗传信息和基因功能； 2. 为遗传病诊断、治疗和预防提供重要依据	1. 需要大量的数据分析； 2. 隐私和伦理问题涉及个人遗传信息的使用
蛋白组学	1. 提供关于蛋白质结构、功能和相互作用的重要信息； 2. 用于疾病诊断、治疗和预防的生物标记物发现； 3. 有助于药物研发和毒性评估	1. 涉及复杂的样品处理和数据分析； 2. 蛋白质的复杂性和变异性较大
代谢组学	1. 提供关于生物体代谢和代谢通路的全面了解； 2. 用于疾病早期诊断、药物疗效评估和个体化治疗； 3. 为饮食和生活方式干预提供指导	1. 需要大量的样品和复杂的数据分析； 2. 代谢物之间的相互作用和多样性增加了数据解释的复杂性
微生物组学	1. 帮助理解微生物的多样性和功能,以及与宿主相互作用的机制； 2. 有助于研究肠道微生物群对健康和疾病的影响； 3. 可应用于微生物的诊断、预防和治疗	1. 涉及样本采集和处理的复杂性； 2. 对微生物丰度和功能的解释存在挑战
脂质组学	1. 提供关于脂质组成和代谢的信息； 2. 有助于研究脂质在生物体中的作用和调控； 3. 用于心血管疾病、肥胖和代谢性疾病的诊断和治疗	1. 技术挑战较大,包括样品准备、分析方法和数据库解释； 2. 脂质的复杂性和多样性

资料来源：内部研究资料。

（2）常规表观检测方法

一是 VISIA 检测：用于评估皮肤的多个方面，包括皮肤色素沉着、皮肤老化、面部毛孔、皮肤斑点、红斑等。

二是皮肤镜检测：用于观察皮肤病变的仪器，它能够放大皮肤表面细微结构和病变细胞。

三是 CK 无创性皮肤功能检测：实现皮肤屏障功能的量化、客观化、精准化。

（3）非常规设备皮肤检测

包括反射式共聚焦显微镜、多光子显微成像、光声成像、光学相干断层成像（OCT）、超声检测、激光显微拉曼等技术。

（4）分析方法

一是生物信息分析：根据各自数据特征进行显著性和差异性比对分析，同时利用数据库进行调控靶点通路等分析，也可以对活性物的特定作用方式进行匹配分析。

二是人工智能 AI 分析：通过图像识别和深度学习算法，人工智能可以自动识别皮肤病变、痤疮、色素沉着、皱纹和其他皮肤问题。它可以帮助医生和皮肤科专家进行皮肤疾病的诊断和检测。

（5）精准干预

主要是通过添加化妆品活性成分进行精准干预。

一是抗氧化剂：抗氧化剂能够清除自由基，减少光老化对皮肤的损伤，促进胶原蛋白和弹力纤维的生成。例如维生素 C、维生素 E、多酚类等物质。

二是抗糖化剂：抗糖化剂可以减轻形成的糖化终产物及晚期糖基化物造成的损伤，并提高皮肤弹性。例如谷胱甘肽等物质。

三是去角质剂：去角质剂可以帮助去除老旧细胞，刺激新细胞的生长和胶原蛋白的合成，使皮肤更加光滑和细腻。例如 α-羟酸、β-羟酸等物质。

四是抗炎剂：抗炎剂可以减轻皮肤炎症反应，促进苯乙烯的生成，从而改善皮肤状态。例如茶多酚、沙棘籽油等物质。

五是肽类：肽类具有刺激胶原蛋白的生产、修护受损组织以及滋润肌肤的作用。例如玻尿酸、胜肽等物质。

（6）技术干预

热玛吉：将放射出来的电磁波渗透到真皮层并加热胶原纤维，促进新胶原蛋白不断地重新排列，从而收缩、紧实松弛的皮肤，改善面部轮廓和外形。

超声炮：使用超声波技术进行肌肉放松和治疗的设备，常用于物理治疗和运动康复。

激光除皱：激光去皱机使用高能激光的热量令皮肤表层产生微创伤，刺激真皮层胶原蛋白增生，达到减少皱纹、收紧松弛肌肤和改善肤质等效果。它是一种常见的皮肤美容方法。

（三）精准护肤行业发展趋势

1. 国家监管政策日趋完善，促进精准护肤良性发展

自 2018 年开始，国家药监局等部门就化妆品的功效宣称及备案等进行不断规范，同时，在强化风险控制的前提下鼓励企业进行研发创新。具体文件及核心内容见表6。

表6 化妆品监管的相关文件

文件名称	发布时间	核心内容
《化妆品功效宣称评价指导原则》	2018 年 1 月	化妆品企业需对产品功效宣称类别进行评价，要求功效宣称与其证据水平相一致。除能直接识别的功效外，特定功效宣称均应经过相应评价
《化妆品检验检测机构能力建设指导原则》	2019 年 8 月	加强对药品、医疗器械、化妆品等类型检验检测机构在能力建设方面的指导，提升检验检测能力，为药品、医疗器械、化妆品等监管体系提供有力的保障
《化妆品监督管理条例》	2020 年 6 月	自 2021 年 1 月 1 日起，对化妆品新原料实行注册与备案结合的管理制度；健全了保障化妆品安全的监管制度体系，并在严守安全底线的基础上，重视对化妆品功效的评价

109

文件名称	发布时间	核心内容
《化妆品注册备案管理办法》	2021年1月	规定对化妆品产品和原料,按风险高低分别实行注册和备案管理并简化流程;完善监管,明确企业对化妆品质量安全的主体责任,加大企业和相关责任人违法惩戒力度
《关于开展化妆品"线上净网线下清源"专项行动的通知》	2021年10月	全面自查、集中整治网络销售化妆品存在的突出问题,强化化妆品电子商务经营者主体责任,规范网络销售化妆品市场秩序,保障公众用妆安全
《化妆品不良反应监测管理办法》	2022年2月	明确化妆品注册人、备案人受托生产企业、化妆品经营者、医疗机构等各类主体应当按规定报告化妆品不良反应

资料来源:公开资料。

与此同时,国家药监局对美容仪及医疗器械的监管力度也愈发收紧(见表7)。国家药监局发布的《关于开展化妆品个性化服务试点工作的通知》明确企业可以对护肤、彩妆等普通化妆品,在皮肤检测、产品跟踪、个性化护肤服务方案等方面进行试点工作,试点省份包括广东、北京、浙江、山东、上海。

表7 美容仪及医疗器械的相关文件

文件名称	发布时间	核心内容
《射频美容类产品分类界定指导原则》(征求意见稿)	2021年4月	符合《医疗器械监督管理条例》有关医疗器械含义的射频美容类产品,应按照医疗器械管理。此次《原则》将射频美容类医疗美容产品界定为第二类、第三类医疗器械
《国家药监局关于调整〈医疗器械分类目录〉部分内容的公告》	2022年3月	自2024年4月1日起,射频治疗仪、射频皮肤治疗仪类产品未依法取得医疗器械注册证不得生产、进口和销售

资料来源:国家药监局官网及公开资料。

2.国内美容市场持续增长，个性化定制美容产品受到高收入人群及年轻群体的关注

2020~2025 年，中国美容零售市场将以 8.4% 的年均复合增长率增长，2025 年销售额将达到 5088 亿元。超过 47% 的高收入消费者更希望到个性化定制的美容实体店进行消费。其中，90 后群体消费更加理性，更加关注产品效果、添加成分，倾向有针对性地护肤。

3.国内个性化定制美容尚处于起步阶段

国外定制化护肤彩妆起步较早，发展较为成熟。定制护肤品或彩妆产品的第一步，也是定制化产品最核心的难题，就是了解消费者的皮肤，从而为其量身打造最合适的产品。国外一般通过问卷调查、仪器检测和基因检测等方式收集消费者数据，不少知名品牌已通过上述方式推出定制化服务。

早期一般通过问卷调研，问卷调查可适性高，可随时通过网络触达，但准确度欠佳，属初级方式。随着 AI、AR 技术发展，利用运动 AI、AR 或实体皮肤检测仪器，搭配大数据分析，达到更精准的匹配效果。但是测试维度单一，目前爱茉莉粉底定制、POLA 护肤套装定制均利用这种形式。

基因检测是利用收集消费者唾液等方式进行基因检测，可以更科学准确地了解皮肤底层特性。目前玫琳凯、GENEU 等国外品牌也利用此方式。

2024 年国内在定制化方面进行了不少创新尝试。虽然定制化护肤在我国发展较为缓慢，但仍不乏国货品牌对定制化产品进行尝试，洗护定制领域由于壁垒较低更受创业者欢迎。

总体上，精准护肤呈现家居护肤、生活美容及医疗美容多领域融合的趋势，其中循证医学为精准护肤步骤提供了科学及可控保证。

五　男士护肤品产业发展现状及未来发展趋势[①]

（一）我国男士护肤品产业现状、规模及市场需求

近年来，我国男士护肤品市场呈现出显著的增长趋势。Euromonitor 提

---

① 本部分执笔人：莫思颖、吕泽满（广州梦尔达科技有限公司）。

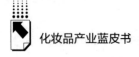

供的数据显示，2022年男士护肤品市场规模已经达到131亿元，并且预计到2024年，这一数字将会超过160亿元。[1] 市场的这种增长主要是由男性消费者个人护理意识逐渐增强，以及电子商务的迅猛发展所驱动。[2]

在男士护肤品的市场需求方面，主要集中在追求高功能性、个性化定制服务以及天然健康成分的产品上。随着消费者健康和生活质量意识的提高，他们越来越倾向于选择那些能够一次满足多种肤质需求的复合功能产品，例如具有保湿、抗痘和抗衰老等多重功效的护肤品。此外，消费者对于含有天然成分和无任何添加剂的护肤产品的需求也在不断增加，因为这类产品被认为更安全，对皮肤的潜在刺激更小。

（二）男士护肤品产业的发展历程

男士护肤品产业的发展历程，如同男性对自身形象的关注度，经历了从萌芽到细分的蜕变。从最初的剃须用品和洁面产品，到如今琳琅满目的保湿霜、眼霜、面膜等，男士护肤品市场经历了几个关键阶段。

1. 萌芽阶段（1980~1989年）

这一时期，男性护肤的意识还比较薄弱，男士护肤品市场刚刚起步，以剃须用品和洁面产品为主。吉列、妮维雅等品牌是这一阶段的代表，它们的产品以实用性为主，满足男性基本的清洁需求。

2. 发展阶段（1990~2000年）

随着男性对自身形象的关注度提升，男士护肤品市场开始逐渐扩大。除了剃须用品和洁面产品，保湿霜、眼霜、面膜等产品也开始进入市场。碧欧泉、科颜氏、欧舒丹等品牌在这个阶段崭露头角，它们的产品更加注重功效性，满足男性日益增长的护肤需求。

3. 成熟阶段（2001~2010年）

21世纪初，男士护肤品市场进入快速增长阶段。各大品牌纷纷推出

---

① 伊丽汇内部研究数据。
② 《中国男士护肤品行业发展现状分析与投资前景研究报告（2024—2031）》。

专门针对男士的护肤产品线，产品种类更加丰富，功效更加专业。兰蔻男士、雅诗兰黛男士、资生堂男士等品牌在这个阶段大放异彩，它们的产品更加注重科技创新和个性化需求，为男性消费者提供更加专业、高效的护肤体验。

4. 细分阶段（2011年至今）

随着消费者需求的不断细化，男士护肤品市场开始进入细分阶段。针对不同肤质、不同年龄、不同需求的男士护肤品层出不穷。理肤泉男士、芙丽芳丝男士、科颜氏男士等品牌在这个阶段表现突出，它们的产品更加注重针对性，满足不同男性群体独特的护肤需求。与此同时，国内具有代表性的品牌也蓬勃发展，如百雀羚、理然、仁和匠心、海洋至尊、御泥坊等品牌。

男士护肤品市场预计将继续沿着产品功能细分化和线上线下销售渠道融合发展的趋势前进，市场将继续保持增长势头。产品的功能性、个性化、智能化将成为发展趋势。线上销售渠道将进一步发展，为消费者提供更加便捷的购物体验。男士护肤品产业将继续蓬勃发展，为男性消费者提供更加专业、个性化的护肤体验，引领男性护肤新风尚。

（三）男士护肤品产业的痛点和机会点

艾媒咨询数据显示，越来越多的男性开始意识到护肤的重要性，但仍有约60%的男性对护肤缺乏足够的认识。这导致市场的潜力仅释放了约40%，仍有大量的市场未被充分开发。市场认知度不足和商品同质化现象是当下面临的挑战。目前，约70%的男士护肤品存在相似的成分和功效，使得消费者在选择时感到困惑，也加剧了市场竞争。对于品牌来说，打破同质化，提供具有创新和差异化的产品，成为提升市场占有率的关键。

尽管面临挑战，男士护肤品市场仍然充满机遇。前瞻产业研究院数据显示，随着电商平台的快速发展和消费者对线上购物的接受度提高，预计到2025年，线上销售额将约占男士护肤品总销售额的70%。这为新锐品牌提供了更广阔的销售渠道和更便捷的市场进入方式。绿色环保理念的兴起也为

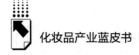

男士护肤品市场带来了新的发展机遇。越来越多的消费者开始关注产品的环保属性，预计到 2026 年，具有环保属性的男士护肤品将约占 40% 的市场份额。这为品牌提供了开发环保产品的机会，也促使整个行业更加注重可持续发展和环境保护。男士护肤品市场既面临挑战也充满机遇。通过提高市场认知度、打破同质化、提供正确的护肤指导、利用线上线下融合趋势和绿色环保理念等措施，男士护肤品市场有望实现更快速的增长。

（四）男士护肤的误区与陷阱

1. 误导性的护肤概念

在现今这个时代，社会对于美的定义已经发生了显著的变化，不再仅仅局限于传统的审美观，而是更加倾向于健康、自然、真实的自我表达。男士开始逐渐意识到，一个好的肌肤不仅是个人形象的展示，更是生活态度和生活品质的体现。不同于女性肌肤，男性肌肤的生理构造和需求有其特殊性，因此需要更加专业和针对性的护肤方案。由于缺乏相关的护肤知识和正确的引导，男士在选择护肤产品时，容易被各种炫目的广告、误导性的宣传所影响，其问题不仅在于产品的选择，更在于护肤理念的建立。许多男士认为护肤就是简单地涂抹一些产品，不了解护肤背后的科学知识和正确方法，由此忽视日常的基础护肤步骤，从而导致肌肤问题的出现。

2. 过度清洁与过度去角质

过度清洁和过度去角质是现代男士在护肤过程中容易陷入的两个极端误区。过度清洁通常表现为频繁使用强效洁面产品，比如过分依赖皂基洗面奶或过度使用深层清洁面膜，结果导致皮肤干燥、紧绷，长期使用可能引起瘙痒、刺激甚至皮肤屏障功能受损。过度去角质常见于频繁使用物理或化学去角质产品，这会过度剥离皮肤表面的角质层，导致皮肤屏障功能减弱，使得皮肤更加敏感和脆弱，长期使用可能导致皮肤出现炎症、红肿和痤疮。

3. 依赖单一的护肤品

长期使用单一的护肤品可能导致皮肤失去多样性营养，无法满足皮肤在不同阶段的需求；依赖单一的护肤品还可能增加皮肤对某种成分的过敏风险。如果护肤品中含有某些可能引起过敏反应的成分，长期使用可能会使皮肤产生过敏反应。

4.忽视肌肤的周期性护理需求

肌肤的周期性护理需求包括清洁、保湿、防晒等基本步骤。日常清洁不科学，肌肤就会积聚污垢和油脂，出现毛孔堵塞、黑头和粉刺等问题；缺少保湿会使肌肤干燥、紧绷，失去弹性，甚至出现细纹和皱纹；长期不进行防晒则会导致肌肤受到紫外线的伤害，加速老化过程，形成晒斑和色素沉着。除此之外，皮肤还有更深入的周期性护理需求，如去角质和深层清洁等。长期忽视这些周期性护理需求，肌肤就会逐渐失去活力，变得暗沉、粗糙、松弛，甚至出现痘痘、炎症和过敏等问题。

5.无视肤质与环境的差异

环境因素也会对皮肤产生影响。例如，在干燥的气候中，皮肤容易失去水分，需要加强保湿；而在潮湿的气候中，皮肤则容易出油，需要加强控油。因此，在选择护肤品时，还需要考虑当前的环境因素。精准护肤是护肤和美容领域的重要原则，只有根据个人肤质和环境因素进行精准护肤，才能有效解决各种皮肤问题，保持肌肤健康。

（五）男士护肤品产业未来发展趋势

在全球化和信息化的浪潮下，男性美容护肤的概念逐渐深入人心。男士开始更加重视自己的外表和形象，愿意投入更多的时间和金钱来维护和改善自己的肌肤状态。这种观念的转变促使男士护肤品市场迎来了前所未有的发展机遇。随着生物科技、纳米技术、人工智能等先进技术的不断应用，男士护肤品的研发变得更加精细，生产过程变得更加高效。新产品不仅功能更加全面，效果更加显著，而且能够更好地满足消费者的个性化需求。

市场竞争格局的演变也是影响男士护肤品产业发展的重要因素。随着市场的不断扩大和竞争的加剧，一些领先的企业通过不断创新和拓展市场，逐渐形成了自己的品牌优势和市场份额。而一些后来者则通过差异化竞争和细分市场策略，寻求突破和发展的机会。

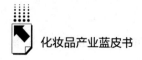

综上所述，男士护肤品产业未来的发展趋势将受到市场需求、消费观念、技术创新和市场竞争等多重因素的影响。随着这些因素的不断变化和演进，男士护肤品市场将呈现出更加多元化、个性化和专业化的特点。企业只有不断创新，才能在激烈的市场竞争中立于不败之地。

1. 多元化消费需求

随着社会对男性美容标准的逐渐开放，近年来男士化妆品市场份额显著增长。男性消费者的需求变得更加多元化和精细化，男士化妆品涵盖了从基础护肤到专业彩妆的多个类别，满足了不同消费者的需求和偏好。

护肤产品是男性消费者极为关注的领域。市场上涌现出大量专为男性肌肤设计的洁面乳、面霜、眼霜及防晒霜等。男士消费者往往会重视头发健康问题，防脱发和头发护理产品也受到男性的青睐。对于男性而言，彩妆产品也逐渐成为可接受的个人护理品。男性专用的 BB 霜、遮瑕膏和眉笔等，以其自然的妆效帮助男性改善肤色不均和遮盖瑕疵。香水和个人护理产品，如体香剂也是男士化妆品市场的重要组成部分。

男士化妆品市场的发展不仅反映了男性消费者需求的多样化，也推动了整个行业的创新和进步。企业需要持续研究和理解这些变化，以创新的产品和服务满足男性消费者的细分需求，从而建立忠实的顾客基础并促进市场的可持续发展。

2. 科技与研发创新

男士护肤品市场的快速增长得益于科技与研发的多项创新。随着男士对个人护理需求的增加，企业纷纷采用先进技术提供定制化解决方案，如通过大数据和人工智能分析消费者肤质和生活习惯，制造最适合个人的产品。生物技术的运用也使得企业能够开发新型活性成分，如肽类和酶，有效解决皮肤老化、干燥等问题。此外，微生物组科技的应用有助于优化皮肤健康，而纳米技术则提高了成分的渗透效果。环保和可持续技术的采用激发了消费者的环保意识，如使用生物降解材料和可持续资源。智能设备和应用的开发，例如智能镜子和皮肤分析设备，为用户提供了更加个性化和专业的护肤体验。

3. 跨界合作与品牌融合

护肤品行业通过跨界合作与品牌融合，有效增强了品牌影响力、扩展了消费群体，并开辟了新的市场。这些合作策略包括与时尚、科技、生活方式以及娱乐和文化品牌等合作。例如，与时尚品牌合作推出联名护肤套装，利用时尚元素吸引消费者；与科技公司共同开发智能护肤设备，提供皮肤分析和个性化建议；与生活方式品牌合作，推广健康生活理念；与电影或音乐品牌的合作，能够引入新的创意，吸引年轻消费者；与其他护肤或化妆品牌的合作，有助于共享技术，优化资源配置。

4. 可持续与环保

化妆品行业在应对环保和可持续发展的挑战中采取了一系列重要措施，以减轻其对环境的影响并提升产品的可持续性。多数公司开始采用天然、有机和可持续来源的原料制造产品。行业内的品牌也在减少使用塑料等不可降解材料，转而采用可回收、生物降解或再生材料如纸板、竹子和生物塑料来包装产品。

随着环保意识的增强，越来越多的化妆品品牌放弃了动物测试，转向更人道且环保的替代测试方法，如体外试验和计算机模拟。此外，化妆品生产过程中对水和能源的消耗也受到重视，众多企业正在通过采用节能技术和水资源循环利用系统来改进生产流程，以减少资源消耗和废物产生。

5. 线上线下融合的营销模式

线上线下融合的营销模式是一种创新的销售策略，它将互联网与传统的实体店面相结合，形成了一种强大的商业合力。在这种模式下，企业或商家不仅通过线上的电商平台、社交媒体平台和直播平台等数字化渠道进行产品和服务的推广，同时也充分利用线下的实体店、专卖店、展会和户外广告等传统渠道，来提高品牌的影响力和市场占有率。

（六）总结

1. 建议重视男士护肤，科学护肤，提升生活质量

社会各界可以联手合作，共同推动男士护肤文化的发展。例如，时尚杂志和男性专属的健康杂志可以通过专栏和专题的形式，宣传男士护肤的重要

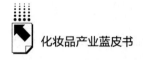

性，提供护肤知识和护肤建议，以此帮助男士形成正确的护肤观念。

媒体和社交平台也可以发挥重要的推动作用。它们可以发布相关的科普内容，推广健康护肤的生活方式，通过明星、博主的示范和引导，让更多的人认识到男士护肤的价值。同时，也可以借助社交媒体平台的力量，创建男士护肤社区，为男士们提供一个相互交流、分享护肤经验和心得的平台。

男士自身也需要提高护肤意识，主动了解和学习护肤知识，应该学会根据自己的肤质和生活习惯，选择适合自己的护肤产品，定期进行皮肤清洁、保湿、防晒等基础护肤步骤，以保持皮肤的健康和活力。男士护肤不仅是个人形象和生活质量的提升，更是健康生活理念的体现。它涉及商家、社会各界以及男士自身的共同努力，通过大家的共同努力，男士护肤会逐渐成为一种普及的健康生活方式，为男士生活带来更高的质量。

2. 呼吁行业内外关注消费者需求，推动可持续发展

在当今快速发展的社会环境中，消费者需求已然成为推动行业进步与可持续发展的关键引擎。亟须建立常态化的沟通机制，以拉近企业与消费者之间的距离。企业应主动建立多元化的沟通渠道，积极倾听消费者的真实心声，深入了解并把握他们的需求层次、消费习惯及价值取向。

倡导绿色环保理念，将环保意识贯穿于整个产业链，从源头把控，选用环保可持续的原材料，并在生产、运输、使用到回收的各个环节最大程度地降低对环境的影响。同时，鼓励企业积极开展绿色低碳技术的研发与应用，推广循环经济模式，以实际行动回应消费者的环保诉求，实现经济效益与生态效益的和谐共生。

六　中国熬夜肌护肤市场发展现状及趋势[①]

（一）熬夜带来的肌肤问题

在过去的 30 年里，社会和经济高速发展，人们的生活节奏和习惯发生

---

① 本部分执笔人：颜少慰（熬夜肌实验室有限公司）。

了巨大变化，睡眠时间也随之改变。公开数据显示，过去 10 年，中国人每晚的平均睡眠时间缩短了 1.5 小时。① 中国社会科学院 2021 年 12 月 21 日发布的"社会蓝皮书"中所采用的中国大学生追踪调查数据显示："熬夜"现象在大学生群体中非常普遍，近八成大学生晚上 11 点后睡觉。② 2023 年《大水滴熬夜白皮书之熬夜人群调研》显示：熬夜人群数量继续呈增长趋势，94% 的人群在 23 点后入睡，其中 23 点至 24 点入睡的人群最多，占比 31.6%。

同时，由 2022 年中国睡眠研究会支持出版的《中国睡眠研究报告（2022）》显示，超过 3 亿中国人存在睡眠障碍。③ 2023 年《大水滴熬夜白皮书之熬夜人群调研》显示，61% 的人群睡眠时长不足 7 小时，其中睡眠时长 6~7 小时的人群最多，占比 36.1%。

总体来说，在如今快节奏的社会中，熬夜人群显著增多，熬夜已经成为现代生活的常态，成为一种不容忽视的生活现象。

1. 熬夜对肌肤的深层影响

皮肤作为人体与外界的第一道防线，具有独特的皮肤生物钟。在皮肤生物钟的作用下，人类皮肤白天和晚上的机能各不相同，所以机体常见的生理指标也呈现周期性的变化属性。在正常昼夜交替的环境中，人体的各种行为及生理现象均会呈现出以 24 小时为周期的节律变化，从而使机体更好地适应内外环境的周期性变化。

生物钟通过各种节律基因（例如 PER、CRY、BMAL、CLOCK 等）周期性地表达来控制和调节身体的各项机能，而在皮肤中，也有着类似的"时钟"，即皮肤生物钟。日间，皮肤细胞会加强自我防御能力，帮助机体对抗紫外线和物理损伤等外界刺激；夜间，皮肤会激活自我 DNA 修护机

① 《中国睡眠研究报告：民众平均睡 7.06 小时，比十年前少 1.5 小时》，央视网，2022 年 3 月 18 日，https://news.cctv.com/2022/03/18/ARTIHIW8RdCfbhwQIRDlU8nB220318.shtml。
② 李培林、陈光金、王春光主编《2021 年中国社会形势分析与预测》，社会科学文献出版社，2021。
③ 王俊秀、张衍、刘洋洋等：《中国睡眠研究报告（2022）》，社会科学文献出版社，2022。

制，通过提高 DNA 合成与有丝分裂等过程来达到修护细胞的目的。[①] 一些内在和外在因素会干扰正常运转的生物钟，熬夜则是最主要的干扰因素之一。昼夜节律系统失常影响生理活动和内稳态系统调节能力下降导致疾病发生。

熬夜扰乱了人体生物钟及内稳态系统，从而出现一系列皮肤问题，可以概括为皮肤干燥脱屑、皮肤屏障受损到面部暗沉无光，再到皮肤紧致度变差，皱纹、黑眼圈明显，有些皮肤还会出现出油、敏感和痤疮的现象。大水滴熬夜肌实验室将这种由长时间的熬夜、缺乏睡眠等因素导致的亚健康状态的皮肤，定义为"熬夜肌"。[②]

2. 熬夜肌七大表观问题的现象及原因

昼夜节律系统可调节许多皮肤生理过程，包括免疫、细胞增殖、代谢和DNA 损伤修护等。而熬夜可能会对昼夜节律系统造成一定的破坏，导致表皮屏障功能受损、皮脂分泌增加等皮肤问题的出现。反映在表观上，表现为以下七大皮肤问题。

（1）黑眼圈

黑眼圈实际上指的是眼部特别是眼下皮肤颜色的变化。熬夜会导致眼部血流量减少，血液淤积，眼睛周围的血管扩张变得更加明显，从而出现黑眼圈。在剥夺睡眠的条件下，眼下皮肤的 a 值（红度）、L 值（亮度）都可能出现显著下降，证实熬夜对眼下皮肤的代谢和色素沉积产生了影响。

（2）皮肤暗沉

在人的毛囊细胞中存在着节律基因，它会调控毛囊细胞中黑色素的含量。熬夜后节律基因紊乱，会导致内分泌激素上升，刺激黑色素细胞的DNA 合成酪氨酸酶，促进黑色素的生成，最终导致皮肤加速变黑。表现为皮肤的 L 值（亮度）下降，b 值（黄度）越来越高，而 a 值（红度）变化不明显。

① Tanioka M., Tamada H., Dol M., et al., "Molecular Clocks in Mouse Skin," *J lnvest Dermatol* 5 (2009)：1225-1231.
② 沐风：《夜话熬夜肌》，中南大学出版社，2023。

（3）痤疮

熬夜刺激痤疮产生，实际是引发了两类现象。第一类，内分泌激素释放增多，促进油脂分泌和促炎细胞因子的释放；第二类，熬夜导致痤疮丙酸杆菌大量增殖，导致环境中的有害细菌、病毒等更容易在皮肤上停留生存。每天睡眠不足（少于8小时）时痤疮情况更为严重；男性睡眠时间不足可能会成为痤疮发生的额外危险因素；在26~30岁的痤疮患者中，不规律的睡眠对痤疮的影响更加明显。

（4）干燥

熬夜会导致水通道蛋白3（AQP3）表达减弱，阻碍表皮层水分吸收和转运，进而导致角质层缺水、水分蒸发过多，最终导致皮肤干燥，并影响表皮的代谢。表现为皮肤角质层含水量降低，经表皮失水率显著升高以及皮肤脱屑情况明显增加。

（5）大油田

熬夜出油的本质是熬夜导致内分泌紊乱，CRH等内分泌激素释放增多，促进了皮肤皮脂腺的分泌，最终导致皮肤出油增多，并且毛孔也会变大。表现为皮脂分泌量明显升高和毛孔明显增大。

（6）敏感

熬夜是通过影响皮肤屏障和产生炎症导致皮肤敏感。节律基因可以调节皮肤的愈合能力，而熬夜打乱了节律基因的表达，使皮肤屏障功能受损；而有些节律基因通过控制 IL-1β、TNF-α、IL-6 等炎症因子的表达从而影响体内炎症反应，熬夜降低了节律基因表达，影响了抗炎功能，从而使皮肤更容易敏感。实验表明，熬夜会直接导致皮肤敏感。经表皮失水率和皮肤红度在熬夜后均呈现较差的状态。而当连续24小时不睡时，皮肤中典型的炎症因子如 TNF-α、IL-1β 等蛋白含量都显著升高。

（7）衰老

熬夜会导致生物钟紊乱，使得自由基水平上升、DNA损伤、衰老分泌表型积累，导致胶原蛋白等支撑结构断裂或流失，最终使皮肤弹性、紧致度降低，面部出现皱纹。在经历一次熬夜后，皮肤弹性显著下降，面部皱纹的

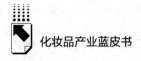

深度显著增加；有熬夜习惯（23 点后入睡）的人皮肤平均弹性比没有熬夜习惯的人要差很多，并且平均皱纹数量要比没有熬夜习惯（23 点前入睡）的人多，而且皮肤紧致度也是呈下降的趋势。

（二）熬夜肌护肤市场的发展现状及趋势

1.熬夜肌护肤市场体量变化

熬夜给皮肤带来的伤害不可忽视，熬夜后的皮肤护理也尤为重要。不断革新、高速运转的现代化生活，催生出了都市熬夜肌护肤市场。国家统计局数据显示，2023 年化妆品零售总额达 4142 亿元，同比增长 5.1%。[①] 其中，熬夜肌护肤品的销售规模同比增长 230%。熬夜肌护肤在小红书平台的商业声量整体维持在 34%的份额水平，同比增长 210%。[②] 由此可以推测，熬夜肌相关护肤产品的销售数据正在持续高速增长。

2.熬夜护肤的需求变化

随着皮肤护理知识的普及，消费群体的高阶护肤需求逐渐加深，更加关注熬夜肌护肤的功效性解决方案。果集行业研究部的数据显示，在熬夜引发的肌肤问题中，出痘和暗沉发黄是热门搜索词的前两名，祛痘和美白成了熬夜人群的主要痛点和诉求。从品类偏好来看，液态精华和面膜是熬夜人群最为青睐的两类产品。面膜类目数量在熬夜护肤品销售额 TOP500 商品榜中占比高达 47.62%，而液态精华的占比更高。[③]

小红书熬夜肌护肤互动量作品内容词云拆解显示，排名前 3 的词汇分别是"功效"、"使用感受"和"起效周期"。除了价格和物流，功效成了品牌打动消费者的核心关键。

（三）熬夜肌解决方案

为了更好地解决"熬夜肌"相关的问题，大水滴熬夜肌实验室依据目

---

① 《2023 年 12 月份社会消费品零售总额增长 7.4%》，国家统计局网站，2024 年 1 月 17 日，https：//www.stats.gov.cn/sj/zxfb/202401/t20240116_1946619.html。

② 《2023 年熬夜护肤市场洞察报告》。

③ 《2023 年熬夜护肤市场洞察报告》。

前已知的科学研究结论，提出了"由内至外"的护肤思路，深彻调理熬夜肌。具体来说就是由内——调节肌肤生物钟，恢复肌肤自愈力；至外——改善熬夜引起的七大表观问题，从而打造一条更科学的熬夜肌修护通路，带来更加健康自然的肌肤状态。

1. 由内：靶击节律基因

"熬夜肌"问题的产生是因为熬夜扰乱了皮肤生物钟及内稳态系统，因此，从熬夜破坏皮肤昼夜节律基因的本质出发，修正紊乱的皮肤昼夜节律基因，在分子和细胞层面调理身体，才能达到治标又治本的目的。

基于人体皮肤受昼夜节律基因调控的机理，大水滴熬夜肌实验室 3 位博士科学家共同进行科学实验，并邀请苏州大学生物钟研究中心和新加坡皮肤研究所主任 Maurice 教授作为专业顾问，研发出熬夜修护专利成分——Clock-f。基于 Clock-f 优越地调节基因表达的性能，大水滴品牌已将其加入全线产品当中。

2. 至外：高效促进皮肤夜间修护，解决肌肤七大表观问题

根据七大皮肤表观问题的形成机理，大水滴熬夜肌实验室寻找每个问题的作用通路，提出了一套七大皮肤表观问题的完整解决方案。

（1）熬夜黑眼圈解决方案

第一，改善血液循环。减少毛细血管的渗透性，从而改善眼周的血液循环。例如咖啡因，具有血管收缩特性，它能加快眼睛周围的血液循环。

第二，减少黑色素的生成。抑制黑色素细胞增殖、防止黑色素生成及转移、促进黑色素代谢剥脱和调控生成黑色素。

第三，抗衰。可以增厚基底膜，补充层粘连蛋白-5（一种基底膜中的非胶原性结构蛋白）、胶原、氨基葡聚糖及皮下脂肪来加强皮肤结构蛋白，改善黑眼圈。

（2）熬夜暗沉解决方案

第一，抑制黑色素生成和转移。抗坏血酸葡糖苷，具有强抗氧化性，可抑制酪氨酸酶的活性。烟酰胺通过抑制黑素小体从黑素细胞向周围角质形成细胞的转运，进而有效减少色素沉着。

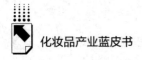

第二，抑制炎症。使用泛醇可以舒缓炎症肌肤，减少肌肤红疹，改善敏感肌肤症状，减少炎症因子 PGE2。另外还可以加速伤口愈合，促进上皮形成和组织再生。

第三，对抗自由基。阿魏酸有很强的抗氧化作用，并有抑制酪氨酸酶的作用，可以减少黑色素的生成。

（3）熬夜痤疮解决方案

第一，抑制皮脂过度分泌。一方面，通过降低 MC5-R（黑皮质素受体）的蛋白水平，减少活性皮脂腺的数量。如壬二酸，能有效抑制 5α-还原酶，减少油脂的合成。另一方面，通过抑制 5α-还原酶来实现抑制皮脂的分泌。如槐糖脂提取物，能从油皮肌肤的源头抑制和调节皮脂分泌。

第二，祛除毛囊角质化。常见的酸类成分，如水杨酸、果酸类，能够很好地去除老废角质，同时，它们还能软化角质蛋白，使其变性溶解，从而起到疏通毛孔的作用。

第三，抑制致痘微生物。当痤疮出现红肿甚至脓疱时，说明炎症已经发生。使用一些具有抑菌效果，特别是对致痘微生物有抑制作用的成分，如桃陀酚，即便 $0.1\% \sim 0.5\%$ 的低浓度，也可以让痤疮细菌在十几分钟内全被杀死，发挥高效抗菌、消炎的效果。

第四，控制炎症。如甘草酸二钾，能抑制组胺的产生，缓解皮肤泛红和毛细血管扩张等，从而对皮肤进行更好地修护。

（4）熬夜干燥解决方案

第一，储水。补充外源性透明质酸，例如透明质酸钠，可以帮助皮肤有效储水。而乙酰壳糖胺，则可以加速透明质酸的生物合成。

第二，活水。如 AQP3 跨膜转运水、甘油等小分子，常用甘油葡糖苷增强 AQP3 表达，提高水合能力。

第三，锁水。补充神经酰胺类成分，能修护皮肤屏障并改善皮肤干燥症状，更好地提升皮肤的锁水能力。

第四，捕水。角质层中存在天然保湿因子（NMF），能抓住水分子。因此，如果能外源性地补充 NMF 或者促进 NMF 的产生，都可以增加皮肤的捕水能力。

（5）熬夜大油田解决方案

第一，已经出来的油——洗。表面活性成分具有两亲性，可以很好地带走油脂，带来"控油"的直观体验。

第二，没出来的油——源头抑制。抑制油脂分泌的方式主要是通过影响雄性激素和皮脂腺细胞里的脂肪酶两个作用通路实现源头"控油"，现有技术大多采用水杨酸、视黄醇衍生物和一些天然提取物如金盏花、绣线菊等减少皮脂分泌，实现控油效果。

（6）熬夜敏感解决方案

第一，物理屏障修护。例如脂质神经酰胺，可增强表皮细胞内聚力，改善皮肤保持水分的能力，促进皮肤的屏障修护。

第二，抑制炎症因子。例如卡瓦胡椒精粹能够关闭 90% 泛红源头——PGE2 传递信号，收缩毛细血管，强效镇静、瞬间舒缓敏感泛红皮肤。

第三，神经调节。例如柑橘果提取物可以抑制 TRPV1，减轻灼烧感和刺痛感，提高皮肤的耐受性。

（7）熬夜衰老解决方案

第一，修护细胞 DNA 损伤。例如马齿苋提取物，能够清除自由基，减少因氧化给细胞带来的损伤，改善色素沉着问题。还可以抑制炎症因子，抵抗炎症，减少疤痕和皱纹的出现。

第二，调节皮肤细胞生物节律。Clock-f 节律因子和水解酵母蛋白等均有此作用。

第三，刺激胶原蛋白产生。视黄醇促进 I 型胶原蛋白、GAG 糖胺聚糖、纤连蛋白和原弹性蛋白合成，调节真皮层细胞外基质稳态，促进内皮细胞增殖。

第四，抗光损伤。补骨脂酚以类似视黄醇的方式调节基因表达，可以增强人体皮肤成纤维细胞活性，降低皮肤胶原蛋白的分解，同时还能促进皮肤胶原蛋白的合成，抑制炎症反应等，从而发挥抗衰老的功效。

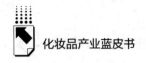
（四）熬夜肌护理领域的技术发展情况

护肤日趋精细化，抗糖、抗氧、美白赛道火热，熬夜肌也成为兵家必争之地。品类上，曾经熬夜眼霜、睡眠面膜唱主角，如今早已延伸至精华、面霜、原液、冻干面膜、安瓶等全品类线，而更为全面的品类也意味着成分、配方等相关科研成果和技术的快速更新迭代。

1. 成分——熬夜肌专研成亮点

从市面上主流熬夜护肤产品中不难看出，咖啡因、烟酰胺、维生素 C、维生素 E 等成分在熬夜护肤品中的出镜率非常高。针对熬夜后出现的不同肌肤问题，品牌在成分选择上也有所倾向。例如针对痘痘、闭口、毛孔等问题，水杨酸、维 A 酸、茶树精油等成为热门成分；而解决熬夜暗沉的问题，烟酰胺、维生素 C 和光果甘草则仍是主流。

值得一提的是，国际大品牌多集中在精华、眼霜等某单一品类进行发力，但国内的诸多新锐品牌开始涉足熬夜肌护理产品专线的开发，并研发了属于自己的专利成分。

专注于熬夜肌护理赛道 23 年的大水滴品牌，通过细胞实验、斑马鱼实验、人体试验、小鼠实验成功研发了对熬夜皮肤昼夜节律基因紊乱具有调节修护作用的专利成分——Clock-f。Clock-f 具有优越地调节基因表达的性能，对于皮肤生物钟调节的重要基因具有增强其表达的作用，在熬夜肌肤抗衰和表皮修护维度具有巨大的潜力。

2. 配方——功效叠加、多维复配成趋势

在配方方面，采用多维复配是目前市面上众多品牌的首选思路，不同功效成分的叠加以求一款产品解决多个肌肤问题。

大水滴熬夜肌实验室提出了"C+H+S+S"复配通路方案，强调从生物节律的角度出发，通过调节皮肤的生物钟来改善熬夜对皮肤的负面影响。具体措施包括：内调节——调节皮肤生物钟，恢复细胞能量供给和自我修护能力。外靶向——解决皮肤表面的具体问题，如控油疏通、抑菌消炎、淡化痘印等。

其中专门针对熬夜突发痘的 3 点祛痘精华，不仅采用了专利 Clock-f 提

升皮肤 ATP 能量，调节皮肤的生物节律。还通过多重成分的量化复配实现催熟闷痘、收敛瘟痘、清除老废角质的效果，即 3%超分子水杨酸帮助剥落废旧角质，5%烟酰胺减少痘印，13%胶态硫配合 15%氧化锌帮助加速瘟痘、收敛毛孔。

（五）展望

作为一种细分护肤场景，熬夜护肤品所解决的肌肤问题，实际上已经在祛痘、修护、抗氧化等细分需求产品中有所体现。日益增长的熬夜群体，催生了熬夜专研护肤品的"百花齐放"。

B.6
中国彩妆产业发展报告[*]

林燕静　方杨杨

摘　要： 　随着经济增长和消费者对个人形象及生活品质追求的提升，彩妆产品已成为许多中国消费者尤其是年轻消费者日常生活的重要部分。报告指出，技术创新和产品个性化是推动彩妆产业发展的核心因素。市场对天然和无害成分的彩妆产品的需求持续增长，以及对敏感肌适用的彩妆产品关注度提高，显示出消费者对健康和环保的重视。在激烈的市场竞争下，产品同质化和日益严格的市场监管仍然是行业面临的主要挑战。

关键词： 　彩妆产业　技术创新　个性化定制

一　彩妆产业发展现状

近年来，随着消费者审美的多元化和个性化需求的不断提升，彩妆市场呈现出丰富多样化的趋势。同时，国内外品牌的竞争愈发激烈，新兴品牌和产品层出不穷，科技创新和文化元素的融入为彩妆产业带来了新的生机，本报告旨在深入分析行业现状，预测市场趋势，为彩妆产业的持续健康发展提供思路。

（一）行业概览①

2024 年第一季度，美妆个护市场上护肤产品是绝对主力，销售额占整

　＊　林燕静、方杨杨（杭州花凝香生物科技有限公司）。
　①　魔镜洞察：《2024 年一季度消费新潜力白皮书》。

体市场的 71.7%，但彩妆赛道增速更快，销售额同比增长 7.7%。2024 年第一季度，电商彩妆整体规模分布是抖音平台大幅增长、天猫大盘维稳、淘宝和京东萎缩。[①] 在细分市场，面部彩妆赛道迎来 20.6% 的销售额增长，达到 113.1 亿元，主流品类仍旧是粉底液、BB 霜、妆前隔离等底妆产品，合计占整体市场的 58.0%。底妆、口红稳居头部赛道，底妆品类相比唇部品类市场前景更加乐观，口红近 2 年呈现逐年下降趋势。定妆品类里，定妆喷雾大幅增长。[②] 腮红虽然体量较小，但同比增长迅速（占比 43.3%）且在社媒平台受到消费者广泛关注（声量排名第 3），膏状腮红超越了粉状腮红，成为目前市场最火爆的品类。在市场教育和消费升级的双重加持下，卸妆的必要性在消费者当中形成共识，卸妆品类销售额、声量同增。随着护肤理念逐渐精细化，卸妆产品从卸妆水向卸妆油、卸妆膏等品类跃迁，卸妆油、卸妆膏增长迅速。此外，近年来，随着适敏护肤需求旺盛，敏感肌护肤市场热度不断攀升，在此趋势影响下，越来越多的彩妆品牌参与其中，适敏彩妆产品日渐丰富，尤其是底妆产品。基于底妆产品的强功效属性，如遮瑕、保湿、防晒、养肤等，主打兼顾温和与妆效的适敏底妆产品越来越受欢迎。[③] 例如，花西子敏感肌适用彩妆，获得了销量与口碑的双重成功，成为新华网 2023 年的"科研创新"优秀案例，是唯一一个获此荣誉的中国彩妆品牌。

（二）消费者洞察

美妆护肤行业消费者不断主动进行知识和理念的更新迭代，精细化是主流发展趋势。新中式风格和国货产品受到欢迎，消费者愈发注重个人体验和情感表达，情绪护肤以及色彩鲜明的妆容风格受到欢迎。明星和 KOL 在美妆护肤赛道有较强影响力，新兴社媒平台提供了直播带货的销售通道，高质量短剧也给品牌的营销投放带来巨大收益。

大众对于男性化妆的包容度上升，底妆产品的适当使用可以打造干净自

---

① 烽火台（商品策略中台），2024/1-2024/3。
② 任拓情报通，VK-BI，2024/1-2024/3。
③ 《中国女性敏感肌深度分析与适敏彩妆研究报告》，2024。

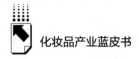

然的"伪素颜",有效提升个人形象,底妆产品受到年轻男士的欢迎。在腮红的话题讨论者中,男性群体的占比持续攀升,2024 年第一季度达到32.0%。[1] 电商平台消费者首要关注产品颜色色号以及外观设计,对于易显色且效果自然、产品精致有设计感的腮红产品格外青睐。

在美妆审美多元化趋势与"精细护肤"概念的双重加持下,消费者认识到做好皮肤清洁是美容护肤的重要步骤,卸妆产品逐渐成为刚需。随着男性消费者护肤意识提升以及护肤步骤逐渐精细化,他们对于卸妆的关注程度持续上升。年龄层面,21~35 岁群体是讨论主力,并且有"年轻化"趋势。一线城市用户仍是主流,但市场正在向新一线和下沉市场倾斜。电商平台消费者最关注的是产品的清洁效果,其次是与使用体验相关的气味、便捷性、包装分量等。

首个关于彩妆与敏感肌的研究报告——《中国女性敏感肌深度分析与适敏彩妆研究报告》显示,2023 年中国成年女性肌肤健康状况中,敏感肌女性以轻度敏感为主,占比近六成。起皮、红血丝、紧绷是各敏感肌女性最常出现的症状,中重度敏感肌则还受刺痛、瘙痒、灼热等问题的困扰。相比普通彩妆,敏感肌用户希望适用于敏感肌的彩妆能够修护敏感肤况、养肤以及纯净全绿配方,其次还要注意轻薄透气、不致敏、天然成分等。对于养肤彩妆,敏感肌人群虽然有质疑但也会考虑购买,希望先试用后再决定是否购买。有57.7%敏感肌调研人群使用过养肤彩妆,79.7%表示使用后有改善。主打轻薄透气、成分天然安心、护敏养肤的敏感肌适用彩妆产品成为新的消费趋势。[2]

二 智能化彩妆体验

当下彩妆行业不断受到科技革新的推动,其科研技术、原料工艺和产品功效日新月异。创新不仅改变了彩妆产品的质地和色彩,也为消费者带来更

---

[1] 魔镜洞察:《2024 年一季度消费新潜力白皮书》。
[2] 《中国女性敏感肌深度分析与适敏彩妆研究报告》,2024。

加个性化的彩妆体验。

随着人工智能（AI）、增强现实（AR）、虚拟现实（VR）、脑机接口（BCI）等技术的发展，智能化彩妆体验逐渐成为彩妆行业的重要趋势。

（一）虚拟试妆

增强现实（AR）技术：通过摄像头和 AR 技术，消费者可以在虚拟环境中试用不同的彩妆产品，如口红、眼影、腮红等。此技术的优点在于无须实际涂抹产品即可看到彩妆效果，提供便捷且互动的购物体验。

试妆应用程序：部分品牌推出了试妆 App，用户可以上传自己的照片或通过摄像头实时进行试妆。此技术的优点在于方便用户在家里选择适合自己的产品，有助于提升购买决策速度。

（二）智能护肤和彩妆设备

智能镜子：通过配备摄像头和传感器，分析消费者的皮肤状况，提供护肤建议，并模拟不同的彩妆效果。该方式可为消费者提供个性化的美容指导和彩妆建议。

智能化妆刷：通过内置传感器和智能芯片，可以调节刷子的力度和振动频率，实现更均匀和精准的上妆效果，由此提升化妆的精确性和专业度。

（三）在线美容顾问和服务

AI 美容顾问：通过聊天机器人或虚拟顾问，回答用户关于彩妆和护肤的问题，提供个性化的建议，由此提高客服效率，增强用户体验。

视频教程和社交平台互动：品牌可以通过视频平台和社交媒体，发布使用技巧和教程，并与用户互动，以此增强用户的参与感和提高用户忠诚度。

（四）客观化用户体验评估

多模态的感官评估：通过脑机接口技术，以科学的方法收集和分析用户使用体验，揭示用户主观描述与潜意识之间的一致性，衡量美妆产品的关键指标，并评估出用户的喜好度、购买意愿等。例如，在国内化妆品行业中，宜格集团率先开创了全息 AI 感官行为研究系统，整合多模态神经电生理信号（脑电、心电、肌电）与行为数据（眼动追踪、表情识别、动作捕捉），整合多维感觉通道（视觉、听觉、触觉、嗅觉），实现定性与定量相结合的更科学有效的产品感官评估，为产品研发提供更科学有效的数据支撑，更好地满足消费者对健康和美丽的双重需求，增强消费者的使用体验。由此为探究美妆产品与皮肤生物学特性相互作用关系提供现实手段，使美妆产品能够通过影响皮肤—大脑连接通路来提升消费者的心理和情绪状态，为推动行业的持续创新和发展提供新动力，加速美妆行业向更客观化、更精准化的发展方向迈进。

三　个性化定制服务与多功能便携产品

（一）定制化产品推荐

人工智能（AI）算法：利用 AI 分析消费者的皮肤类型、面部特征以及个性化需求，给消费者推荐最适合的彩妆产品。该方式可提高产品推荐的准确性和用户的满意度。例如，美国的 Supergreat 网站通过搭载 ChatGPT，让用户询问个人美妆产品推荐的相关问题，从而获得产品推荐以及相关视频。[①]

大数据分析：通过分析用户的购物历史、评价和行为数据，提供个性化的产品推荐和营销建议。此方式的优点在于可帮助品牌更好地了解消费者需求，优化产品和服务。

（二）个性定制化服务

个性定制化服务在彩妆行业中扮演着越来越重要的角色，通过个性定制

---

① 英敏特：《Clotilde Drapé. 彩妆的未来：2024》，2024。

化服务，消费者可以根据自身的肤质、肤色、喜好和需求，定制专属于自己的彩妆产品，从而实现更好的化妆效果和满足个性化的美妆需求。

在这个服务体系中，消费者可以通过在线问卷、线下咨询或身临其境的体验活动，与专业彩妆顾问或科技系统进行互动，全方位地了解自己的肤质特点、美妆偏好等信息。基于消费者提供的个性化数据，彩妆品牌可以为其定制出色的化妆品产品，例如粉底液、口红、眼影等，以确保产品与客户需求紧密契合。

通过个性定制化服务，消费者可以获得更适合自己的彩妆产品。这种服务不仅提升了消费者对品牌的忠诚度，也为彩妆行业带来更多创新的可能性。此外，还可促进消费者与品牌之间的互动和交流，构建更加紧密的品牌与消费者关系，为品牌赢得更多忠实的支持者。

（三）多功能与便携性产品流行

随着生活节奏的加快，消费者越来越偏好那些能提供多重功能的彩妆产品。市场上出现了更多具有保湿、防晒和抗衰老等多重功效的彩妆产品。同时，便携式设计，如棒状和小包装产品，也越来越受到消费者的欢迎。省时产品（如彩妆笔、快速修容液、防晒妆前霜）、创新产品（可打造 3 种妆容的 Lisa Eldridge Velveteen 唇彩液、Olive and June 按压式美甲贴片、The Lineage 眼眉睫贴花、兼具眼影与腮红功能的十二色眼影盘）、创新型化妆工具等应运而生。[①]

四 绿色环保彩妆技术

绿色环保彩妆技术是彩妆产业发展的重要方向之一，旨在减少对环境的负面影响，提倡可持续发展。在追求美的同时，品牌和消费者也开始更加关注产品的环保性和可持续性。通过采用绿色环保彩妆技术，品牌可以降低对

---

① 英敏特：《彩妆的未来：2024》，2024。

环境的影响,同时也满足消费者对于环保和健康的需求。绿色环保彩妆技术的发展主要体现在以下几个方面。

天然有机成分:采用天然有机成分替代化学合成成分,如植物提取物、矿物质等,以生物降解材料取代对环境污染较大的化学物质,降低了对环境的负面影响。[1][2]

可持续包装设计:采用可回收材料或生物降解材料,减少包装的使用,避免过度包装,推动包装的可持续发展,降低塑料污染和废弃物产生。[3]

低碳生产工艺:推广能源节约、减少碳排放的生产工艺,实现生产过程中的低碳环保,包括节能减排、循环水利用等技术的应用,从而减少对环境的破坏。[4]

无动物实验:倡导无动物实验的彩妆产品研发,采用替代性方法来确保产品的安全性,避免对动物实施残忍的测试,体现对动物保护的关注与尊重。

五　科技创新驱动的功效养肤彩妆

从原料的研发和选用,到生产工艺的优化与创新,再到产品剂型、包材工具等的提升,科技正深刻地改变着整个彩妆产业链。

(一)原料创新

在彩妆原料方面,引入了更多天然有机、高效安全的中草药成分,运用生物科技、纳米技术等先进手段,持续扩展着彩妆产品创新的可能性。例如,宜格集团通过对中国传统文化及东方花卉的深入研究,结合中草药精华等传统中医养肤理念,采用东方花卉如牡丹、茉莉等的花卉成分,赋予彩妆

① 梁晶、樊国全、方涛等:《21种药用植物提取物的抑菌活性筛选及其化学成分分析》,《天然产物研究与开发》2023年第4期,第562~572页。
② 张海娟:《五种植物的化学成分及其生物活性研究》,博士学位论文,山东大学,2007。
③ 沈艳芳:《基于绿色包装材料应用和发展研究》,硕士学位论文,南昌大学,2012。
④ 张庆荣:《生态环境教育在高校语文教学中的应用——评〈节能减排工作低碳环保生活〉》,《环境工程》2019年第10期,第1页。

产品更具东方美学特色的色彩、质地和功效，为产品注入了更深层次的内涵和灵魂的同时，研发更具养颜护肤功效的彩妆产品。近期，宜格集团推出适用敏感皮肤的花西子小莲伞防晒霜（SPF50⁺），采用复配密蒙花、七叶一枝花、莲花、金钗石斛构筑创新莲养御屏组方，运用自研专利空气防水莲叶膜等技术，添加大分子防晒剂，也为功效养肤彩妆领域画上浓墨重彩的一笔。

（二）生产工艺创新

在生产工艺方面，彩妆产业的科技创新不仅提高了产品的生产效率和质量，同时也赋予了产品更加深厚的美学与文化内涵以及个性化。在产品膏体方面，通过精细的雕花工艺，在彩妆产品膏体上雕刻出复杂精美的图案，如花卉和古代纹样，不仅提升了产品的美观性，使产品更具独特性。此外，国内首个由美妆品牌建立的 CMF 实验室，在东方材质与工艺的传承创新研究方面，已将陶瓷、苗银、花丝、皮雕、苏绣等非遗工艺应用到彩妆产品中。花西子隐园限定的"刺绣系列产品"荣获 2023 国际 CMF 设计奖金奖，是唯一一个获得金奖的彩妆品牌。融文化于化妆品，赋传统予时尚，通过 CMF 的研究与应用，在为用户提供更优秀的产品体验的同时，也传承了优秀的中国传统文化。彩妆产品不再仅仅是一种化妆品，更是一种文化的传承和表达。

（三）剂型创新

剂型的创新在彩妆产业中扮演着至关重要的角色，它不仅使彩妆产品更易于使用，也更符合不同用户的需求和偏好，同时也极大地提升了产品整体体验感。例如，在彩妆品类中，设计师们结合中国传统文化中的香囊艺术，推出了独特的香囊腮红，既可以作为饰品佩戴，又能随时随地补妆。腮红粉末被精心藏于香囊中，用专用粉扑轻轻一按，即可蘸取适量腮红粉。消费者在使用过程中不仅能感受到香囊的清幽香气，还能领略到东方文化中的巧妙设计和美学精髓。这种创新的剂型不仅实现了腮红的功能性需求，更让消费者在日常生活中感受到浓厚的文化氛围，展示了对传统文化的深刻理解与创新拓展。剂型创新赋予了彩妆产品更多的个性化和文化独特性，使得产品在外观和使用方式上更具吸引力。通过引入不同的剂型设计，彩妆产品可以更好地满足消费者的多样化需求，同时也能够反映出品牌对于文化传承和创新的独特理解。这种针对剂型的创新不仅提升了产品的竞争力，也加深了消费者对彩妆品牌与产品的认同感，推动着整个行业朝着更具创意和文化深度的方向发展。

（四）包材工具创新

包材工具创新是在包材的生产、使用过程中，通过技术进步、工艺改进和材料更新，实现包材性能提升、功能增加、环保效益与融入文化底蕴等的技术创新，例如，CMF 实验室在东方材质与工艺的传承创新、环保材料开发及应用等领域的研究成效初显。例如，传统气垫粉底一般采用平面粉仓设计，而近期市场上推出的弧面气垫采用的是弧形粉仓设计，创新采用 3D 弧面结构，在弧面粉仓内部结合微孔设计，使粉底液能够通过微孔均匀分散，释粉更为均匀细密。此外，弧形粉仓设计更符合人类面部的立体结构，能提供更加均匀和贴合的上妆效果，有效地提升用户的上妆体验和产品性能。

六　品牌策略与发展建议

产品同质化和日益严格的市场监管是彩妆产业面临的主要挑战。在激烈的市场竞争中，品牌间的差异化竞争将变得尤为重要。彩妆品牌需积极制定各种策略以应对不断变化的市场动态，不断提升产品质量和创新能力，以推出符合市场趋势的新品，积极回应并满足消费者的多样化需求。

许多品牌致力于打造清晰的品牌定位，以吸引消费者。例如，通过强调环保可持续理念来树立自身的形象，吸引那些关注环保问题的消费者，通过个性化定制服务来与消费者建立更为亲密的联系等。总的来说，彩妆品牌在面对市场动态时需要灵活应变，瞄准关键点，不断调整品牌策略以满足消费者需求，同时抓住市场机遇，保持创新力，才能在竞争激烈的彩妆市场中脱颖而出。

此外，品牌在追求市场份额的同时，也需持续关注监管合规的要求，遵守相关法规和标准，确保产品的质量和安全性，增强消费者对品牌的信任感。随着市场的发展，中国彩妆品牌也不断开始进军海外市场，在出海过程中，需关注国际市场，包括美国、日本、欧盟等国家、地区和组织，的研发体系与质量标准，从而建立更为严格的企业自身标准。

参考文献

杨伟东：《中国化妆品监管法治化研究（下）——以〈化妆品卫生监督条例〉的修订为核心》，《香料香精化妆品》2011 年第 2 期。

叶永茂、邱琼：《关于加强化妆品监管的若干思考》，《中国食品药品监管》2010 年第 9 期。

王卫、孙晓芳、王华东：《我国化妆品监管存在的问题及解决之策》，《首都医药》2010 年第 5 期。

B.7
中国洗护发产业发展报告

摘　要： 随着消费者消费理念的改变，他们在追求化妆品清洁与护理功效的同时，越来越注重产品的天然性、亲和性和环保性。无硅油洗发水越来越受到消费者的青睐。鳞式仿生技术通过表面成膜达到修护受损毛鳞片的功效，成为无硅油洗发水的发展趋势。脱发已成为社会人群普遍面临的问题并呈低龄化趋势，目前防脱类新注册国产洗护产品呈现以侧柏叶提取物为主流成分的产品特征，竞争越来越激烈。从长远发展来看，新防脱类功效化妆品企业需要将我国丰富的植物资源和现代技术相结合，不断进行自我革新、技术创新，才能成为未来市场竞争的佼佼者。

关键词： 无硅油洗发水　纳米油脂乳化技术　鳞式仿生技术　防脱发　天然提取物

一　无硅油洗发水头发护理创新技术[①]

（一）头发护理产品的发展历程

洗发水，又名香波、洗发露，是应用最为广泛的洗发用品之一，也是最常用的头发护理产品之一，对头皮和头发具有清洁作用，可使头发柔软、有光泽且易于梳理。20世纪七八十年代，洗发水功能单一，只有去油污、去屑等基本清洁功能而无护发作用，其强效的清洁力往往伴随着对头发的损伤，洗后头发

---

① 本部分执笔人：池水兴、张艳萍、吕雪莲、邵睿睿［前研化妆品科技（上海）有限公司］。

干涩、易打结。1985年起，洗发产品在清洁功能的基础上着重加强了护理头发的功能。硅油具有使头发柔顺、滋润的效果，广泛应用于洗发水中。2000年之后，进入了对头发进行全面护理的新阶段，产品开始追求深层清洁和深层修护，不再满足简单的洗护，而是追求由内而外的健康清洁。同时消费者也受到"植物来源、绿色环保、可持续发展、可回收、可降解、减碳排、生态友好"等理念影响，越来越倾向于选择天然、亲和、环境友好型的洗发产品，纯天然、植物型等洗发水产品不断涌现。[①] 由于硅油不亲和人体和头发，容易包裹发丝从而在头发上累积，生物降解性差对环境不友好，长期使用还会让硅油在头发上层层积聚，导致头发油腻、厚重、坍塌、干枯毛躁，因此无硅油洗发水作为一种健康时尚的生活方式应运而生。

随着人均可支配收入水平和受教育程度的提升，人们开始追求更高的生活品质，颜值经济随之加速发展。其中，除了脸部护理，消费者对头部的洗护愈加重视。在用户需求的推动下，洗发护发市场规模持续增长，行业日益走向成熟。数据显示，2022年我国头发护理市场规模接近700亿元，较上年同比增长6.9%。中国头发护理市场将近90%都是基础的洗发护发产品，而高端产品从2014年开始呈高速增长的态势，市场占有率也在不断提高。以全球市场来分析，从2012年开始无硅油产品在发用产品市场每年都保持20%左右的增长。目前，在无硅油产品品类中，洗发水所占比例最高，为53%；发质修护产品次之，占比为20%。在中国市场上，无硅油头发护理产品的发展正处于快速上升期。[②]

（二）无硅油头发护理产品研发技术进展

1. 头发护理产品的技术简介

头发的结构从外至内大致分为表皮层、皮质层和髓质层。表皮层由硬质

---

① 万岳鹏、李火云、龚盛昭：《无硅油洗发水概况与发展趋势》，《日用化学品科学》2015年第6期，第1~3页。

② 牛丽娟、吴晓慧、瞿欣：《无硅油护发浅析》，《日用化学品科学》2015年第12期，第5~7页。

的角蛋白组成，毛小皮细胞为鳞片状。近年来的研究发现，头发中还含有内部脂质，它主要位于毛小皮细胞之间以及毛小皮与皮质细胞之间的细胞间隙中，称为细胞膜络合物（Cell Membrane Complex，CMC）。CMC 的脂质是头发的主要结构脂质，占头发质量分数的 5%~7%，CMC 脂质与蛋白质结合形成脂蛋白，能围绕头发纤维形成一个连续的网状结构，起到对毛小皮细胞之间、毛小皮与皮质细胞之间的黏合作用。皮质层位于毛小皮内侧，在毛发中所占比例为 85%~90%，与毛发的弹性、黏度等物理性质有很大关系。髓质层位于头发中心，内含黑色素。由于头发没有自修护能力，一旦从外部受到损伤，其损伤就会蔓延，导致头发出现光泽减少、变干变脆、弹性下降等情况。[1]

一般来说，发用产品之所以可以护理头发，都是通过将调理剂吸附到头发表面，形成疏水保护层，提供良好的梳理性能。发用产品的调理剂包含以下几种。

（1）阳离子调理剂。按来源可以分为两大类：天然衍生聚合物，比如阳离子瓜尔胶（瓜尔胶羟丙基三甲基氯化铵）、阳离子羟乙基纤维素（PQ10）以及阳离子决明胶；化学合成聚合物，比如聚季铵盐-6（PQ6）、聚季铵盐-7（PQ7）、丙烯酰胺丙基三甲基氯化铵/丙烯酰胺共聚物等。按调理作用机理可以分为三大类：电荷作用机理、絮凝机理以及原位絮凝机理。阳离子调理剂具有防止带电、柔软化等作用，是被广泛使用的头发护理成分。

（2）硅油及其衍生物。硅油及其衍生物无色、无味、无毒且不溶于水，适当添加能够起到润滑头发的作用。过高硅油含量的洗发水在刚洗完时候会觉得头发滑滑的，但并不清爽，长期使用会造成头皮毛囊堵塞以及脱发。

无硅油洗发水可达到轻盈清爽无负担的基础清洁护理效果，其功效优势在于：第一，安全、温和、无刺激。通过使用温和表面活性剂和天然表面活性剂，同时使用温和油脂替代硅油，可大大减少洗发水对头皮的刺激。第

---

[1] 《最新化妆品手册Ⅰ》，日本化学株式会社，2016。

二，环保。硅油是一种化学惰性物质，难以自然降解，在生产和使用过程中会随废水排放进入环境，造成环境污染。无硅油产品可以减轻环境负担。第三，护理头皮。避免了因硅油在头皮上的沉积而导致的头痒、油腻、头屑和头皮刺激等问题。

2.头发护理产品的创新技术

头发护理产品的进阶功效是通过以下方式修护受损发质，赋予头发功能性。

（1）纳米油脂乳化技术

无硅油洗发水最大的技术挑战是寻找合适的替代硅油的成分，具有优越调理功能的油脂在配方中的添加及在头发中的渗透是无硅油洗发水的技术难点。天然、温和、营养丰富、易降解、更环保、健康和安全的植物油脂能有效修护受损发质，降低头发表面摩擦系数，保护头发免受有害物质侵害，赋予头发柔软及光泽感。例如澳洲坚果油中富含的棕榈油酸，具有保护细胞膜、延缓脂质体的过氧化作用，对头皮及头发免受紫外线的侵害很有帮助。染烫还会使毛发中 CMC 溶出，因此，神经酰胺及其他 CMC 组成脂质也被用来调整护理头发，改善毛发表面的平滑性及抗拉强度。但是这类对头发具有优秀护理效果的油脂直接加入配方会产生较多问题，如不能透明、体系分层、持续降黏和消泡严重等。

纳米油脂乳化技术可以很好地解决上述问题。以三羟甲基丙烷三辛酸酯/三癸酸酯及刺阿干树仁油为例，三羟甲基丙烷三辛酸酯/三癸酸酯及刺阿干树仁油对头发有较好的亲和性，具有保湿功效且能促进配方中其他活性成分向发芯中渗透；同时，对毛发滋润度的持久性都很好，在头发上形成透气、透水的膜，加上铺展系数高，铺展速度快，不易产生黏腻的油感，可提供顺滑柔润的冲洗感，可有效地保留到头发上，给后续的干湿梳提供滋润感。① 但是三羟甲基丙烷三辛酸酯/三癸酸酯及刺阿干树仁油都属于极性油脂，在头发洗护产品配方中容易破坏原有稳定的胶束体系，导致体系有降

---

① 李仲华、谭惠芬、孟巨光、熊青红：《三羟甲基丙烷三辛酸酯/三癸酸酯在洗发香波中的应用》，《中国洗涤用品工业》2018 年第 8 期，第 75~79 页。

黏、不透明、泡沫质量差、体系分层等问题。利用纳米油脂乳化技术，可以把三羟甲基丙烷三辛酸酯/三癸酸酯及刺阿干树仁油等调理性能卓越但难以添加进配方的油脂（如角鲨烷、白池花籽油、霍霍巴籽油、向日葵籽油等）处理至极小粒径，以 0.01%～2% 的添加量加入洗发水中，得到的产品外观透明、理化性质长期稳定。纳米油脂乳化技术应用于洗护活性成分可使洗护产品具有更好的保湿和促渗透功效，极小粒径的油脂能够渗入头发内部，补充因洗发、热吹风等过程减少的头发内部脂质。同时，纳米载体可实现多种洗护活性成分的协同增效，使洗护产品的功效性更加多元化。

（2）鳞式仿生技术

头发的表皮层由 1 层角质细胞组成，细胞之间相互连叠成覆瓦状结构，称为毛鳞片。健康的毛鳞片紧密包连，保护头发深层的髓质和皮质不受损伤。而受损的毛鳞片连接松散、张开或者脱落，这样头发内部结构很容易受到伤害。利用鳞式仿生科技，把跟头发亲和性高的、鳞片状的疏水性氨基酸衍生物加入洗发水中，冲洗后通过表面成膜达到修护受损毛鳞片、降低毛发的摩擦系数、改善顺滑性、使毛发表面均匀吸附进而改善其平滑性、拉直毛小皮等效果。同时，这些与头发亲和性高的氨基酸衍生物也容易渗透到毛发内部，使用它们有望能够保护和修护损伤毛发。有报道称，因漂白处理导致抗拉强度下降的毛发用各种氨基酸处理后，提高了其抗拉强度。[①]

应用鳞式仿生技术的体系采用阴离子表面活性剂和两性表面活性剂复配，提高了洗发水的去污清洁能力，疏水改性氨基酸衍生物位于表面活性剂胶束内，通过巧妙的改性和搭配，形成了稳定的分散体系。在使用该体系头发洗护产品时，阳离子调理剂携带着包裹疏水性氨基酸衍生物的表面活性剂胶束沉积在头发表面，在头发表面形成一层保护层，修护受损毛鳞片，增强头发角质蛋白强度和柔韧性。在搓揉过程中，氨基酸衍生物会将头发之间的滑动摩擦转变为滚动摩擦，通过摩擦性质的转变和润滑性的提高，减少摩擦

---

① 范加谊、马铃、陈殿松、常宽、王靖：《头发与头皮护理的科学基础（Ⅳ）——蛋白多肽类护发原料的研究现状》，《日用化学工业》（中英文）2023 年第 4 期，第 382～389 页。

过程中的头发损伤和头发缠结的问题。

（3）二硫键修护技术

紫外线在有水的条件下具有氧化作用，会使头发中的二硫键断开，生成半胱氨酸，导致头发强度降低。向半胱氨酸的转换是不可逆反应，如果不能再形成原本的二硫键，那么这部分的损伤就会蔓延开来，因此，二硫键的修护是头发护理的技术创新重点，例如在产品中添加可识别断裂二硫键并将其重连的成分，从而达到恢复头发强度的效果。

（4）对表面活性剂种类进行改进或复配增效

生物表活剂例如槐糖脂、鼠李糖脂、海藻糖脂等，具有优异的清洁性能、环境兼容性和可再生性。通过基础表活体系的搭建使得活性成分增效，例如层状液晶技术是利用表面活性剂结构及浓度形成自组装结构，从而产生非常独特的流变特性。如果配制得当，这类体系头发洗护产品可以带来类似乳液的使用感受，在头发上具有良好的起泡和调理性能，同时还可以提供出色的悬浮油脂的性能，以及独特的产品视觉效果。

（三）无硅油头发护理产品的应用与展望

1. 无硅油洗发水的应用实例

护发是一款洗发水需要具备的基本功效，但常规无硅洗发水因为不含硅油，在顺滑度和梳理性上可能体验感不佳。对使用无硅油洗发水后毛发状态的功效评价方法主要涉及以下方面。

（1）头发的梳理性，是指当梳子通过头发时遇到的阻力大小。对头发的美容处理，如漂白头发、烫发往往会增加头发纤维卷曲程度和相互摩擦，使头发更难梳理。通过使用发用洗护产品可以降低头发之间的摩擦，或减少头发载电荷的能力，使头发更易梳理。所以可以通过测量头发的梳理性来评价发用化妆品的护发、修护、滋养等功效。通常来说，梳理性越好，产品的护发、修护、滋养的效果就越好。

（2）梳理头发时，发梳会与头发摩擦产生静电。头发为不良导体，产生的静电使头发纤维之间存在排斥作用，造成飘拂难以梳理。而当头发表面

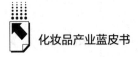
覆盖阳离子表面活性剂等护发成分时，一般难以产生摩擦起电现象。此外，头发水分含量的增加可降低头发的电阻，同样可以减少头发产生静电的倾向。一般来说，通过测量头发的抗静电性能可以来评价头发洗护产品的滋养、护发等功效。

（3）当光照射到头发上时，一部分光会进入头发纤维内部；一部分光在由致密的角蛋白构成的毛小皮表面发生反射或折射。假如毛鳞片形状是非常理想的几何结构并且鳞片间无差异，反射光线方向一致则发束呈高亮度。健康的头发往往呈现自然的光泽，所以通过对头发光泽度的测定可以来评价洗护产品的护发、修护、滋养等功效。

（4）正常状态的毛皮质具有弹性和韧性，被破坏的毛皮质因弹性和韧性下降，容易断裂。所以头发的拉伸特性可以在一定程度上反映头发的健康状况和受损情况，可通过对单根头发纤维的拉伸形变进行测量来评价洗护产品防断发、护发、修护等功效。

由此本报告测试了一款无硅油洗发水——使用了纳米油脂乳化技术和鳞式仿生技术的发芯柔韧洗发水。通过消费者自评问卷、梳理功、静电指数、光泽度和防断发功效测试，使用 SPSS 软件对应用产品的测试参数进行描述性统计，包括均值、标准差等，计算检测参数的初始值与使用产品后的数值，测试结果（见表1）均在统计学上有显著性差异（$P<0.05$），表明该应用产品具有修护头发、滋养和改善发丝、防断发的功效，同时使用感与硅油洗发水相当，优于常规的无硅油洗发水。

表 1　发芯柔韧洗发水测试结果

测试项目	测试区域	T/Z 值	P 值
梳理功	试验组－对照组	−11.462	<0.05
静电指数	试验组－对照组	−3.712	<0.05
光泽度	试验组－对照组	10.993	<0.05
抗拉强度（MPa）	试验组－对照组	7.170	<0.05
拉断功（mJ）	试验组－对照组	5.063	<0.05

　　随着电子显微镜的发展，将毛发表面的细微形态及毛发内部的结构形成画像进行评价成为可能。从扫描电镜图可以明显观察到使用发芯柔韧洗发水产品前后头发表皮层的对比情况（见图1），使用发芯柔韧洗发水之前（图1-A）头发表皮层有明显受损的空洞、毛鳞片剥离情况，使用发芯柔韧洗发水之后（图1-B）头发表皮层毛鳞片平坦光滑，表明使用了纳米油脂乳化技术和鳞式仿生技术的无硅油洗发水可以达到修护头发的效果。

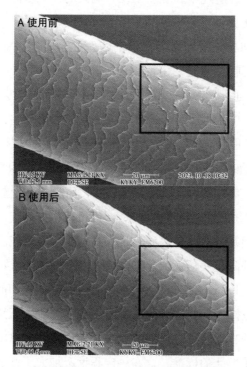

图1　使用发芯柔韧洗发水产品前后头发表皮层的对比情况

2. 展望

　　天然无刺激是无硅油头发洗护产品的基本要求，在自然健康环保的基础上具有好的调理性和功效性才是完美的无硅油头发洗护产品。在现有技术基础上进一步攻克技术难点是无硅油洗发水的研发重点。同时，在头发洗护产品的基础配方已经成熟多年，推陈出新存在一定难度的情况下，从消费者的需求出发，对产品功效进行更细致的研究，对原料可替代性进行进一步的挖掘，成为无硅油洗发水研发的未来发展方向。

二　新法规下国产防脱发类功效产品研究进展①

当今社会，脱发问题已不再是少数人的困扰，它跨越了年龄、性别和职业界限，成了一个普遍现象。脱发不仅影响人的外貌形象，还可能导致心理压力增大，影响社交和职业发展。根据京东超市发布的《2023 脱发人群及防脱消费报告》和相关行业数据，目前我国脱发人数已超 2.5 亿，在脱发人群中近六成人面临中等脱发困境，中等脱发人群中又以 80 后居多，并呈低龄化趋势。报告也显示，防脱人群呈现出高学历、高收入的"双高"显著特征，购买防脱类产品的消费者，以本科及以上学历为主，占比近九成，其中，近七成的家庭月平均收入在 1.5 万元以上。脱发的原因复杂，脱发严重程度与病程、长期熬夜（失眠）、精神压力和不规律饮食等因素显著相关，多数脱发严重者会选择专科门诊及使用治疗药物，而脱发不严重的消费者则倾向于在日常护理中使用防脱洗护类产品来改善症状。②

对于防脱发问题，目前有多种治疗方案或者应对措施。在化妆品领域通常通过一些特定的防脱发活性成分来达到防脱效果，③ 例如发挥抗雄性激素作用，控制毛囊生长周期，减少毛囊损伤，改善微循环和能量代谢等。此外一些研究表明头皮微生态对雄性脱发也有一定的影响。新法规的实施，进一步明确了化妆品的功能范围，对防脱发与生发进行了严格的区分和管理，对企业研发也提出了更严的标准，这在一定程度上加大了产品研发的难度，同时也进一步保障了市场秩序与消费者权益。

① 本部分执笔人：赵裕锦、唐凡（广东爱碧生生物科技有限公司）。

② 张甜甜、王先怡、卢诗雨等：《防脱发产品的目标人群及消费行为分析》，《中国化妆品》2023 年第 1 期，第 96~100 页。

③ 邓正巧、刘聪颖、张敏：《防脱发作用通路及功效评估方法简述》，《日用化学品科学》2023 年第 8 期，第 27~33 页。

（一）脱发的主要类型与机制

脱发是一种常见现象，可分为生理性脱发和病理性脱发两种。[①] 生理性脱发指头发正常的脱落，一般成年人每天脱发在 100 根以内属于正常的新陈代谢，而病理性脱发指头发异常或过度脱落现象，又称非生理性脱发，是因毛囊收缩或周期性生长受到遗传因素、激素、免疫紊乱、压力应激、营养缺乏等影响而引发的毛发再生障碍。依据发病诱因，可分为雄激素性脱发、神经性脱发、精神性脱发、损伤性脱发、营养性脱发等多种类型，其中前两种类型的比例最高。

根据《中国人雄激素性脱发诊疗指南》，我国近 90% 的脱发类型属于雄激素性脱发（AGA），是一种最为常见的雄性激素依赖的常染色体显性多基因遗传性脱发，发生时常伴有油脂分泌旺盛，所以又称脂溢性脱发。其在男性中的患病率约为 21.3%，女性约 6.0%，以头皮油腻、瘙痒、头屑增多、脱发等为主要表现，其发病机制与雄激素分泌、遗传以及精神紧张、疲劳、熬夜等不良生活习惯有关，其中雄激素分泌为主要诱因。毛发生根于毛囊，毛囊的周期性决定了毛发的生长规律，毛发的生长又严格地受雄激素的影响，雄激素中的睾酮在毛囊处经 II 型 5α-还原酶催化下，变成活性更高的二氢睾酮（DHT），这种变化是不可逆的，它能与毛囊细胞内特定受体蛋白结合，调控毛囊的增殖或分化，将特定基因活化，诱导生成特定蛋白质，导致毛囊微型化，使毛发生长期缩短并过早进入退行期，从而阻碍毛发生长，头发逐渐变细、变短，进而产生永久性脱发。[②]

---

① 张铮、杨琳琳、杨倩等：《天然植物防脱发产品及其相关专利技术浅谈》，《中国洗涤用品工业》2024 年第 3 期，第 13~19 页。

② 邓正巧、刘聪颖、张敏：《防脱发作用通路及功效评估方法简述》，《日用化学品科学》2023 年第 8 期，第 27~33 页；高红伟、杨世林、苑仁祎坤等：《白头翁皂苷组合物在制备防脱发产品中的应用》（专利号：CN202210620633.7）；Nilforooshzadeh M. A., Lotfi E., Heidari-Kharaji M., et al., "Effective Combination Therapy with High Concentration of Minoxidil and Carboxygas in Resistant Androgenetic Alopecia: Report of Nine Cases," *Journal of Cosmetic Dermatology* 11 (2020): pp. 2953-2957。

神经性脱发又称免疫性脱发或斑秃，也是比较常见的脱发类型，是一种T细胞介导的毛囊自身免疫性疾病，主要影响处于生长期的毛囊，多数可自愈，主要特征是短暂的非痕量脱发，毛囊并没有受到损坏。[1] 外界刺激导致的精神过度紧张、激动、失眠和焦虑等自主神经功能紊乱是神经性脱发的主要病因。其发生机制主要和免疫系统有关，发生时毛囊上皮细胞失去免疫赦免，受到攻击，导致毛囊营养不良和生长期缩短，进而出现头发短期脱落。[2]

（二）防脱发洗护产品市场现状

中国防脱洗护产品的市场规模逐年上涨，年均增长超过10%，市场潜力巨大。[3] 面对庞大的市场需求，越来越多品牌加入防脱发赛道，推出自己的防脱发产品，例如广东爱碧生生物科技有限公司早在多年前就开始从脱发机理出发，探索脱发深层原因，以构效关系理论为指导，多通路协同、多维度评估进行研究开发与技术创新，目前相关产品已通过国家药监局评审备案。

随着2021年《化妆品监督管理条例》等相关新法规的实施，防脱类产品必须"持证上岗"，只有获得了"国妆特字"号才能销售，防脱类产品出现短暂的低潮期。在国家药品监督管理局网站，以"国妆特字""防脱"等关键词进行搜索，关于"国妆特字"防脱类注册批准的新品，2022年仅有12条信息，2023年有71条信息，但经过新法规磨合调整适应期后，目前已经又开始显示出激增的趋势，截至2024年5月，已有79条国产特殊化妆品

[1] Oka A., Takagi A., Komiyama E., et al., "Alopecia Areata Susceptibility Variant in MHC Region Impacts Expressions of Genes Contributing to Hair Keratinization and is Involved in Hair Loss," *EBioMedicine* 57 (2020); Strazzulla L. C., Wang E. H. C., Avila L., et al., "Alopecia Areata: Disease Characteristics, Clinical Evaluation, and New Perspectives on Pathogenesis," *Journal of the American Academy of Dermatology* 1 (2018): pp. 1-12.
[2] 于笑乾、马宇晨、丁文玉等：《非生理性脱发种类及其发生机理研究进展》，《日用化学工业》2021年第11期，第1118~1124页。
[3] 王淋淋：《防脱生发行业客户满意度不利因素的实证研究》，硕士学位论文，上海财经大学，2023。

注册新产品信息，与新法规实施前相比，不足半年实现同比持平（2019 年81 条、2020 年 99 条、2021 年 71 条）。进一步分析，目前新注册防脱类产品包含防脱洗发水（露或乳）、精华素（液）、发膜（膏）等品类，主要有拉芳的雨洁、环亚集团的滋源、云南白药的养元青等大众熟知品牌。

进一步对注册的这 79 款产品进行分析，在防脱发功效原料运用上，这79 款产品都将侧柏叶提取物作为功效成分。由此可见，侧柏叶提取物的防脱功效得到了市场充分的认可，侧柏叶提取物已成为防脱类产品的主流成分。

（三）防脱发产品技术特点和成分分析

防脱发产品开发，离不开对其核心成分的深入研究。这些成分不仅决定了产品的功效和效果，也直接影响了消费者的使用体验和产品的市场竞争力。目前市场上的防脱发类产品种类繁多，成分复杂。常见的防脱发成分包括药物类如非那雄胺和米诺地尔等合成成分，以及植物源类如侧柏叶提取物、生姜提取物、人参提取物、何首乌提取物等植提成分。这些成分的作用机制各异，如药物类口服 Ⅱ 型 5α-还原酶抑制剂非那雄胺能够抑制雄激素的活性，减少毛囊对雄激素的敏感性，从而达到治疗脱发的效果。[1] 但也有研究表明部分男性用药后会产生乳房发育、肌肉萎缩、性欲下降等不良反应；[2] 外用生长因子调节剂米诺地尔能够扩张血管，促进头皮血液循环，但这些成分可能引发性功能受损、多毛症或过敏性皮炎等不良反应。[3] 非那雄胺和米诺地尔用于临床治疗，作为处方药，必须按照医嘱使用，其已经不属

[1] Gupta A. K., Venkataraman M., Talukder M., et al., "Finasteride for Hair Loss: A Review," *Journal of Dermatological Treatment* 4 (2022): pp. 1938-1946.

[2] Walf A. A., Kaurejo S., Frye C. A., "Research Brief: Self-reports of a Constellation of Persistent Antiandrogenic, Estrogenic, Physical, and Psychological Effects of Finasteride Usage Among Men," *American Journal of Men's Health* 4 (2018): pp. 900-906; Rossi A., Cantisani C., Scarno M., et al., "Finasteride, 1 Mg Daily Administration on Male Androgenetic Alopecia in Different Age Groups: 10-Year Follow-Up," *Dermatol. Ther* 4 (2011): pp. 455-461.

[3] Rietschel R. L., Duncan S. H., "Safety and Efficacy of Topical Minoxidil in the ManaEment of Androgenetic Alopecia," *Journal of the American Academy of Dermatology* 3 (1987): pp. 677-685.

化妆品产业蓝皮书

于化妆品防脱发产品范畴，故不作详细论述。

天然植物提取成分主要针对中等及以下程度脱发人群。这些植物提取物通常含有丰富的功效成分，如抗氧化剂、抗炎物质、生长因子等，能够加快头皮的血液循环，促进毛囊生长，并且温和不刺激，毒副作用较低，在配比合理且使用恰当的情况下可以达到防脱发效果。尤其是随着人们对天然、健康产品的追求，植物提取物在防脱发类产品中的应用越来越广泛，市场占有率较高。[1] 通过分析近几年国内市售防脱发产品发现，天然植物提取物在所有防脱生发化妆品原料中的应用频率最高，其中侧柏（叶）提取物、人参（根）提取物、姜（根）提取物和何首乌（根）提取物使用频率较高，尤其是侧柏叶提取物几乎在新注册的产品中都发现。据《中华人民共和国药典》记载，侧柏叶是柏科植物侧柏的干燥枝梢和叶。气清香，味苦涩、微辛，有乌发、治疗血热脱发、须发早白的功效。[2] 侧柏叶主要成分为挥发油、黄酮类和鞣质等，具有抑菌抗炎、扩张血管和去屑防脱等功效，[3] 可改善毛囊发育生长，使毛发生长能力衰退的毛囊复活，为复活的毛囊补充营养成分而发挥养发、生发的作用，同时对金黄色葡萄球菌、白色葡萄球菌等具有抑制作用，能去头皮屑，增强毛囊代谢功能。[4]

一些国际品牌也将植物提取物作为防脱发产品的主要成分，如日本资生堂的头皮生机沁活精华液含有苦参、人参根、秦椒果提取物，韩国爱茉莉旗下吕防脱洗护系列就以姜提取物为主要防脱生发活性成分，法国欧莱雅的芯基源丰盈育发精华液借助何首乌提取物来提高防脱功效。

除此之外，生物肽、核酸等生物活性物质，近年来在防脱发产品的研究

---

① 张铮、杨琳琳、杨倩等：《天然植物防脱发产品及其相关专利技术浅谈》，《中国洗涤用品工业》2024年第3期，第13~19页。

② 彭丽媛：《脱发的古代文献研究》，硕士学位论文，中国中医科学院，2020。

③ 《一种防治斑秃复方擦剂》，专利号：CN201210345922.7。

④ 范娜：《侧柏叶促毛发生长的药效物质基础及其作用机制》，博士学位论文，西北大学，2022；黄小梅：《防脱生发草本植物精华洗发水的开发和应用》，硕士学位论文，广西科技大学，2020；赵永光、赵莹、张建平等：《侧柏叶总黄酮在功能性洗发香波中的应用研究》，《安徽农业科学》2008年第24期，第10295~10296页。

中也受到关注。这些物质通常具有高度的生物活性和特异性,能够针对特定的脱发原因发挥作用。例如,一些生物肽能够促进毛囊的生长和分化,从而增加头发的密度和强度;核酸则能够增强头皮细胞的活力,促进毛发生长。[①] 也有研究认为,蛋白质和胶原蛋白是头发构成的重要成分,对头发的强韧性和光泽度具有重要影响。[②] 因此,将蛋白质和胶原蛋白加入防脱发产品中,能够增强头发的强度,减少头发容易断裂和脱落的情况发生。还有研究认为,氧自由基的产生是导致头皮毛囊老化和脱发的重要原因之一。[③] 因此,添加具有抗氧化性质的成分如维生素 E、维生素 C 等抗氧化剂,能够中和自由基,减缓毛囊老化速度,从而减少脱发。[④]

(四)新法规下防脱发类产品的功效评估方法

1. 防脱发功效评估方法

评估防脱发功效的试验方法主要分为三类:在体试验、离体试验和体外试验。[⑤] 这些方法在各自领域内提供了不同的视角和指标来验证防脱发产品的效果。

[①] Walf A., Kaurejo S., Frye C., "Research Brief: Self-Reports of a Constellation of Persistent Antiandrogenic, Estrogenic, Physical, and Psychological Effects of Finasteride Usage Among Men," *American Journal of Men's Health* 4 (2018): pp. 900–906;林小峰:《防脱洗发水配方成分分析及开发探究》,《中国洗涤用品工业》2023 年第 8 期,第 35~39 页。Giesen M., et al., "Coenzyme Q10 has Anti-aging Effects on Human Hair," *International Journal of Cosmetic Science* 2 (2009): pp. 154–155; Suchonwanit P., Thammarucha S., Leerunyakul K., "Minoxidil and Its Use in Hair Disorders: A Review," *Drug Design, Development and Therapy* (2019): pp. 2777–2786.

[②] Zhang Zhenbo, Liu Gang, Wang Hanqing, et al., "The Application of Vegetable Protein in Cosmetics," *Flavour Fragrance Cosmetics* 4 (2007): pp. 36–40; Courtois A., Mine S., Andr-Frei V., "TRICHOGEN~ (TM) VEG-the Anti-Hair Loss Lotion," *Detergent & Cosmetics* 6 (2017): pp. 47–49.

[③] Haraguchi H., Yoshida N., Ishikawa H., et al., "Protection of Mitochondrial Functions Against Oxidative Stresses by Isoflavans from Glycyrrhiza Glabra," *Journal of Pharmacy and Pharmacology* 2 (2000): pp. 219–223.

[④] Wu Yanhong, Zhao Jinhu, Hu Xincheng, et al., "*The* Clinical Evaluation on Anti-Hair Loss Efficacy of the Vitamin Shampoo," *Flavour Fragrance Cosmetics* (2017).

[⑤] 邓正巧、刘聪颖、张敏:《防脱发作用通路及功效评估方法简述》,《日用化学品科学》2023 年第 8 期,第 27~33 页。

在体试验通常涉及动物模型。动物模型常选用雄性小鼠或大鼠，通过随机分组（如空白组、模型组、对照组、测试组等），并施以不同的处理方式，观察并记录毛发生长情况。同时，还会检测局部皮肤组织中睾酮、二氢睾酮以及如 HGF 等生物信号因子的表达水平，这在雄激素脱发的研究中尤为重要。人体功效评价则采用随机双盲测试，通过比较测试组和安慰剂组在毛发密度、脱落量、生长期与休止期占比等直接指标上的变化，以及信号因子或细胞因子的表达等间接指标，来评估产品的实际效果和作用机制，已纳入强制性国家标准。离体试验侧重于测试从人体获取的生长期毛囊（一般为生长期 VI）。这些毛囊在培养条件下，通过测试组和对照组的比较，评估毛发生长情况、生长期持续时间、细胞增殖与凋亡状况以及信号因子的表达等指标。这种方法能够更直接地观察毛囊对于防脱发产品的反应。体外试验主要通过检测间接指标来反映防脱发产品的功效。相比于在体试验和离体试验，体外试验在测试方法上更具选择性，如评估 5α-还原酶的抑制作用、DPPH 自由基清除能力、能量供应及微循环情况等。[1] 此外，通过 RT-PCR法，可以测定与生长周期相关的信号因子如 KGF、IGF、HGF 等的释放，以及通过毛囊细胞 RNA 的分离、转录和 PCR 分析来评估角蛋白的表达，从而进一步了解毛发生长的健康状况。[2]

在体试验和离体试验能够进行直观的防脱发效果评估，并深入探索产品

[1] Piraccini B. M., Blume-Peytavi U., Scarci F., et al., "Efficacy and Safety of Topical Finasteride Spray Solution for Male Androgenetic Alopecia: A Phase III, Randomized, Controlled Clinical Trial," *Journal of the European Academy of Dermatology and Venereology* 2 (2022): pp. 286-294; 马世宏、单承莺、聂韡等：《侧柏叶、何首乌复合提取物防脱发功效研究》，《中国野生植物资源》2021年第5期，第43~47页；郝苗苗、陶春霖、陈家铃等：《吡咯烷基二氨基嘧啶氧化物/腺苷/活性肽复合纳米脂质体外防脱发研究》，《日用化学品科学》2021年第10期，第30~34、44页。

[2] Loing E., Lachance R., Ollier V., et al., "A New Strategy to Modulate Alopecia Using a Combination of Two Specific and Unique Ingredients," *J Cosmet Sci* 1 (2013): pp. 45-58; Giesen M., et al., "Coenzyme Q10 Has Anti-aging Effects on Human Hair," *International Journal of Cosmetic Science* 2 (2009): pp. 154-155; Wen T. C., et al., "Effect of Cinnamomum Osmophloeum Kanehira Leaf Aqueous Extract on Dermal Papilla Cell Proliferation and Hair Growth," *Cell Transplantation* 2 (2018): pp. 256-263.

对特定作用通路的影响；而体外试验则以其灵活性和便捷性，为研究者提供了从不同角度评估产品功效的可能性。这些方法的结合使用，能够更全面地了解防脱发产品的性能和作用机制。

2. 防脱发功效测试强制性国家标准

2021年2月，《化妆品注册备案资料管理规定》《化妆品新原料注册备案资料管理规定》发布，"防脱发"被定义为有助于改善或减少头发脱落的化妆品功效，并要求申请防脱发等特殊化妆品注册时，应当提交符合化妆品功效宣称评价相关规定的人体功效评价试验报告。2021年3月，国家药监局发布《化妆品防脱发功效测试方法》，将其作为《化妆品安全技术规范（2015年版）》新增的检验方法，并纳入相应章节。2021年4月发布的《化妆品功效宣称评价规范》要求宣称具有防脱发功效的化妆品应当由化妆品注册和备案检验机构按照强制性国家标准、技术规范的要求开展人体功效评价试验，并出具报告。其中强制性国家标准、技术规范指的就是《化妆品安全技术规范（2015年版）》新增的《化妆品防脱发功效测试方法》。新法规明确指出，任何宣称具有防脱发功效的化妆品，都必须通过注册和备案检验机构的人体功效评价试验，这些试验必须按照强制性国家标准和技术规范进行，并出具详尽的报告，以证明产品确实有助于改善或减少头发脱落，确实具有防脱效果，只有满足这些条件，才能获得国家药监局颁发的防脱类特殊化妆品证书，才能进行相关宣传。

根据强制性国家标准，在实施人体功效评价时，需通过随机、双盲、对照试验原则选择合格的健康志愿者，进行一定时间的洗脱期试验，同时，也要对受试者进行使用指导和培训，以确保产品使用正确，并要求受试者记录使用过程中的任何不适感和不良反应，确保受试者的安全和权益得到充分保障。每次人体试验至少包含60名健康志愿者，他们需要连续使用产品至少12周，这一周期显著长于其他如祛斑美白、防晒等功效化妆品的检测周期。脱发计数和头发密度是评价防脱发功效的量化指标。在试验期间，应详细记录志愿者的脱发数量和头发密度，试验结束后，对试验产品的脱发数量和毛发密度进行评估，并与对照组进行比较。通过对比使用防脱发产品前后脱发

数量和头发密度的变化，来评估产品的防脱发效果。这种方法可以客观、准确地反映产品的功效性。

（五）结语

随着消费者健康、安全意识的提升，以及个性化需求的日益增长，防脱发化妆品领域正迎来前所未有的发展机遇。一方面，天然成分和植物提取物将成为未来防脱发化妆品研发的主流。中国有丰富的天然植物资源，要通过科学研究和试验验证不断发掘这些成分的潜在价值和作用机制，为产品的研发提供更多可能性。另一方面，个性化和精准防脱发产品的研发将成为市场的新趋势。借助大数据、人工智能等先进技术，收集和分析消费者的头皮状况、脱发原因等信息，针对男性、女性、老年人等不同群体，以及雄激素性脱发、压力性脱发等不同原因，研发出更加精准有效的防脱发产品，更好地满足消费者的需求。此外，跨界合作与创新也将为防脱发化妆品市场注入新的活力。与生物技术、医学、营养学等领域的公司、机构、专家合作，引入新的技术和防脱理念，推动产品的创新和发展。例如，与生物技术公司合作研发新型的生物活性成分，与医学研究机构合作开展临床试验和验证，以及与营养学专家合作研发具有营养补充和调节功能的防脱发产品等。

B.8
中国身体护理产业发展报告

摘　要： 　本报告首先分析了我国身体护理产业的发展情况，综合分析各大平台数据，从市场现状、品类现状和品牌竞争格局等方面，对目前发展较热的典型品类的相关技术做了介绍，并展示优秀品牌发展的技术和理念，归纳出身体护理市场未来发展的四大趋势，即面部护理热门功效成分延伸至身体护理、多香氛情绪香氛疗愈进阶、以油养肤、自研原料及成分-品牌备案原料成为新趋势。其次，本报告通过开展中国人身体皮肤色沉研究，发现在中国的年轻女性中，皮肤色素沉着最严重的部位是脖子后部、脚踝、肘部和腘窝，且日晒部位的黑色素较多。从原料和护理产品角度切入，针对国人的美白需求提出更适用的解决方案，为广大品牌开发美白功效产品提供思路。

关键词： 　身体护理　色沉图谱　以油养肤　身体美白

一　身体护理产业分析[①]

（一）身体护理产业现状

1.身体护理产品市场现状

美业颜究院数据显示，MAT2023 年淘系身体洗护市场销售额达207.57 亿元，销量达 1.37 亿件。作为身体洗护市场的热销品类，虽然身体乳和沐浴露市场份额略有收窄，但是备案端占比在进一步扩大。从备

---

① 本部分执笔人：王姝、王安妮、张晔翔、杨洁（山东花物堂生物科技有限公司）。

155

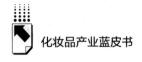

案端来看，2023 年上半年，身体护理产品的备案总数达 5707 件，同比增长 18.57%；其中，国产普通身体护理产品备案数为 5567 件，占比高达 97.54%。

功效宣称方面，英敏特《2022 年身体清洁产品功效宣称》报告显示，22.4% 的身体清洁类新品宣称植物/草本，占比最高；其次是宣称保湿滋润，占比 22%；8.9% 宣称便于使用；5.6% 宣称加强维生素；4.9% 宣称提亮/焕采。从身体保养类新品宣称看，26% 宣称保湿滋润，占比最高；其次是宣称植物/草本，占比 19.2%；8.6% 宣称加强维生素，提亮/焕采占比 7.3%。此外，相比 2021 年宣称抗衰老、美白产品数据增多，针对皮肤问题的细分功效产品增多。

半亩花田针对女性消费者肌肤问题关注度对客户的需求进行了挖掘和分析，《2022～2023 年身体护理消费者肌肤需求定量调研报告》结果显示：70% 的消费者认为干燥缺水为身体肌肤存在的首要问题；53% 的消费者存在皮肤暗沉/无光泽的问题，针对关节黑、皮肤粗糙/角质层厚、肤色不均、局部有斑、色沉、鸡皮肤/疙瘩等肤色问题的累计关注度高于对身体干燥缺水的关注度；针对个别部位出油、前胸后背出痘的关联问题，消费者关注度接近 40%，属于重要关注问题。由此可见，美白成为消费者除基础保湿以外的第二大诉求。

2. 身体护理品类现状

根据 2023 年 1～11 月线上天猫/淘宝、抖音、快手、唯品会、京东、拼多多电商平台的身体护理品类调研数据，从 2023 年线上身体护理细分品类的市场格局来看，各平台 2023 年 1～11 月品类大盘销售核心品类有：身体保养品类中的身体乳，销售 80.82 亿元，增幅 30%；身体清洁品类中的沐浴露，销售约 85.57 亿元，增幅 7%，香皂销售 26.64 亿元，增幅 39%；局部品类中的止汗露，销售 16 亿元，增幅 7%，脱毛膏销售 11.3 亿元，增幅 4%；手部护理中的护手霜，销售 19.28 亿元，增幅 3%。以上核心品类为身体护理"高规模、高增速"的双高品类。而趋势品类大部分是"低规模、高增速"的品类，如身体清洁品类中的泡澡产品，销售 2.9 亿元，增幅

40%，浴盐增幅58%；局部护理品类中的清凉油、爽身粉和花露水处于高增长；手足护理中的足霜销售3.68亿元，增幅123%。非核心品类，整体表现为"用户需求存在，但市场缺乏创新"，其中手足部品类居多，如手膜销售3.03亿元，下降5%；浴足品类销售7.2亿元，同比下降2%，足部磨砂、足部套装降幅较大。2023年《半亩花田&HCR身体护理产品调研报告》数据显示，消费者最近6个月内购买使用的身体护理产品TOP3：沐浴露（70.6%）>身体乳（69%）>护手霜（45%），热门身体清洁产品磨砂膏占比37.7%，排名第四。此外，在消费者未来6个月将要使用的品类调查中，TOP3排名不变。可见，沐浴露和身体乳是消费者核心的身体洗护类产品，渗透率超过70%，未来仍有很大的提升空间。①

3. 品牌竞争格局

美业颜究院数据显示，MAT2022~2023年淘系身体护理重点品类各品牌销售占比中，国际大牌占比较大，尤其是在身体乳和身体油品类上占有主导地位，如身体乳品类TOP级品牌丝塔芙、OLAY、凡士林、伊丽莎白雅顿和欧舒丹等，在身体乳品类TOP10品牌中仅半亩花田一个国货品牌。而身体油品类中，国货新锐品牌占比较大，增长迅速，如半亩花田、chillmore和纽西之谜等；在腹部按摩和身体按摩品类中，国货经典/新锐品牌涉及较少，有一定市场发展空间。②

从品牌线来看，大众线与新锐线占比较大，处于主导地位；高端线占比略小，处于小幅增长中；其他品牌线保持较为稳定的增长态势。从增速来看，新锐线与高端线增速最快，达到翻倍增长；大众线从爆发式增长到趋于平缓，但仍保持高速增长趋势。从品牌数量来看，各品牌数量整体较为稳定，其中新锐品牌数量较多。

---

① 资料来源：2023年1~11月线上天猫/淘宝、抖音、快手、唯品会、京东、拼多多身体护理品类调研数据。

② 美业颜究院：《2023身体洗护产品市场趋势及秋冬开品策略》，2023。

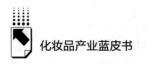

（二）身体护理技术与原料发展情况

由于身体不同部位的皮肤结构和特点不同，对应的护理需求及护理方法也不同，只有不断地深研身体护理差异化需求，才能有针对性地提出护理解决方案。本报告以身体乳、磨砂膏、止汗露和沐浴油品类为例，介绍相关技术和原料的发展。

1. 身体乳保湿方案迭代

在身体产品保湿技术的迭代升级中，第一代产品满足基础保湿要求，用一些矿油封闭、保湿锁水效果好的产品即可，如凡士林。第二代产品改善了第一代产品只锁水不透气的缺点，采用合成油脂如辛酸/癸酸甘油三酯、棕榈酸乙基己酯等轻质油脂。第三代产品降低了合成油脂可能会致痘的风险，用部分植物油脂替代合成油脂，如牛油果树脂、稻糠油、澳洲坚果油等。第四代产品在开发过程中运用同源修护理论，选用天然植物油脂和面部护理级成分，如牡丹籽油、乳木果油等植物油脂，主打长效保湿、修护屏障的功效。

2. 磨砂膏磨砂粒子的选择

目前磨砂膏的迭代和优化主要从以下方面展开。①粒子的种类、大小和搭配方式筛选。②剂型的选择：护肤型乳木果磨砂膏、果酸磨砂膏，表活体系型磨砂膏等剂型。③粒子来源的筛选：合成来源的硅石、天然来源的硅石以及植物粒子等。④去角质方式的选择。磨砂膏第一代产品的磨砂粒子选用的是不规则的水合硅石，容易给肌肤造成一定的伤害；第二代产品选用的是规则的水合硅石，不易损伤肌肤；第三代产品选用面部护理级温和不伤肤的球形水合硅石，搭配天然来源的植物粒子，同时采用物化结合的方式去角质，清洁肌肤毛孔污垢。在后续的产品技术发展上，可以分肤定制不同的产品，研制出适合不同消费者的产品。

3. 止汗露除臭抑汗、留香技术

除臭止汗类产品在2023年成为备案端增长引擎，如止汗露、止汗膏、手足除臭除汗和净味水等细分品类异军突起。随着除臭止汗市场消费者需求

的不断增长，各品牌面临的机遇和风险并存。美业颜究院《2024美妆个护消费趋势风向》调查数据显示，现阶段止汗露行业发展有以下两方面问题：一是产品同质化，消费者难以区分品牌间产品的差异，对品牌的忠诚度低。二是品质参差不齐，各种消费问题频发。传统的除臭止汗类产品一般是将除臭和止汗两个概念明显区分的，通常含有止汗剂或具有止汗作用的产品可以缓解体臭，但含除臭剂的除臭产品不一定具有止汗作用。随着消费者对除臭止汗类产品的期望值升高，止汗剂和除臭剂复配成为主要的产品开发思路。为了更好满足消费者对安全、芳香的需求，不少厂家开始开发天然、温和的止汗剂和除臭剂，一些生物成分、植物成分的除臭止汗剂进入各大品牌，精油调香、定制香氛的香体概念也逐渐渗透到除臭止汗类产品中。留香技术方面，与头部香精香料公司合作成为各大品牌赋能香氛技术的重要手段，德之馨、奇华顿、曼氏等顶尖公司的加入使得定制香氛成为趋势。

4.沐浴油纯油体系技术

沐浴油品类是"以油养肤"热潮延伸至身体护理的经典品类之一。针对干燥肌肤人群使用传统沐浴露清洁力太强"越洗越干"，以及清洁不到位、防晒难洗、出油型闷痘等痛点，推出以油养肤概念的"沐浴油"产品，其主要功效包括保湿滋润、清洁卸妆。相关数据显示，[①] 2023年第一季度，备案端已向沐浴油发力，相比2022年增长较快，入局品牌较多。从配方技术上看，沐浴油采用油性配方体系，复配发泡剂和活性、养肤成分，利用以油溶油原理溶解肌肤表面污垢，并能形成一层轻质油膜滋养肌肤。相比传统沐浴露产品，沐浴油会更加适合干燥肌肤和以保湿滋养为主要需求的人群。原料选择方面，除了一些轻质好吸收的油脂，备案端的活性成分选择较多集中在保湿润肤类，如向日葵籽油、生育酚、霍霍巴油、葡萄籽油、甜扁桃油和山茶籽油等。

---

① 美业颜究院：《2023Q1洗护市场盘点及趋势洞察》，2023。

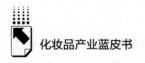

（三）典型案例分析

半亩花田，2010 年诞生于山东济南，是集原料种植研究、产品研发生产、全渠道销售于一体的身体护理领军品牌。作为持续深耕身体护理领域的国货品牌，半亩花田既主张以天然植物滋养肌肤，又始终坚持科学创新，对皮肤生理学进行深入理解的同时，按照靶向解决肌肤问题的思路，找到身体与面部差异化护理的关键点，从源头解决各类身体皮肤问题。

半亩花田创新实验室于 2024 年 1 月在皮肤学领域的 SCI 杂志 *Skin Research & Technology* 发表题为 "Young Chinese Female Body Skin Pigmentation Map：A Pilot Study" 的研究论文。通过对中国年轻女性身体皮肤 100 个部位的肤色进行评估，首创中国年轻女性的身体肤色图，分析中国年轻女性身体色素沉着的分布模式，以及皮肤色素沉着的差异化成因，为身体美白类产品开发提供了新的方向。

2021 年半亩花田实验室重磅推出核心皮肤屏障护理技术——RIVETOR® 技术。该技术以牡丹籽油为主，复配燕麦仁油与稻糠油，三重天然植物油脂通过科学配比协同增效，达到修护皮肤屏障的效果。在此基础上，又通过大量文献、流行病学调研和实验验证等对 RIVETOR® 进行升级研究，将富含亚油酸的自研核心原料牡丹籽油与四重神经酰胺 1，2，3，6 进行结合，得到了升级原料 RIVETOR® PRO，成功实现内生性保湿，解决皮肤反复干燥等问题。牡丹籽油中的亚油酸-神经酰胺保湿剂为受损的皮肤屏障补充了天然脂质，亚油酸还可以作为过氧化物酶体增殖物激活受体（PPARS）的激动剂，发挥抑制炎症、刺激表皮分化和脂质生成的作用，启动皮肤屏障的自我修护。[1] 该技术目前已广泛应用在半亩花田美白香氛身体乳、精油香氛身体乳等产品中。

（四）市场趋势

1.面部护理热门功效成分延伸至身体护理

随着精细化护肤理念的深入人心，消费者对身体护理的关注愈发具有针

---

① 李承新、王玲：《皮肤色素沉着发生机制研究进展》，《中国美容医学》2009 年第 9 期，第 1372~1375 页。

对性，加之身体护理与面部护理需求有较高的重合度，面部护理热门功效成分正在加速延伸到身体护理品类，美白、抗衰成分尤甚。如美白祛斑类面护热门功效成分 377、烟酰胺、维生素 C 及其衍生物、维生素 E、神经酰胺和角鲨烷等，已在身体乳、身体磨砂等产品中大量运用。抗衰成分也在过渡至身体护理产品，身体抗衰或将成为热潮。此外，发酵成分因其温和性及功效性兼备，已运用至身体护理产品，典型成分如二裂酵母。

2. 多香氛情绪愉悦到情绪疗愈的进阶

基本的物质条件已无法满足消费者对生活品质的要求，以及自我情绪表达的需求。嗅觉作为人们生活体验的重要感受器之一，发挥着释放、安抚情绪和感知的作用。因此，在身体护理市场中，以"香氛情绪疗愈"为理念，主打释压、舒缓神经、调节心情的香氛类身体护理产品备受市场欢迎。

在 MAT2023 身体护理产品销量高增长概念中，香氛已经在身体护理赛道中凸显。品牌端逐渐从多香氛的情绪愉悦阶段，进阶为关注香氛疗愈的阶段，消费者对于香氛所能提供的心灵疗愈价值以及文化体验也将更加关注。

3. 以油养肤

"以油养肤"是近年来中国美妆市场最引人注目的消费趋势之一，消费者尝试油类产品的意愿日益高涨，相关品类呈现出巨大的增长潜力，沐浴油、身体护理油逐渐崭露头角，成为高增长潜力品类。

尽管这一细分市场目前主要由海外大品牌主导，但本土新锐品牌如 Rever、半亩花田也加入了沐浴油品类的竞争，以期在中国消费者渗透率还较低的当下，占据先发优势。随着"以油养肤"趋势流行，身体护理精粹油、精华油概念表现出增长潜力，身体护理进入"精华化"，其产品开发有向面部精华看齐的趋势。[1]

4. 自研原料、成分-品牌备案原料成为新趋势

随着成分党、功效党的崛起，化妆品品牌方对产品和基础原料的研发关注度也在逐渐走高，越来越多的品牌方试图打破"轻研发重营销"这一刻板

---

[1]　美业颜究院：《2023 身体洗护产品市场趋势及秋冬开品策略》，2023。

印象，开始自研新原料成分。据美妆网统计，截至2024年9月27日，2023年化妆品新原料备案数为34件。其中，9件新原料备案人为贝泰妮、水羊股份、逸仙电商、丸美股份等旗下有品牌的集团。值得一提的是，2023年备案新原料的品牌方数量较上年增加了66.7%。不难看出，品牌方备案新原料已渐成趋势。

二 身体皮肤美白研究[①]

（一）中国人身体皮肤色沉研究

1. 身体皮肤色沉形成原因

皮肤颜色主要由两个因素决定，分别为皮肤内各色素含量，例如黑色素（主要因素）、类黑素、胡萝卜素和血红蛋白，以及皮肤的厚度。[②] 皮肤色素沉着通常由黑色素的过度堆积导致，黑素细胞的活性、黑色素的类型以及分布范围都是皮肤色素沉着多样化的主要原因。[③] 皮肤色素沉着的常见影响因素可以分为内源性因素和外源性因素，常见的内源性因素有性别、年龄、皮肤类型、激素、自身疾病等。[④] 常见的外源性因素有药物、机械摩擦和个人行为习惯等。[⑤]

[①] 本部分执笔人：梅华倩、李本悦、温艺慈、张晔翔、杨洁（山东花物堂生物科技有限公司）。

[②] 李承新、王玲：《皮肤色素沉着发生机制研究进展》，《中国美容医学》2009年第9期，第1372~1375页。

[③] Rachmin I., Ostrowski S. M., Weng Q. Y., et al., "Topical Treatment Strategies to Manipulate Human Skin Pigmentation," *Adv Drug Deliv Rev* 153（2020）: pp. 65-71.

[④] Park J. H., Lee M. H., "A Study of Skin Color by Melanin Index According to Site, Gestational Age, Birth Weight and Season of Birth in Korean Neonates," *J Korean Med Sci* 1（2005）: pp. 105-108；何艳、刘士云、张庆寿：《青少年体质量指数与皮肤色素沉着的关系》，载《中华预防医学会儿少卫生分会第八届全国学术交流会论文集》，2011；Nussbaum R., Benedetto A. V., "Cosmetic Aspects of Pregnancy," *Clin Dermatol* 2（2006）: pp. 133-141；Motosko C. C., et al., "Physiologic Changes of Pregnancy: A Review of the Literature," *International Journal of Women's Dermatology* 4（2017）: pp. 219-224；Tienthavorn T., et al., "Patch Testing and Histopathology in Thai Patients with Hyperpigmentation Due to Erythema Dyschromicum Perstans, Lichen Planus Pigmentosus, and Pigmented Contact Dermatits," *Asian Pac J Allergy Immunol* 2（2014）: pp. 85-92。

[⑤] Kordeva S., et al., "Multifocal Fixed Drug Eruption Mimicking Acquired Dermal Melanocytosis," *Georgian Medical News* 335（2023）: pp. 13-16；Naimer S. A., et al., "Davener's Dermatosis: A Variant of Friction Hypermelanosis," *J Am Acad Dermatol* 3（2000）: pp. 442-445；Abanmi A. A., et al., "Prayer Marks," *Int J Dermatol* 7（2002）: pp. 411-414。

此外，与面部皮肤美白相比，身体皮肤由于其角质层厚、角质层代谢缓慢的特点，需要更加注意去角质和促进角质层代谢的解决通路设计。

2. 人体色沉图谱的构建

（1）目前常用的肤色测量的方法和参数

采用皮肤测定仪器对肤色进行客观测量有助于减少专家评估带来的主观偏见的影响。目前市面上最常用的两种技术是反射光谱法和皮肤颜色分型法。在反射光谱法中，用血红蛋白和黑色素吸收和反射红光和近红外光的差异来测量皮肤的血管形成（红斑）和色素沉着（黑色素）。皮肤颜色分型法采用了国际照明委员会 CIE 规定的 Lab 色度来测量皮肤颜色的变化。L＊值表示从黑色到白色的光谱上的亮度，a＊值表示在从红色到绿色的光谱中的值，b＊值代表在从蓝色到黄色的光谱中的值，从而生成颜色的定量描述。根据 L＊和 b＊计算的个体类型角（ITA°）和色调角有助于检测同一种族内肤色的细微变化。[1]

目前很多皮肤研究主要讨论了特定种族中基于年龄、性别的面部肤色变化，但关于身体皮肤色素沉着的研究较少，而身体皮肤色素沉着又是许多人关注的问题。[2] 为了能够正确评估身体皮肤色素沉着情况，建立一个客观和标准化的系统，半亩花田收集了中国年轻女性的基线身体肤色数据，对身体皮肤色素沉着的分布进行全面评估，并创建中国年轻女性的身体肤色图。

（2）身体色沉图的测定与结果

半亩花田根据《化妆品安全技术规范（2015 年版）》的相关规定，选取了 20 名 18~29 岁，身高在 158~168cm，BMI 值在 18.5~23.9，背部 ITA°在 20°~41°的健康中国女性为受试者。

测量前，受试者分别在 20℃和 50％相对湿度的房间内休息至少 30 分

---

[1] Lee J. A., et al., " Objective Measurement of Periocular Pigmentation," *Photodermatol Photoimmunol Photomed* 6 (2008): pp. 285-290; Ly B. C. K., et al., "Research Techniques Made Simple: Cutaneous Colorimetry: A Reliable Technique for Objective Skin Color Measurement," *Invest Dermatol.* 1 (2020): pp. 3-12.

[2] Dabas G., Vinay K., Parsad D., Kumar A., Kumaran M. S., "Psychological Disturbances in Patients with Pigmentary Disorders: A Cross-sectional Study," J *Eur Acad Dermatol Venereol.* 2 (2020): pp. 392-399.

钟。使用色度计 CL 400（Courage&Khazaka，德国）测量 ITA°。黑色素指数
（MI）使用 Mexameter MX 18（Courage&Khazaka，德国）测量。

本实验测量了皮肤上的 100 个点，包括身体的正面、背面和侧面。每个点
测量三次，并取平均值。20 名受试者共进行了 12000 次测量。测量后，受试者
完成了一份关于他们日常行为习惯的问卷和 Baumann 皮肤类型问卷（色素沉着）。

使用 MI 值绘制身体皮肤色素沉着图（见图 1）。颜色越深表示皮肤色素
沉着越强烈。从身体皮肤色素沉着图中可以看出，在中国年轻女性中，皮肤
色素沉着最严重的部位是脖子后部、脚踝、肘部和腘窝。皮肤色素沉着最少
的部位是胸部正中、下胸部、腰椎、上胸部和腰部。

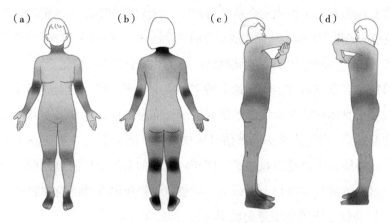

图 1　身体皮肤色素沉着情况

注：颜色越深，皮肤色素沉着就越明显。a. 身体正面，b. 身体背面，c.
身体右侧，d. 身体左侧。

考虑到这些皮肤部位的结构特性，脖子后部皮肤可能是由于没有得到足
够的防晒保护，过度暴露于紫外线下，从而导致了严重的皮肤色素沉着。已
有的研究证明了暴露于 UVA 或 UVB 射线后皮肤色素沉着的过程。[1] 在调查

---

[1] Bitterman, D., Patel P., Wang J. Y., Jagdeo J., "Evaluating the Acanthosis Nigricans Scoring
Chart: Considerations for the Skin Color and Texture Domains," *Skin Res Technol* 11（2023）；
Linde, K., C. Y. Wright, J. L. Du Plessis, "Subjective and Objective Skin Colour of a Farmworker
Group in the Limpopo Province South Africa," *Skin Res Technol* 6（2020）：923–931.

问卷中，只有5%的受试者关心颈部皮肤色素沉着，但没有人注意到颈部防晒的重要性。脚踝部位色素沉着的结果可能与鞋的摩擦力有关。调研问卷显示，80%的受试者的脚偶尔会因与鞋子摩擦而导致皮肤出现不同程度的损伤。肘部皮肤色素沉着的结果可能与摩擦和穿着习惯有关。80%的人表示夏季更喜欢穿短袖，这表明肘部皮肤会经常暴露在阳光下，而只有10%的受试者会注意手臂的防晒。考虑到肘部是骨性突起，因此色素沉着比周围皮肤更严重是很正常的。我们推测腘窝色素沉着的结果可能是由阳光照射或遗传因素引起的。[①] 胸部正中、下胸部、腰椎、上胸部和腰部都是身体上没有受到摩擦或阳光照射的区域。因此，这些点位皮肤色素沉着较少。这是首次对人体皮肤色素沉着进行全面研究。

（3）特殊色沉部位差异性探寻

为了能够直观反映色素沉着部位的皮肤结构和黑色素沉着情况，我们采用了双光子显微镜测定色沉部位皮肤。双光子显微镜利用一定波长的光激发标本的内荧光物质，使之发射荧光，呈现一定的荧光现象。通过双光子显微镜拍摄的侧面胯部以及侧面腰部（对照部位）的基底层平面图，我们可以观察到侧面胯部基底层的荧光反应较为强烈。荧光反应强烈的物质属于黑色素，表明在侧面胯部这样的摩擦骨突部位，表皮黑色素含量较多。

除了侧面胯部这样典型的摩擦骨突部位，我们还测定了脖颈正后方这样典型的日晒部位。通过双光子显微镜拍摄的纵切图，除了可以观察黑色素，还可以直观地看到真皮层胶原纤维的差异性。日晒部位表皮层黑色素荧光信号明显更强烈，且真皮层胶原纤维出现断裂的状况。

通过对人体皮肤全面的肤色测量，以及双光子显微镜观察皮肤的生理结构，我们可以知道皮肤色素沉着因身体不同部位而异。紫外线照射、机械摩擦、激素、遗传和其他因素都会导致皮肤色素沉着。通过此项研究，有助于

---

① 姚琳、余丽丽、刘少静：《美白添加剂和美白类护肤化妆品（续完）》，《日用化学品科学》2024年第2期，第71~76页。

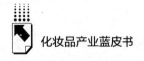

我们了解中国年轻女性身体色素沉着的分布模式，研究皮肤色素沉着的原因，这对化妆品的发展具有重要意义。

（二）美白原料及技术方案

1. 行业热门原料

（1）烟酰胺：烟酰胺价格便宜，同时在抑制酪氨酸酶活性、抑制黑色素转运和加速黑色素代谢这三条美白通路上具有效果，其代表作是 OLAY 小白瓶。

（2）熊果苷：熊果苷主要作用是抑制酪氨酸酶活性，但人们对它的安全性一直持中立态度。2023 年 2 月，欧盟消费者安全科学委员会（SCCS）发布了关于熊果苷在化妆品中的最新使用意见，建议 α-熊果苷在面霜中最大浓度为 2%，在身体乳液中最大浓度为 0.5%；β-熊果苷在面霜中最大浓度为 7%。

（3）维生素 C 及其衍生物：维生素 C 及其衍生物主要通过阻断从酪氨酸/多巴色素互变酶至黑色素中各点上的氧化链反应，起到美白的作用。原型维生素 C 不稳定，化妆品中更多是使用化学性质稳定、对皮肤无刺激的维生素 C 衍生物。

（4）苯乙基间苯二酚：苯乙基间苯二酚是德国化妆品原料供应商 Symrise 公司推出的 SymWhite 377 产品的活性成分，后来更多以 377 代指。与前面三种原料不同的是，377 不仅可以直接抑制酪氨酸酶活性，还可以抑制通路上游眼小畸形关联转录因子（MITF）的表达，进而间接抑制酪氨酸酶活性。

（5）光甘草定：光甘草定来源于光果甘草，是光果甘草中所特有的异黄酮类成分，其针对黑色素生成的主要作用靶点是抑制酪氨酸酶活性。

2. 国内自研的美白新原料

玫瑰是蔷薇科蔷薇属落叶丛生灌木，有着 2000 余年的栽培历史，是世界上重要的观赏和生产两用型花卉之一。据文献记载，玫瑰原产于中国北部，[1]

---

[1] 李艳艳：《玫瑰花产量性状、观赏特性的遗传变异及选育策略研究》，硕士学位论文，山东农业大学，2008。

其中丰富的活性成分，如挥发油、多糖、黄酮等，[①] 赋予其丰富的药理活性，如抗氧化、抗衰、美白、抑菌、抗炎等。[②] 而格拉斯玫瑰，又称法国千叶玫瑰、法国玫瑰，是直接从法国引进的玫瑰新品种。格拉斯玫瑰花色为粉红色，号称"花中皇后"，含有丰富的黄酮、多酚、蛋白质、维生素等活性成分。

（1）玫瑰花水

玫瑰主要香气成分在初开期就已基本形成，在半开至盛开期时含量最高。经过多项实验证明，运用古法蒸馏技术所提纯的玫瑰花水，具有抗氧化、抗糖化、美白、舒缓、保湿和紧致的功效。

（2）玫瑰发酵液

目前我国玫瑰花主要用于提炼精油、制作药品、制作玫瑰酱和花茶等，对于其中活性物质的提取常采用蒸馏法和浸提法，所得到的物质总量有限。与普通提取方式相比，微生物发酵后的植物原料一般具有更优秀的功效和独特的性能，发酵后多糖、黄酮、氨基酸等成分的富集，增强了原料的功效。[③] 一些企业，例如半亩花田，对玫瑰采用乳酸杆菌进行发酵提取，并在发酵过程中通过利用微生物细胞内的生化反应体系对植物中的活性物进行改造，得到的玫瑰发酵液在各项抗氧化测试实验中都表现出了很好的效果，为解决皮肤因为氧化应激损伤带来的色沉问题提供了优秀的解决方案。

市面上成熟的化学美白原料，除了容易引起产品变色，在配方应用中另

---

① 李春丽、赵娅敏、杨军丽：《玫瑰花提取工艺、化学成分及其生物活性研究进展》，《分析测试技术与仪器》2020年第4期，第249~257页；梁启超、邹玉龙、张秀萍等：《玫瑰花多糖提取工艺优化及其抗氧化活性研究》，《食品研究与开发》2018年第22期，第41~46页。

② 韩晶利、于文丽、贾继英：《野玫瑰根多糖对D-半乳糖所致衰老模型小鼠免疫功能影响的实验研究》，《中国老年学杂志》2008年第8期，第759~760页；刘文亚：《玫瑰花渣化学成分及抗氧化、抑制酪氨酸酶活性研究》，硕士学位论文，郑州大学，2018。

③ Lee H. S., Kim M. R., Park Y., et al., "Fermenting Red Ginseng Enhances Its Safety and Efficacy as a Novel Skin Care Anti-Aging Ingredient: In Vitro and Animal Study," *Journal of Medicinal Food* 11 (2012)；贺黎铭、江南、魏巍等：《不同方式制备松茸化妆品原料的美白功效研究》，《日用化学品科学》2017年第8期，第16~19页；岳立芝：《发酵技术在化妆品植物资源开发中的应用》，《科技创新与应用》2019年第33期，第171~172页。

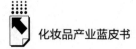

一难点在于如何平衡功效和刺激性，通常高功效必然伴随着强刺激。为了更好地开发美白类产品，需要对原料技术继续进行研究。目前绿色、天然、高效是化妆品的主流追求，所以植物来源的活性物具有很好的应用前景，但是根据国家药品监督管理局 2021 年第 51 号公告，2024 年 5 月 1 日后，若想继续在美白特证类产品中使用植物来源的美白成分，可能需要面临提供完整版安全评估报告的挑战。

（三）美白产品的开发与应用

1. 常见的美白护理方式

市场上常见美白产品根据美白原理可以分为三大类：增白类、漂白类、美白类。增白类产品，是利用简单的物理遮盖来实现皮肤表面增白的效果，但它可能导致皮肤假白、毛孔堵塞等问题。漂白类产品，是利用磨砂小颗粒或酸性物质使表皮老化角质层剥脱的方式，使皮肤在短期内变白，尤其适用于局部皮肤美白，如手肘、膝盖等关节部位美白，但长期过度使用有可能会破坏皮肤表皮屏障。美白类产品，是针对黑色素的生成机理，加入美白剂抑制黑色素的生成、转移、代谢等过程，从而达到美白效果，这是市场上大部分美白产品主流的美白护理思路，但它仅针对皮肤的黑色素进行干扰，作用维度较为单一。肤色的形成是许多因素相互作用的结果，其中红度、黑度、黄度是体现皮肤颜色最主要的三大维度。肤色越深，可能伴随着皮肤的黑色素和血红素含量越高、皮肤越黄、光泽感越差。[1] 针对肤色的三大维度，改善皮肤的红度、黑度、黄度，修饰肤色、多维度美白，更符合中国人的肤色与肤质特征。[2]

2. 美白产品的功效评价方法

（1）生物化学法

酪氨酸酶是黑色素合成过程中的关键酶和限速酶。利用生物化学法评价

---

① 张大勇、杨笑笑、赵新昊等：《东方本色：基于皮肤本态的中国女性肤色伴随特点研究》，《中国化妆品》2022 年第 Z1 期，第 60~69 页。

② 李安章、侯淼、武悦等：《基于"光学-色彩学-皮肤学"的中国女性肤色及肤质研究》，《中国化妆品》2023 年第 5 期，第 113~119 页。

美白化妆品的功效，目前的主要手段是测定美白成分对酪氨酸酶的抑制效果。除此以外，美白产品功效的抗氧化及抗糖化测试也是研究美白产品功效的重要方法。

（2）细胞生物学法

细胞水平评价试验可根据不同的美白通路选取不同的实验模型来进行测试，例如通过体外培养黑素细胞，测定细胞内酪氨酸酶活性和黑素含量来评价美白成分抑制黑色素合成的效果；构建黑素细胞-角质形成细胞共培养模型，考察美白产品对黑色素转运的抑制效果来评价其美白功效等。

（3）动物实验法

动物实验法主要包括豚鼠皮肤模型及斑马鱼模型等。由于动物实验涉及各种伦理问题，从2013年起欧盟禁止开展化妆品动物实验。而欧盟在2010年颁布的法令中明确规定，受精后5天内的斑马鱼胚胎和幼鱼在可以自由进食之前，其使用不受欧盟有关动物实验禁令的限制。①

（4）人体试验法

2021年修订的《化妆品安全技术规范（2015年版）》规定了化妆品祛斑美白功效测试方法，包括紫外线诱导人体皮肤黑化模型祛斑美白功效测试法、人体开放使用祛斑美白功效测试法。同年发布的《化妆品功效宣称评价规范》指出，具有祛斑美白功效的化妆品应当通过人体功效评价试验方式进行功效宣称评价。

3.典型案例

半亩花田美白透亮香氛身体乳针对皮肤颜色的红、黑、黄三大维度，应用三维立体美白技术——修红、抑黑、减黄，实现多重链路美白。它利用二氢燕麦生物碱及肌酸酐等成分，同时应用RIVETOR®屏障修护技术，不仅能够修护化学刺激造成的皮肤屏障损伤，也能够抵御紫外线照射刺激引起的炎症反应、色素沉着，具有很好的舒缓泛红、修护屏障的功效；利用肌酸酐协

---

① European Commission, "Irective 2010 /63 /EU of the European Parliament and of the Council of on the Protection of Animals Used for Scientific Purpose," *Official Journal of the European Union L* 33 (2010).

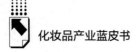

同烟酰胺提高黑色素转运抑制率，高效抑制黑色素从黑色素细胞转运至角质形成细胞，实现亮白肌肤的效果；利用 VC 乙基醚、烟酰胺等成分，清除过量活性氧自由基，抑制晚期糖基化终末产物的生成，改善皮肤发黄暗沉状况。

（四）身体皮肤美白的未来发展趋势

除了基础的保湿，身体皮肤的美白是消费者关注的重点需求之一。这为身体皮肤美白的相关原料以及产品的开发提供了较大的市场潜力。但目前针对身体美白产品功效检测方法稍显缺乏。例如手肘、膝盖这类骨突部位，因其皮肤结构的特殊性，目前的检测方法只能选其附近平整的区域进行功效测试。期望以后可以建立这类特殊的皮肤模型，或者开发新的检测仪器验证美白产品对于手肘、膝盖这类特殊部位的改善效果。目前针对黑色素的解决方案主要是围绕抑制黑色素的生成，阻断黑色素的转运，还原黑色素，促进表皮黑色素的脱落。但也不乏产品针对红、黄色提出解决方案，美白通路的研究相对于抗衰、抗氧研究来说，近年来发展较慢，同时，亚洲人作为黄种人，基因导致的"黄"是不可避免的，那么如何在基因层面"黄"的基础上，让国人追求更极致的"白"，就需要进一步深挖研究。若真的有机会突破基因层面，也可能带来一些伦理上的风险。

目前中国暂无明确的美白剂清单，只有在 2021 年发布的《浅谈美白化妆品与美白剂》中提到"在我国及日本、韩国化妆品中常用的美白剂"。但美白仍属于特殊功效，我国美白剂的选择与用量多参考国外美白剂清单内容。对于逐渐收紧的特证产品需要提供完整版安全评估报告的要求来说，无疑让美白剂的选择范围变得更加固定。如何拓展更多可用的合规美白剂，将是行业未来面临的一个挑战。

专题篇 ⟫

B.9
中国特色化妆品原料市场和技术分析报告

摘　要： 本报告首先分析了植物原料的特点及其在化妆品中的应用现状，以及目前面临的机遇和挑战，分别针对牡丹、腾冲红山茶、勐海大叶种、刺梨这几类植物原料不同地域、不同部位的活性成分和功效进行分析，研究了二氧化碳超临界提取和生物发酵技术提取有效成分的技术，探讨了原料在化妆品中的添加工艺和使用效果。其次，分析了重组胶原蛋白的合成技术，探讨了智能化手段挖掘胶原蛋白新原料、重组胶原蛋白科学配方及创新应用重组胶原蛋白的产品应用。再次，回顾了从最初的动物来源神经酰胺到植物类神经酰胺，再到更接近人体皮肤成分的第三代神经酰胺 EcoCeramide 的开发历程，提供了具有更丰富脂肪酸链组成，更接近人体皮肤成分，能够更有效地修护皮肤屏障的解决方案，为人类皮肤健康和美容提供更多可能性。最后，研究了防晒剂的研发实例和防晒产品未来的发展趋势与展望，都是将提高防晒剂的分子量和减少防晒剂的使用量作为发展方向。

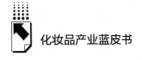

关键词： 天然植物原料　重组胶原蛋白　神经酰胺　防晒剂

一　牡丹植物原料研究①

（一）植物类原料的特点、现状及面临的机遇和挑战

1. 植物类原料的特点

近年来，人们追求天然、绿色、安全、健康的意识日益增强，天然植物化妆品以其崇尚自然、温和、不刺激、安全性高等特点深受消费者的喜爱，天然植物化妆品的发展成为化妆品发展的重要趋势。

化妆品植物类原料是采用适当的溶剂溶解或其他方法，以植物（植物全株或者根、茎、叶、花、果实、种子等）为原料提取或加工而成，不改变其原有化学成分结构的物质。植物类原料的命名与其制备工艺直接相关，包括提取物、汁、水、粉、油、蜡、脂、凝胶等。

植物类原料中的活性物质主要包括植物多糖，如燕麦多糖、纤维素等，是生物活性大分子，是人体皮肤真皮层的重要组成部分，多糖在新陈代谢过程中具有调节作用；植物蛋白，蛋白质能促进生长发育，修护组织，促进新陈代谢；植物油脂，如霍霍巴籽油、澳洲坚果油、乳木果油、牡丹籽油等，可抑制水分蒸发，防止皲裂，改善肤感等；植物多酚，如原花青素、茶多酚等，具有抗氧化、消除自由基、促进细胞自我修护、抑制黑色素生成等功效；植物黄酮，具有抗氧化、美白、防晒、抑菌、收敛和抗红血丝等功效；植物有机酸，如果酸和阿魏酸等，可以软化和剥落角质，加快皮肤细胞新陈代谢；植物精油，如桉叶油、茶树油、安息香树脂等，具有抗氧化、抗炎、抑菌等功效。

2. 植物类原料的应用

植物类原料在化妆品中的应用主要是作为基础原料添加在护肤、护发等护肤品中，使护肤品达到保湿、美白、抗炎舒缓、抗氧化抗衰老等效果。具

---

①　本部分执笔人：刘倩、梅华倩、张晔翔、杨洁（山东花物堂生物科技有限公司）。

体表现在以下几个方面。

保湿功效：植物类原料在皮肤表面形成"锁水膜"，可以减少皮肤经表皮水分流失，修护皮肤屏障，抑制皮肤透明质酸酶的活性。这类植物类原料通常富含多糖和果胶等成分，使角质层中的角质形成细胞亲水力，让皮肤处于湿润、柔软状态。

美白功效：植物类原料含有丰富的有机酸、维生素C、黄酮等活性成分，能够使表层角质细胞加速剥脱，抑制酪氨酸酶活性或者抑制黑色素转运达到美白效果。

抗炎舒缓功效：皮肤过敏是一种很常见的过敏形式。天然抗过敏舒缓活性物质相比传统的抗过敏药物具有多靶点、副作用小的优势。

抗氧化抗衰老功效：目前导致皮肤老化的最主要因素是自由基对皮肤组织的损伤，因此抗氧化和抗衰老密不可分。

3. 植物类原料面临的机遇和挑战

目前，亚太地区的植物类原料市场占据了全球的最大市场份额，中国的植物类原料在市场规模上更是处于领先地位，但植提分离技术和中下游的应用属于薄弱环节。其中，植物提取物原料多以混合物出现，有明确活性单体的提取物较少。此外，安全评估和功效评价研究匮乏，植物提取物的评价标准也一直处于调整更新中。安全性是功效性的前提条件，只有在安全的条件下才有考虑其功效性的必要。大多植物类原料的化学成分与功效的对应关系未经科学阐释，加之缺乏权威标准，大多原料企业或化妆品企业主要根据经验或同行交流进行生产，其提取制备工艺的合理性存疑，质量一致性和稳定性难以保证，同一植物原料名称存在不同提取和组合方式的现象较为普遍。

（二）牡丹植物原料用于化妆品的发展情况

1. 牡丹植物原料在化妆品中的应用研究

牡丹在我国有2000多年的药用历史，《神农本草经》和《本草纲目》中均有记载用牡丹治病的案例。南北朝时期，牡丹成为观赏植物，并主要在黄河中下游地区栽培后在食品、化工领域应用。对于化妆品行业来说，可以根据功效，将牡丹应用场景分为美白、抗炎、抵御光损伤几类，其中提到的活性成分并不是只具有单一功效，为防止重复论述，仅作简单分类。

（1）美白

牡丹中含有的黄酮类物质芍药苷对酪氨酸酶有显著的抑制作用。Jing Yang 等用多级酸碱处理法，对牡丹根、叶提取物进行产物提纯优化，得到芍药苷含量较高的产物，经过抗氧、酪氨酸酶抑制率实验以及分子模拟对接，证明了获得的牡丹提取物具有美白功效，其中酪氨酸酶抑制率与典型美白物质曲酸相当。[①] 余昊阳等也曾对牡丹花蕾提取物的体外功效进行过研究，证明了牡丹花蕾提取物具有一定的酪氨酸酶和黑色素生成的抑制能力，并且 DPPH 自由基清除率表现较好。[②] 牡丹提取物可以多通路抑制黑色素生成，具有广阔的美白产品应用潜能，也可以在防晒产品中添加，起到既防护又养护的作用。

（2）抗炎

丹皮酚是牡丹根皮中特有的一种活性物质，具有优秀的抗炎能力。P 物质、神经激肽 1 受体和肥大细胞活性，与湿疹的形成有关，肖卫棉等利用湿疹小鼠模型，验证了丹皮酚可以通过降低 P 物质和神经激肽 1 受体表达以及抑制肥大细胞活性，减少炎症反应。[③] 除了丹皮酚，芍药苷也具有抗炎功效。Li Jingjing 等的研究发现，芍药苷可以通过抑制 NF-κB 通路的激活，抑制炎症因子的产生。[④] Luo Xia 等则从另一方面验证了芍药苷的抗炎能力。[⑤]

① Yang J. , Wang C. , Li N. , et al. , "Phytochemicals and Anti-tyrosinase Activities of Paeonia Ostii Leaves and Roots,"*Plant Physiology and Biochemistry* 2022：pp. 50-60.
② 余昊阳、熊智、郭一荣等：《牡丹花蕾提取物体外抗氧化、美白活性研究》，《日用化学品科学》2017 年第 6 期，第 24~29 页。
③ 肖卫棉、查旭山、王友发：《丹皮酚对湿疹模型小鼠 SP、NK1R 表达及肥大细胞活化的影响》，《天津医药》2020 年第 9 期，第 824~828、913~914 页。
④ Li Jingjing, Ren Suiyuan, Li Meng, et al. , "Paeoniflorin Protects Against Dextran Sulfate Sodium (DSS)-Induced Colitis in Mice Through Inhibition of Inflammation and Eosinophil Infiltration," International Immunophar macology 2021: 107667.
⑤ Luo Xia, Wang Xiaojing, Huang Shaowei, et al. , "Paeoniflorin Ameliorates Experimental Colitis by Inhibiting Gram-Positive Bacteria-dependent MDP – NOD2 Pathway," *International Immunopharmacology*, 2021：107224.

革兰氏阳性菌会上调胞壁酰二肽（MDP）-核苷酸结合寡聚化结构域的蛋白-2（NOD2）活性，进而刺激 RAW264.7 细胞分泌肿瘤坏死因子 α（TNF-α），而芍药苷能够减少肠道中革兰氏阳性菌的浸润，抑制革兰氏阳性菌依赖性 MDP-NOD2 通路，缓解小鼠结肠炎。目前牡丹提取物在药品、日化行业均有成熟的应用案例，如丹皮酚软膏和含有牡丹提取物的护肤品。

（3）抵御光损伤

高婷婷等通过对比牡丹籽油与葵花籽油、花生油、油茶籽油、玉米油的紫外吸光度，发现牡丹籽油对 310nm~370nm 波长紫外光线的吸光强度明显高于同浓度的其他 4 种植物油。[①] 除了牡丹籽油，牡丹籽乙醇提取物也可以抑制 UVB 诱导皮肤细胞分泌炎症因子，进而减少 UVB 导致的皮肤光损伤。[②]半亩花田研究了牡丹籽油对皮肤屏障的修护作用，发现牡丹籽油可以通过提升丝聚蛋白和兜甲蛋白的表达，修护 UVB 导致的屏障受损皮肤。

2. 牡丹植物原料面临的挑战

牡丹植物原料在已使用化妆品目录中目前为 8 种，分别为：牡丹根皮提取物、牡丹根水、牡丹根提取物、牡丹花/叶/根提取物、牡丹花水、牡丹提取物、牡丹枝/花/叶提取物、牡丹籽油，均为水提取物或者混合提取物，没有明确提取物的活性单体成分，安全性评估研究较少。大多原料企业或化妆品企业主要根据经验或同行交流进行生产，其提取制备工艺没有固定标准，合理性存疑，质量一致性和稳定性难以保证，同一植物原料名称存在不同提取和组合方式的现象较为普遍。

（三）牡丹植物原料不同地域与不同部位功效成分的差异

1. 不同地域牡丹研究

张德全等对不同产地的滇牡丹根中的丹皮酚和没食子酸进行了分析，

---

① 高婷婷、王亚芸、任建武：《GC-MS 法分析牡丹籽油的成分及其防晒效果的评定》，《食品科技》2013 年第 6 期，第 296~299 页。

② 韩婕珺、洪铮怡、龚天贵等：《牡丹籽乙醇提取物对 UVB 诱导 HaCaT 细胞光老化的保护作用及机制研究》，《食品工业科技》2024 年第 15 期，第 351~359 页。

丽江市太安乡滇牡丹根木质部中没食子酸含量是澄江县梁王山保护区滇牡丹根木质部的 10 倍，迪庆州格咱乡滇牡丹根韧皮部中丹皮酚含量是丽江市白沙乡滇牡丹根的 40 倍（见表1）。①

表1 不同产地、部位滇牡丹根中没食子酸和丹皮酚的含量

单位：%

产地	没食子酸		丹皮酚	
	韧皮部	木质部	韧皮部	木质部
迪庆州格咱乡	0.33	0.14	1.14	0.60
昆明市西山小石林	0.48	0.42	0.36	0.20
大理市苍山花甸坝	0.35	0.38	0.23	0.19
澄江县梁王山保护区	0.26	0.06	0.14	0.21
丽江市玉龙雪山牦牛坪	0.40	0.48	0.09	0.03
丽江市白沙乡	0.25	0.16	0.07	0.05
丽江市太安乡	0.45	0.57	1.08	0.57

资料来源：张德全、马阿丽、杨永寿等：《HPLC 测定不同产地滇牡丹中没食子酸和丹皮酚含量》，《中国实验方剂学杂志》2014 年第 5 期，第 57~60 页。

此外，范明邱等也对不同产地牡丹的牡丹皮中丹皮酚含量进行了测定，发现云南和宁夏的牡丹皮中丹皮酚含量更高。②

对于牡丹叶中的活性物质含量而言，黄酮含量：山东菏泽（成武>郓城>曹县）>山西运城>安徽铜陵>安徽亳州>甘肃武威>重庆垫江；多糖含量：甘肃武威>重庆垫江>山东菏泽（成武>曹县>郓城）>山西运城>安徽铜陵>安徽亳州；蛋白：菏泽郓城>菏泽成武>菏泽曹县。③

---

① 张德全、马阿丽、杨永寿等：《HPLC 测定不同产地滇牡丹中没食子酸和丹皮酚含量》，《中国实验方剂学杂志》2014 年第 5 期，第 57~60 页。
② 范明邱、范榕：《不同产地牡丹皮中丹皮酚含量测定》，《福建中医药》1999 年第 4 期，第 41 页。
③ 牛晓方、高一军、怀宝刚等：《不同产地牡丹叶中总黄酮的含量测定》，《菏泽医学专科学校学报》2021 年第 1 期，第 95~96 页；牛晓方、高一军、怀宝刚等：《硫酸-苯酚法测定六种牡丹叶中总多糖的含量》，《山东农业工程学院学报》2021 年第 4 期，第 33~35 页；董立媛、王瑶、宁杰等：《菏泽不同产地牡丹叶营养成分分析与评价》，《食品工业科技》2020 年第 7 期，第 226~232 页。

2.牡丹植物原料用于化妆品使用的部位及其功效特点

（1）牡丹籽

牡丹籽目前主要以牡丹籽油的形式在化妆品中使用，具有防晒、补充皮肤脂质增强皮肤屏障、抗敏舒缓和延缓衰老的功效。提取工艺主要影响牡丹籽油的得率，对组成影响较小。根据研究，超临界萃取工艺略优于普通物理压榨法，制备得到的油脂中脂肪酸组成和含量略有不同，且油脂抗氧化能力更强。超临界萃取工艺的特点在于操作简单、节能环保、低温萃取和快捷高效。由于萃取需要高压条件，萃取设备昂贵，一定程度上也限制了超临界萃取工艺的大规模工业化应用。

半亩花田与山东省农业科学院休闲农业研究所合作培育出山东菏泽多荚牡丹新品种"鲁农丹1号"，并以牡丹籽油为核心进行深入研究。新品种"鲁农丹1号"果荚饱满、多角、籽粒充实、抗逆性强、适应性广、不饱和脂肪酸含量丰富，通过超临界萃取和压榨两种方法从多荚牡丹籽中提取得到的牡丹籽油不饱和脂肪酸含量均在92%以上。

半亩花田以牡丹籽油为核心，精选燕麦仁油、稻糠油，三重天然活性油脂协同维稳增效，科学配伍，开发出 RIVETOR® 屏障修护技术，来修护化学刺激造成的皮肤屏障损伤和炎症反应，抵御 UV 引起的色素沉着、胶原降解。随着 RIVETOR® 屏障修护技术的不断升级，该技术被应用在半亩花田身体乳、磨砂膏、精华水乳霜等各系列产品中以达到以油养肤、修护皮肤屏障的效果。

（2）牡丹花

牡丹花瓣含有丰富的微量元素、蛋白、黄酮、多糖、多酚、挥发油等，具有清除自由基、抗氧化、抗衰老、抗过敏、抗菌、抗炎、抑制酪氨酸酶活性等作用。花瓣中的特征化合物有（Z）-β-ocimene、香茅醇、2-乙基己醇等。[1] 牡丹花瓣制备得到的精油是一种澄清透明的挥发性液体，具有改善血液

---

[1] Lei G., Song C., Wen X., et al., "Chemical Diversity and Potential Target Network of Woody Peony Flower Essential Oil from Eleven Representative Cultivars(Paeonia × Suffruticosa Andr.)," *Molecules* 9（2022）.

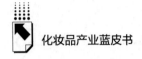

循环、促进细胞再生、延缓肌肤衰老等功效，精油的提取率仅有 0.02%。[①]
目前《已使用化妆品原料目录（2021 年版）》中，暂无单一的牡丹花提取
物，只有牡丹花水、牡丹花/叶/根提取物和牡丹枝/花/叶提取物，若想单独
使用牡丹花提取物，需要进行新原料申请。

（3）牡丹根皮

牡丹根是最早入药的牡丹部位，活性物主要存在于根皮的韧皮部，且以
丹皮酚、芍药苷和没食子酸为主。这几种物质分子量小，主要溶解于挥发油
中，所以对提取工艺有一定的要求。同时，丹皮酚本身具有一定特征性气
味，且水溶性较差，需要通过包裹等方式对其进行改性，这部分仍需深入研
究。王春雨的研究发现，牡丹根皮中的芍药苷和酪氨酸酶有良好的结合能
力，并对结合位点、结合能以及结合机制进行了研究。[②]

（四）总结与展望

2021 年 1 月 1 日正式生效的《化妆品监督管理条例》第九条明确提出，
国家鼓励和支持运用现代科学技术，结合我国传统优势项目和特色植物资源
研究开发化妆品。牡丹有着悠久的药用历史，越来越受到众多国产品牌的
青睐。

目前，对于牡丹不同产地来源、部位的提取物的研究大多集中在化合物
的组成、提取工艺的优化及护肤功效等方面，对于护肤功效深入的靶点、机
理研究稍浅，化学成分与功效的对应关系未经科学阐释，未来可利用生物发
酵或生物合成技术，对牡丹传统不利用的部位如牡丹茎、叶、枝的价值进行再
开发，研发出系列化妆品原料，并对其美白、抗炎、抗衰等功效的机制进行深
入研究。未来植物原料的研究重点可以针对质量、安全、功效评价开展基础研
究，构建完善的植物原料质量和功效评价标准，促进化妆品产业高质量发展。

---

① 刘薇：《牡丹花精油在化妆品中的应用研究进展》，《中国洗涤用品工业》2021 年第 9 期，
第 92~97 页。

② 王春雨：《牡丹根和叶中酚类物质的提取、鉴定及在护肤品中的应用研究》，硕士学位论
文，中北大学，2022，第 96 页。

二 腾冲红山茶微分子细胞液制备技术
及其在化妆品中的应用[①]

腾冲红山茶又名滇山茶、野山茶、红花油茶，属山茶科常绿乔木，是云南特有的优良木本油料树种和云南茶花的原始种，属国家二级保护珍稀物种。花期为每年12月至翌年4月，花朵大，花色艳丽繁多，花形多样，偶有自然变异成重瓣。果实于9~10月成熟，有大小年现象。根据《中国植物红皮书》记载，其分布范围仅限滇西山地和滇中高原，尤以腾冲居多，从而造就了腾冲红山茶品种的独特性和唯一性。腾冲红山茶栽培面积、产量、品种数量均为中国之最。这种山茶花含有丰富的黄酮、多酚等活性成分，具有出色的护肤效果，在化妆品领域被广泛应用。

在此背景下，对腾冲红山茶进行微分子细胞级别的研发显得尤为重要。这种研发能够更深入地了解腾冲红山茶花的活性成分，以及这些成分如何作用于皮肤细胞，进而为开发出更高效、更安全的护肤品提供科学依据。

（一）红山茶的化学成分、生物活性与药理作用

1. 红山茶主要化学成分

红山茶含有多种化学成分，主要包括黄酮类、三萜类、有机酸、皂苷、鞣质以及多种维生素和微量元素。[②] 其中，黄酮类化合物是红山茶中的重要活性成分，具有显著的抗氧化性能，[③] 对于保护细胞免受自由基损伤有着积极的作用。此外，红山茶中的三萜类成分也具有一定的药理作用，具有抗炎、抗肿瘤等作用。

除了上述化学成分，红山茶还含有花色苷、花白苷、芸香苷等多种苷

---

① 本部分执笔人：张鉴、杨申廷、陈文廷（广东雅姿精化有限公司）。

② 宋昱、史丽颖、卢轩等：《山茶属植物的化学成分及药理活性研究》，《中国药房》2018年第15期，第2143~2148页。

③ 王永奇、吴小娟、李红冰等：《药用山茶属植物的研究》，《大连大学学报》2006年第4期，第47~55、58页。

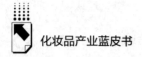

类物质,① 以及丰富的多酚类物质,如茶多酚等。这些物质对于茶叶的色泽、香气和口感都有重要影响,同时也对人体健康有着积极地促进作用。特别是多酚类物质,作为一种强效的抗氧化剂,能够清除体内的自由基,延缓衰老过程。

2. 生物活性与药理作用

红山茶具有丰富的生物活性和药理作用,它的主要活性成分原儿茶酸在护肤领域表现出色。原儿茶酸是一种强效的抗氧化剂,能够有效消灭自由基,减少皮肤氧化带来的压力,从而起到抗衰老的作用。此外,红山茶中的基质金属蛋白酶还能减少胶原蛋白的流失,让皮肤看起来更加年轻,并具有一定的均匀肤色的效果。

除了护肤作用,红山茶在其他方面也有显著的药理作用。例如,它具有凉血、止血、散瘀、消肿等功效,可以用于治疗吐血、衄血、咳血、便血、痔血、赤白痢、血淋、血崩等多种症状。此外,相关研究还表明,红山茶具有抗癌作用,通过对其含有的山茶鞣质和山茶苷等成分的研究,显示了其对某些肿瘤有抑制作用。②

红山茶的生物活性和药理作用与其丰富的化学成分密切相关。这些化学成分,如黄酮类、多酚类、三萜类等,共同作用于人体,发挥出多种保健和治疗作用。然而,需要注意的是,虽然红山茶花具有诸多药理作用,但在使用时仍应遵循医嘱,适量使用,以确保安全有效。

与其他山茶科植物相比,腾冲红山茶的化学成分和药理作用存在一些差异。在化学成分方面,腾冲红山茶含有丰富的山茶皂苷、维生素 C、可可豆碱以及多种儿茶精等。这些成分赋予了腾冲红山茶独特的药理作用。在药理作用方面,腾冲红山茶被广泛用于清热解毒、消肿止痛等。腾冲红山茶在中国传统民间医学中有着悠久的应用历史,被誉为"山茶药王"。

① 陈跃龙、冯宝民、唐玲等:《油茶叶的化学成分》,《沈阳药科大学学报》2010 年第 4 期,第 292~294、324 页。
② 石海峰、冯宝民、史丽颖等:《西南山茶化学成分的分离与鉴定》,《沈阳药科大学学报》2010 年第 5 期,第 357~360 页。

（二）微分子细胞液制备技术

1.超临界萃取及生物发酵技术

超临界萃取技术是近 20 年发展起来的，即以超临界状态下的流体作为溶剂，利用该状态下流体所具有的高渗透能力和高溶解能力，萃取分离混合物的技术。超临界流体是指超过临界温度与临界压力状态的流体，物质在超临界状态下的溶解能力比常温下强十几倍甚至几十倍。CO_2较低的临界压力和临界温度适合处理某些热敏性生物制品和天然产品。因此，CO_2 是用得最多的超临界流体溶剂。

超临界萃取在萃取剂的溶解能力、传递性能和溶剂回收等方面都具有一般有机溶剂萃取法无法比拟的优点。一是超临界流体的密度接近普通液体溶剂，因此它具有与液体溶剂相近的溶解能力，同时它又保持了气体所具有的高传递性，渗透比液体溶剂快，容易达到萃取平衡。二是选择适当的超临界流体（如 CO_2），可使过程在常温下进行，这对医药、食品、生化行业中一些热敏性物质及易氧化物质的分离极其有利，且不存在任何毒副作用。

发酵技术是指利用微生物的特定性状，在生物的反应器中生产有用物质的技术。生物发酵技术是采用现代生物工程技术手段，利用微生物的某些特定功能，为人类生产有用产品或直接把微生物应用于工业生产过程的技术，如运用生物发酵技术生产透明质酸和辅酶 Q10 等。除多糖类物质外，其他通过发酵生成的活性物质包括功能多肽、酶类、维生素类、酵素、脂质、氨基酸以及其他一些生物活性物质都可以作为添加剂，应用于化妆品中。

2.微分子细胞液的提取与纯化

微分子细胞液制备技术是一种先进的生物技术，旨在从植物或动物细胞中提取出微分子级别的细胞液。这种技术通常涉及一系列复杂的步骤，包括细胞的酶解、分离、纯化和低温浓缩等。

首先是酶解过程。原料细胞需要经过生物酶处理或发酵处理，以释放出

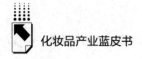

细胞内的成分。具体方法的选择取决于原料细胞的类型和所需的细胞液成分。

其次是分离过程。通过离心、过滤或色谱等技术将细胞碎片和其他不需要的成分去除，从而得到相对纯净的细胞液。这一步骤对于后续纯化和浓缩过程至关重要。

再次是纯化过程。主要是为了进一步去除细胞液中的杂质，提高其纯度，可以通过多种技术实现，如超滤、反渗透或离子交换等。纯化过程的具体方法会根据所需的细胞液成分和用途进行选择。

最后是低温浓缩过程。通过真空浓缩或膜浓缩等技术将细胞液中的水分去除，从而得到高浓度的微分子细胞液。这一步骤可以显著提高细胞液中有效成分的浓度，便于后续的应用和储存。

微分子细胞液制备技术具有广泛的应用前景，特别是在化妆品、食品和医药等领域。例如，在化妆品领域，微分子细胞液可以作为高效保湿、抗衰老或美白等成分添加到产品中，提高产品的功效和品质。在食品领域，微分子细胞液可以用于提取植物或动物细胞中的营养成分，开发新型功能性食品。在医药领域，通过精确控制制备过程中的条件，可以获得具有特定药效的微分子细胞液，为新药研发提供有力支持。

（三）腾冲红山茶微分子细胞液在化妆品中的应用

随着科学护肤理念的普及，消费者对中国本土植物成分的护肤品有明显的偏好，这为国货品牌提供了发展机遇。同时，国家政策也为这一趋势提供了强有力的支持。尽管面临国际品牌的竞争，国货品牌凭借其独特的品牌定位和不断的科技创新，在红山茶护肤领域展现出强劲的市场竞争力。

在化妆品行业，山茶主要与舒缓等功效深度绑定。对于红山茶的研究较少。少量的研究主要集中在抗氧化能力方面，例如，爱茉莉太平洋考察了山茶籽中提取的山柰酚三糖和四糖对 MMP-1 的抑制作用。[1] 通过抗氧化途径

---

[1] Ko J., Rho T., Yoon K. D., "Kaempferol Tri-and Tetrasaccharides from Camellia Japonica Seed Cake and Their Inhibitory Activities Against Matrix Metalloproteinase-1 Secretion Using Human Dermal Fibroblasts," *Carbohydrate Research* 2020：108101.

的研究，进一步明确了红山茶提取物抗氧化、抗光老化功效应用的广阔前景。

红山茶微分子细胞液在护肤品中的功效主要体现在以下几个方面。

一是抗老功效。红山茶微分子细胞液含有多种活性成分，如黄酮、多酚等，这些成分具有抗氧化特性，有助于减缓肌肤衰老，提升肌肤弹性和紧致度。

二是保湿锁水。红山茶微分子细胞液中的油酸和维生素 E 等成分，有助于肌肤保湿，提高皮肤的水分保持能力。

三是修护皮肤屏障。红山茶微分子细胞液含有的特定成分能够帮助修护和强化皮肤屏障，抵御外界环境对肌肤的侵害。

四是淡化细纹。红山茶微分子细胞液能够促进皮肤细胞的活力和更新，减少细纹和皱纹的出现，使皮肤看起来更光滑。

五是科技融合。一些国货品牌通过科技创新，比如应用细胞自噬技术，提高细胞自噬蛋白表达，促进细胞自噬，唤醒细胞活性，实现快速修护效果。

六是提升肤感体验。利用水感透气配方技术运用红山茶微分子细胞液，还能有效提升用户的肤感体验，打破精华油的季节与肤质人群使用限制。

这些功效的实现，不仅依赖于红山茶微分子细胞液本身含有的天然活性成分，还依赖于品牌在配方设计、技术研发和生产过程中的创新和专业性。

基于这一思路，广东雅姿精化有限公司结合低温小分子水基萃取微分子细胞液技术开展了一系列的应用研究，通过制备一组含有腾冲红山茶微分子细胞液的精华液、精华霜和精华水，分别进行弹性蛋白酶、经表皮失水率 TEWL 值、Antera 3D 测试面部弹性情况等一系列测试。

弹性蛋白酶是一种水解蛋白酶，能水解不溶性的弹性蛋白；弹性蛋白酶过度分解弹性蛋白，会使皮肤加速老化，但抑制弹性蛋白酶活性，减慢弹性蛋白被降解的速度，可以起到紧致肌肤、延缓衰老、减少皱纹的作用。该系列产品对弹性蛋白酶有明显抑制作用，根据使用浓度不同

（0.05%~1%），抑制率在 13%~32%变化，表明该系列产品有良好的抗皱紧致效果。

经表皮水分流失数值越低，说明皮肤锁水力越强、屏障功能越好。产品单次使用前后，测试区域皮肤血红素含量、经表皮水分流失变化值或变化率与空白对照组比呈显著性差异（P<0.05），连续使用该系列产品 7 天，受试者面部皮肤经表皮失水率 TEWL 值与初始值相比有显著性下降，下降率为 14.92%，表示该受试样品具有较好的修护效果。

通过 Antera 3D 测试皮肤弹性，受试者脸颊皮肤 ISE（N/m）值在 7 天、14 天、28 天后，变化率分别为 11.07%、33.56%、32.18%，区域内的皮肤弹性增加，表明该系列产品有良好的增加皮肤弹性的效果。

（四）腾冲红山茶资源的可持续利用与发展策略

腾冲红山茶作为一种珍稀而独特的植物资源，既承载着重要的生态价值，又蕴含深厚的文化意义。然而，随着环境的变化和人类活动的增加，腾冲红山茶的生存环境也面临一定的挑战。因此，对腾冲红山茶资源的保护与可持续利用显得尤为重要。

1.资源保护

首先，应重视其原生地的生态保护。这包括保护其生长的森林环境，减少人类活动对其生存环境的破坏，遏制非法采摘和盗伐等行为。

其次，推动腾冲红山茶的产业化发展也是保护其资源的重要途径。在产业化过程中，应注重保持生态平衡，避免过度开发导致资源枯竭。

最后，政府和相关机构应加大对腾冲红山茶保护工作的投入和支持。通过制定相关政策和法规，明确保护责任和管理措施，确保腾冲红山茶资源得到有效保护。

2.可持续采收

腾冲红山茶的可持续采收对于确保资源的长期利用和生态保护至关重要。主要包括以下几种方法。

选择性采收：为了避免对腾冲红山茶资源造成过度破坏，应采用选择性采收的方法。这意味着只采摘成熟的花朵，留下未成熟的花蕾，以确保植株能够持续开花。

轮流采收：在不同的植株或区域之间实行轮流采收，以便给植株足够的恢复时间。这有助于维护生态平衡，防止资源枯竭。

周期性采收：了解腾冲红山茶的生长周期和开花季节，避免在非开花季节进行采收，保护植株免受不必要的损伤。

3. 综合管理措施

建立档案管理系统：对腾冲红山茶的采收、加工和销售过程进行记录，以便追踪产品的来源和去向，确保产品的可追溯性。

加强监管与执法：相关部门应加强对腾冲红山茶采收和加工环节的监管，打击非法采收和加工，保护资源的合理利用。

推广可持续利用理念：通过宣传教育，提高公众对腾冲红山茶可持续利用的认识，形成全社会共同参与的保护氛围。

（五）结论与展望

1. 研究总结

腾冲红山茶微分子细胞液制备技术及其在化妆品中的应用研究，可以总结为以下几个方面。

（1）制备技术研究

在制备腾冲红山茶微分子细胞液的过程中，采用了先进的提取技术。首先，在常温常压下，使用生物酶技术和发酵技术对其进行处理。随后，利用离心、过滤或色谱等技术将细胞碎片和其他不需要的成分去除，再经大孔吸附树脂柱进行吸附分离。分离液经过冷冻处理后，在特定的温度范围内进行真空抽取。气态物质再经过低温冷凝，用特定大小的过滤器过滤后，进行超高压室温灭菌，最终得到微分子植物细胞液。

（2）应用研究

腾冲红山茶微分子细胞液在化妆品领域有着广泛的应用前景。由于其微分子特性，该细胞液能够更深入地渗透肌肤，提高肌肤对有效成分的吸收

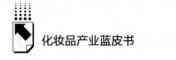

率。同时，山茶花本身含有的多酚、植物氨基酸等天然活性成分，对于皮肤具有抗氧化、抗衰老、美白保湿等多重功效。

在化妆品制备过程中，腾冲红山茶微分子细胞液可以作为水的全部或部分替代品。由于其富含的有效成分量高于普通植物纯露细胞液，使用后的化妆品在皮肤渗透效果、吸收率和保湿效果上均有所提升。

（3）优势与前景

腾冲红山茶微分子细胞液的制备方法不使用蒸汽，因此可以降低燃料的使用，更环保。同时，所得产物为浅色的微分子细胞液，其中的有效成分大部分为易挥发的小分子化合物，非常适合用于化妆品和食品等领域。

2. 面临的挑战和未来发展趋势

腾冲红山茶微分子细胞液制备技术及其在化妆品中的应用，机遇和挑战并存。

（1）挑战

虽然腾冲红山茶微分子细胞液的制备技术有所突破，但进一步提高提取效率、保持成分的稳定性和活性在技术上仍然面临挑战。

（2）发展趋势

技术创新：随着科技的进步，微分子细胞液的制备技术有望进一步创新，提高提取效率和纯度，降低成本，从而使得这一技术更具市场竞争力。

个性化护肤：未来，化妆品市场将更加倾向于个性化护肤。腾冲红山茶微分子细胞液可以根据消费者的具体肤质和需求进行定制化生产，满足不同消费者的个性化需求。

绿色环保：随着消费者对环境问题的日益关注，未来的化妆品生产将更加注重环保和可持续性。腾冲红山茶作为一种可再生资源，其微分子细胞液的制备和应用将更符合这一趋势。

跨界合作：为了拓宽市场和应用领域，腾冲红山茶微分子细胞液可能会与其他行业进行跨界合作，如与医疗、保健等行业结合，开发出更多具有特定功效的产品。

三　双菌发酵提取勐海大叶种茶精粹应用研究[①]

（一）引言

1. 研究背景

茶是山茶科山茶属植物，乔木或灌木，在我国许多地区广为栽培。我国共有 6 大茶类，分别为绿茶、黄茶、白茶、青茶、黑茶和红茶。红茶产量约占全球茶叶总产量的一半，是世界上第一大茶类。[②] 茶在中国的饮用历史已有上千年，茶具有抗氧化、延缓衰老、抑菌消炎的显著功效，是人类康体养颜的珍品。据现代科学分析和鉴定，茶叶中含有 500 多种对人体有益的化学成分，如茶多酚、茶多糖、茶色素、蛋白质、氨基酸、碳水化合物和矿物质等。[③]

2. 勐海大叶种茶

勐海是云南省西南部的产茶中心，拥有 1700 多年的茶文化历史，是中国最重要的茶叶产区之一，也是世界公认的普洱茶发祥地之一和"茶树王之乡"。区内存有 1700 多年的野生型"古茶树王"、800 多年的栽培型"古茶树王"及保存至今的 3200 公顷百年以上栽培型古茶树群及多个大面积野生型大茶树居群。

勐海大叶种茶是一种知名的茶树品种，化学成分含量丰富，茶多酚含量较高，这些丰富的化学成分赋予了勐海大叶种茶独特的风味和香气，使其成为制作红茶等高品质茶叶的理想原料，也为其他行业拓展应用提供了更多的可能性。

---

① 本部分执笔人：曾双、马洁婷、丁明宁、陈国静、陈秋菊（广州凡岛网络科技有限公司）。

② 施兆鹏、刘仲华：《夏茶苦涩味化学实质的数学模型探讨》，《茶叶科学》1987 年第 2 期，第 7~12 页。

③ 滑金杰、袁海波、江用文：《我国红茶产业现状、加工进展及前景展望》，《华中农业大学学报》2022 年第 5 期，第 16~23 页。

3. 国内茶叶提取物利用现状及发展趋势

20世纪80年代起，我国陆续开展茶叶提取物开发利用的研究，茶叶提取物作为富含多种生物活性成分的天然物质，逐渐成为化妆品行业的重要原料。在《已使用化妆品原料名称目录（2021年版）》中，与茶相关的成分达50多种，包括绿茶、黑茶、红茶等多种品类茶提取物，有油、粉、水等不同的剂型。

在茶类化妆品原料逐渐增多的背后，是新一轮的茶类成分、产品的技术竞赛，更是品牌创新的竞赛。根据相关数据统计，1985~2019年，在我国申请并公开的茶类个护美妆领域的专利数量共有140件。[①] 同时，茶技术专利的应用范围得到进一步拓展，有一些品牌开始申请将红茶用于洗护领域，以开发其抗氧化、控油、修护头皮屏障的效能。在此背景下，对于化妆品行业而言，高效提取茶叶原料中的活性成分，使之成为良好的中国特色天然原材料，对于茶叶提取物于化妆品企业的未来可持续利用具有重大的意义。

（二）勐海大叶种茶的主要化学成分、活性及药理

1. 勐海大叶种茶主要化学成分

勐海大叶种茶春茶鲜叶主要含有氨基酸2.26%、茶多酚32.77%、儿茶素总量18.17%、咖啡碱4.06%。[②]

运用电子鼻和SPME-GC-MS技术对勐海晒青茶的挥发性物质分析发现，来自勐海大叶种茶的挥发性物质种类以醇类、醛类、酯类、酮类、杂环类、烷烃类、烯烃类为主。

大叶种茶还含有茶氨酸、γ-氨基丁酸、茶多糖、糖苷类、三萜皂苷型茶皂素、芳香类组分、色素等天然成分。[③]

① 管柔雯：《国内茶主题化妆品市场的研究——基于专利统计视角》，硕士学位论文，浙江大学，2020。
② 杨雪梅、刘莹亮、李家华等：《基于PCA和聚类分析方法对云南不同茶区晒青毛茶生化成分分析》，《食品工业科技》2021年第3期，第236~240页。
③ 杨方慧、杨毅坚、张艳梅等：《大叶种茶功能成分研究及提取开发现状》，《安徽农业科学》2018年第11期，第10~13、34页。

2. 生物活性与药理作用

勐海大叶种茶的主要活性成分茶多酚是一种新型天然抗氧剂，在常温和低温下具有很强的抗氧化作用，在化妆品行业也有出色的表现。茶多酚亦称茶鞣质、茶单宁，分为儿茶素类、黄酮类、花青素类、酚酸类四类，对胶原酶和弹性蛋白酶有抑制作用，可阻止弹性蛋白的含量下降或变性，维持皮肤弹性；同时可抑制皮脂腺 5α-还原酶分泌，达到控油效果；茶多酚具有消毒、抗菌、减少日光中紫外线辐射对皮肤损伤等功效。

除了茶多酚，茶中含有的茶氨酸也有许多生理功能，具有显著抗抑郁作用。茶氨酸还可预防及抑制肿瘤生长、降血压、增强免疫力、拮抗由咖啡因引起的麻痹等。通过饮茶摄取的多种氨基酸，有利于维持人体内正常的氮素平衡。其他成分包括以下几个方面。

γ-氨基丁酸：γ-氨基丁酸对缓解情绪波动、焦虑及压力有重要作用，还具有改善和治疗糖尿病、抗癌、调节激素分泌、改善脂质代谢、抗惊厥、镇痛和改善记忆等多种药理作用。

挥发性物质：萜烯类有杀菌、消炎、祛痰作用，可治疗支气管炎；酚类有杀菌、兴奋中枢神经和镇痛的作用，对皮肤还有刺激和麻醉的作用；醇类有杀菌的作用；醛类和酸类均有抑杀霉菌和细菌，以及祛痰的功能，后者还有溶解角质的作用；酯类可消炎镇痛、治疗痛风，并促进糖代谢。

茶皂素：茶皂素既具有降低胆固醇、溶血、抗菌、增加表面活性等作用，还具有抗渗、消炎、镇痛、止咳、抗癌等药理功能。

总的来说，茶凭借其丰富的生物活性成分和药理作用，在医药、日用化工、化妆品行业有着良好的发展前景。目前的技术难点在于如何更好提取制备茶中的活性物质。

（三）双菌共生发酵制备技术

1. 生物发酵技术

目前，用于提取茶提取物的方法主要有溶剂萃取法、离子沉淀法、超临界流体萃取法、超声波提取法、微波浸提法等物理提取方法。其中，溶剂萃取法作为最早发展起来的提取方法，成本较低，但采用的有机溶剂毒性大，存在易燃的安全风险，其浸提率不高，杂质较多；离子沉淀法一般采用金属离子作为沉淀剂，某些有毒金属离子在提取物中有残留，容易造成提取物中的茶多酚氧化失活，同时产生较多的废液和废渣，对生态环境有破坏性；超临界流体萃取法、超声波提取法、微波浸提法等虽然绿色无毒，但也存在设备和技术要求高、成本高的问题。

除以上方法外，随着科技发展，大量实践表明，采取生物发酵技术可以更好实现红茶中活性成分的高效溶出和转化，同时红茶发酵液中富含益生菌，两者协同作用可以进一步增加产品的功效。

生物发酵技术是一种利用微生物的代谢活动来生产有用物质或转化有机物质的工艺。这项技术是生物技术领域中最早发展和应用的食品加工技术之一。同样，生物发酵法在化妆品中的应用也日益广泛，国内外化妆品品牌的产品中，都含有发酵成分。

2. 双菌红茶共生发酵

勐海大叶种双菌红茶发酵产物是以勐海大叶种制备的红茶、糖类、优选特定的酵母菌和木醋杆菌菌种为原料，采用双菌共生的方式，进行多重发酵制得，富含维生素、有机酸、糖类、氨基酸、多酚等小分子物质。

酵母菌作为最著名的微生物之一，由于其高发酵速率、高安全性和高耐用性而被广泛用于生物乙醇和其他特殊化学品的工业生产中。

木醋杆菌是较早被发现产生细菌纤维素菌株，表现出更高的纯度、持水能力、机械强度、降解性和发酵代谢合成时性能的可调控性，因而被广泛应用于食品、医药、化工等领域。

发酵过程实现益生菌与红茶的双向发酵，克服红茶有效成分溶出率低和红茶产品作用效果得不到有效提升的问题，更好地释放红茶的活性物质，促使红茶发酵滤液具有极强抗氧化、抗衰老、控油能力，有效抵抗自由基对肌肤的侵害。

通过凡岛公司自研数据发现，这种双菌红茶共生发酵技术，能有效释放红茶的活性物质，茶多酚含量是国标红茶的茶多酚理化指标的近8倍（见图1）。

同时，相较于过去粗放的物理提取工艺，这种双菌红茶共生发酵技术，

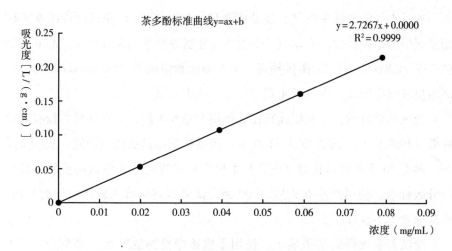

图 1　双菌红茶发酵产物茶多酚含量

资料来源：凡岛公司实验室自研报告。

能够大大降低对原材料的消耗，进一步保留勐海大叶种制备而成的红茶中的活性成分，避免产生有害的残留。

（四）红茶双酵精粹在洗护产品中的应用

中国国家药品监督管理局公开数据显示，截至 2022 年 10 月，酵母菌/木醋杆菌/红茶发酵产物的备案数已达 1929 个。

在洗护行业中，近年来国货洗护品牌凭借高性价比、创新能力和对本土消费者需求的深刻理解，在品类细分赛道上异军突起，逐渐在市场上占据了一席之地。国货品牌在原料、配方和工艺等方面的持续投入和研发积累，逐步实现着产品品质和销量的跃迁。同时，国家相关政策也为这一发展提供了强有力的支持。

基于这一思路，凡岛公司旗下墨雪品牌以"自然优选，科学提效"为研发理念，结合前述的双菌红茶共生发酵技术，将云南勐海大叶种茶叶提取的"红茶双酵精粹"应用于墨雪茶净控油洗发水（新配方），并开展一系列的应用研究。

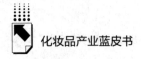

通过 100 例油性头皮（头皮油脂含量 ≥100ug/cm²）受试者连续 6 天使用测试墨雪茶净控油洗发水（新配方），分别进行使用前和使用产品 6 天后的头皮 VC20plus-Sebufix 图像拍摄、头皮油脂含量测量（Sebumeter SM815）、区域皮肤反应测试、受试者主观评估等一系列测试。

测试结果显示，与使用前相比，使用产品 6 天后，头皮油脂含量有显著降低（P<0.001），降低率为 61.81%，表明该产品具有控油功效（见图 2）。

参考 2015 年版《化妆品安全技术规范》中规定的人体试用皮肤不良反应分级标准，使用产品 6 天后，100 例受试者观察区域皮肤反应均为 0 级，皮肤未发生不良反应。

受试者主观评估结果显示，使用墨雪茶净控油洗发水（新配方）6 天后，98% 的受试者认可墨雪茶净控油洗发水（新配方），100% 的受试者认同墨雪茶净控油洗发水（新配方）温和无刺激。

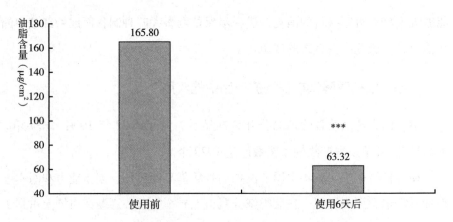

图 2 100 例油性头皮受试者连续 6 天使用墨雪茶净控油洗发水（新配方）头皮油脂含量变化

注：n=100，*** 表示有显著性差异，p<0.001。
资料来源：凡岛公司实验室自研报告。

（五）勐海大叶种茶的可持续发展

勐海大叶种茶是云南珍贵的古茶树种，具有重要的生态和文化价值。然而，由于环境问题和保护不足，生长区域在过去 50 年减少了 80%。过度采摘会导致茶树生命力的提前耗尽，而且对茶类品牌的过度商业化、对消费者以及中式文化的过度消费，会缩短品牌的生命线。为了促进勐海大叶种茶的可持续发展和利用，应该遵循自然规律，追求长期的、可持续的发展。

因此，需要深入研究和尊重茶树的生长周期，合理规划采摘时间和频率，确保茶树的健康生长和生态平衡。同时，通过建立自然保护区域或保护基地，为勐海大叶种古茶树提供良好的生长环境，提高社会对可持续消费的认识，鼓励更多的人支持和参与到保护古茶树的行动中来。2024 年 4 月，凡岛公司在云南勐海与"幸福家园"公益合作，开展了以"永续茶香美，墨路亦相逢"为主题的古茶树保护公益活动，在专业指导下，团队参与了土壤修护、修剪、病虫害防治等工作，了解了古茶树文化和保护的重要性。公益品牌负责人指出，生态修护有助于提高茶园生态系统功能和稳定性，公益宣传促进了当地茶农从粗放式向精细化、可持续种植方式的转变，让古茶树这种几乎不可再生的资源，在可持续地为当地创造应有经济价值的同时，还能作为中国茶文化的重要载体，得到更充分的保护。

此外，可以通过创新和研发，探索茶叶的多种用途和潜在价值，推动勐海大叶种茶的产业化发展，为当地经济发展注入新的活力。

最后，当地政府可加大对勐海大叶种茶保护工作的投入与支持，推动古茶树保护工作的实施。通过制定相关政策和法规，明确管理措施，同时鼓励社会各界参与到保护工作中，为后代留下一个更加绿色、可持续的世界。

（六）结论与展望

1. 研究总结

红茶天然提取成分在洗护产品领域中的应用日益广阔。通过应用双菌共生发酵技术，提高红茶中茶多酚的提取率，使其更加高效、环保、节能，并进一步推动红茶提取物更广泛地应用于洗护等行业是十分值得深入研究的。高效的提取工艺将减少茶叶资源浪费，促进茶叶原产地的可持续发展，推动洗护行业茶叶提取物深加工的转型升级。

发酵技术是一项既传统又现代的提取技术，运用微生物发酵技术发酵植物等，将微生物发酵提取物应用于洗护产品中，是当前国内外的研究热点。微生物发酵技术可以用完整的微生物细胞或从微生物细胞中提取的酶作为生物催化剂，其区域和立体选择性强、反应条件温和、操作简便、成本较低、公害少。酵母在发酵过程中具有优越的安全性，并且酵母发酵液中含有丰富的多肽、多种维生素、丰富的矿物质和酶类。酵母能够抑制有害微生物的生长，防止产品的腐败，可以起到重要的生物保存作用，延长保质期。将酵母与木醋杆菌混合发酵，酵母可以为植物乳杆菌提供营养物质及能量，在一定程度上提高发酵产物质量。

2. 未来发展趋势和挑战

基础的发酵工艺并不难实现，然而受限于过去的科技，发酵从菌种选择、改造到量产工程控制都需要层层攻关，同时发酵成分中繁多的功效成分解析及其通路和靶点的验证和安全性评估十分复杂。也就是说发酵技术并不是一项门槛很高的技术，但入门容易，却很难做到专业且精深，在发酵这条路径上做出一款性能领先的中国特色植物提取成分，更加困难。

我们也看到，有越来越多的品牌以中国特有植物成分为特色，用突破性的实力成分和科学配方，在走一条与国际大牌错位竞争、极具特色的道路。因多数植物活性物含量比较低，需要很高含量的添加剂或活性物的富集，所以当前洗护品牌的研究需用分子生物学、植物提取新技术和生物发酵学等领域先进理论来研究洗护用品更高的功效性。

四 刺梨提取物在化妆品中的应用研究及未来趋势[①]

（一）研究背景

1. 植物类原料研究现状

我国地域辽阔，气候多样，植被资源丰富，植物种类居世界第三。植物

---

① 本部分执笔人：梁慧彬、袁荣德、彭桂香、林珍珠、童达平（广州臻颜化妆品有限公司）。

原料的应用历史悠久,《神农本草经》《本草纲目》《千金翼方》等医药典籍均有对植物原料应用在化妆品的记载。[1] 目前,我国对化妆品原料实行《已使用化妆品原料目录(2021年版)》等目录管理,[2] 在案植物原料达3000余种[3]。常见的植物原料主要是植物提取物、植物精油以及其他纯化的植物成分。但目前在化妆品行业,我国还没有相对应的法规对植物类原料进行界定。[4]

2. 化妆品行业对天然植物成分的需求

植物化妆品是将植物类原料作为有效成分添加的化妆品,而植物类原料是不经特定修饰,采用不同方法将植物整株或特定组织中的某种或某类活性成分进行提取、分离和浓缩而成的物质,一般为液体、粉体或膏体形态。[5] 化妆品天然植物成分的特点如下。

一是安全温和。植物化妆品不含化学合成物质,降低了皮肤刺激、过敏及其他潜在的风险;植物类原料刺激性低,生物相容性好,对皮肤作用温和。

二是营养丰富。天然植物原料含有丰富的维生素、植物多酚、矿物质等成分,具有抗炎、舒缓、保湿等功效,能够深层滋养肌肤并改善肌肤问题。

三是环保可持续。原材料为可再生资源的天然植物,生产过程较为环保,降低了对环境的污染,坚持了绿色可持续发展理念。

3. 刺梨简介及市场形势和需求

刺梨在我国分布较广,为蔷薇科落叶灌木植物,别名缫丝花、刺石

---

① 祝钧、王昌涛主编《化妆品植物学》,中国农业大学出版社,2009。

② 张凤兰、石钺、苏哲等:《我国化妆品原料安全管理对策研究》,《中国药事》2019年第12期,第1365~1370页。

③ 《国家药监局关于发布〈已使用化妆品原料目录(2021年版)〉的公告》(2021年第62号),国家药品监督管理局网站,2020年4月30日,https://www.nmpa.gov.cn/xxgk/ggtg/qtggtg/20210430162707173.html。

④ 《食品药品监管总局药化注册司公开征求调整植物类化妆品新原料行政许可申报资料要求有关事宜意见》,国家药品监督管理局,2015年11月10日,https://www.nmpa.gov.cn/xxgk/zhqyj/zhqyjhzhp/20151110120001876.html。

⑤ 胡积东、王海瑞:《植物化妆品的研究进展》,《香料香精化妆品》2023年第3期,第121~124页。

榴、送春归等。刺梨营养丰富，并富含生物活性成分（见表2），具有很高的药用和经济价值。[①] 刺梨深加工产品的营养与药用双重价值尤为突出，成为市场关注的焦点。刺梨提取物有广阔的发展市场与多样化的应用前景。

表2　刺梨的营养和活性成分

刺梨的营养和活性成分	维生素C(1700~2900mg/100g)(含量是苹果的500倍、柑橘的100倍、猕猴桃的9倍)
	维生素P(含量是柑橘的120倍、蔬菜的150倍)
	维生素B1、B2、E、K1等
	SOD(7000~10000U)等
	有机酸(1.55%~1.84%)：抗坏血酸、乳酸、苹果酸、原儿茶酸、柠檬酸、没食子酸、丁香酸、咖啡酸、奎宁酸、琥珀酸、酒石酸、草酸等
	植物多糖(1.12%~1.43%)：主要由木糖、甘露糖、半乳糖、葡萄糖等中性单糖组成
	黄酮和多酚(0.2%~0.6%)：主要是没食子酸、儿茶素、鞣花酸、绿原酸、阿魏酸、表儿茶素等成分
	多种微量矿物质、氨基酸、三萜类、甾醇等

资料来源：许浩翔、胡萍、张珺等：《超高温瞬时灭菌对刺梨汁营养物质与贮藏稳定性的影响》，《食品与发酵科技》2021年第1期，第46~50、60页；胡红菊：《我国野生刺梨资源开发利用探讨》，《中国果树》2009年第3期，第71~72页；Liu X. Z., Li Y. F., Yu Z. H., Liu X. H., Hardie W. J., Huang M. Z., "Screening and Characterisation of β-glucosidase Production Strains from Rosa Roxburghii Tratt," *International Journal of Food Engineering*, Published Online：1 (2020)；He Z., "A study on the nutrition and variaton in the vitamin C content in the fruits of Rosa *roxburghii* Tratt," *Acta Horticulturae Sinica* 1 (1984)：1612-1612；曾芳芳、罗自生：《刺梨营养成分的研究进展》，《浙江农业科学》2015年第11期，第1753~1757页；周宏炫：《刺梨美容功能开发及产品初探》，硕士学位论文，贵州大学，2021。

　　刺梨主要生长在偏远山区地带，未受到外界环境污染，是极为珍贵且难以替代的绿色天然资源。随着国内外消费群体对于健康、环保产品偏好的日益增长，积极投身于刺梨产品的深度开发与推广，无疑是与这一主流消费趋势相契合的明智之举。

---

　　① 胡红菊：《我国野生刺梨资源开发利用探讨》，《中国果树》2009年第3期，第71~72页。

（二）刺梨提取物的主要活性成分和药理作用

1. 刺梨提取物的主要活性成分

刺梨在云贵川等地分布面积大，尤其贵州省的刺梨种植加工规模居第一。刺梨产业作为贵州省特色扶贫产业之一，全省刺梨种植面积200余万亩，实现年产值150亿元，带动超21万农民增收。[①] 常见的刺梨有"贵农""AL""GP"等品种，其中"贵农5"是目前市场上销售最为火爆，商品化程度最高的品种。[②] 刺梨果实富含VC、超氧化物歧化酶（SOD），享有"VC之王"与"SOD之王"美誉；[③] 而且还含有有机酸、刺梨多糖、黄酮和多酚等活性成分。[④] 此外，刺梨还含有多种微量矿物质、氨基酸、三萜类、甾醇等营养成分。[⑤]

2. 刺梨提取物的生物活性

刺梨的生物活性包括抗氧化、抗肿瘤功效、抗动脉硬化、免疫调节、降血糖、抗衰老、消炎、抗辐射、抗疲劳、解毒排毒、调节肠道菌群等。[⑥] 刺梨多糖能有效清除羟基和超氧阴离子自由基的活性，并降低脂质过氧化物和丙二醛的含量，具有抗氧化、抗衰老的作用。[⑦] 刺梨果实中的鞣花酸及其衍

---

① 赵勇军、邓钺洁：《贵州：走好特色高效路 培育富民大产业》，《贵州日报》2023年12月22日。

② Xu J., Vidyarthi S. K., Bai W., et al., "Nutritional Constituents, Health Benefits and Processing of Rosa Roxburghii：A Review," *Journal of Functional Foods* 2019：103456.

③ 许浩翔、胡萍、张珺等：《超高温瞬时灭菌对刺梨汁营养物质与贮藏稳定性的影响》，《食品与发酵科技》2021年第1期，第46~50、60页；Liu X. Z., Li Y. F., Yu Z. H., Liu X. H., Hardie W. J., Huang M. Z., "Screening and Characterisation of β-glucosidase Production Strains from Rosa Roxburghii Tratt," *International Journal of Food Engineering*, Published Online：1（2020）。

④ He Z., "A Study on the Nutrition and Variaton in the Vitamin C Content in the Fruits of Rosa Roxburghii Tratt," *Acta Horticulturae Sinica* 1（1984）：pp. 1612-1612；曾芳芳、罗自生：《刺梨营养成分的研究进展》，《浙江农业科学》2015年第11期，第1753~1757页。

⑤ 周宏炫：《刺梨美容功能开发及产品初探》，硕士学位论文，贵州大学，2021。

⑥ 黄颖、谭书明、陈小敏等：《刺梨口服液对急性醉酒小鼠的解酒护肝作用》，《现代食品科技》2019年第7期，第18~23页；涂永丽、周宏炫、谭书明、罗继伟：《刺梨促消化功能研究》，《食品与发酵工业》2020年第24期，第85~89页。

⑦ Chen G. J., Kan J. Q., "Characterization of A Novel Polysaccharide Isolated from Rosa Roxburghii Tratt Fruit and Assessment of Its Antioxidant in Vitro and in Vivo," *International Journal of Biological Macromolecules* 2018：166-174.

生物类黄酮和类黄酮糖苷是其抗氧化活性和酪氨酸酶抑制活性的主要来源。刺梨黄酮可有效清除体内的各种活性氧和 3 种自由基（DPPH-、-OH 和 O_2^-），被认为是一种天然抗氧化剂。[①]

刺梨含有 SOD，SOD 是一种常用的化妆品原料，具有预防肌肤老化、防止紫外线伤害、抗皱、祛斑等功效。

此外，刺梨还含有加快肌肤角质层新陈代谢的有机酸，具有抗炎、镇静、镇痛等功效的三萜类，植物三萜经动物试验证实其药理效应广，具有高生物活性和强抑菌效果，已经被广泛用于化妆品中。[②]

3. 刺梨提取物在化妆品中的功效宣称

根据刺梨活性成分所表现出的生物活性，在化妆品中可以有以下功效宣称。

（1）抗氧化

刺梨中的 VC 能够迅速将多种自由基还原成脱氢抗坏血酸和半脱氢抗坏血酸，且和植物多酚协同增效进行抗氧化。[③] SOD 的抗氧化机制在于清除体内的氧化应激分子，同时还能将不稳定的活性氧与活性氮转化为稳定态，以此减少皮肤组织内自由基的生成，从而维护皮肤细胞的健康稳态。[④] 体外抗氧化试验证明，当刺梨原液的含量为 1% 时，对 DPPH、ABTS、O_2^- 自由基的清除可以达到 100%。

（2）美白

酪氨酸酶可以调控黑色素细胞合成黑色素。研究发现，刺梨中的 VC 和多酚物质，通过有效抑制酪氨酸酶的催化活性，降低了体内黑色素的合成速

① 马振华、杨红强、杨琼：《超氧化物歧化酶（SOD）的功能及应用》，《新学术》2008 年第 4 期，第 316~320 页。
② Zeng F., Ge Z., Limwachiranon J., et al., "Antioxidant and Tyrosinase Inhibitory Activity of Rosa Roxburghii Fruit and Identification of Main Bioactive Phytochemicals by UPLC-Triple-TOF/MS," *International Journal of Food Science & Technology* 4 (2017): 897~905.
③ 左玉、冯丽霞、贾泽慧：《维生素类化合物的研究进展》，《粮食与油脂》2015 年第 9 期，第 1~5 页。
④ 逯阳：《几种植物多酚捕获体内自由基反应机理的理论研究》，博士学位论文，哈尔滨理工大学，2017。

率，具备美白功效。[1] 通过体外美白试验，结果表明当刺梨原液含量为 3% 时，对酪氨酸酶活性抑制效率达到 98.54%。

（3）抑菌、抗炎

刺梨中的多酚、黄酮及三萜类化合物对皮肤多种致病性微生物具有显著的抑菌性。这些活性成分通过其独特的抗菌机制，能够抑制病原体的生长繁殖，进而维护皮肤健康微生物群落的平衡。[2] 其抗菌机理可分为：破坏细菌的细胞结构，抑制生物大分子 DNA、RNA 及蛋白质的合成，影响细菌能量代谢等。[3]

（三）刺梨提取技术

（1）乙醇提取法及其优势

新鲜刺梨→冻干→粉碎→提取（60%乙醇）→过滤、离心→减压浓缩→复配溶解→离心→巴氏灭菌→提取液保存。该方法中乙醇是有机溶剂，具有提取效率高、效果稳定等优点，对植物细胞的穿透能力也较强，能够选择性地提取其中的活性物质。

（2）水提醇沉法及其优势

新鲜刺梨→冻干→粉碎→提取（纯水）→过滤、离心→减压浓缩→溶解（加入等体积无水乙醇，静置24h）→减压浓缩→复配溶解→离心→巴氏

---

[1] 吴长机、方一泓、张立萍：《植物活性美白成分的研究进展》，《日用化学品科学》2021 年第 4 期，第 49~52、58 页。

[2] 梁梦琳、李清、龙勇兵等：《刺梨的化学成分鉴定及其抗菌活性》，《贵州农业科学》2019 年第 5 期，第 10~13 页；孙红艳、胡凯中、郭志龙：《超声波法提取刺梨多酚的工艺优化及体外抑菌活性研究》，《中国食品添加剂》2016 年第 2 期，第 57~61 页；Zeng F. F., Ge Z. W., Limwachiranon J., et al., "Antioxidant and Tyrosinase Inhibitory Activity of Rosa Roxburghii Fruit and Identification of Main Bioactive Phytochemicals by UPLC-Triple-TOF/MS," *International Journal of Food Science and Technology* 4 (2017): 897-905；孙红艳、戚晓阳、王国辉等：《不同处理对刺梨黄酮含量及其抑菌活性的影响》，《食品研究与开发》2016 年第 5 期，第 1~4 页；A. S. A., J. P. N., Roger M., et al., "Microbial Biosurfactants in Cosmetic and Personal Skincare Pharmaceutical Formulations," *Pharmaceutics* 11 (2020): 1099.

[3] 符莎露、吴甜甜、吴春华等：《植物多酚的抗氧化和抗菌机理及其在食品中的应用》，《食品工业》2016 年第 6 期，第 242~246 页。

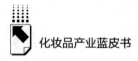

灭菌→提取液保存。该工艺操作简单，成本较低，可提取水溶性活性物质。

（3）酵母菌发酵法及其优势

新鲜刺梨→清洗、晾干→切块→破碎成果浆→调 pH→灭菌→发酵（酵母菌）→灭菌→离心→刺梨发酵液。采用外接菌种发酵法可根据需求选择不同的酵母进行发酵，进而特定提高某一活性物的含量并提高发酵效率，满足对功效的要求。通过量化外接酵母菌种种类和接种量，便于大生产时控制相应参数，使产品稳定。

（4）自然发酵法及其优势

新鲜刺梨→清洗、晾干→切块→破碎成果浆→调 pH→灭菌→自然发酵→灭菌→离心→刺梨发酵液。该方法利用刺梨天然携带的微生物发酵，起到外接酵母发酵达不到的效果。在实际生产中自然发酵菌种类存在不确定性，难以保证产品批次稳定，不适用于大生产，但可为进一步深入研究提供参考。

（四）刺梨提取物在化妆品中的应用现状

1. 配方设计与产品开发

刺梨提取物来源于纯天然植物，符合当下热度极高的"纯净美妆"概念，其天然温和无刺激的优势可作为一个卖点，可根据其功效表现和市场需求开发出具备市场竞争力的产品。

2. 应用案例示范

表 3 为一款添加刺梨提取物的配方设计，表 4 为空白对照配方设计。

表 3　VC 美白精华液（添加刺梨提取物）

单位：%

原料名称	添加比例	原料名称	添加比例
去离子水	89.35	刺梨提取物	2
丁二醇	4	对羟基苯乙酮	0.5
甘油	3	1,2-己二醇	0.5
聚丙烯酸酯交联聚合物-6	0.6	EDTA 二钠	0.05

表4　空白对照（不添加刺梨提取物）

单位：%

原料名称	添加比例	原料名称	添加比例
去离子水	91.35	对羟基苯乙酮	0.5
丁二醇	4	1,2-己二醇	0.5
甘油	3	EDTA 二钠	0.05
聚丙烯酸酯交联聚合物-6	0.6		

以上两款产品经第三方检测机构进行相关功效测试，测试结果显示，添加2%刺梨提取物的配方在美白、抗皱和舒缓等功效方面，显著优于空白对照组。因此，刺梨在化妆品中有极好的应用开发前景。

（五）总结与展望

1.刺梨在化妆品中应用的优势

当今社会，越来越多的人开始追求美，化妆品行业也在快速发展。传统化妆品中残留物易使皮肤过敏，迫使业界寻找安全有效的天然成分。刺梨含有丰富的营养物质和活性成分，近年来在化妆品领域的应用研究备受重视，其 VC、SOD 和 VP 的含量十分丰富。刺梨提取物开发创新具有极大发展空间，对推动刺梨加工产业发展具有重要意义。

2.未来发展趋势与挑战

目前，我国已经开发出多种刺梨产品，但常见的商业化刺梨产品主要处于产业链的底端，而中、高端产品的市场份额占比相对较低。此外，利用刺梨花、叶、根、种子等优质天然资源研发的产品也较少。

刺梨提取物在化妆品中的应用不充分，大多为刺梨果提取物和刺梨籽油，产品以面膜和精华为主，且未大规模生产并处于普及期，刺梨提取物作为化妆品原料的开发有极大的发展空间。

刺梨化妆品应用开发的相关研究尚处于起步阶段。因此，未来的研究应更关注刺梨提取物的制备工艺、质量控制及其功效评价。结合市场需求和消费者偏好，探究刺梨在化妆品中的具体应用和市场前景，系统地梳理刺梨在

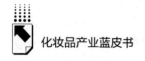

化妆品中的应用开发，有助于推动化妆品行业的原料及产品创新与发展，为消费者提供更加安全、高效、天然的化妆产品。

五　化妆品行业中的重组胶原蛋白原料创新研发①

（一）重组胶原蛋白的价值

胶原是一种天然蛋白质，广泛存在于动物的皮肤、骨、牙齿、肌腱韧带和血管中，是结缔组织极重要的结构蛋白质，起着支撑器官、保护肌体的功能，具有很强的生物活性和生物功能。胶原蛋白是胶原的水解物，是多肽混合物。②

1. 重组胶原蛋白研发的背景及意义

目前已发现的胶原蛋白有 29 种，分为五大类型。其中含量最多和分布最广泛的是 I、II、III、IV 及 V 型胶原蛋白。I 型和 III 型胶原蛋白是真皮层中最主要的胶原蛋白类型，在美容护肤、护发产品中应用最广。

胶原蛋白按来源可分为动物源胶原蛋白和重组胶原蛋白。动物源胶原蛋白原料来源以猪牛鸡为主，提取成本相对较低，但具备一定局限性：一是存在动物源疾病感染风险；二是异体胶原蛋白可能导致免疫排斥或过敏反应；三是产能限制；四是提取物往往是不同分子量胶原蛋白的混合物，纯度难以把控，延伸应用受限。

同时，胶原蛋白的大分子结构使其难以直接穿透致密的皮肤表层，限制了胶原蛋白的透皮吸收度。并且，这种结构如果需要在不同的 pH 值、温度和化学环境下保持稳定，就需要特定的配方技术。

重组胶原蛋白指通过 DNA 生物工程技术，模拟人体自身胶原蛋白的结构，将人体胶原蛋白基因进行特定序列设计、酶切和拼接，连接载

---

① 本部分执笔人：马洁婷、曾双、徐咏谕、王嘉俊（广州凡岛网络科技有限公司）。
② 蒋挺大编著《胶原与胶原蛋白》，化学工业出版社，2006。

体后转入工程细胞，通过发酵表达生产出与人体胶原蛋白高度相似的蛋白质。

根据国家药监局对重组胶原蛋白的定义，按照选取的氨基酸序列片段长短、与人胶原同源性，从高到低依次分为重组人胶原蛋白、重组人源化胶原蛋白和重组类胶原蛋白三种。

重组胶原蛋白与动物源胶原蛋白相比，具有生物活性及生物相容性更高、水溶性更佳、无细胞毒性等优势。同时，由于重组胶原蛋白分子单一、结构清晰、易于控制，在生物医学及组织工程领域具有很好的潜在应用价值。此外，重组胶原蛋白技术可以用于无法从动物组织中规模获取的胶原蛋白类型的大量生产及一些在其他动物群体（包括鸟类和海洋物种）中存在的独特胶原蛋白类型的生产。[1]

2. 重组胶原蛋白的应用价值

胶原蛋白的三螺旋构象是其理化特性和生物学活性的基础。胶原蛋白在结构上由三个自身按左螺旋排列的多肽链构成，三条相互独立的胶原蛋白肽链依靠甘氨酸之间形成的氢键维系三股螺旋相互缠绕的结构。众多胶原蛋白大分子又可彼此并排形成纤维互相交联的结构，使最终产物具备较高机械强度。胶原蛋白为组织或器官提供拉伸强度和柔韧性，同时在生物体内参与多种生命活动，包括组织的形成与成熟、细胞间的信息传递、运动、免疫、关节润滑、血压抑制、伤口愈合、组织修护等。

重组胶原蛋白即通过基因工程将胶原蛋白中 mRNA 逆转成 cDNA，经酶切后，氨基酸序列重组于酵母/大肠杆菌，经过高密度发酵、分离、复性、纯化等工艺形成高安全性高稳定性的高分子蛋白。

重组胶原蛋白相比于传统方法提取的动物源胶原蛋白的优势主要表现在：前端原料为淀粉、葡萄糖、无机盐等常见原料，成本低且生产周期短，扩产方便；具有更多活性结合位点，促进细胞聚集、黏附、增殖和迁移，尤

[1] Ramshaw J. A. M., Werkmeister J. A., Glattauer V., "Recent Progress with Recombinant Collagens Produced in Escherichia Coli," *Curr Opin Biomed Eng* 2019：149-155.

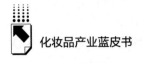

其在皮肤修护和组织工程中表现卓越；与人体胶原精氨酸序列相同，致敏率低，无病毒隐患。通过重组技术，可定制具有特定功能官能团的新胶原蛋白分子，或与其他分子（如生长因子）结合的嵌合体，满足食品、化妆品、生物医药等领域的特定应用需求。

（二）重组胶原蛋白应用研究进展

1. 重组胶原蛋白研究进展

近年来，重组胶原蛋白的合成研究飞速发展，推动重组胶原蛋白原料走向更大的舞台，实现从基础研究到产业发展的高效转化。自 2021 年起，重组胶原蛋白在化妆品赛道热度飙升，各大集团、企业以及品牌都开始在这个赛道发力。

凡岛公司旗下的 WIS 品牌，精研功效护肤多年，前瞻性关注到重组胶原蛋白原料正处于市场导入期，市场存量空间及潜力巨大。凡岛公司将重组胶原蛋白研究上升为品牌战略重点，为 WIS 品牌建立了机理细胞实验室及 AI 数据平台。凡岛公司给 WIS 品牌配备研发团队，资深科研人员专注于基因组学、生物信息学、分子生物学等前沿科学领域的研究，快速推进重组胶原蛋白原料的创新应用。

2. 重组胶原蛋白在化妆品行业的应用及消费者需求

由于重组胶原蛋白及其水解物与人皮肤胶原的结构相似，相容性好，被广泛应用于化妆品行业。

保湿：重组胶原蛋白的三螺旋结构能和水分子结合发生水合作用，羟脯氨酸连接水分子形成水合骨架结构，使重组胶原蛋白能结合更多的水分子，提高了皮肤的贮水保湿能力。

修护：重组胶原蛋白与皮肤中的胶原结构相似，具有优良的生物学特性。重组胶原蛋白能促进上皮细胞的增生修护，补充所需的氨基酸，使受损皮肤得到修护。

抗衰老：重组胶原蛋白能促进表皮基底细胞的分裂，可以使表皮细胞变得更加年轻，起到淡化皱纹的作用，能够使皮肤变得更加紧致有弹性，解决皮肤衰老的问题。

美白：皮肤中的黑色素类物质是酪氨酸在酪氨酸酶的作用下形成的。胶原蛋白肽可以通过酪氨酸残基竞争与酪氨酸酶的活性中心结合来抑制黑色素的形成，从而达到美白肌肤的效果。

（三）新原料创新及产品开发

面对不断增长的市场规模和消费需求，国内企业要想在这片"蓝海"占据先机，技术实力和研发投入就成为胜出的必要条件。

1. 活性肽原料研发

在传统的研发上，挖掘化妆品功效原料和配方的效率比较低，试错成本高。因此，国内开发化妆品新原料的工作进展缓慢。

WIS品牌一直以数据驱动创新，突破性运用凡岛公司自有的尖端生物科技平台，把AI技术变为连接成分与靶向功效的桥梁，极大提升了原料研发的效率和精准度，能快速筛选到多种符合要求的小分子胶原蛋白——活性肽原料。

2. RESCBAL® 胶原金三角科学配方

凡岛公司资深研发团队经过多次测试与筛选，选中小球藻作为重组胶原蛋白的来源。小球藻生存环境恶劣，生长繁殖速度快，是世界上动植物中唯一可以每20小时增长4倍的生物，具有极强自我修护力和生命力。WIS品牌的研发团队将小球藻、极大螺旋藻和掌状藻复配，集中研究多重复配藻类的核和叶绿体基因组，进行藻种鉴定和株系筛选。研发人员通过优化培养条件，获得具有优良性状的株系，并在单一提取物的基础上进行创新，WIS自研RESCBAL® 胶原精粹由此诞生。

RESCBAL® 胶原精粹分别从三大通路入手，通过紧锁、修护、促生胶原，解决皮肤胶原蛋白流失的问题，达到延缓皮肤衰老的效果。

首先，自由基和金属蛋白酶都会加速胶原蛋白的分解，RESCBAL® 胶原精粹能深入肌底清除自由基，抑制金属蛋白酶的活性，减少胶原蛋白流失；其次，针对细胞间连接的蛋白损伤导致皮肤紧实度下降问题，RESCBAL® 胶

原精粹通过调控角化包膜的蛋白基因表达，修护损伤链接蛋白，以此来保证胶原的稳定，提升肌肤紧实度。

更重要的是，RESCBAL®胶原精粹可以在此基础上提高细胞中成纤维细胞的活性。成纤维细胞活性越高，胶原蛋白和弹性蛋白的生成量也就越多，最终达到刺激肌肤自我生成胶原蛋白的目的，让肌肤更加饱满。

3. 重组胶原蛋白创新应用

重组胶原蛋白有全长型、功效片段型和功能强化型等多种类型，也可以根据需求对其分子量、组合等进行定向设计，使产品更独特、更鲜明。单一类型的胶原蛋白补充难以实现真正的抗衰老效果。只有将Ⅰ型和Ⅲ型胶原蛋白结合，才能发挥出更佳的抗衰老作用。此外，重组胶原蛋白的原料质量、透皮吸收能力、生物活性以及类型组合等，都是影响其效果的关键因素。

因此，WIS品牌依托凡岛公司的外部资源库，联合国内重组胶原蛋白领先原料商，采用了小分子智能Ⅲ型胶原蛋白、重组Ⅲ型胶原蛋白嵌合Ⅰ型胶原蛋白的三重胶原。这种重组胶原蛋白创新组合容易经细胞透皮吸收，拥有164.88°柔性弯曲角度，进入人体后自发组装成高度生物活性的三螺旋结构，作用于不同抗衰靶点，高效促进表皮层、基底膜、真皮层胶原补充，有效抑制ECM的流失与破坏。更重要的是，由于重组胶原蛋白氨基酸序列与人体胶原蛋白100%相同，皮肤可主动吸收，并能够一次性补充Ⅰ型和Ⅲ型胶原蛋白，做到无过敏原、无化学残留、无排异现象。

4. 技术赋能产品

当前胶原蛋白原料正处于科研转化爆发期，国内许多品牌面临如何将这些前沿技术有效应用于实际产品生产的挑战。一些公司通过发挥自身优势，创造出具有原创性、突破性和引领性的产品进行破局。

比如，凡岛公司已经把多款胶原蛋白原料创新成果应用于旗下WIS品牌的抗衰护肤系列，多款产品已经崭露头角，获得行业广泛认可。以WIS凝颜紧致弹润精粹霜为例，采用小分子智能Ⅲ型胶原蛋白、重组Ⅲ型胶原蛋白嵌合Ⅰ型胶原蛋白的三种重组胶原蛋白；复配六重胜肽作用于不同抗衰靶点，再搭配高活性玻色因，在直补胶原、促生胶原同时守护胶原，减少光老化。通过32例敏感皮肤受试者连续28天使用（鲍曼问卷）产品试验，100%的受试者认同使用产品后有保湿补水的效果，且经二项式检验具有显著性（P<0.05）；表征该试验条件下，产品具有保湿、修护功效。其他检测结果如表5所示。

表5　WIS凝颜紧致弹润精粹霜人体功效检测结果

检测项目	使用时间	检测结果	效果是否显著
皮肤角质层水分含量	使用产品14天后	提升率为23.46%	显著改变
	使用产品28天后	提升率为39.73%	显著改变
皮肤经表皮水分流失率	使用产品14天后	降低率为10.59%	显著改变
	使用产品28天后	降低率为15.58%	显著改变
眼下纹面积	使用产品14天后	降低率为13.50%	显著改变
	使用产品28天后	降低率为16.94%	显著改变
法令纹面积	使用产品14天后	降低率为18.51%	显著改变
	使用产品28天后	降低率为20.79%	显著改变
面颊皱纹面积	使用产品14天后	降低率为9.27%	显著改变
	使用产品28天后	降低率为14.31%	显著改变
前额皱纹面积	使用产品14天后	降低率为14.21%	显著改变
	使用产品28天后	降低率为15.97%	显著改变
鱼尾纹数量	使用产品14天后	降低率为5.95%	显著改变
	使用产品28天后	降低率为8.40%	显著改变
鱼尾纹体积	使用产品14天后	降低率为21.03%	显著改变
	使用产品28天后	降低率为22.41%	显著改变
鱼尾纹平均深度	使用产品14天后	降低率为4.09%	显著改变
	使用产品28天后	降低率为5.56%	显著改变

资料来源：英格尔检测技术服务（上海）有限公司检测报告（检测报告编号为SHZ24010091-02-C）。

再如WIS奢研凝润焕采精粹霜，不仅应用了胶原蛋白细胞供能的抗衰思路，还搭配RESCBAL®胶原精粹，从紧锁胶原、修护胶原、促生胶原三大通路作用，源头加速胶原蛋白新生，综合系统性地解决肌肤问题，在温和、科学、高效中达成动态的平衡。WIS 品牌邀请并筛选出身体健康，年龄 40~60 岁，面部皮肤比较干燥、粗糙，脸部皮肤比较松弛，眼下有细纹（等级 2~4），眼角有细纹或皱纹（等级 2~4），有明显法令纹（等级 1~3），前额有细纹或皱纹（等级 2~4）的 33 名中国成年受试者，进行单次使用 30 分钟后及使用 28 天后功效性仪器检测，结果如表 6 所示。

表 6　WIS 奢研凝润焕采精粹霜人体功效检测结果

检测项目	使用时间	检测结果	效果是否显著
眼下细纹面积	使用产品 30 分钟后	提升率为 12.81%	显著改变
	使用产品 28 天后	提升率为 16.75%	显著改变
鱼尾纹体积	使用产品 30 分钟后	降低率为 11.36%	显著改变
	使用产品 28 天后	降低率为 15.66%	显著改变
鱼尾纹数量	使用产品 30 分钟后	降低率为 37.29%	显著改变
	使用产品 28 天后	降低率为 42.96%	显著改变
鱼尾纹深度	使用产品 30 分钟后	降低率为 7.21%	显著改变
	使用产品 28 天后	降低率为 8.58%	显著改变
前额纹深度	使用产品 28 天后	降低率为 16.19%	显著改变

资料来源：广东英思湃检测技术有限公司检验检测报告（检验受理编号为 C2306010）。

（四）重组胶原蛋白的市场前景和发展趋势

1. 产业链和行业规范化发展

在国家政策的大力支持下，我国重组胶原蛋白行业相关技术研发不断深入，相关专利申请数量也不断增长，市场规模保持高速增长。2022 年，我国重组胶原蛋白行业相关专利申请数量达 61 项。[①] 同时，2021 年起国家对胶原蛋白行业密集出台产业政策，规范化行业发展。政策支持和行业规范为我国重组胶原蛋白市场的快速发展提供了根本保障。

---

① 资料来源于国家知识产权局公开数据。

2. 消费者需求的变化和趋势

消费者对个性化和定制化产品需求的日益增长，推动企业加速开发满足特定需求的产品。

3. 应用难点及展望

重组胶原蛋白具有安全性高、生物相容性好、对皮肤保湿修护功效明显的特点。随着重组胶原蛋白表达技术水平及分离纯化率的提升，其在化妆品领域的应用也将得到进一步的发展。

（1）合成难点及技术突破点

重组胶原蛋白是通过基因工程技术，将胶原蛋白基因进行特定序列设计、酶切和拼接，连接载体后转入工程细胞，通过发酵表达生产的胶原蛋白。该方法得到的产物具有安全性好、加工性强、质量稳定等优点，但重组胶原蛋白的生物活性存疑，技术尚不成熟，技术难点在于如何实现菌种、酵种的高密度表达、保证生物活性以及对重组蛋白肽的分离纯化。

（2）新产品上市难度大

研发胶原蛋白领域的新技术和新产品是一项充满挑战的任务，它不仅需要巨额的资金投入，还伴随着高风险和严苛的合规性要求。从实验室到生产线的转化过程中，研发成果的产业化、市场化和规模化更是充满不确定性和潜在风险。例如，在胶原蛋白行业的新产品工业化生产推进过程中，许多工艺技术参数在从小规模实验到大规模生产时会发生改变，这不仅会影响产品试生产的顺利进行，还对生产人员的技术能力和生产设备提出了更高的要求，增加了新产品快速实现产业化的难度。

此外，新产品在正式上市前，必须经过一系列严格的功效测试和行政审批。产品上市后，还需要通过精心策划的营销推广活动来赢得市场的认可。如果新产品无法满足市场不断变化的需求，或者未能获得市场的认可，就可能对企业的盈利能力和长远发展造成负面影响。

（3）技术革新适应市场需求

化妆品行业是一个快速发展且竞争激烈的行业，创新是企业保持竞争力的关键。重组胶原蛋白作为一种具有巨大潜力的生物材料，为化妆品行业提供了新的发展机遇。

刺梨化妆品应用开发的相关研究尚处于起步阶段。因此，未来的研究应更关注刺梨提取物的制备工艺、质量控制及其功效评价。结合市场需求和消费者偏好，探究刺梨在化妆品中的具体应用和市场前景，系统地梳理刺梨在化妆品中的应用开发，有助于推动化妆品行业的原料及产品创新与发展，为消费者提供更加安全、高效、天然的化妆品产品。

六　神经酰胺的创新技术[①]

（一）神经酰胺的发展历程

2019年以来，神经酰胺作为化妆品领域的明星成分，其地位在不断提升。2024年的神经酰胺市场显示出稳健的增长态势。全球神经酰胺行业调研报告显示，全球神经酰胺市场规模预计将从2021年的19亿元增长到2028年的28亿元，年复合增长率为5.7%。亚太地区占全球市场的40%以上份额，欧洲和北美市场合计占近50%的市场份额。神经酰胺在彩妆、头发头皮护理、唇部护理及防晒等相关领域的需求在急剧增加。角质层（SC）细胞间脂质中神经酰胺（CER）、胆固醇和游离脂肪酸（FFA）对于维持人体皮肤屏障的适当渗透性屏障至关重要。表皮渗透性屏障防止皮肤水分流失，同时保护我们的皮肤免受病原体和环境中其他有害化学物质的侵害。[②]

1884年，德国医生约翰·路德维希·图迪查姆（Johann Ludwig Thudichum）基于神经化学研究，从牛脑中分离并提取了一种未曾得知的脂肪物质，命名为 *Sphingolipids*（鞘磷脂）。[③] 而神经酰胺作为鞘磷脂的基本前

---

① 本部分执笔人：孙小鑫（上海博烁实业有限公司）；张建华［诺德溯源（广州）生物科技有限公司］。

② Cha H., He C., Zhao H., et al., "Intercellular and Intracellular Functions of Ceramides and Their Metabolites in Skin(Review)," *International Journal of Molecular Medicine* 1 (2016): 16-22.

③ Thudichum J. L. W., *A Treatise on the Chemical Constitution of the Brain, Based Throughout upon Original Researches* (London: Baillière, Tindall & Cox, 1884).

体，在皮肤最外层的皮肤屏障脂质中占比约为 50%。

1983 年，Wertz 和 Downing 确定了猪表皮中神经酰胺的结构。[1] 1985～1999 年，Wertz、Stewart 等确定了人表皮中八种神经酰胺的种类。此后，Elias 等发现了神经酰胺主要存在于人体的角质层，是影响皮肤健康的必要因素。同时，确立了如今的"砖墙"皮肤屏障模型，并开始了神经酰胺在化妆品领域的应用。[2]

神经酰胺由鞘氨醇、植物鞘氨醇、二氢鞘氨醇及 6-羟基鞘氨醇 4 种鞘氨基醇骨架和脂肪酸通过酰胺键共价结合而成，其结构和功能的多样性主要由鞘氨醇和脂肪酸的碳链长度、饱和度以及羟基数目的不同决定。

（二）皮肤屏障和神经酰胺的作用

神经酰胺在皮肤屏障功能中起着关键作用，有助于保持水分和抵御外部环境中有害物质的侵害。狭义的皮肤屏障是指由角质细胞和细胞间脂质组成的角质层。角质层含有由角质形成细胞产生的高度角质化的死细胞。这些细胞不再有正常的细胞膜。相反，它们有一个由交联蛋白组成的内包膜，即角质包膜（CE）。神经酰胺在维持皮肤屏障功能方面尤其重要，它们通过 ω-羟基化与角质包膜（CE）中的蛋白质共价结合，形成角质细胞脂质包膜（Cornified Cell Lipid Envelope，CLE），这种结合增强了角质层的结构稳定性。失去生理活性的扁平化角质细胞充当"砖"的角色，而细胞间脂质扮演"水泥"的角色。其中细胞间脂质便是由神经酰胺、游离脂肪酸和胆固醇三类物质组成。这三者的比例和排列直接影响着皮肤屏障

---

① Wertz P. W., Downing D. T., "Acylglucosylceramides of Pig Epidermis: Structure Determination," *Journal of Lipid Research 6* (1983): 753-758.

② Wertz P. W., Miethke M. C., Long S. A., et al., "The Composition of the Ceramides from Human Stratum Corneum and from Comedones," *Journal of Investigative Dermatology* 5 (1985): 410-412. Robson K. J., Stewart M. E., Michelsen S., et al., "6-Hydroxy-4-Sphingenine in Human Epidermal Ceramides," *Journal of Lipid Research* 11 (1994): 2060-2068. Downing D. T., Stewart M. E., Wertz P. W., et al., "Skin Lipids: An Update," *Journal of Investigative Dermatology* 1987. Elias P. M., "Structure and Function of the Stratum Corneum Permeability Barrier," *Drug Development Research* 1988: 97-105.

功能。

神经酰胺约占细胞间脂质重量的 40% ~ 50%，其余的大约是 25% 的游离脂肪酸（FFA）、25% 的胆固醇、6% 的硫酸胆固醇和少量微量的其他脂质，而神经酰胺、胆固醇和脂肪酸摩尔比分布均匀，可以看出，神经酰胺是细胞间脂质的主要组成成分，起重要的作用。[1]

（三）人体皮肤中神经酰胺的主要功能

特应性皮炎（AD）是一种常见的慢性皮肤病，皮肤屏障功能障碍是诱发 AD 的重要因素之一。Imokawa 等人发现 AD 患者皮肤组织中神经酰胺含量普遍降低，尤其是神经酰胺 1 和 3 分别降低了 60% 和42%。[2] 皮肤状态的好坏取决于其中各类型神经酰胺的含量是否充足。许多皮肤病，特别是与皮肤屏障功能减弱相关的疾病，都伴随着神经酰胺含量和种类的改变。AD 患者皮肤中的神经酰胺含量和组成的改变，尤其是神经酰胺脂肪酸链长度的缩短，已经被多项研究证实。这些改变会影响皮肤屏障的完整性和功能，神经酰胺的缺少使皮肤中的水分更容易流失，外界物质更容易渗透。[3]在人体皮肤屏障中，存在从 C16 到 C26 不同脂肪酸链长的各种神经酰胺。[4] 不同皮肤部位含有不同类型的神经酰胺，它们具有不同的脂肪酸链长，这表明皮肤的渗透性屏障功能是由不同的脂肪酸链长的

① Doucet J., Potter A., Baltenneck C., et al., "Micron-scale Assessment of Molecular Lipid Organization in Human Stratum Corneum Using Microprobe X-ray Diffraction," *Journal of Lipid Research* 11（2014）：2380–2388.

② Imokawa G., Abe A., Jin K., et al., "Decreased Level of Ceramides in Stratum Corneum of Atopic Dermatitis: An Etiologic Factor in Atopic Dry Skin?" *Journal of Investigative Dermatology* 4（1991）：523–526.

③ Smeden J. V., Bouwstra J. A., "Stratum Corneum Lipids: Their Role for the Skin Barrier Function in Healthy Subjects and Atopic Dermatitis Patients," *Curr Probl Dermatol* 2016：8–26. Imokawa G., Abe A., Jin K., et al., "Decreased Level of Ceramides in Stratum Corneum of Atopic Dermatitis: An Etiologic Factor in Atopic Dry Skin?" *Journal of Investigative Dermatology* 4（1991）：523–526.

④ Yukiko M., Hui S., Yusuke O., et al., "Cooperative Synthesis of Ultra Long-Chain Fatty Acid and Ceramide during Keratinocyte Differentiation," *Plos One 6*（2013）. Lampe M. A., Burlingame A. L., Whitney J. A., et al., "Human Stratum Corneum Lipids: Characterization and Regional Variations," *Journal of Lipid Research* 2（1983）：120–130.

神经酰胺调节的。[1]

Ishikawa 等人研究了在不同季节人类角质层（SC）中神经酰胺脂肪酸链长在身体不同部位的变化，并检测了神经酰胺对皮肤屏障和水合功能的贡献。这项研究表明，皮肤部位不同，不仅神经酰胺含量不同，组成神经酰胺的脂肪酸链长也不同。例如，头皮、上臂、臀部、小腿等皮肤屏障功能良好的部位，观察到神经酰胺含量很高，同时超长链（Ultra Long Chain）神经酰胺比例也很高。[2] 此外，Barbora 等人研究了神经酰胺脂肪酸链长长度对皮肤屏障功能和相变行为的影响，观察到短链神经酰胺可增加皮肤通透性。而长链神经酰胺的相变温度较高，因此不会破坏皮肤脂质屏障的有序结构，因此长链神经酰胺对维持皮肤屏障功能至关重要。[3]

（四）仿生绿色 EcoCeramide 的特点和技术优势

韩国 LCS Biotech 专注于神经酰胺等鞘脂类产品的研究，开发了全球首支利用天然绿色专利技术的多碳链神经酰胺 NP 产品 EeoCeramide。这款产品开发初期被命名为 PhytoCeramide，后改名为 EcoCeramide 并完成了商标注册。EcoCeramide 采用天然合成技术将植物鞘氨醇与植物油脂中的脂肪酸进行反应，因此每种天然油衍生神经酰胺的脂肪酸组成与该天然油的脂肪酸分布有很好的相关性，即 EcoCeramide 拥有多种碳链。脂肪酸链的组成因油的种类而异。EcoCeramide 在整个生产过程中，没有对脂肪酸进行化学处理，

[1] Smeden J. V., Janssens M., Kaye E. C. J., et al., "The Importance of Free Fatty Acid Chain Length for the Skin Barrier Function in Atopic Eczema Patients," *Experimental Dermatology* 1 (2013): 45-52.

[2] Jager M. W. D., Gooris G. S., Ponec M., et al., "Lipid Mixtures Prepared with Well-defined Synthetic Ceramides Closely Mimic the Unique Stratum Corneum Lipid Phase Behavior," *Journal of Lipid Research* 12 (2005): 2649-2656; Junko, Ishikawa, Yoshie, et al., "Variations in the Ceramide Profile in Different Seasons and Regions of the Body Contribute to Stratum Corneum Functions," *Archives of Dermatological Research* 2 (2013): 151-162.

[3] Barbora Janová b, Jarmila Zbytovská c, B. P. L., et al., "Effect of Ceramide Acyl Chain Length on Skin Permeability and Thermotropic Phase Behavior of Model Stratum Corneum Lipid Membranes," *Biochimica et Biophysica Acta(BBA)-Molecular and Cell Biology of Lipids* 3 (2011): 129-137.

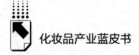

不存在化学溶剂的残留问题，同时没有添加酶，绿色天然，获得欧盟 COSMOS 认证。

不同油脂制得的 EcoCeramide 碳链均有所差异，为了实现 C16~C24 多重脂肪酸的组成，LCS Biotech 结合多种天然油脂作为脂肪酸来源，生产开发了 EcoCeramide LCS。EcoCeramide LCS 的脂肪酸链更加丰富，与人体皮肤脂肪酸的组成更加接近。

（五）EcoCeramide 和 C18神经酰胺 NP 的功效对比

开发 EcoCeramide 之后，LCS Biotech 对比了 C18 神经酰胺和 EcoCeramide 的功效。图 3（A）中，C18 神经酰胺 NP（C18-ceramide NP）与 EcoCeramide（Phytocera-H）的急性屏障损伤恢复试验中，EcoCeramide 处理组涂抹 6 小时之后确认到显著的屏障恢复效果。为了验证此效果不仅局限于一个种类的 EcoCeramide，随后对 EcoCeramide Sunflower（Phytocera-SF），EcoCeramide Sheabutter（Phytocera-SB），以及由牛油果树果脂、全缘叶澳洲坚果籽油、白池花籽油、辣木籽油混合制成的 EcoCeramide LCS（Phytocera-Mix）和 C18 神经酰胺 NP 进行对比，结果表明，对比 C18 神经酰胺 NP，三种 EcoCeramide 具有更优秀的屏障修护效果［见图 3（B）］。

综上所述，无论使用何种天然油，EcoCeramide 都比现有的单分子神经酰胺 NP 具有更好的屏障修护作用。即 EcoCeramide 可促进机械损伤的皮肤屏障的恢复，并有效地使受损的脂质层组织正常化。同时，如图 3（C）所示，在使用 2 周后测定的水分含量中，与 C18-神经酰胺 NP 对照组相比，EcoCeramide 显示出显著增加皮肤水分含量的效果。[1]

---

① Jin O. M., Hoon C. Y., Yoon C. S., et al., "Novel Phytoceramides Containing Fatty Acids of Diverse Chain Lengths are Better than A Single C18-ceramide N-stearoyl Phytosphingosine to Improve the Physiological Properties of Human Stratum Corneum," *Clin Cosmet Investig Dermatol* 2017: 363-371; Choi Hyun Kyung, Hwang Kyeongwan, Hong Yong Deog, et al., "Ceramide NPs Derived from Natural Oils of Korean Traditional Plants Enhance Skin Barrier Functions and Stimulate Expressions of Genes for Epidermal Homeostasis," *J Cosmet Dermatol* 10 (2022): 4931-4941.

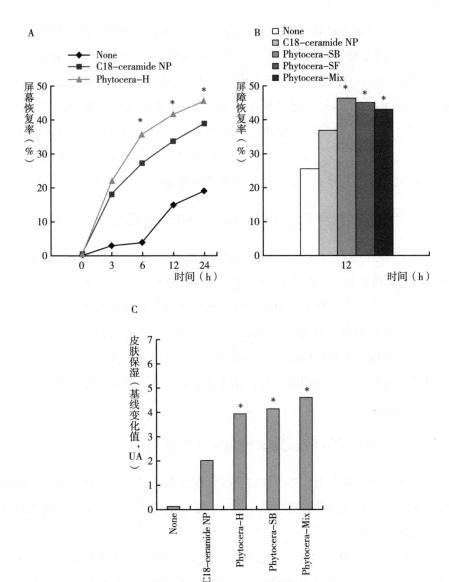

图3　多种 EcoCeramide 与 C18 神经酰胺对皮肤屏障修护速度（A、B）及改善皮肤水合作用（C）的对比

资料来源：Jin O. M., Hoon C. Y., Yoon C. S., et al., "Novel Phytoceramides Containing Fatty Acids of Diverse Chain Lengths are Better than A Single C18-ceramide N-stearoyl phytosphingosine to Improve the Physiological Properties of Human Stratum Corneum," *Clin Cosmet Investig Dermatol* 2017：363–371.

同时，EcoCeramide 可以通过刺激 SPT（丝氨酸棕榈酰转移酶）、ELOVL4（脂肪酸延长酶 4，用于≥C24 超长链脂肪酸的合成）等酶的表达，显著增加 C24~C26 超长链神经酰胺的合成，更加贴近人体角质层神经酰胺组成；另外 EcoCeramide 通过基因表达测试表明能增强丝聚蛋白、半胱天冬酶 14 等与天然保湿因子生成相关酶类的表达，这也是 EcoCeramide 的优势之一，同时解释了 EcoCeramide 的优异保湿力；EcoCeramide 也能刺激表皮屏障相关蛋白的基因表达，进而增强皮肤整体凝聚力。[①]

（六）仿生绿色 EcoCeramide 的市场开拓现况

除了常规产品，LCS Biotech 还可根据客户喜好提供定制型 EcoCeramide 服务。作为华南地区首家成功定制 EcoCeramide 的客户，溪木源是一个专注于敏感肌肤的功能型自然护肤品牌，溪木源山茶花舒敏修护系列当中的专利神经酰胺便是与 LCS 合作定制的山茶油神经酰胺，这款产品既融合了品牌主打成分山茶油，能深层保湿以及舒缓皮肤，同时也通过科研创新的山茶油神经酰胺，拥有更广谱的碳链分布，在功效上远超单一碳链神经酰胺，能够满足敏感肌需求。

（七）仿生绿色 EcoCeramide 的全球展望

自从神经酰胺在 100 多年前首次被发现以来，科学家们对这类分子的研究不断深入，但相对于其复杂的生物学功能和潜在的应用价值，目前的研究还只是冰山一角。

EcoCeramide 作为环保、创新的第三代神经酰胺，深受市场欢迎。作为无污染的纯净美容产品，坚实的功效科学证据和以消费者为导向的定制服

---

① Choi Hyun Kyung, Kim Hgun-Ji, Liu Kwang-Hyeon, et al. , "Phytosphingosine Increases Biosynthesis of Phytoceramide by Uniquely Stimulating the Expression of Dihydroceramide C4 - desaturase(DES2) in Cultured Human Keratinocytes," *Lipids* （2018）：909 – 918；Choi Hgun Kyung, Cho Young Hoon, Lee Eun Ok, et al. , "Phytosphingosine Enhances Moisture Level in Human Skin Barrier Through Stimulation of the Filaggrin Biosynthesis and Degradation Leading to NMF Formation,"*Archives of Dermatological Research* 10 （2017）：795–803.

务，增强了产品的竞争力。作为化妆品原料，神经酰胺用途也日趋广泛。LCS Biotech 通过不断研发，推出全球首款 EcoCeramide ENP。EcoCeramide ENP 能够帮助稳定脂质层状结构，显著提升长期稳定性。最近，LCS Biotech 推出了一款名为 EcoCera PLUS 的新产品。EcoCera PLUS 是将 EcoCeramide LCS 和 EcoCeramide ENP 以与人体皮肤中神经酰胺相似的成分比例混合而成的产品，通过两种神经酰胺的协同增效作用，使产品功能加倍。LCS Biotech 将致力于新产品的开发，继续为个人护理产品市场的持续创新和发展作出贡献，并将尽最大努力满足更广阔市场的需求。

七 中国防晒原料发展概述①

（一）全球防晒产品市场规模与趋势

市场数据显示，全球防晒产品市场规模从 2016 年的 110.76 亿美元增长到 2022 年的 133.55 亿美元，年复合增长率为 3.17%。尤其是在欧美国家，防晒产品非常流行，国际品牌如妮维雅（Nivea）、碧柔（Biore）、安热沙（Anessa）等，一直致力于提供高效、舒适的防晒产品。

中国防晒产品市场规模在 2023 年已达 148 亿元，预计到 2028 年将增长至 224 亿元。2012~2021 年，全球和中国防晒产品市场的年复合增长率分别为 0.9% 和 10.5%，中国市场的增速远超全球平均水平。

线上销售渠道的发展显著促进了防晒产品的普及。2022 年，中国防晒产品线上市场规模达到 266 亿元，占总市场份额的 61%。电商平台如天猫、京东和小红书在防晒产品销售中发挥了重要作用，为消费者提供了便捷的购物渠道和丰富的产品选择。社交媒体和直播带货的兴起也为防晒产品的销售增加了新的动力，使品牌能够与消费者进行更直接的互动和沟通。

---

① 本部分执笔人：林宇祺、范侨森、赵洁（广州玮弘祺生物科技有限公司）。

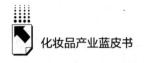
从传统的防晒霜、防晒乳到防晒喷雾、防晒棒，产品形式的多样化使消费者在不同场景下都能找到合适的防晒解决方案。消费者的防晒意识不断提高。不仅要求防晒效果，还注重产品的肤感、安全性和环保性。

在讨论防晒产品的安全性时，公众讨论的重点大多是关注防晒剂的安全性。

（二）防晒剂的分类及其安全性验证的过程

防晒剂可以分为两类：UVA 防晒剂和 UVB 防晒剂。UVA 防晒剂主要针对波长 320nm～400nm 的紫外线长波（UVA），这种紫外线能够深入皮肤，引发光老化和皮肤癌。UVB 防晒剂则主要针对波长 280nm～320nm 的紫外线中波（UVB），UVB 是导致晒伤和皮肤癌的主要原因。

人们对防晒剂安全性的认识是一个渐进的过程，主要有下列几个阶段。

1. 氨基苯甲酸（PABA）及其衍生物、二苯甲酮

PABA 是 20 世纪 40 年代被首次用作防晒霜的活性成分之一。然而在 20 世纪 80 年代的研究中发现，它可能会增加细胞被紫外线损伤的风险，具有潜在的致癌风险，因此逐渐被淘汰。PABA 虽然能够有效吸收 UVB，但其对皮肤的刺激性较大，并且在阳光下容易分解，影响防晒效果。

二苯甲酮因为吸收波段广，曾经被广泛使用。但后来研究发现二苯甲酮容易引起光敏感，容易被人体吸收，且二苯甲酮-3 被证明对海洋生物有影响，人们逐渐减少了对二苯甲酮的使用。

2. 甲氧基肉桂酸辛酯（MOC）与阿伏苯酚的搭配、3-亚苄基樟脑和4-甲基亚苄基樟脑

OMC 具有较好的 UVB 吸收能力，但光稳定性较差，在紫外线照射下容易分解。阿伏苯酚是一个有效的 UVA 防晒剂。两者本来是一个完美搭配。但有研究发现，两者一同使用的时候，会形成络合物，导致两者功效同时衰减，因此两者的搭配逐渐被其他搭配所取代。

3-亚苄基樟脑和 4-甲基亚苄基樟脑。欧盟发布决议（EU）2018/2013，正式将 3-亚苄基樟脑确认为 SVHC 高度关注物质。2021 年，国家药监局发布

第 74 号公告，更新《化妆品禁用原料目录》，将准用防晒剂中原料"3-亚苄基樟脑"变更为禁用原料。2024 年 4 月欧盟委员会发布了欧盟化妆品法规（*EC*）*1223/2009* 的最新修订细则，将 4-甲基亚苄基樟脑从限用改为禁用。

3. 物理防晒剂：氧化锌和二氧化钛

物理防晒剂可以通过反射、散射、吸收紫外线来实现防晒效果，常见的成分有氧化锌和二氧化钛。这类防晒剂具有广谱防护效果。其在法规中安全使用限量是 25%。但具有反射和吸收紫外线吸收作用的粉体粒径需要保持在纳米范围内。纳米材料因为其粒径小容易渗透，其安全性还在讨论。

4. 化学防晒剂：苯甲酸二乙氨基羟基苯甲酰基己酯（DHHB）、双-乙基己氧苯酚甲氧苯基三嗪(BEMT)、乙基己基三嗪酮（EHT）

这些防晒剂主要是针对光稳定性进行了改进。DHHB 是新一代的 UVA 防晒剂，具有较好的光稳定性，能够在长时间暴露于阳光下保持其防晒效果。EHT 是另一种光稳定的 UVB 防晒剂，能够有效吸收 UVB 并提供持久的保护。BEMT 则是广谱防晒剂，不仅可以吸收 UVA 和 UVB，还具有极低的皮肤渗透性，使用安全性高。

DHHB 是取代阿伏苯宗的优秀方案，但因其在合成过程中存在溶剂残留的问题，目前在 EWG 评估中是有风险的。但随着工艺的提升，这类问题将得到妥善的解决。

5. 新型防晒剂发展方向

第四代防晒剂代表了防晒技术的新方向。这类防晒剂通常为大分子化合物，如聚合物防晒剂，具有更高的安全性和稳定性。然而，由于大分子防晒剂的分子较大，多数为结晶型化合物，需要溶剂将其溶解，限制了其普及应用。大分子防晒剂虽然能够减少化妆品的皮肤渗透，但由于存在质地较厚、不易涂抹、防晒效率不高等问题，仍然需要在应用技术上进行更多的研究和摸索。

与此同时，各国监管部门对防晒剂的安全性一直都保持着高度的重视。随着检测手段的提升，越来越多的防晒剂的性质会被更加透彻地研究，有助于消费者更直观地了解各种防晒剂的紫外吸收范围、最高吸收波长、分子量及 EWG 评分。

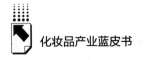

（三）新型防晒剂产品的研发及典型案例

1. 麦色滤400

麦色滤400是一种创新型的紫外线过滤剂，由欧莱雅研发，专门针对紫外线长波 UVA1 进行了优化。UVA1 波段（340nm-400nm）对皮肤具有显著的影响，长期暴露在这一波段的紫外线下，皮肤会光老化，增加皮肤癌风险。麦色滤400能够有效吸收这一波段的紫外线，提供全方位的紫外线防护。该成分具有极高的光稳定性，即使长时间暴露于阳光下也不会降解，确保了防晒效果的持久性。与传统防晒剂相比，麦色滤400对皮肤具有更高的亲和力，渗透性低，使用时更加安全。麦色滤400还具有良好的配伍性，可以与其他防晒成分共同使用，进一步增强防晒效果，满足消费者对高效、长效和安全防晒产品的需求。

2. 三联苯基三嗪

巴斯夫公司（BASF）推出的三联苯基三嗪是一种新型防晒剂，它是一种混合型紫外线过滤剂，能够同时吸收 UVA 和 UVB 波段的紫外线。其专注于中波 UVB 和长波 UVA 紫外线的防护，覆盖范围广，能够提供全面的紫外线防护。三联苯基三嗪具有大分子结构，主要停留在皮肤表面，不易渗透皮肤，降低了对皮肤深层组织的影响，提高了使用安全性。研究表明，三联苯基三嗪具有优异的光稳定性和耐水性，即使在高温和湿润环境下仍能保持良好的防护效果。三联苯基三嗪还具有良好的配方兼容性，可以与多种防晒成分和护肤成分结合使用，增强产品的整体性能。巴斯夫将三联苯基三嗪与其他防晒成分复配使用，不仅提高了防晒产品的防护效果，还减少了单一防晒成分的用量，降低了对皮肤的刺激。

3. 成膜增效剂

近年来兴起的防水防汗防晒产品能够在高温和运动环境下提供持久防护。这类产品通过添加特殊成膜剂，增强了防晒产品的稳定性，减少汗和水对防晒效果的影响。防晒产品成膜也是另外一种解决防晒剂安全性问题的思路。比如资生堂的 Ultimate Sun Protection Lotion 采用了一种独特的

SuperVeil-UV 360技术，这种成膜剂可以在皮肤表面形成均匀的防晒膜，显著增强了防晒产品的防护效果和安全性。

4. 抗氧化剂和光稳定剂

抗氧化剂在防晒产品中起到重要的增效作用，主要通过中和紫外线引起的自由基来保护皮肤，减少光老化和皮肤损伤。维生素E是一种常见的抗氧化剂，具有良好的自由基清除能力，可以减少紫外线对皮肤的损伤。维生素C也是一种被广泛应用的抗氧化剂，能够增强皮肤的抗氧化能力，减缓皮肤老化。辅酶Q10是一种强效抗氧化剂，能够有效中和自由基，保护皮肤细胞免受氧化应激的损害。通过添加抗氧化剂，防晒产品不仅能够提供紫外线防护，还能减少紫外线对皮肤的氧化损伤，提升皮肤的整体健康状态。

光稳定剂能够有效防止防晒产品在暴露于紫外线下时发生光降解，从而保持其防护性能。通过添加光稳定剂，防晒产品在阳光下的稳定性和持久性得到了显著提升，减少了频繁涂抹的需求，提高了使用的便捷性。

（四）新型防晒技术的未来发展趋势与展望

1. 包裹型防晒剂

聚合物微囊是一种由聚合物材料形成的空心微小囊体，空心装载防晒活性成分，保护其免受外界环境的影响。比如，聚乙烯吡咯烷酮（PVP）和聚甲基丙烯酸甲酯（PMMA）等聚合物材料应用于小分子防晒剂包裹型防晒剂可以减少防晒剂和人体皮肤接触的概率，从而提高防晒产品的安全性。对于大分子防晒剂，包裹型防晒剂，可以提高防晒剂的分散性，可以使其更容易地运用在配方中。

目前，市场上的包裹产品不多，而且成本比较高，这是阻碍包裹型防晒剂大量生产的主要原因。

2. 天然防晒剂

大自然中有不少天然有机物对紫外线有吸收和反射的作用，同时又能清除或减少氧活性基团中间产物，从而阻断或减缓组织损伤或促进晒后修护。

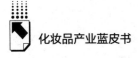

如果我们能将其运用到防晒产品中，既可以有效地减少防晒剂的使用量又不用担心对自然环境造成污染。

3. 环保可持续发展

传统化学防晒剂如奥克立林和甲氧基肉桂酸乙基己酯对海洋生态系统有潜在危害，一些国家和地区已经禁止使用这些成分。为应对这一挑战，许多品牌开始研发环保型防晒配方，这类产品不仅对环境友好，还能满足消费者的安全需求。一些品牌致力于研发可降解包装材料和可持续生产工艺，以减少对环境的影响。资生堂在其防晒产品中采用了可再生能源生产工艺，减少碳足迹，这不仅体现了企业的社会责任，也赢得了消费者的认可。

4. 个性化和定制化发展

个性化和定制化防晒产品是未来发展的重要趋势。油性皮肤需要控油效果好的防晒产品，而干性皮肤则需要保湿效果突出的防晒产品。海滩防晒产品则需要具备更多抗水性和环保性。随着防晒产品的普及，使用场景、使用人群的不同会衍生出更多个性化的产品，满足消费者在不同环境下的需求。

5. 综合护肤与防晒功能的融合

未来的防晒产品将不再局限于防晒功能，而是与综合护肤功能相融合。抗氧化、抗老化和保湿等功能的融合趋势推动了防晒产品的研发向多功能方向发展。

B.10
化妆品包装开发研究与未来趋势

彭燕辉　潘情文　王北明　潘红炬　龚俊瑞　张琦琦*

摘　要： 化妆品包装开发是行业创新的核心课题，面临环保法规强化、消费者个性化诉求上升和市场竞争加剧的挑战与机遇。本报告从功能性、可持续性、美学、用户体验和优势差异化方面构建了包装开发的五个关键维度，并通过功能性测试、安全性测试、相容性测试、上线测试和用户体验测试确保包装性能与安全。未来趋势包括可持续发展、智能化与个性化设计、跨界合作与互动设计以及 AI 智能体驱动的包装开发。这些趋势预示化妆品包装将注重生态可持续性、智能交互性、个性化定制和消费者参与度，以适应市场变化并满足多元化需求。

关键词： 化妆品包装　开发测试　包装趋势　双碳战略

一　引言

近年来，全球化妆品行业的包装发展突飞猛进，2024 年化妆品包装市场规模预计为 287.3 亿美元，预计到 2029 年将达 368.1 亿美元，在预测期内（2024~2029 年）年复合增长率为 5.08%，① 增速最快的市场和规模最大的市场均位于亚太地区。

当前，化妆品包装市场呈现高度竞争的态势，众多跨国和地区性企业参

---

* 彭燕辉、潘情文 [彭氏（惠州）实业发展有限公司]；王北明、潘红炬、龚俊瑞（广东华润顺峰药业有限公司）；张琦琦 [无限极（中国）有限公司]。

① Mordor Intelligence, *Global Cosmetic Packaging Market-Industry Report*, 2024.

与其中。全球的包装市场虽有小范围整合，但一直突破不了原有的市场格局。对比国内，国外的包装企业或品牌企业在创新和优质包装的开发上仍然独占鳌头，其多数包装能满足日益增长的差异化和高档化需求。我国化妆品包装重点生产企业有三樱包装（江苏）有限公司、爱索尔（广州）包装有限公司、阿普拉（合肥）塑料制品有限公司、苏州洽兴塑胶有限公司和藤兴工业有限公司等。国内化妆品包装行业虽有成长，但专业性与国外企业存在不小的差距，需要在创新和优质包装的开发领域上共同发力，推动整个化妆品包装行业的创新与发展，提升我国化妆品包装行业的国际竞争力。

（一）化妆品包装开发国内外差异

在开发设计风格方面，国内通常将传统文化与现代理念相结合。国内的设计风格既有浓郁的历史文化内涵，又有鲜明的东方审美。传统的绘画技法如水墨画、书法等，往往被灵活地应用于包装的创作之中，从而使其既具备了实用的作用，又成为极具艺术价值的艺术品。同时，国内设计往往注重颜色的调和含蓄、线条的平滑典雅、花纹的意义和符号，创造了一种宁静深沉的东方韵味。

国外化妆品包装设计相较于国内，更注重以下几个方面。第一，简约与时尚：去除烦琐装饰，强调简洁线条和色彩。例如，The Ordinary 的实验室风格瓶身、透明瓶身和简洁标签。第二，用户体验：设计便于使用和携带，体积小，适合旅行携带。第三，文化融合：多元化市场驱动下，设计融合不同文化元素吸引全球消费者。例如，Lancôme 京剧×波普艺术限量小黑瓶肌底液，展示了对多元文化的尊重和重视。

在材料选择方面，国内化妆品包装行业在材料应用上较为传统，主要依赖于常见的塑料、玻璃和金属等材料。国外市场则更加注重环保和可持续性，新型环保材料如生物降解塑料、可循环再生材料等在化妆品包装中的应用逐渐增多。这种趋势不仅体现了国外化妆品包装行业在技术创新方面的先进性，也反映出生产企业对环保和可持续发展的日益重视。

在评估测试方面，国内外企业均积极进行功能性测试、相容性测试等，但具体方法和标准因国家和地区差异而异。例如，各国家和地区对特定化学物质限制的严格程度、测试参数如锁盖扭矩的要求等可能不同。测试的严格程度也因国家产业发展成熟度和专业程度而异，成熟度高的国家测试更严格。安全性测试主要评估包材有害物质及其迁移风险，国内企业对此重视不足，与欧美国家存在差距。

在发展趋势方面，化妆品包装市场呈现出智能化的特点。国外市场在智能化和用户体验提升方面更为突出。随着物联网、大数据等先进技术的不断发展，国外化妆品包装行业正积极探索将智能元素融入包装设计中，以提升消费者的购物体验和产品的附加值。例如，一些高端化妆品品牌已经开始尝试使用智能标签、智能包装盒等技术，让消费者能够更方便地了解产品信息、使用方法和注意事项等。

（二）面临的挑战与机遇

在践行 ESG 方面，2020 年 9 月，上交所发布《科创板上市公司自律监管规则适用指引第 2 号》，鼓励公司主动披露 ESG 信息。同年，深交所修订《上市公司信息披露工作考核办法》，纳入 ESG 报告加分项。2022 年 4 月，证监会发布《上市公司投资者关系管理工作指引》，要求上市公司对 ESG 事项进行说明。2023 年 7 月，国资委办公厅发布《央企控股上市公司 ESG 专项报告编制研究》。2024 年 4 月，上交所发布《上海证券交易所上市公司自律监管指引第 14 号——可持续发展报告（试行）》。

在国外，2017 年纳斯达克发布《ESG 报告指南》。2019 年 10 月，英国财务报告委员会修订《尽职管理守则》，要求机构投资者考量 ESG 要素。2021 年 4 月，美国通过《ESG 信息披露简化法案》，要求上市公司披露 ESG 事项。2021 年 7 月，联合国发布《企业碳中和路径图》，指导企业进行碳排放管理。

在国内外政策推动下，企业面临制定碳中和战略和开展 GHG 信息披露的挑战，同时也迎来了 ESG 带来的竞争机遇，如开发环保和社会责任感强的品牌和产品，可借此机会提高品牌形象并创造新的收入来源。

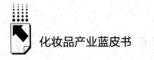
在法规与标准限制方面，不同国家和地区的法规差异为企业带来了显著的挑战。在化妆品包装方面，由于各地法规在材料使用、标签标识以及安全标准等方面的具体要求存在显著差异，大大增加了企业在全球市场推广产品时的合规难度。

在技术创新与研发方面，传统工艺可能已难以满足现代生产的高效、低成本和高质量要求。企业需致力于优化生产流程、提升自动化水平、减少人为因素对产品质量的影响，以实现更高效、更精准的包装生产。企业需要紧跟市场趋势，加强研发投入，优化生产工艺，积极拥抱智能化技术，以不断提升产品质量和竞争力。

在消费者需求变化方面，当前消费者对于化妆品包装的期望和需求已呈现多元化和精细化的特点，不仅关注产品的基本效用，还对包装的个性化设计、环保性以及使用的便捷性提出了更高的要求。环保理念的兴起也使得消费者更加注重包装的环保性能，使用可再生、可降解等包装材料成为企业实现绿色发展的重要遵循。

二　化妆品包装开发维度研究

（一）功能性

功能性是化妆品包装设计的基础，是确保产品在运输、存储、销售和使用过程中的完整性和有效性的关键。这一维度包括保护性能、便利性设计和安全性考量等。

保护性能要求包装能够抵御外界环境影响，如温度变化、湿度、光照和物理冲击，以保持产品的稳定性。例如采用紫外线阻隔材料来保护光敏性化妆品，或使用真空密封技术来防止氧化。

便利性设计关注用户的使用习惯和场景，提供易于开启、使用和携带的包装。例如旅行装的小巧设计、泵式分配器的精确剂量控制，以及易于单手操作的翻盖设计。

安全性考量要求包装材料符合安全标准，不含有害物质，且与化妆品成分兼容，避免产生化学反应导致产品变质或对用户造成伤害。例如，使用食品级或医疗级的塑料材料，以及通过皮肤刺激性测试的包装涂料。

（二）可持续性

可持续性强调包装的环境友好性，有多种实现途径，可概括为"4R1D"原则，即减量化（Reduce）、再利用（Reuse）、循环再生（Recycle）、回收（Recovery）、可降解（Degradable）。该原则最早源于20世纪80年代中期，用于包装造型设计上。这些维度要求开发者在设计时考虑包装的生命周期，贯穿原材料获取到生产、使用直至废弃处理全过程。减量化，通过减少材料使用和优化设计来降低环境影响和成本；再利用，设计多功能包装，鼓励消费者重复使用，减少一次性包装需求；循环再生，使用易于拆卸和回收的材料，减少废物并节约资源；回收，通过能源回收等方式，将无法再利用或循环再生的材料转化为能源；可降解，使用可自然分解的材料，减少对环境的长期影响。这些原则旨在通过设计创新实现包装的环境友好性，减少资源消耗和废物产生，同时促进循环经济。目前的可降解材料有PLA（聚乳酸）、PBAT（聚己二酸对苯二甲酸丁二醇酯）、PHA（聚羟基脂肪酸酯）、天然纤维素（如竹子、麻、玉米淀粉）、PCR（消费后回收塑料）等。

传统塑料的降解周期长达百年，[1] 在化妆品行业中，业界应考虑采用可降解材料，以响应消费者对环保责任和个性化体验的需求。企业可与产业链各方合作，探索降低包装材料成本的方法，如通过规模经济和共享资源分摊成本，减少重复投资和浪费。

此外，由于可降解材料成本较高，业内可以与政府机构合作，争取可降解材料发展的政策和资金支持，如税收减免、补贴和绿色信贷，减轻企业的经济负担，促进可降解材料的广泛应用。

---

① 〔美〕比尔·盖茨：《气候经济与人类未来：比尔·盖茨给世界的解决方案》，陈召强译，中信出版集团，2021。

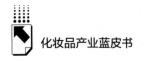

（三）美学

美学在化妆品包装中是不可或缺的，它通过对人们五感的刺激，影响消费者的感知和决策。美学的维度主要包括以下几个方面。

在包装外形上。第一，基于竞争环境，包装外形具备独特的辨识度和记忆点，在品牌的持续传播过程中能够成为独特的五感资产，让消费者快速记忆并与品牌形成强势关联。第二，包装外形与品牌联想、品类特征及产品特性契合，辅助品牌及产品传播。第三，洞察消费者需求，解决消费者体验过程中的"痛点"，如果在其外形表面使用不同的材质和表面处理技术（如烫金、UV 涂层、压纹、加绒等）以及有特殊香味的印刷油墨，消费者与商品直接接触的过程中，能够形成多维感官体验，可直接激发消费者的购买欲。

在包装色彩上。第一，基于不同品牌，选择使用特定的色彩组合，可以在消费者心中种下独特的心锚。例如，MAC 的黑色和金色、Lancôme 的粉色。第二，基于产品属性，选择不同的色彩来突出产品的特点和属性。比如，绿色通常被认为是健康、天然的，适合用于有机或天然成分的化妆品包装。第三，基于不同渠道，选择不同色彩来实现不同的作用。比如商超销售渠道中，需要将货物摆放在货架上的，可能会选择鲜艳的粉红色或橙色包装，以吸引消费者的目光。第四，基于情绪引导来选择适合的色彩来引导消费者产生特定的情绪体验，如舒缓修护型的面膜可以选择蓝色包装，因为蓝色通常被认为是一种冷静、放松的颜色，可以帮助消费者联想到产品的舒缓效果。第五，基于传统节日，不同的传统节日有着不一样的代表色，利用节日代表色设计限量版产品则能起到很好的传播效果。比如春节和其他喜庆的日子，中国红则是最好的元素。

在图文设计上。第一，基于品牌，可将字体符号化，让文字突破地域、文化的限制，增加品牌在全球的适应性。比如香奈儿（Chanel）品牌的双重C 标志，标志简洁，在全球具有影响力。第二，基于品类特性，图文设计契合消费者对产品的直观联想。比如防晒类化妆品图文设计以沙滩、海浪、太阳等元素为灵感，创造出具有度假感的图案，让消费者直观地联想到夏日游玩使用防晒产品的轻松和快乐。第三，基于用户痛点，图文设计一句话描述产品尖叫点，让消费者直面痛点解决的场景。比如，"温和配方，呵护您的敏感肌肤"等。

在文化传播上。第一，化妆品包装设计可以融入不同文化的符号、图案或色彩，以传达特定文化的美学观念和价值观。比如敦煌 IP，将敦煌的壁画、舞蹈、音乐等敦煌独有的艺术元素融入相关产品包装设计中，吸引消费者并传递敦煌艺术的美感和意义；此外还有故宫 IP、京剧 IP、十二生肖 IP、丝绸之路 IP 等，这些都可以引入化妆品包装设计。第二，在特定节日或传统庆典时，化妆品品牌结合当地文化传统元素，设计限量版产品，吸引消费者并传递文化信息。比如品牌推出的春节限量品，以红色和春节的吉祥元素传递喜庆和吉祥的祝福，利用传统节日实现化妆品美学和文化传播的有机统一。

（四）用户体验

产品用户体验，也可以是视作产品共情力，好的产品总能以多数消费者的眼光来表达，而不是以自嗨式的艺术来表达。

在便捷易用方面，包装设计应确保用户能够轻松地打开和关闭包装，以及方便地取出和使用产品。比如使用可回吸料体泵头，方便消费者取用并控制使用量，避免浪费又不至于污染泵嘴。

包装的材质选择和设计也会影响用户体验。比如使用毛绒料的瓶子加上符合人体工学原理的握手设计，握感柔软舒服，能够提供令人愉悦的触觉体验。

在个性化方面，提供可定制的包装选项，满足消费者对个性化的追求，提升使用体验。比如眉笔产品提供可更换的笔头和笔杆，消费者可以根据自己的喜好选择不同的颜色和笔杆。

在互动性方面，通过增加包装的互动元素，提升用户的参与度和体验感。比如通过使用 AR 技术，用户可以通过智能手机或平板电脑的摄像头与包装互动，体验虚拟试妆，了解品牌故事，极大增强了用户的参与感。

在针对敏感肌肤配方化妆品设计与包装开发设计相协同方面，第一，通过选择对敏感肌肤无刺激、无害的材质，确保减少材料对敏感肌肤的刺激。例如，使用不含 BPA（双酚 A）的塑料、玻璃等。第二，敏感肌肤的化妆品配方往往不含防腐剂或只含有较少量的防腐剂，更需要设计小容量的包装来匹配敏感肌肤化妆品，避免因防腐剂少而导致的微生物污染。第三，敏感肌肤的化妆品配方体系相对脆弱，其包装材质应具有非常优秀的密封性和防污染性能，避免外界细菌、空气等污染物进入。第四，如敏感肌肤化妆品含渗透性比较强的油性物质时，在选择包装材质时需要考虑阻隔以及相容性问题。

（五）优势差异化

包装设计需要差异化，这是设计界的高频理论。很多时候因为消费者对产品关注的需求点和差异化输出的感知点是脱节的，产品陷入自嗨式设计。回归到本质，基于市场需求的包装才是包装差异化的核心，主要包括以下几个方面。

包装尺寸差异化。在不同经济发展水平地区，消费者对产品包装尺寸的重视程度呈现显著的差异。在经济发达地区消费者对包装的大小并不是十分关注，消费者更重视产品质量和品牌形象。而经济发展水平较低的地区，消费者更关注性价比，对经济实惠的大包装更感兴趣，设计大包装是一种吸引消费者购买产品的有效策略。①

包装容量差异化。当品类进入快速发展期，市场容量大，而且品类存在市场领导者时，建立包装容量差异化是抢占市场的优势。比如根据"浓缩的便是精华"的产品认知，寻求新的"小容量"使用场景，进而抢占市场。

包装材质和工艺的差异化。包装材质和工艺的差异化不仅是一种视觉和触感上的创新，也是品牌区分自身与竞争对手的重要策略。通过采用独特的材质和先进的制造工艺，品牌能够提升产品的市场认知度，增加消费者的购买兴趣，同时强化品牌形象。比如在防晒霜瓶上做一个感应紫外线圆点，当

---

① 毛志新、刘文侠、冯睿：《价格差异、包装尺寸与消费者品牌选择关系研究——基于零售商自有品牌产品数据的分析》，《价格理论与实践》2023 年第 11 期，第 157~161、215 页。

紫外线强时，紫外线感受圆点呈紫色，且紫外线越强颜色越深，提醒用户需要涂抹防晒霜。

包装体验优势差异化。第一，购买体验差异化，许多产品在这方面是没有做功夫的，多数没有考虑到消费者某些特定购买场景，比如，可通过特定技术把香味融入标签或者印刷油墨中达到闻香的目的，宝洁旗下的当妮留香珠通过摇一摇瓶、挤一挤瓶就可闻到香珠的香味，降低了消费者买错商品所带来的金钱损失风险。第二，使用体验差异化，这是消费者对品牌忠诚的重要因素，也是影响消费者复购的关键因素。比如 OLAY 的一款精华露，使用了自动吸液胶头滴管，消费者在旋开胶头滴管的时候，料体自动吸入滴管，每次使用时无须再吸料，简化了使用工序，提升了使用体验。

三 化妆品包装评估测试

（一）功能性测试

1. 净含量测试（最佳灌装量测试）

适用范围：适用于各种类型的化妆产品，包括液体、乳液、霜状等各种形态的产品。

测试目的：该项测试是为了验证包材容量与内容物灌装量的匹配度，确保内容物灌装量既能满足外观及法律法规要求，又能满足料体特性、车间灌装要求以及实际使用需求，避免受热或冻结时包材爆裂。

2. 关键尺寸与配合测试

适用范围：适用于所有包装材料。

测试目的：该项测试主要是为了检查产品在设计图纸和实际样品功能上的一致性，确保包装组件之间的精确匹配以及整体包装的功能性。

3. 密封性测试

适用范围：适用于各类需要检测密封的包装材料。

测试目的：该项测试是为了防止内容物渗漏或其他物质进入包装，包装

密封性是保障产品质量的关键因素之一。

目前适用范围最广，测试速度最快的是真空压差法，其试验原理是将测试包材装入内容物后放入腔体内，将腔体内的空气抽出，使其内部处于真空状态，此时的试样内外处于压差状态，可以通过观察试样放在真空中的状况以及内容物是否渗漏，来判定包装的密封性能。

4. 扭矩测试

适用范围：适用于各类需要旋转拧紧旋盖/泵头密封的包装材料。

测试目的：该项测试主要是为验证不同规格旋盖/泵头锁紧和开启时的扭矩力值大小是否合适，以确保旋盖/泵头与瓶子配套后的密封性和力矩大小是否方便消费者正常开启。

5. 附着力测试

适用范围：对丝印、喷涂或电镀附着力有要求的包装材料。

测试目的：该项测试主要检测丝印、喷涂或电镀层与底材结合的坚牢程度，主要有3M胶带测试法、百格法，以保证包材表面处理工艺在储运、使用过程中的完整性，保证产品的美观度。

6. 泵出率测试

适用范围：适用于所用分液器泵。

测试目的：该项测试主要是验证内容物的泵出利用率性能，评估包材泵头的泵出性能与内容物的匹配度。

7. 翻盖/泵头抗疲劳测试

适用范围：适用于所有翻盖、分液器泵。

测试目的：该项测试主要是验证翻盖/泵头在实际使用中经重复折返/重复按压后功能是否稳定，以确保消费者的正常使用。

8. 塑料应力测试

适用范围：适用于除 PVC、PMMA，由苯乙烯单元组成的 PS、ABS、SAN、SBS、EPS、SEBS、HIPS 等外的热塑性材料。

测试目的：该项测试是检查和分析塑料材料在制造、填充、运输和使用过程中可能遭受的内部应力及其对材料性能的影响，以确保包装在运输、储存和使用过程中保持完整性和功能性。

9. 容器抗压测试

适用范围：适用于所有容器，包含塑胶瓶、塑胶罐、软管、热封袋等。

测试目的：该项测试主要验证容器抗挤压的性能，如是否出现虚封、是否出现破裂漏料等状况，以确保在相互挤压的运输环境下不会出现质量问题。

10. 光老化测试

适用范围：适用于各种包装材料。

测试目的：该测试主要是模拟太阳光对包装材料或者颜色的影响。

太阳光中对材料造成老化污染的主要是波长为 290nm ～ 400nm 的紫外线，目前主要采用氙灯光照法，在紫外波长区间，氙灯光谱和太阳光非常接近。自然环境因素很复杂，光老化测试不能完全模拟自然界的所有因素，故测出来的结果只能作为一个相对参考，以提前预警。

11. 高低温循环测试

适用范围：适用于各类包装材料。

测试目的：该项测试主要验证在实际使用环境中不同的温度变化对包装件的影响。不断变化的温度环境会对包装的功能、性能、质量及寿命等产生影响，可能会加速包装的老化，缩短产品的使用寿命。通过模拟一定的环境条件，确保包装在储运、实际使用过程中的性能符合质量需求。

12. 跌落测试

适用范围：适用于各种包装材料。

测试目的：该项测试主要模拟产品运输及存储过程中经过自由落体后与冲击面撞击后的反应，从而验证包装的耐冲击强度。例如产品运输过程中的碰撞、人为搬运过程中的跌落可能造成产品破损、变形、渗漏等，需确保包材在受到垂直冲击时的耐冲击强度足以对内容物形成保护。

13. 模拟运输振动测试

适用范围：适用于各种包装材料。

测试目的：该项测试主要是验证产品在运输途中的振动颠簸过程中内外

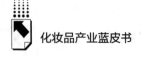

化妆品产业蓝皮书

包装的结构强度以及外包装对产品的保护性能，例如检测运输过程中包装是否变形、组合件是否松脱破损、包装件表面是否磨损等，以确保产品在运输过程中的安全性。

14. 模拟快递丢包测试

适用范围：适用于各类包装材料。

测试目的：该项测试主要是通过模拟包装箱在运输过程中遇到的坠落、撞击、分拣等情况，评估产品损伤程度，确保包装在快递运输过程中的保护性能。

（二）安全性测试

适用范围：适用于各类包装材料。

测试目的：该项测试主要是为了评估包装材料里面的有毒有害物质是否符合国家标准或者欧盟标准。为了改善包装材料的性能，通常会在包装里面增加一些增塑剂、爽滑剂、抗氧化剂等，违规包装产品会析出对化妆品内容物造成污染的物质。另外，包装的印刷、覆合、涂布等工序会使用大量的有机溶剂，如甲苯、乙酸乙酯、丁酮等，如有残留或超出安全使用标准，会对人体造成不良影响

（三）相容性测试

适用范围：直接接触化妆品的包装及其组件。

测试目的：该项测试主要是为了考察长期高低温、高湿、光照等环境条件下内容物的变质情况以及包材应力开裂、变色、变形情况等，确保在适当条件下处理、运输和储存期间不会发生物理、化学和微生物性质以及其他安全性和功能性的有害变化，从而保障消费者的健康与安全。

（四）上线测试

适用范围：适用于各种包装材料。

测试目的：这项测试指在实际生产环境中对新包装设计或包装材料进行的一系列测试，主要是为了在包装设计完成并准备投入大规模生产之前验证

包装组件与设备匹配度、可操作性和生产效率，识别生产过程中可能出现的问题，如设备不匹配、装配困难、生产效率低下等，以确保包装能够满足生产线的要求，并保证最终产品的质量和性能。

（五）用户体验测试

适用范围：适用于各种包装材料。

测试目的：这项测试主要是为了确保包装设计符合消费者的需求和喜好，提高产品的市场接受度和用户满意度，通过邀请有代表性的目标用户群体，让其使用包装产品并提供反馈意见。若大多数参与者对包装的使用体验表示满意，则判定用户体验测试通过。若测试中发现问题，如操作困难、设计不直观等，则需要对包装设计进行相应的调整，并重新进行测试。

四　化妆品包装未来发展趋势

（一）可持续发展

在全球范围内，环境保护和可持续发展的重要性得到了越来越多的关注，这也直接影响了化妆品包装行业环境。国内，政府也发布了双碳政策，承诺在 2030 年左右，二氧化碳的排放达到峰值。达到峰值以后通过提高能源利用效率，发展清洁能源等手段，使全国实现碳排放净零。随着消费者健康和环保意识的提高，可持续化妆品逐渐成为市场主流。《2022 年可持续美妆发展趋势报告》显示，全球有近 66% 的消费者愿意为可持续和透明的品牌支付更多费用。"可持续美妆"在社交媒体上的关注日益上涨，2021 ~ 2022 年同比增长 229%。而消费者对可持续化妆品的追求，不仅要求产品本身健康环保，也要求包装材料同样环保，可持续化妆品包装作为化妆品的重要组成部分，也将迎来更广阔的发展空间。我国 2019 年发布的《绿色包装评价方法与准则》中针对绿色包装产品低碳、节能、环保、安全的要求规定了评价准则、方法，并对"绿色包装"进行了定义。可见，可持续包装

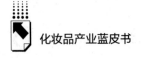

势在必行。

环保材料的选择和应用。环保材料，主要包括生物基材料和其他可降解材料。生物基材料由可再生资源如玉米淀粉、甘蔗等制成，相比传统石油基材料，它们的生产过程排放更少的温室气体，且可生物降解，减少了对环境的长期影响。其他可降解材料如 PLA、PHA 和 PBAT 也能在特定条件下完全分解为水和二氧化碳，可用于制作瓶子、盖子、软管等，以减少对土壤和水资源的污染。此外，纸张作为可再生资源，易于回收，可用于外包装盒、内衬和标签的生产。

减量化设计。减量化设计是环保理念的另一个重要实践路径，尤其在可降解材料成本较高时，成为化妆品包装的重要发展趋势。减量化设计主要有以下三个方面。第一，减少不必要的材料用量，如使用更薄材料、减少层数或去除非功能性装饰，甚至推出无盒装或简装版产品，直接使用产品容器作为外包装。第二，减少印刷工艺，通过使用较少颜色和图案，以及数字化印刷技术，精确控制印刷过程，减少资源消耗和废弃物产生。第三，优化设计，品牌采用更紧凑盒装设计，优化内部布局，避免过度包装，从而减少包装材料使用。

替换装和可回收。替换装和可回收设计是化妆品包装环保的重要方向。第一，替换装设计通过创建可重复使用的包装主体，减少新材料需求，延长包装使用寿命，同时确保替换过程简单、方便、卫生。使用补充袋比瓶中瓶或替换芯更环保。第二，单一材料包装如 HDPE 制成的按压泵/瓶，易于回收设施识别和处理。第三，使用 PCR 材料，即从消费者使用后的产品中回收的材料，经过处理后再次用于制造新的产品，如 PET、HDPE、PP 等。第四，设计易于回收的包装组件，如可拆卸的盖子、标签和瓶身，提高回收效率。第五，法规遵从，如欧洲的塑料包装税和国内限塑令，反映了全球对减少包装废弃物和促进可回收包装日益增长的需求。

（二）智能化与个性化设计

随着人工智能、物联网等技术的发展，智能化元素正在融入化妆品包装中。在实际的智能化应用中，通过 RFID（射频识别）、二维码、NFC（近场通信）等智能防伪技术可以为每件产品赋予独一无二的身份标识，使假冒伪劣产品无所遁形。通过传感器和 AI 技术，可以实时监测化妆品的最佳使用期限、新鲜度、实时温度等信息，并通过手机 App 等方式实时通知消费者。利用 AR 技术，让消费者通过手机 App 摄像头虚拟试妆，尝试不同的妆容和产品，而无须实际涂抹，增加购买决策的便利性。这些新技术的发展和应用，正在为化妆品行业注入新的活力。

随着物质生活的丰富和消费的升级，消费者对个性化的追求越发强烈，个性化定制包装正逐渐成为化妆品市场的新宠。消费者可以根据自己的喜好选择包装颜色、材质、图案等，自行创建独一无二的包装组合。这种个性化服务不仅能提供独特的用户体验，也可以增加产品的吸引力。同时，品牌方借助大数据分析、人工智能等先进技术，对消费者的购买行为、偏好等进行深入研究，整合数据，把数据融入在线设计工具，让消费者通过在线设计工具参与到包装设计中来，更好地满足其个性化需求。品牌方还可以通过在线设计工具收集消费者的设计偏好数据，为其推荐合适的个性化定制方案，进一步提升产品体验。此外，数字化印刷技术的应用使小批量定制成为现实，品牌可以根据市场反馈快速调整包装设计，为不同消费者提供个性化的产品包装。

（三）跨界合作与互动设计

在消费升级的大背景下，化妆品包装不再局限于传统的审美框架和功能性要求，而是通过与不同领域的合作，实现设计上的突破与变革，为消费者呈现更为丰富、多元的视觉盛宴。跨界联名，便是跨界合作的其中一种方式，在设计上将不同领域的元素和理念进行有机融合，形成独特的设计风格和理念。比如旺旺集团跨界联名自然堂推出一款旺旺雪饼定制气垫霜，不仅在尺寸上与旺旺饼干一致，气垫表面设计图案、纹理、颜色也与旺旺饼干一致，化妆品包装元素出奇地和食品包装元素融合在了一起。这一跨界合作不仅在视觉上给人以新鲜感，也通过两种截然不同但又家喻户晓的品牌联名，

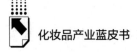

引发了广泛的市场关注。

近些年，化妆品包装不再满足于固有的图形字体等设计与消费者进行浅层交互，而是利用创新的设计理念和技术手段，给消费者带去沉浸式的用户体验，加深消费者对品牌的印象和情感联系。当前，有些品牌利用温敏、光敏等智能材料，使包装能够根据环境变化显示不同的信息或图案，这增加了包装的趣味性和互动性。另外，包装设计中也可以融入与品牌包装设计互动的元素，如企业虚拟数字人，并赋予企业虚拟数字人产品知识以及回答逻辑，消费者购买产品后可以扫描包装中的二维码，进入与数字人对话的画面。这种方式不仅能促进消费者与应用之间的互动，也可以增加用户黏性。值得注意的是，交互设计必须站在用户的角度思考，而不是只站在品牌端思考如何宣传品牌和产品特性。多思考用户为什么愿意花时间体验，体验又如何与产品产生关系，进而形成有效的感知记忆。

（四）AI 智能体驱动的包装开发

当前，AI 大模型大爆发，正以惊人的速度改变着我们的生活、工作。从政策规制到研究开发，再到应用落地，AI 正不断拓展其边界，其中不乏化妆品包装开发的领域。

国内的 AI 大模型有丰富的数据资源，但是都为通用数据，缺乏企业日积月累的高质量数据集，数据领域不够专业化，输出的结果与企业的实践不匹配，AI 智能体应运而生。AI 智能体是指基于人工智能技术构建的智能系统，能够模拟人类的智能行为和思维过程。这些智能体可以通过学习和自我调整来执行特定任务，例如语音识别、图像识别、自然语言处理等。它们可以根据输入的数据作出决策和预测，从而实现生产的自动化。

选择一个 AI 大模型，投喂企业本地数据库，训练 AI，打造企业本地化的 AI 智能体。以包装开发为例，投喂六类数据。一是包装开发管理制度，输入后通过关键词便能查询；二是包装开发案例、经验数据库，如平时部门积累下来的图文资料等；三是包装问题案例数据，AI 可以激活这些历史经验，避免开发踩雷；四是包装测试数据库，AI 根据关键词随时调用测试数据,并可以以图表形式整合分析得出开发参考结论;五是包装报告数据库,AI 根据关键词一键生成报告;六是行业资料,AI 根据关键词总结包装开发的行业资料。这样,所有的开发参考思路和数据查看都能通过提问完成,大大减少了开发的工作量,提高了开发的精准度。再者,包装平面设计这块也可以利用同样的思路,利用企业本地素材以及 AI 本身的数据源,根据开发需求在云计算平台生成多种设计方案,最终选定方向后,结合 PS、矢量制图等传统设计工具,在 AI 生成图的基础上进行精调深化,快速完成设计。

参考文献

胡晓倩:《绿色设计理念下竹包装的可行性分析》,《绿色包装》2024 年第 3 期。

严宁波、梁启彬、何利蓉等:《荧光紫外灯与氙灯光老化试验的对比和分析》,《电子产品可靠性与环境试验》2019 年第 5 期。

B.11
中国化妆品专利研究报告

胡 洋　何敏斌　张 瑱*

摘 要： 专利技术的创新应用不仅能助力化妆品产业提升产品质量，打造更具竞争力的品牌形象，更能满足消费者日益增长的个性化需求，为市场带来更加丰富多彩的选择。同时，专利的推广与实施还能有效促进绿色环保和可持续发展的理念在化妆品产业落地生根，为产业的长远健康发展注入新的活力。报告详细分析了当前中国化妆品产业的专利现状，并在此基础上探讨了如何通过专利赋能，推动产业高质量发展的路径和策略，为行业的未来发展提供参考。

关键词： 化妆品专利　技术创新　个性化需求　可持续发展

一　化妆品专利的战略意义

化妆品产业不仅是经济的重要组成部分，也是消费者关注的热点行业。随着人们对美容健康需求的不断提升，化妆品产业的规模也在不断扩大。[1] 同时，中国化妆品产业的快速发展也伴随着相关技术的进步和创新，其中专利是化妆品产业创新的重要体现，是企业构筑竞争优势的"护城河"。[2] 因此，专利的积累和运用，对于推动化妆品产业的发展具有不可替代的重要作用。

---

* 胡洋、何敏斌、张瑱［广东金穗知识产权代理事务所（普通合伙）］。
[1] 陆舜艳：《化妆品的可专利性》，硕士学位论文，上海交通大学，2012。
[2] 江慧：《论化妆品产业知识产权》，《现代商贸工业》2010年第11期，第273~274页。

化妆品企业申请专利的目的和意义是多维度的。首先，专利提供了对企业研发技术和创新成果的保护，确保企业在市场上的持续竞争力和长期发展，这不仅是企业研发实力的体现，也是其创新能力的标志。其次，专利通过授权许可和交易，为企业带来了额外的商业收入，增强了企业的盈利能力。此外，专利权还是企业的一种无形资产，在财务绩效指标中扮演着至关重要的角色。更重要的是，专利为企业提供了法律保护，帮助企业维护自身的知识产权和商业利益，尤其在与国际品牌竞争时，专利成为企业取得市场突破的有力工具。这不仅提高了企业的市场竞争力，也为实现可持续发展提供了坚实的基础。

二　化妆品产业的专利类型和技术特点

（一）配方及成分专利

配方及成分专利是化妆品企业保护自身技术和形成技术壁垒的一种方式，也是宣传产品功效和吸引消费者的一种手段。[①] 以"化妆品"作为关键词检索 2023 年申请的专利检索分析，在我国申请的专利中，主要着力点在于植物提取、中药提取、多肽修饰、菌种发酵四个技术方向（见图 1）。

植物提取以地方特色天然植物为原料，通过科学的提取和加工，保留植物中的有效成分，具有天然、安全、温和等特点，地方特色植物包括火棘果、滇黄精、猫须草、忍冬花、黄芪、各类茶、石斛等。随着消费者对天然、安全、环保等需求的不断提高和科技的不断进步，植物提取物化妆品的功效和品质得到了进一步提升，逐渐成为市场热点，发展迅速。[②]

---

① 刘培、李传茂、刘德海等：《海洋天然产物在化妆品中的应用》，《广东化工》2015 年第 6期，第 98~99 页。

② 李帅涛、刘肖、孟丽萱等：《化妆品新原料备案常见问题及分析》，《香料香精化妆品》2023 年第 1 期，第 13~17 页。

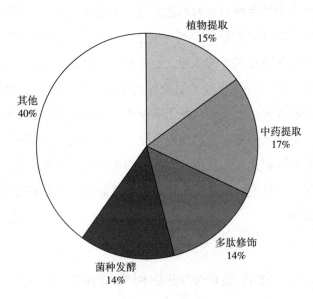

图 1　2023 化妆品领域专利技术方向

资料来源：中国专利数据库。

2022 年我国中药化妆品市场规模为 724.7 亿元，预计 2025 年市场规模达到约 1100 亿元，2029 年市场规模达到 1400 亿元，中药提取物化妆品的市场规模正不断扩大，[①] 其中利用生物信息技术、计算机模拟及高通量筛选进行不同分子（构型）的分离如人参、甘草、银杏、红花、黄芪等传统中草药中的有效成分，是一个重要的发展方向。

目前国内多肽化妆品原料市场整体尚处于发展阶段，中国多肽化妆品原料市场规模从 2021 年的 14.5 亿元增长到 2023 年的 18.9 亿元，预计 2025 年有望达到 23.2 亿元，伴随全球市场的发展，我国化妆品企业也积极地利用多种不同的改性修饰方法（环化、N-甲基化、磷酸化等）设计出多种具有各类生物活性的多肽片段，以多肽片段为原料的化妆品具有显著的抗衰老作用及良好的保湿性能。其采用生物技术合成，相较于传统原料化妆品更加温和安全。因此，受益于经济增长带来的居民收入增加，在监管体系逐渐完

① 江慧：《论化妆品产业知识产权》，《现代商贸工业》2010 年第 11 期，第 273~274 页。

善、居民护肤意识和需求不断增强等因素的影响下，多肽也将会成为未来的热门成分。[①] 发酵菌种分工程菌改造和特殊新菌种两个方向。传统菌种乳酸菌、酵母菌等也具有进一步的延伸研究价值。

（二）加工工艺专利

化妆品加工工艺专利保护是确保企业技术领先和市场竞争优势的关键。不仅能够保护企业独特的加工技术不被非法使用或复制，维护企业的技术秘密和核心竞争力，还能为企业带来显著的经济利益。通过持有专利，企业可以在市场上展示自己的创新能力和技术实力，吸引更多合作伙伴和投资者。此外，专利保护还可鼓励企业持续研发和创新，推动化妆品行业的技术进步。拥有专利技术的企业在产品定价、市场份额等方面拥有更大的话语权，能够实现更高的利润，占据更多的市场份额。以化妆品、制备、工艺为关键词，检索 2023 年中国申请专利，可以发现在我国申请的专利中，主要着力点在于提取工艺、携带工艺、渗透工艺三个技术方向。其分布情况如图 2 所示。

以上三种工艺分别对应化妆品的不同着重点，其中提取工艺对应原料中有效成分的提取，主要用于从天然原料中提取有效成分。一种创新的提取工艺可能涉及使用新型溶剂、改进提取方法和提高提取效率。例如，利用超声波、微波或超临界流体萃取技术来提高提取效率和成分纯度。此外，还可以研究如何通过提取工艺优化，使化妆品中的活性成分能够更好地保持其生物活性。携带工艺主要涉及如何将化妆品的有效成分稳定地分散在基质中，以便在使用过程中能够持续、稳定地释放。一种创新的携带工艺可能涉及使用新型载体、改进分散方法和提高稳定性。例如，研究利用纳米技术将活性成分包裹在纳米颗粒中，以提高其稳定性和渗透性。渗透工艺可将化妆品中的有效成分更好地渗透到皮肤深层，以发

---

① 刘培、李传茂、刘德海等：《海洋天然产物在化妆品中的应用》，《广东化工》2015 年第 6 期，第 98~99 页。

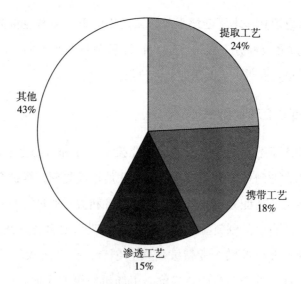

图2 化妆品领域专利工艺方向

资料来源：中国专利数据库。

挥其功效。一种创新的渗透工艺可能涉及使用新型渗透剂、改进渗透方法和提高渗透效率。① 例如，研究利用透皮吸收促进剂来增强化妆品中活性成分的渗透能力，利用纳米级粒径增加原有物质的渗透性能。三种加工工艺涵盖了化妆品从制备到使用的全过程，通过专利申请，可以保护这些创新工艺的知识产权，为化妆品行业的发展提供有力支持。

（三）生物技术专利在化妆品行业的应用与影响

在化妆品行业，生物技术专利的应用已经成为推动行业创新和发展的重要驱动力。据权威市场研究报告显示，生物技术专利在化妆品领域的专利申请占比逐年上升，从2018年的15%增长到了2023年的近30%。② 特别是利用发酵、组织培养以及细胞提取物为主的生物技术，为化妆品行业带来了前

---

① 林婕、何聪芬、董银卯：《化妆品中的透皮传输》，《中国美容医学》2009年第8期，第1197~1200页。

② 杨诗瑶：《中小企业高价值专利管理研究》，《中小企业管理与科技》2023年第17期，第109~111页。

所未有的变革。

近年来，发酵技术在化妆品行业中的应用日益广泛。据统计，涉及发酵技术的化妆品专利申请数量在过去近 20 年中增长迅猛（见图 3）。其中，利用发酵技术生产的酶素、有机酸和维生素等成分，在护肤品市场中的销售额占比已达到 10%。这一技术的广泛应用和快速增长的专利申请数量，显示出发酵技术在化妆品行业中的巨大潜力。

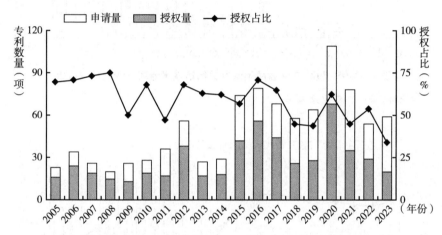

图 3　2005~2023 年化妆品领域有关发酵技术专利申请及授权占比

资料来源：中国专利数据库。

组织培养技术在化妆品行业中的应用也呈现出快速增长的态势。据统计，涉及组培的化妆品专利数量在过去近 20 年中增长迅速（见图 4）。这一技术的应用使一些珍稀植物提取物成分得以大规模生产，降低了成本并提高了产品的竞争力。预计未来几年，这一技术的市场占比还将继续上升。

细胞提取物作为化妆品中的重要成分之一，其市场占比一直保持稳定增长。据统计，涉及细胞提取物的化妆品专利数量在过去 20 年中增长迅速，且其授权率占比均值达到 42.55%（见图 5）。其中，胶原蛋白、透明质酸、多糖及寡肽等活性成分在护肤品市场中的销售额占比已达到 15%。这些具有显著抗衰老、保湿等功效的成分，在生物技术专利的保护下，为化妆品行业带来了更多的商业机会和发展空间。

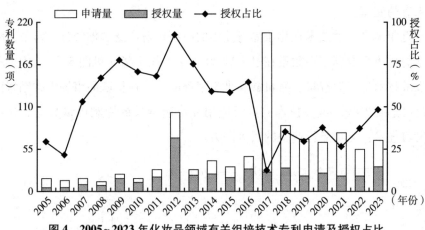

图4　2005~2023年化妆品领域有关组培技术专利申请及授权占比

资料来源：中国专利数据库。

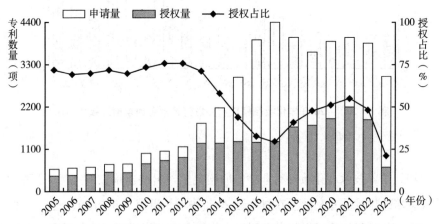

图5　2005~2023年化妆品领域有关细胞提取物专利申请及授权占比

资料来源：中国专利数据库。

专利的应用对化妆品行业产生了深远的影响。这些专利不仅推动了行业的技术创新和产品升级，还提升了企业的竞争力和市场扩张能力。同时，专利的保护也激发了企业的创新热情和投资意愿，为行业的可持续发展提供了有力保障。

综上所述，专利技术在化妆品行业中的应用与影响不容忽视。据权威数据显示，专利在化妆品领域的占比逐年上升，而发酵、组织培养以及细胞提取物等生物技术为化妆品行业带来了前所未有的创新和发展机遇。未来随着技术的不断进步和专利制度的完善，相信生物技术将在化妆品行业中发挥更加重要的作用并推动行业的持续繁荣与发展。

三 中国化妆品企业专利申请情况与趋势

（一）中国化妆品行业专利申请分析

随着消费者对化妆品品质和安全性要求的提高，以及市场竞争的日益激烈，中国化妆品行业将继续加强对专利技术的研发和创新。中国化妆品行业专利申请情况呈现以下趋势。

专利保护意识增强。根据图6所示，2020~2023年，中国化妆品行业的专利申请数量大体上呈现逐年降低的趋势。

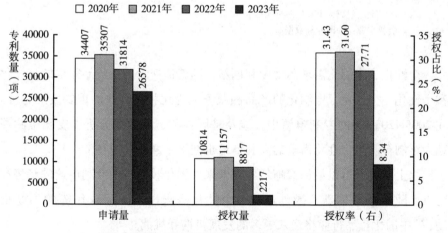

图6 2020~2023年中国化妆品行业专利申请数量

资料来源：中国专利数据库。

技术创新成为主导。图7展示了2020~2023年中国化妆品行业专利申请技术领域的分布情况。可以看出，植物提取物、微生物发酵、多肽修饰等技术创新领域的专利申请占比最高，进一步证明了技术创新在推动行业发展中的重要作用。

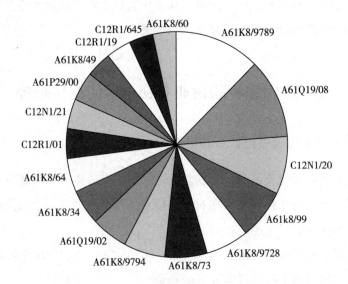

图7 2020~2023年中国化妆品行业专利申请技术领域分布

注：上述代码为IPC国际分类号。

资料来源：中国专利数据库。

个性化、定制化需求驱动专利创新。随着消费者对化妆品需求的多样化和个性化，个性化、定制化的产品和服务成为化妆品行业的重要发展趋势。在2005~2023年的专利申请中，涉及基因检测、大数据分析、皮肤检测等私人定制等满足个性化需求的专利申请也在不断攀升（见图8）。[①]

综上所述，可以更加清晰地看到未来中国化妆品行业专利申请的趋势和特点。随着技术创新、绿色环保、个性化需求以及国际合作等的不断推动，[②] 中国化妆品行业将迎来更多的发展机遇和挑战。

---

① 王鑫：《专利组合的经济性评价》，《青岛职业技术学院学报》2018年第3期，第60~65页。

② 封志强、彭晓琦：《专利法视阈下的公共安全保护机制研究》，《西部法学评论》2012年第1期，第80~85页。

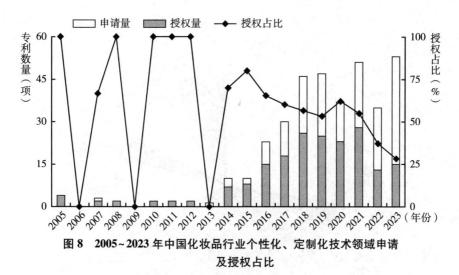

图 8　2005~2023 年中国化妆品行业个性化、定制化技术领域申请
及授权占比

资料来源：中国专利数据库。

（二）2023年中国化妆品行业专利申请地理分布情况

中国化妆品行业的专利申请不仅数量上在增长，地理分布上也呈现出一定的特点，这反映了不同地区的化妆品产业发展状况和创新活跃度。[①]

东部沿海地区为主导：从地理分布来看，东部沿海地区如广东、浙江、上海、江苏等地是化妆品专利申请的主要集中地（见图9）。这些地区经济发达，化妆品产业基础雄厚，同时也是科技创新资源较为集中的区域，因此专利申请数量较多。

中南部地区逐步崛起：虽然东部沿海地区仍是专利申请的主力军，但中南部地区如四川、湖北、湖南等地的化妆品专利申请数量也在逐步增加。这反映了中南部地区化妆品产业的快速发展和创新能力的提升。

区域合作与创新网络形成：除了地区内部的专利申请，不同地区之间的合作与交流也在加强。例如，东部沿海地区的企业与中南部的科研机构或高校进行合作，共同研发新技术和新产品。这种区域合作与创新网络的形成有

---

① 李丽琴：《世界化妆品工业地域分布特征及发展趋势研究》，硕士学位论文，山西师范大学，2015。

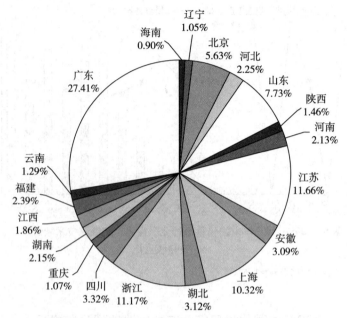

图9 2023年中国化妆品行业专利申请地理分布

资料来源：中国专利数据库。

助于推动整个行业的技术进步和创新发展。

综上所述，中国化妆品行业的专利申请地理分布呈现出东部沿海地区为主导、中南部地区逐步崛起的态势。这种分布格局既反映了各地区化妆品产业的发展状况和创新活跃度，也显示了区域合作与创新网络在推动行业发展中的重要作用。随着中南部地区化妆品产业的进一步发展和创新能力的提升，专利申请地理分布将更加均衡和多样化。

（三）2023年中国化妆品行业主要申请人分析

化妆品行业中，主要申请人的专利申请量通常可以反映其在行业中的技术实力和市场地位。① 图10是对2023年中国化妆品行业主要申请人的专利申请量的分析。

---

① 李晓鹤：《基于个体优势识别的产品市场竞争力研究——以女性化妆品为例》，硕士学位论文，东北大学，2012。

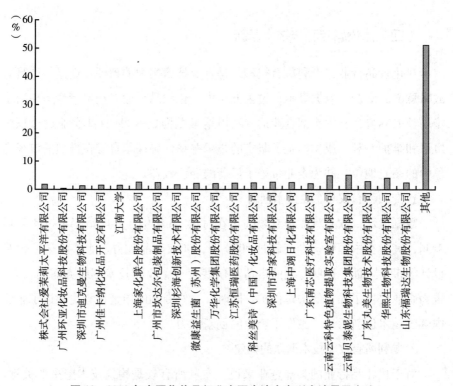

图 10　2023 年中国化妆品行业主要申请人专利申请量及占比

资料来源：中国专利数据库。

企业逐步提升：如华熙生物科技股份有限公司、广东丸美生物技术股份有限公司等在逐步提升专利申请量，显示了化妆品企业在技术创新和专利保护方面意识的增强。①

多元化申请人结构：除了化妆品企业，一些高校和科研机构如江南大学也进入了专利申请量的前列。这表明化妆品行业的技术创新不仅来自企业，也来自学术界和研究机构，形成了多元化的申请人结构。

综上所述，中国化妆品行业中企业和学术界在逐步提升专利申请量和技术实力。这种多元化的申请人结构有助于推动整个行业的技术进步和创新发展。

---

① 邓艺：《S 家化化妆品业务竞争战略研究》，硕士学位论文，上海财经大学，2020。

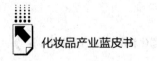

（四）化妆品专利与技术革新

在化妆品行业，专利所有权不仅是企业技术实力的象征，更是一种具有战略意义的资产。数据显示，过去五年中，化妆品行业专利申请量呈现出稳步增长的趋势，其中头部企业的专利申请量尤为显著。[①] 这些企业通过积极申请和维护专利，成功构筑了坚实的技术壁垒，确保了自身在激烈的市场竞争中的领先地位，并为企业带来了显著的经济效益。

1.专利所有权与企业技术创新

数据显示，欧莱雅股份有限公司在过去20年中，共申请了超过4万项专利，其中在中国申请专利超过5000项，涉及产品配方、生产工艺、包装设计等多个方面。这些专利的申请不仅展示了企业在技术创新方面的实力，也为企业提供了强大的法律保护。同时，这些专利的申请过程也促进了企业内部的技术创新活动，激发了企业的创新潜力。

2.专利所有权与技术壁垒的构建[②]

对于化妆品行业的头部企业来说，专利所有权是构筑技术壁垒的关键。据统计，这些企业通常拥有大量的专利，这些专利覆盖了产品的配方、生产工艺、包装设计等多个方面。以欧莱雅为例，目前欧莱雅已有7301项专利，其中包括玻色因、UVMune400防晒技术、Aminexil、HAPTA等核心专利，形成了强大的技术壁垒，有效阻止了竞争对手的市场进入。

3.专利所有权对企业效益的影响

专利所有权对企业效益的影响也是显而易见的。数据显示，拥有大量专利技术的企业通常能够获得更高的市场份额和利润率。以欧莱雅为例，其专利技术的运用使其产品在市场上具有更高的竞争力和附加值，从而实现了更高的销售额和利润率。同时，这些专利也为企业带来了持续的创新动力，推动了企业的不断发展。

---

① 鲍ская、李锦云、茅盼攀等：《用绿色环保理念设计功效型护肤品》，《广东化工》2022年第18期，第110~112页。

② 张蒙：《欧莱雅与资生堂在华营销策略比较研究》，硕士学位论文，黑龙江大学，2021。

综上所述，专利所有权在化妆品行业中具有举足轻重的地位。数据显示，头部企业通过专利的积极申请和维护，成功构筑了坚实的技术壁垒，确保了自身在市场竞争中的领先地位，并为企业带来了显著的经济效益。[①] 因此，化妆品企业应加强对专利的申请、维护和运用工作，确保自身的技术创新成果得到合法保护，并利用专利所有权构筑技术壁垒，提升企业的市场竞争力。[②] 同时，政府和社会也应加强对专利制度的完善和保护，为企业的技术创新和行业发展提供良好的法律环境和支持。

四　化妆品专利申请的挑战与未来展望

技术创新难。化妆品行业是一个高度竞争和创新的行业，要获得具有创新性和实用性的发明并不容易。申请人需要具备较高的技术水平和研发能力，才能够提出有价值的技术方案并获得专利授权。

专利申请文件的撰写难度大。化妆品专利申请文件的撰写需要非常专业和细致，要求专利代理师或律师具备丰富的经验和技能。申请人需要提供充分的技术背景、权利要求和说明书等，以确保专利申请的完整性和准确性。

技术审查面临挑战。化妆品专利申请需要经过严格的审查，包括新颖性、创造性和实用性的审查。审查员可能对技术方案的创新性及实用性提出疑问，要求申请人提供更多的证据和解释。申请人需要充分准备以应对审查挑战，以确保专利申请的成功。[③]

面临专利侵权风险。在化妆品行业，专利被侵权的风险较高。竞争对手可能会模仿或抄袭申请人的技术方案，侵犯其专利权。申请人需要采取有效

---

① 鲁家婷：《跨国化妆品公司在华的专利布局分析及本土企业对策》，硕士学位论文，西南科技大学，2017。

② 卓琦：《HW 化妆品公司专利战略研究》，硕士学位论文，广东财经大学，2021。

③ 何杰：《化妆品领域专利申请安全性审查初探》，载《2014 年中华全国专利代理人协会年会第五届知识产权论坛论文（第三部分）》，2014。

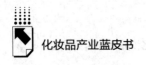
的措施来保护自己的专利权，并针对侵权行为进行维权。

技术更新速度快。化妆品行业的技术更新速度很快，新的原料、配方和生产工艺不断涌现。申请人需要时刻关注行业动态和技术发展，不断更新和完善自己的技术方案，以确保其专利的价值和有效性。

为了克服这些难点和挑战，申请人需要采取有效的策略和措施。首先，申请人需要加强技术研发和创新，提高自己的技术水平和创新能力。其次，申请人需要选择专业的专利代理或专利事务所进行合作，确保专利申请文件的撰写质量，以保顺利通过审查。此外，申请人还需要建立有效的知识产权保护体系，加强专利权的保护和维护。同时，申请人需要关注行业动态和技术发展，及时更新和完善自己的技术方案，以确保其专利的价值和有效性。

中国化妆品专利的未来呈现出一片繁荣和创新的景象。科技进步的日新月异、市场竞争的日趋激烈以及消费者对化妆品品质和安全性要求的提升，共同推动了中国化妆品行业对专利技术研发与创新的重视。

第一，中国化妆品专利的数量与质量预计将实现稳步增长。随着国内化妆品企业研发实力的增强与创新思维的拓展，越来越多的企业开始重视专利的申请与权益的保护。可以预见，中国化妆品专利的数量将持续攀升，同时专利的技术深度与实用性也将得到进一步提升，涌现出众多富有创新与实用价值的技术方案。

第二，中国化妆品专利将更加注重绿色环保和可持续发展。随着全球对环境保护和可持续发展的重视，中国化妆品行业也将积极响应，推动绿色生产与可持续发展。未来的化妆品专利将更加倾向于采用环保原料、减少环境污染、降低能耗等，以满足消费者对绿色、安全、健康产品的需求。

第三，中国化妆品专利还将聚焦个性化、定制化和智能化的发展趋势。随着消费者对化妆品需求的多样化和个性化，未来的化妆品专利将更加注重满足消费者的个性化需求，提供定制化的产品和服务。同时，智能化技术的应用也将成为化妆品专利的重要方向，如利用人工智能技术进行配方设计、效果预测和优化等，提升产品的智能化水平。

第四，中国化妆品专利的国际合作和交流将进一步加强。全球经济一体化的深入发展，推动中国化妆品行业更积极地参与国际竞争和合作，与国际知名企业和研究机构开展合作与交流，共同推动化妆品技术的进步与创新。这将有助于提升中国化妆品行业的国际竞争力，推动中国化妆品专利走向世界舞台的中心。

技术创新篇 ▷

B.12
中国化妆品创新型技术研究与应用报告

摘　要： 本报告综合研究了化妆品行业中的关键技术，包括植物提取和分离精制技术、生物发酵技术、合成生物技术、静电纺丝技术、超分子改性技术、冻干护肤技术、次抛化妆品与BFS无菌封装工艺、新型透皮吸收技术以及生物防腐技术。这些技术不仅提升了产品的有效性和安全性，也满足了市场对个性化和环保型产品的需求。在植物提取领域，本报告强调了密封技术在保持提取物活性和安全性中的重要性，并讨论了脱色、脱味与分离纯化技术在提高产品稳定性和安全性方面的作用。在生物发酵领域，报告突出了传统发酵、重组蛋白发酵和代谢控制发酵等技术的应用前景，预示着其在化妆品行业的广泛应用。合成生物技术通过利用生物学基础科学知识，设计和改造生命系统以实现特定目的，为化妆品行业提供了新的生物制造平台。静电纺丝技术制备的纳米纤维面膜因其优异的贴合性和生物相容性，成为高端化妆品市场的新宠。超分子改性技术通过多种平台技术，如超分子共晶催化和生物酶绿色催化，改善了原料的溶解性和稳定性，提升了产品的功效。冻干护肤技术的应用分析显示了其在基因工程和纳米技术等领域的创新潜力。次抛化妆品与 BFS 无菌封装工艺的结合，为一次性使用产品提供了便利和安全。透皮吸收技术的研究揭示了微点阵成分控释技术的长期安全性和效能。生物防腐技术以其天然、温和的特性，满足了市场对天然成分的需求。

关键词： 植物提取和分离精制　生物发酵　合成生物　静电纺丝　超分子改性　冻干护肤　次抛化妆品与 BFS 无菌封装工艺　透皮吸收　生物防腐

一　植物提取和分离精制技术①

（一）化妆品植物提取技术的新进展

植物提取物是通过植物提取技术从植物中提取的活性成分，因其天然、安全、有效被广泛选用作为化妆品的功效成分。传统的提取方法虽可实现活性成分的提取，但存在提取效率低、成本高、溶剂残留等问题，无法实现大规模生产。近年来，随着人们对天然植物提取物的需求越来越大，化妆品植物提取技术也在不断发展和创新。

1. 植物提取物的传统提取技术

传统的植物提取物技术主要包括溶剂提取法、蒸馏法等。

（1）溶剂提取法

溶剂提取法是一种传统的提取方法，通过将植物材料浸泡于溶剂中，使其成分溶解，再进行蒸发实现溶剂与植物成分的有效分离。该方法简单易行，但存在溶剂残留、提取效率低等问题，无法充分提取植物的有效成分。

---

① 本部分执笔人：吴春霞、谢敏婷、赖嘉如、陈悦、梁慧彬（广州华森生物科技研究院有限公司）。

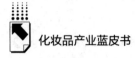

（2）蒸馏法

蒸馏法用于分离和提纯具有挥发性的物质。该方法通过将水加热至沸腾，产生的水蒸气与待分离或提纯的物质混合，然后冷凝回流，使待分离或提纯的物质随水蒸气一起蒸馏出来，从而达到分离和提纯的目的。

2. 新型植物提取技术

新型植物提取技术主要包括脉冲电场辅助提取、蒸汽爆破辅助提取、DHPM辅助提取、半仿生提取（见表1）。

表1　主要新型植物提取技术

新型技术	特点	优势	不足	应用情况
脉冲电场辅助提取	将生物材料放置在2个电极之间，利用短时重复高压脉冲电场对样品进行处理，增强细胞质膜的渗透性，使胞内物质快速流出	周期短、无需加热、效率高	设备成本高、不同样品电导率不同、参数不同	西班牙研究人员利用该技术对橘皮中抗氧化成分进行提取，每100克橘皮中提取的柚皮苷量从1mg增加至3.1mg，橙皮素量从1.3mg增加至4.6mg；总酚量增加153%，提取物抗氧化活性增强148%
蒸汽爆破辅助提取	通过将渗进植物组织内部的蒸汽分子瞬时释放完毕，使蒸汽内能转化为机械能并作用于生物质组织细胞层间，从而用较少的能量将原料按目的分解	绿色环保、无需添加化学试剂、效率高	处理时间不宜过长，可能会造成成分降解，工艺参数优化标准较高	Qin等利用该技术从无花果叶中提取了黄酮类化合物，提取的黄酮类化合物产量比未处理组高出55.9%。同时还可以使漆树中主要黄酮类化合物槲皮苷去糖基化转化为槲皮素，转化率高达84.51%
DHPM辅助提取	利用高速冲击、高频振动、瞬时压降、强剪切、空化及超高压的综合力量对样品进行高强度处理，能够有效提高活性成分的提取率	环保、效率高	设备成本高	Huang等利用该技术提取了甘薯叶中黄酮类化合物并评价了提取物的抗氧化活性，结果显示经处理样品提取得到的黄酮类化合物抗氧化活性明显高于未处理组

新型技术	特点	优势	不足	应用情况
半仿生提取	模拟口服药物经胃肠道转运吸收环境,采用选定 pH 值的酸性水和碱性水,依次连续提取得到含指标成分高的活性混合物	提取率高、成本低、生产周期短	技术局限于实验室研究,技术深入转换与应用仍然不足	运用该技术提取黄柏的有效成分,以小檗碱、总生物碱、干浸膏量为指标,用比例分割法优选半仿生提取法的最佳提取条件

资料来源:万新焕、陈新梅、马山等:《黄酮类化合物提取新方法的应用》,《中草药》2019 年第 15 期,第 3691~3699;Elisa L, IgnacioÁ, Javier R. *"Improving the pressing extraction of polyphenols of orange peel by pulsed electric fields,"Innov Food Sci Emerg Technol* 1 (2013):pp. 79-84;于政道、沈思杰、徐桂转等:《蒸汽爆破过程中生物质固相得率的试验测定方法》,《酿酒》2015 年第 5 期,第 90~95 页;Qin L Z, Chen H Z, *"Enhancement of flavonoids extraction from fig leaf using steam explosion,"Ind Crops Prod* 69 (2015):p. 1-6;李钦青、郭蕾、柴金苗等:《复方天麻钩藤口腔崩解片的半仿生提取工艺优选》,《中国实验方剂学杂志》2014 年第 8 期,第 12~15 页。

综上所述,未来植物提取技术持续发展的同时也将更加注重对成本高、进行具有安全隐患设备的改良,降低生产成本,提高设备操作安全性;针对各提取技术的特点,进行不同提取技术间或提取技术与分离技术间的集成研究,使提取工艺多元化发展,更好地筛选出最佳工艺;同时优化样品前处理方法,可提高样品提取率。与传统溶剂提取法相比,新型植物提取技术具有明显优势,尤其在提取效率、能耗和环保方面,但也存在缺陷,如设备要求高、工艺优化标准高等。从工业化角度出发,脉冲电场辅助提取技术等因设备成本问题工业化较为困难;但像蒸汽爆破和 DHPM 辅助提取这样的技术,虽然对设备的要求也相对较高,但它们能够有效地提高提取效率,减少生产过程中的化学残留和环境污染,因此被视为非常有前景的样品前处理技术。这些技术的不断发展和优化,有望为植物提取行业的工业化生产提供新的可能性和解决方案。

(二)化妆品植物提取物的脱色、脱味与分离纯化技术发展

1.植物提取物脱色

植物中富含多种活性成分,这些活性成分可以通过人体表皮渗透吸收,

起到保湿、祛痘、美白等功效。然而，若植物提取物颜色过深，将会影响化妆品的整体外观。植物提取物脱色目的是减少或者消除其中影响颜色的成分，以改善其外观、稳定性和质量。常见的脱色技术有活性炭脱色法、大孔树脂吸附法、氨基石墨烯法等（见表2）。

表2 常见植物提取物脱色技术

方法	原理	优势	不足
活性炭脱色法	利用其大的比表面积和丰富的微孔结构，靠分子间的范德华力、静电引力等进行吸附	安全、无毒、易操作、化学稳定性好、不破坏有效成分	吸附选择性差、对极性物质吸附效果一般
大孔树脂吸附法	利用其特殊结构，以物理吸附的方式形成分子间作用力（范德华力、氢键）吸附溶液中各物质	操作简单、重复性好、工艺稳定、吸附体积大、选择性好、吸附快速、成本低	对电荷型色素处理效果不佳
氨基石墨烯法	氨基化的石墨烯含有丰富的sp^2杂化碳的构成域，可在短时间内对色素等物质产生很高的吸附作用	通用、可持续、损耗小	具体应用仍需要进一步的研究和优化

资料来源：车向前、常明泉：《中药植物色素脱色工艺的应用》，《实用药物与临床》2017年第8期，第979~982页。

2. 植物提取物脱味

部分植物提取物本身具有特殊气味，当这类植物提取物在护肤品中应用时，因其携带的不愉悦气味难以以合适的配比添加到配方中而被人诟病，因此需要对植物提取物进行脱味处理。

植物提取物分为水溶性提取物与油溶性提取物。水溶性提取物的气味多数较轻，带有轻微特征性气味。一般在脱色工艺处理中，去除色素的同时，还可以去除部分气味。油溶性提取物在精炼后仍残留异味成分，包括脂肪酸、醛类、酮类、烃类、氧化物等物质。油溶性提取物脱味方法有蒸馏法、吸附法。蒸馏法是利用不同成分的挥发度差异，在高温、真空条件下，将挥发性成分蒸发出去，达到脱味的效果；吸附法是利用吸附剂吸附油溶性提取物中的异味成分。

3. 植物提取物分离纯化技术

植物提取物的主要活性成分有黄酮类、多糖类、生物碱类、皂苷类等化合物。不同类型化合物有不同的分离纯化技术。

（1）黄酮类化合物

黄酮类化合物的分离纯化主要分为柱层析法、液滴逆流层析法和梯度pH萃取法（见表3）。

表3　黄酮类化合物主要分离纯化技术

方法		原理	应用范围
柱层析法	硅胶柱层析	硅胶表面有许多硅醇基的多孔性微粒。硅醇基是具有吸附力的活性基团，与极性化合物或不饱和化合物形成氢键或其他形式的相互作用	适用于分离异黄酮、二氢黄酮、二氢黄酮醇等
	大孔吸附树脂柱层析	利用大孔树脂表面的微孔阻截，以及大孔树脂分子与黄酮类化合物的酚羟基形成氢键缔合产生吸附	适用于分离各种类型的黄酮类化合物
液滴逆流层析法		利用混合物中各组分在两种液相间分配系数，由移动相形成液滴通过固定相液柱实现分离。溶剂系统有氯仿-甲醇-丙醇-水、氯仿-甲醇-水	适用于黄酮苷类
梯度pH萃取法		根据黄酮酚羟基数目与位置不同，其酸性强弱有不同的属性，将混合物溶于乙醚等有机溶剂中，依次用 5% $NaHCO_3$、5% Na_2CO_3、0.2% NaOH、4%NaOH 水溶液萃取进行分离	适用于分离酸性强弱不同的黄酮苷元

资料来源：陈鑫：《木豆叶活性成分的提取、分离和纯化》，硕士学位论文，浙江大学，2011；徐宽：《萼翅藤黄酮的大孔树脂纯化工艺及其抗氧化性能研究》，硕士学位论文，中南大学，2012。

（2）多糖类化合物

多糖类化合物的分离纯化主要有沉淀法和柱层析法（见表4）。

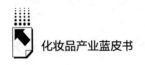

表4　多糖类化合物主要分离纯化技术

方法		概述	应用范围
沉淀法	分级沉淀	三个碳原子以下的糖可溶于乙醇,聚合度越大,糖类在乙醇中的溶解度越低,因此在高浓度含糖水溶液中,乙醇浓度从10%梯度递增到90%,分别得到每个醇浓度梯度下析出的沉淀	适用于分离不同聚合度的糖
	季铵盐沉淀	季铵盐是阳离子型清洁剂,能与酸性多糖阴离子形成不溶于水的沉淀物,而中性多糖则存在母液中。利用硼酸络合物或在高pH的条件下,使中性多糖沉淀	适用于分离酸性、中性多糖
柱层析法	凝胶柱层析	利用三维网状结构的多孔性凝胶对多糖进行分离。含糖的提取液流过凝胶柱时,小分子糖类容易进入凝胶孔、大分子难以进入,被排阻在孔外	适用于分离不同结构大小的糖
	纤维素层析法	含糖混合液流经纤维素柱时,多糖在多孔的支撑介质上析出沉淀,再用浓度递减的稀释醇逐步洗脱,使各种多糖溶解析出。常用的纤维素有DEAE纤维素和ECTEOLA纤维素	适用于分离酸性多糖、中性多糖、黏多糖

资料来源:陈莉:《茯苓多糖提取工艺的优化及开发利用研究》,硕士学位论文,贵州大学,2007;陈红、杨许花、查勇等:《植物多糖提取、分离纯化及鉴定方法的研究进展》,《安徽农学通报》2021年第22期,第32~35页。

　　(3) 生物碱类化合物

　　单体生物碱的分离主要是利用生物碱之间的结构、理化特性差异进行分离。

　　碱性差异分离,pH梯度萃取,使各单体生物碱按碱性由弱到强先后成盐而依次被萃取分离出来;生物碱及其盐的溶解度差异分离,总生物碱中各生物碱单体存在结构和极性差异,不同的生物碱与不同的酸生成的盐溶解性也可能不同,可以作为分类的依据;特殊官能团分离,含有酸性基团(酚羟基、羧基等)、内酯及酰胺结构的生物碱,这些基团或结构能发生可逆性化学反应,可以根据这种差异分离此类生物碱;利用色谱法分离,吸附柱色谱常用硅胶和氧化铝作吸附剂,以苯、乙醚、氯仿等亲脂性有机溶剂作洗脱剂。

　　(4) 皂苷类化合物

　　调节溶剂极性沉淀法,不同皂苷极性不同,在不同极性溶液的溶解度不同，改变溶剂的极性，可以使皂苷沉淀出来。

铅盐沉淀法，该方法可以分离酸性皂苷和中性皂苷。将粗皂苷溶于少量乙醇中，加入过量的中性醋酸铅溶液，搅拌后，酸性皂苷可以沉淀出来，再过滤取出沉淀物。在滤液中加入过量碱性醋酸铅溶液，搅拌后，中性皂苷能够沉淀出来，再过滤取沉淀。将沉淀物分别溶于水或者稀乙醇溶液中进行脱铅处理，脱铅后将滤液减压浓缩，残渣溶于乙醇中，加入轻汽油或苯析出皂苷沉淀物，即可得到酸性和中性皂苷。

（三）化妆品植物提取物风险控制技术的发展

随着消费者对化妆品安全和天然成分的重视，植物提取物在化妆品中的应用越来越广泛。由于植物提取物提取分离方法多样，且其成分复杂，原料风险物质不够明确，毒理学安全数据不足，植物成分的透皮吸收以及其在皮肤上的作用机制研究不够深入，植物提取物的使用仍是构成化妆品安全隐患的重要因素。目前，化妆品植物提取物使用的风险因素主要存在于植物来源、生产过程和复配过程中。

1. 植物来源风险

（1）概述

植物来源相关风险因素主要分为内部因素和外部因素两大类（见表5）。

表5　植物来源相关风险因素

分类		具体描述
内部因素	原料质量问题	中草药植物来源广泛，种属相近，性状相似，但药理作用却相差很远，混淆使用容易造成质量事故
外部因素	化学成分	植物所含化学成分众多，有些成分具有一定的毒性，若使用不当，可能导致植物提取物具有皮肤光毒性、皮肤刺激性和致敏性等问题
	重金属	植物在生长中可能会吸收土壤中的重金属，如不处理，重金属可能会出现在植物提取物中，对肌肤造成伤害
	农药	为了避免虫害，植物生长期间会使用农药，导致植物提取物中可能残留有害的农药成分，可能对皮肤造成不良影响
	微生物	植物在生长过程中可能受到真菌、细菌等微生物的感染，这些微生物在植物提取物中生长繁殖，可能引发细菌感染、过敏等问题

（2）风险控制技术

1）内部因素的风险控制技术

植物鉴别：通过对植物的形态、结构、生态习性等特征进行观察和分析，判定该植物的种属。

2）外部因素的风险控制技术

优选原料：在选用原料之前，对其进行严格的检查和筛选，评估植物原料对人体健康的潜在危害性。通过质量检测手段，确保原料符合质量要求。

监测环境：优选种植环境，通过土壤取样和分析、渗透性测试、微生物监测、重金属监测等手段，对植物种植环境进行监测。

2. 生产过程风险

（1）概述

生产过程风险主要源于原料选取、提取工艺、成品质量及包装储存运输（见表6）。

表6　生产过程相关风险因素

分类	具体描述
原料选取	种植地理区域、生长年限、采摘季节及部位不同，植物的化学成分也会有所差异，进而影响功效及稳定性
提取工艺	植物提取物中天然活性成分易受光照和温度等因素的影响，不同提取工艺的类型、方法等使其化学成分、相应的功效和毒性也会有所区别
成品质量	植物提取物可能被掺杂、伪造，或者使用质量较差的原料提取，导致无法提取得到植物原料真正的活性成分
包装储存运输	温度、湿度和 pH 等环境因素的改变，可能会导致提取物中活性成分发生变化，影响活性物功效

（2）风险控制技术

1）种植采摘条件的风险控制技术

固定植物种植产地、采摘时间等条件，尽量避免在不同季节进行采摘。

2）提取工艺的风险控制技术

优选工艺和参数：针对不同植物的特性，合理控制提取过程中的温度、压力和 pH 值等参数，减少对植物成分的破坏，提高提取效率和纯度。

质量检测和监控：在提取过程中进行严格的质量检测和监控，确保质量符合相关标准和要求。

3）成品质量问题的风险控制技术

建立标准：建立严格的植物提取物质量控制标准，通过对原料的采购、检测、储存和使用等环节全面管理，保证产品的稳定性和安全性。

安全评估：注重植物提取物的安全性评估，采用先进的毒理学评估、皮肤刺激测试等技术手段，确保植物提取物使用的安全性。

4）包装储存运输的风险控制技术

优选包装：选择不透光、不透氧的包装材料，避免被氧气、水汽等外界因素污染。另外，在包装中添加氧净剂也可起到保护作用。

优选存储条件：存放在阴凉干燥的地方，避免阳光直射和高温环境，以防止其变质。

3. 复配过程风险

（1）概述

植物提取物中的活性成分和杂质较为复杂，在化妆品复配生产过程中，可能会与体系中的某些原料不相容，相互作用进而导致析出。某些植物提取物存在不适用于增稠体系的现象。植物提取物通常具有较高的水溶性，而增稠剂通常是在水或油相中起作用，因此两者复配可能导致增稠效果不佳。某些植物提取物存在与防腐剂复配变色的风险。如植物提取物中某些化学成分中的氨基与防腐剂中的羰基发生反应，引起变色。

（2）风险控制技术

优选配方：将植物提取物与其他成分进行有效的复配，确保配方中的各种成分相容性良好，避免相互作用引起析出问题。

控制工艺条件：在加工过程中严格控制温度、时间、pH 等条件，使其在合适的范围内，避免工艺变化引起析出等问题。

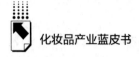

添加稳定剂：在配方中添加稳定剂，如抗氧化剂、防腐剂等，来稳定植物提取物。

稳定性测试：高低温测试，确保植物提取物与其他成分复配后不会发生变色或析出等问题。

（四）发展趋势及展望

未来，植物提取将持续向纯净、安全和环保的方向迈进。在提取技术方面，针对不同植物提取物的特性和应用要求，定制化的提取工艺和设备将不断研发和创新，提高提取效率和提取质量。在植物提取物的脱色、脱味与纯化技术方面，新型的设备和技术将会不断涌现，提高效率，降低成本，减少对环境的影响，为化妆品行业提供更多选择。

然而，植物提取物的复杂性和多样性也带来了一定的挑战和风险。在此趋势下，华烝研究院联合臻颜集团持续投入研发力量，致力于打造出更加先进的技术装备；推动创新技术的发展，提供更优质的植物提取物，以满足市场迫切增长的需求。在此基础上，进一步引领化妆品植物提取物方向的发展趋势，以其卓越的技术实力和丰富的经验，持续贡献更多的力量。

二　化妆品生物发酵技术[①]

（一）生物发酵技术概述

发酵是利用微生物细胞的生长或生物催化反应，获得菌体本身或其代谢产物的过程。在发酵过程中，微生物起到以下几种作用。一是微生物对大分子的分解作用。在生物酶作用下，培养基中大分子多糖分解为小分子糖，蛋白质分解为小分子多肽或氨基酸，使有效成分更利于吸收。二是微生物的生物合成作用。微生物在发酵培养过程中合成一系列新代谢产物，如蛋白质、

---

① 本部分执笔人：孙大鹏、王娟（清远市望莎生物科技有限公司）。

有机酸、多糖类、核苷酸及其他代谢产物。三是微生物对原料分子的转化作用。例如通过微生物的发酵过程可以使人参提取物中人参皂苷的种类和含量发生转化。[①]

发酵技术在我国有着几千年的历史,我国在酿酒、制茶、发酵调味品、乳制品等领域已形成丰富的产品体系。随着现代生物技术的发展,现代发酵技术结合了生物化学、微生物学、分子生物学等诸多学科,在各领域发挥着重要作用。

(二)生物发酵技术在化妆品行业的应用

生物发酵技术历史悠久,21 世纪在生物技术的加持下更是得到了快速发展,目前主要技术路线有通过发酵过程获取菌体本身或发酵液的传统发酵技术;通过重组蛋白技术,使基因工程菌表达目的蛋白的重组蛋白发酵技术;通过调控微生物代谢获取微生物代谢产物的代谢控制发酵技术等。

1. 传统发酵技术

在化妆品行业中,使用酵母菌、双歧杆菌、乳酸菌等野生型菌种结合各种培养基进行发酵培养的传统发酵技术已得到广泛应用。传统发酵的一般流程是,通过提取、酶解、灭菌等方式将发酵底物制备成发酵培养基;对筛选保藏的菌种进行培养制成菌粉或种子液;将菌种接入发酵培养基进行发酵培养得到发酵产物;对发酵产物进行离心、过滤等处理后制成发酵类原料。

(1)酵母菌相关产品

酵母菌相关产品主要有酵母菌发酵产物及溶胞物,富含核酸、蛋白质、活性多肽、维生素、糖类、有机酸等活性成分,具有一系列独特功效。实验数据表明酵母菌发酵产物及溶胞物可有效提高细胞活力,并具有一定降低配

---

① 李秋阳、唐金鑫、刘士伟等:《人参炮制品发酵前后功能性成分变化对比》,《食品研究与开发》2023 年第 1 期,第 40~46 页。

方细胞毒性的作用。添加酵母菌发酵产物及溶胞物提取物的化妆品通常具有较突出的抗皱、紧致、保湿、舒缓等功效。[1] 与此同时，酵母相关的生物活性物具有的功效不断被开发应用，例如，甘露聚糖、β-葡聚糖、海藻糖等具有保湿功效，目前，市售化妆品部分配方中有甘露聚糖作为保湿成分；酵母多肽、白藜芦醇等经体外试验和人体试验证实可有效抑制酪氨酸酶活性，具有较好的美白功效。部分酵母生物活性物质的功效如表 7 所示，这些生物活性物质具有美白、保湿、防晒、抗皱、抗衰老等多种功效，所用功效评价方法包括生物化学法、动物实验法、细胞生物法以及人体试验法等，多种体外功效评价方法的应用有助于化妆品功效成分作用机制的研究。

表 7 部分酵母生物活性物质的功效

活性成分	功效	评价方法或模型	参数指标
β-葡聚糖	保湿	人体功效实验	水合率
酵母多肽	美白	生化酶法	抑制酪氨酸酶活性
白藜芦醇	美白	尤卡坦猪/豚鼠模型	色素减退和皮肤变亮程度
多肽	淡化黑眼圈	人体功效试验	角质层水分含量值、皮肤 ITA°值
富硒多肽	修护	细胞模型	H_2O_2 诱导的细胞毒性保护作用
类胡萝卜素	防晒	细胞模型	乳酸脱氢酶活性和丙二醛含量
角鲨烯、维生素 E	抗衰老	离体猪皮组织法	SOD、GSH-Px、CAT 等酶活力
酵母多肽	防脱发	人体临床评估	头发密度、掉发数量

资料来源：鲍佳生、潘丙珍、乔栖梧等：《酵母生物活性物质及其化妆品功效研究进展》，《生物技术进展》2023 年第 3 期。

（2）双歧杆菌系列产品

对双歧杆菌原料的开发始于 20 世纪 80 年代，德国 CLR Berlin 公司运用厌氧发酵培养、菌体灭活、超声破碎等方法获得双歧杆菌裂解物，其成分主要为双歧杆菌的代谢产物和胞内物质，其中包括多糖类、维生素、肽类和有

---

[1] 清远市望莎生物科技有限公司：《一种降低细胞毒性的酵母发酵组合物及其应用、日化品》（专利号：ZL202311339389.8）。

机酸等成分，并将其命名为 Repair Complex CLR™ PF，备案名为 Bifida Ferment Lysate，又称二裂酵母发酵产物溶胞物。目前，国家药监局已将二裂酵母发酵产物滤液、二裂酵母发酵产物溶胞产物、二裂酵母发酵产物提取物等成分列入化妆品原料目录。由于双歧杆菌培养条件为严格厌氧且增殖速度缓慢，二裂酵母类原料价格长期维持在较高水平。近年来，随着国内发酵工艺和设备水平的提高，二裂酵母类原料产量取得长足进步，国产原料得到广泛运用，物美价廉的高活性原料正在惠及更多厂家和消费者。①

2. 重组蛋白发酵技术

重组蛋白技术是应用重组 DNA 或重组 RNA 技术获得目的蛋白的技术。重组蛋白技术一般流程是，设计目的蛋白并利用基因工程技术构建重组菌株；对目的菌种进行发酵培养表达目的蛋白；利用生物工程下游技术对重组蛋白进行纯化；通过后续配制冻干等工艺获得成品原料。重组蛋白技术可以根据需求定向设计目的蛋白分子，获得高纯度高活性目的蛋白。

（1）重组胶原蛋白

胶原蛋白是细胞外基质的重要组成部分，胶原对于肌肤的保湿、紧致和抗皱起着决定性作用。重组胶原蛋白是利用基因技术和蛋白质工程等技术，以胶原蛋白结构为基础，通过对氨基酸序列和蛋白结构进行分析，选取胶原蛋白关键功能片段进行拼接、改造等操作设计出的胶原蛋白。与传统的提取法获取动物胶原蛋白不同，发酵法通过基因技术将重组蛋白基因转入微生物得到工程菌，通过对工程菌的增殖表达得到目的蛋白。

与提取法获取动物胶原蛋白相比，重组胶原蛋白优势明显。重组胶原蛋白分子结构明确，可以通过下游纯化技术获得高纯度产品，由于结构与人胶原蛋白同源性高，重组胶原蛋白细胞毒性和免疫原性更低，导致过敏、炎症、发热等问题的可能性小，更加安全；与此同时，相比于水解动物组织的传统方法，发酵法生产成本更低，现已成为胶原蛋白生产的主要工艺之一。

---

① 闫昌誉、李晓敏、叶健文等：《二裂酵母（双歧杆菌）发酵产物在皮肤健康领域中的应用研究进展》，《今日药学》2023 年第 8 期，第 566~578 页。

重组胶原蛋白由于其良好的修护功效，在我国得到快速发展。重组胶原蛋白市场正在迅速扩大。数据显示，2022 年我国重组胶原蛋白市场规模为 185 亿元，占胶原蛋白市场规模的 46.6%，同比增长 71.3%；2017~2022 年的年复合增长率为 65.3%，预计到 2027 年，我国重组胶原蛋白市场规模将达到 1083 亿元，占胶原蛋白市场规模的 62.3%，重组胶原蛋白市场 2022~2027 年复合增速有望超过 40%。[①]

（2）重组纤连蛋白

纤连蛋白在多种生理功能中发挥着重要的作用，它不仅能够促进细胞的迁徙、黏着、繁衍、凝固和修补，还能激活单核巨噬细胞，从而消灭受损组织中的毒素，还能够促进脱氧核糖核酸（DNA）、核糖核酸（RNA）和蛋白质的合成，从而改善细胞的形状和功能，并且在细胞培养中发挥着重要的作用。纤连蛋白是一种关键的信使蛋白，它能够激活胞外基质的胶原蛋白，同时还能够刺激透明质酸和其他蛋白质的生成，改变细胞外基质（ECM）的正常排序，从而起到缓解皱褶的作用。[②]

纤连蛋白通过基因重组技术可以由大肠杆菌、酵母菌等工程菌进行表达。目前国内已经有多种重组纤连蛋白产品供应市场，并陆续发展出透皮、耐高温等特殊构型。产品剂型也由冻干粉逐渐普及到日化领域，成为重组蛋白原料的代表产品之一。

3. 代谢控制发酵技术

代谢控制发酵是生物发酵的重要部分，它利用遗传学或其他生物化学的方法，人为地在脱氧核糖核酸（DNA）的分子水平上，通过增强目的产物合成路径、抑制其他代谢支路和构建新代谢路径等方式人为地解除菌株的原有限制，使所需代谢产物大量积累。代谢控制发酵的关键在于微生物代谢调控机制是否被解除，能否打破微生物正常的代谢调节，人为地控制微生物的代谢。

---

① 李禾：《我国重组胶原蛋白赛道持续升温》，《科技日报》2023 年 9 月 5 日。
② 何杏杏、赵越、鲁朝刚等：《胶原蛋白、弹性蛋白、纤连蛋白在化妆品中的功效及评价研究》，《精细与专用化学品》2023 年第 10 期，第 39~43 页。

代谢控制发酵由代谢控制育种和菌体发酵过程中的代谢控制培养两部分实现，其核心为代谢控制育种技术。代谢控制发酵技术是生物化学、微生物学、遗传学、发酵工程、生理学、分子生物学、化学等学科交叉产生的一门工程技术，该技术的广泛应用，拓宽了发酵技术的应用范围，在此技术推动下，氨基酸等行业迎来快速发展，生物发酵成为大量制取生物和化学类原料的主流途径。近年来，随着合成生物学等概念的走红，代谢控制发酵技术在化妆品行业得以快速发展。

（1）四氢嘧啶（Ectoine）

四氢嘧啶是一种亲水性环状氨基酸衍生物，具有氨基和羧基基团，于20 世纪 80 年代被首次发现于高盐环境中。四氢嘧啶因其对细胞结构具有出色的修护和保护作用，在化妆品行业得到广泛应用。

1993 年，德国生物技术公司 Bitop 便开展了四氢嘧啶生产技术的研究，随后与德国默克医药公司合作，开启了四氢嘧啶的商业化进程。新世纪，华熙生物、中科新扬、福瑞达等国内企业也开展了四氢嘧啶生产工艺的研发。生产工艺方面，初代工艺以嗜盐菌发酵生产获得产物。经过多年的技术发展，现已开发出嗜盐菌、谷氨酸棒杆菌、大肠杆菌等多个工艺路线，工程化大肠杆菌的四氢嘧啶最高产量已达 131.8g/L，产率为 1.37g/（L·h）。[①]

（2）麦角硫因（EGT）

麦角硫因于 1909 年在谷物麦角中发现，是一种组氨酸衍生物，具有强大的抗氧化功效。麦角硫因抗氧化特性主要表现在 4 个方面：清除自由基、结合多种自由电子；与其他天然抗氧化酶协同作用发挥抗氧化功能；螯合各种二价金属阳离子与之形成络合物，抑制活性氧（ROS）的形成，保护细胞免受炎症；抑制肌红蛋白和血红蛋白的过氧化，保护细胞免受氧化损伤。麦角硫因独特的生物学功能使其快速成为市场的热点，被广泛用于食品、医疗和化妆品等领域。

---

① 许慧娴、陈永涛、黄建忠等：《四氢嘧啶生物合成及其关键酶生化特性研究进展》，《生物工程学报》2024 年第 6 期，第 1620~1643 页。

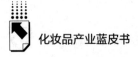

麦角硫因的传统生产方式是生物提取法和化学合成法。生物提取法一般选取食用菌作为原料，但天然麦角硫因在食用菌中含量很低，成本居高不下。化学合成法一般以组氨酸或其衍生物为起点经多步反应获得麦角硫因，是主要生产方式。目前麦角硫因的生物合成法已发展出大肠杆菌、酵母和谷氨酸棒状杆菌等多种菌株作为底盘菌，EGT 工程菌的生产周期整体已控制在 2~9 天，最高生产水平已达到 12.5g/L。[①]

（三）生物发酵技术的技术优势

1. 成本优势

与提取法和化学合成法相比，生物发酵技术具有明显的成本优势。提取法通常需要经物料粉碎、多级提取、离心、层析、浓缩、烘干等诸多步骤获得成品，对于很多稀有成分其质量分数往往只有数万分之一，容易造成原材料浪费，成本也较高。化学合成法通常需要经过多次反应才能得到成品，合成过程中的中间体和有机溶剂等需要经过多次纯化，原料和溶剂成本同样较高。生物发酵技术无须多步合成反应，合成过程由细胞内酶系催化生化反应完成，一次发酵操作即可获得复杂分子结构产品，生产成本优势明显。以多肽合成为例，化学合成法制取多肽需要按照氨基酸序列从 C 端到 N 端依次将保护氨基酸偶联到树脂上。在化学合成过程中需消耗树脂，保护氨基酸、有机溶剂等试剂耗材并经过多次纯化，成本很高。而经基因技术转化的工程菌可直接通过发酵培养表达数百个氨基酸的长链并加工成具有正确空间结构的活性蛋白。随着生物技术的不断发展，发酵技术的原料转化率还在进一步提高，成本优势越发明显。

2. 安全与环保

与提取法和化学合成获取目标成分相比，生物发酵技术可直接利用人源基因序列构建菌种，所获取原料与人体高度同源，无有机溶剂残留、无病毒

---

① 李亮、徐姗姗、姜艳军：《生物合成法生产麦角硫因的研究进展》，《生物技术通报》2024
年第 1 期，第 86~99 页。

隐患、细胞毒性低，而且具有极低的免疫原性，导致过敏、炎症、发热等问题的可能性小，在安全性上更具有优势。与此同时，生物发酵技术生产过程条件温和，发酵培养 pH 通常为中性或微酸性，培养过程无须极端温度，对能源和化学品的消耗处于较低水平，减少了排放，更加符合安全与环保的时代主题。

（四）生物发酵技术发展趋势

1. 专业化

随着生物技术和化妆品行业的不断进步，未来生物发酵技术将朝着更加专业化方向发展。近年来，化妆品功效评价模型不断开发中，化妆品安全相关法律法规逐步完善，这推动着整个化妆品原料行业向着科学化方向转型。以传统发酵原料为例，目前传统发酵原料普遍以植物提取物复配其他营养物为底物，配合一种或多种菌种发酵得到混合发酵物。一方面此类发酵液富含多重功效物质，具有一定的功效，但另一方面此类原料也存在成分复杂、功效机理不明确、产品不同批次成分存在较大波动等情况。对这些问题进行归纳总结我们得出发酵类产品的技术方向：在开发设计产品时首先应了解皮肤所需的各功效靶点，针对各功效靶点筛选出解决皮肤问题的对应成分；在生产和质量控制过程中加强对主要成分的监控，通过合理搭配各种纯化工艺减少无关成分带入，做到主成分分子结构式明确、功效机理清晰、纯度可量化、品质稳定可控。

随着相关法律法规的不断完善和消费者认知的不断进步，成分和功效将逐步成为化妆品产品真正的竞争力所在。生物发酵类产品将向着成分明确、功效清晰、生产过程数字化、智能化的方向不断改进，形成一个品类齐全、安全有效的产品体系。

2. 规模化

作为一个典型的技术密集型产业，生物技术产业具有明显的高投入高回报的特点。头部企业通过对研发和生产的持续投入可以在生产效率和产量上逐步取得领先优势，成为某一品类的代表企业。随着生产效率的提高，曾经

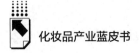

属于少数高端化妆品的生物材料正在逐步普及到各层次产品惠及广大消费者。

随着资本的不断投入，以合成生物学为代表的一系列生物技术也正在快速发展。在未来几年，对生物技术持续投入的大企业将与其他企业进一步拉开差距，形成技术与成本的巨大优势。整个行业将向着增加研发投入、提高生产效率、追赶国际先进水平的方向发展。

三　合成生物技术[①]

（一）合成生物技术及其产业简介

合成生物学（Synthetic Biology）以生物科学为基础，汇聚化学、物理、信息等学科，融合工程学原理，设计改造天然的或合成新的生物体，揭示生命运行规律、变革生物体系工程化应用。合成生物学作为认识生命的"钥匙"、改变未来的颠覆性技术，打开了从非生命物质向生命物质转化的大门，实现生命体系的理性设计与编辑，为生命科学研究提供了新范式，促进生物技术迭代发展，成为未来生物产业发展的驱动力。

合成生物技术发展成为传统技术的充分补充和替代，广泛用于医疗、化工、食品、农业、消费品等终端领域。在政策和技术的双重驱动下，在过去五年经历了一个高速增长的阶段，其市场规模从 2019 年的 50 亿美元增长到 2023 年的超 170 亿美元，平均年增长率超过了 27%，CB Insights 数据也预测，在 2024 年，全球合成生物学市场规模有望达到 189 亿美元，在食品农业以及消费品领域会有着高达 40% 以上的年复合增长率。[②] 据 McKinsey 统计，生物制造的产品可以覆盖 70% 化学制造的产品，并在继续拓展边界，预计到 2025 年，合成生物学与生物制造的经济影响将达到 1000 亿美元，未

[①] 本部分执笔人：张志乾、吴亦瑞［态创生物科技（广州）有限公司］。

[②] 《医疗健康：合成生物，引领未来》，"中金点睛"公众号，2022 年 9 月 19 日，https:// mp. weixin. qq. com/s/rsBm_FJIgQOLzObu1YcHRw。

来 10~20 年，合成生物学应用可能对全球每年产生 2 万亿~4 万亿美元的直接经济影响。[①]

我国高度重视合成生物学发展，支持科技创新和产业发展，布局多个重大科研平台，促进实验成果向产业转化，鼓励企业参与国际科研合作和产业竞争，比如深圳依托中国科学院深圳先进技术研究院打造合成生物科研-产业平台，天津依托中国科学院天津工业生物技术研究所推进合成生物产业化，上海打造一中两翼生物制造行动方案。面向"十四五"，我国从中央到地方出台的"十四五"规划文件多次将合成生物学列为面向未来的战略性产业，从技术突破、人才培养、产业发展、知产保护等多个领域促进合成生物学再发展。

合成生物学是采用工程学"自下而上"的理念，通过"设计（Design）-构建（Build）-测试（Test）-学习（Learn）"（DBTL）的路径，打破"自然"和"非自然"界限，在学习自然生命系统的基础上，构建出有各类用途的生物系统，制造出满足人类需求的产品的一门工程生物技术。近年来，随着基因编辑与合成技术的突破，在高通量筛选、大数据、实验室自动化、人工智能等技术加持下，生物技术与信息技术融合发展的特点愈加明显，合成生物学的应用场景也随之不断拓展，重大突破不断涌现，有望创造出巨大的社会和经济价值。

（二）合成生物技术在化妆品原料行业的应用现状

合成生物技术在日化美妆领域的应用，让本受原料限制的化妆品产品瞬间打开了原料市场的新天地。通过合成生物学技术，胶原蛋白、角鲨烷等天然获取渠道十分有限、无法大规模运用于化妆品领域的原材料能够被"人工制造"，这极大程度上解决了原料供应不足、价格高昂的情况。

国外企业 Amyris 以自有技术，成功合成角鲨烷。国内企业态创生物致

[①] Wang P. , Wang J. , Zhao G. , Yan X. , Zhou Z. , "Systematic Optimization of the Yeast Cell Factory for Sustainable and High Efficiency Production of Bioactive Ginsenoside Compound K," *Synth Syst Biotechnol* 2（2021）：69-76.

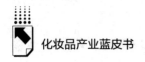

力于合成生物技术创新，搭建了 Tidetron Tao「本道」自动化研发平台，上游以菌株库与元件库、AI 辅助设计、基因编辑等多重生物技术手段助力"细胞工厂"搭建；中端注重产物合成代谢途径与发酵调控等高效运作升级，通过定向进化与微流控技术等持续提升效率；下游优化完善生产工艺流程，建立从实验室小试，到中试放大，最终到工厂量产的全路径体系。目前已能基于合成生物学的角鲨烯合成过程，利用微生物为底盘，生产纯度高的角鲨烯。该公司还拥有多种小分子肽的生产能力，并解决了关键的量产问题，目前在售合成生物物质约 30 种。

合成生物技术的应用可以实现传统产物的生物学合成替代，也可以实现新产物的合成。生物科技在美业的应用已逐渐成为新趋势，以态创生物为例，依托 Tidetron Altra 平台菌株库与元件库，以及内含肽标签定向进化技术，态创生物实现了小分子肽的合成技术突破。在替代传统合成方法的同时，将单个肽的合成周期缩短至 1~3 个月，提升其生产效率约 40 倍，最终完成近 20 种小分子肽的合成路径开发，相关成果已申请数十项独家专利。其搭建的小分子肽合成体系，为我国肽类生物合成及工业化应用开拓了新思路。

整体而言，国内化妆品自主研发能力不足，原料长期依赖进口。合成生物技术作为前沿科技生产方式，可实现新原料的创造，提高原料的安全性、稳定性和生物活性，实现化妆品行业的产品创新。

（三）合成生物技术化妆品原料的发展趋势

受到技术、原材料、政策等因素的限制，胶原蛋白、角鲨烯、燕窝酸等原料尽管功效出众，但目前依然无法大规模应用在化妆品领域，利用合成生物技术生产同类物质，可以很好地规避以上限制。同时，合成生物技术可以提高已有原料的生产效率，进一步降低成本。开发化妆品原料常用的底盘细胞包括酵母菌、谷氨酸棒状杆菌、枯草芽孢杆菌、大肠杆菌和蓝细胞等。利用合成生物技术生产化妆品原料，除收率高、生产成本低以外，也更符合可持续发展理念。

随着消费者对于护肤的认知加深，成分和功效等核心概念越来越被接受和重视。据艾瑞咨询数据，2021 年中国医疗美容市场规模已达到 2179 亿元，同比增长率达到 12.4%，而 2017 年市场规模仅为 1124 亿元，五年时间实现翻倍式增长。[①] 同时，市场广阔、高毛利、放量快等特点也使医美日化受到了资本市场的追捧。合成生物技术的发展为未来核心功效原料的研发以及医美行业的发展提供了良好的基础。合成生物的理念有助于研发新的功效原料，也可以提供更绿色、更天然的原料生产方式。

随着合成生物技术在美妆行业的更广泛应用，市场监管的完善也是未来发展的重中之重。在有效的监管之下，可以避免合成生物可能引起的生物安全以及生物伦理问题，使得合成生物能够在美妆赛道的各个产品管线上发挥重要作用。

（四）常见合成生物技术化妆品原料

1. 胶原蛋白

在美妆行业，胶原蛋白应用广泛，但高成本等因素限制其发展规模。西安巨子、山西锦波、江苏创健等公司利用合成生物技术生产出Ⅱ型以及Ⅲ型等多种重组胶原蛋白，其选取的氨基酸序列与人体胶原蛋白部分序列相同，而且部分企业已经掌握了去除重组胶原蛋白大规模量产过程产生的内毒素的技术，这类重组胶原蛋白作为化妆品添加剂可大大降低致敏率，有助于推广胶原蛋白材料在化妆品中的应用。

采用基因工程合成法的重组胶原蛋白未来将会占据更高的市场份额，赛道玩家中，能通过基因工程合成法合成全长序列的重组胶原蛋白，并率先实现生产工艺放大，形成规模化量产的公司将在理性回归的大环境下实现逆势突破。

2. 植物天然产物

植物天然产物类型多样，广泛应用于护肤品、医疗保健等领域，此前主要通过传统种植提取的模式生产。通过合成生物技术，我国在人参皂苷、

---

① 《2022 年中国医疗美容行业研究报告》，艾瑞数智，2022 年 11 月 24 日，https://www.idigital.com.cn/report/detail? id=4108。

β-胡萝卜素、红景天苷等天然产物生物制造方面已取得了众多进展。

如提取人参皂苷，核心技术是找到合适的关键酶元件并与相应的底盘代谢通路适配。中国科学院植物研究所研究团队通过优化稀有人参皂苷 CK 酵母细胞工厂的糖基供体供给及合成途径关键元件的表达，使 CK 产量突破了 5.7g/L。

传统获取红景天苷，要从生长于高寒之地的红景天中提取。红景天人工种植难、易受根腐病影响，且红景天中红景天苷含量很低，提取成本高达 30000 元/公斤。后续通过酶法合成红景天苷的生产工艺，酶促反应又受酶的种类、反应介质和反应条件等影响，产量受限，最高产量仅有 1.9g/L/day。通过合成生物细胞生产，则可不受原料影响，每公斤生产成本降低至 500 元。

3. 透明质酸

透明质酸又称玻尿酸，是一种由 N-乙酰氨基葡萄糖和 D-葡糖醛酸为结构单元的天然高分子黏多糖，广泛存在于人体的眼玻璃体、关节、脐带、皮肤等部位，并随着年龄增长体内含量逐渐减少。透明质酸分子化学结构中的羧基、羟基，让其在水溶液中形成分子内与分子间的氢键，交联出网状的空间结构，因而具有很强的吸水性。能够携带相当于自身 500～1000 倍的水分，被认为是天然保湿因子，被广泛应用在化妆品中。

透明质酸本来主要依靠提取获得，而随着合成生物技术的发展，透明质酸的生产迎来了重要的突破。利用合成生物技术，可以极大地提高透明质酸的生产效率，有效地控制透明质酸的生产成本，为透明质酸的更广泛利用提供了有利条件。

四 静电纺丝技术制备可溶性纳米纤维面膜的应用[①]

（一）静电纺丝

1. 静电纺丝技术

静电纺丝是利用高速电场大规模生产直径从亚微米到纳米的连续均匀纳

---

① 本部分执笔人：彭心宇、廖秋冬、何颂华、邱晓锋（诺斯贝尔化妆品股份有限公司）。

米纤维的一种高效、通用的方法，广泛应用于制药、生物医药、食品包装、化妆品等多个领域。[1] 通过该技术获得的纤维材料呈尺寸接近纳米级的纤维相互连接的网络，这与细胞外基质的三维结构非常相似。这种结构对护肤产品的生产非常有益，因为纳米纤维提供的高表面积及其三维结构可以实现与皮肤的大面积接触并与护肤品有良好相容性。[2]

典型的静电纺丝设备由四个基本部件组成：高压电源、注射泵、喷丝头和收集器。[3] 在喷丝头和收集器之间施加高压电场以克服电纺溶液的表面张力，产生聚合物纤维。喷丝头处的聚合物液滴带有静电荷，随着电压的增加，液滴表面的电荷逐渐累积，导致其形状发生圆锥形变形，形成"泰勒锥"。当电场力继续增大超过溶液的表面张力时，电纺溶液以射流形式喷出，并在多种作用力下进一步拉伸分裂成更细的聚合物射流。然后聚合物射流在静电排斥力的作用下拉长并向收集器喷射，同时溶剂挥发，在收集器获得连续的干燥聚合物纤维膜。[4]

2. 静电纺丝技术方法及设备

静电纺丝装置的核心在于其喷丝装置，不同的喷丝装置决定了纺丝效率、纤维质量以及最终应用的可能性。静电纺丝技术根据喷丝装置的不同分为单针、多针及无针静电纺丝技术。

（1）单针静电纺丝技术

单针静电纺丝装置是传统静电纺丝装置，纺丝效率低，但由于装置简单、易于操作且单次纺丝成本低，成为实验室规模生产与研发电纺纳米纤维的首选，特别适用于材料性能研究、原型开发和小批量生产。然而，这种装

① Luana Persano, Andrea Camposeo, Cagri Tekmen, et al., "Industrial Upscaling of Electrospinning and Applications of Polymer Nanofibers: A Review," *Macromolecular Materials and Engineering* 5 (2013): 504-520.

② Fathi-Azarbayjani, A., et al., "Novel Vitamin and Gold-Loaded Nanofiber Facial Mask for Topical Delivery," *AAPS PharmSciTech* 3 (2010): 1164-1170.

③ Reneker, D. H. and Yarin, A. L., "Electrospinning Jets and Polymer Nanofibers," *Polymer* 10 (2008): 2387-2425.

④ 贺晓丽：《鱼胶原蛋白静电纺丝膜的制备及性能研究》，硕士学位论文，烟台大学，2022。

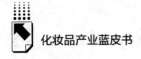

置的生产效率较低，且易受到针头堵塞等问题的影响，限制了其在大规模工业生产中的应用。

（2）多针静电纺丝技术

多针静电纺丝通过中空的针头喷丝。针头的内径在一定程度上控制了纤维的直径，但是，当针头排列密度过大时，针尖电场分布不均匀，容易造成射流滴落等不稳定现象。在多针静电纺丝过程中，优化电场均匀性必须考虑三个关键参数：针形、针数和针距。与单针静电纺丝相比，多针静电纺丝不仅拥有较高的生产速率，而且可以生产具有核-壳等特殊结构的纤维，因此，随着研究的深入，多针静电纺丝技术在克服针头处电场不均匀的缺点后，将可以更好地应用于制备具有特殊结构纳米纤维的工业化生产中。

（3）无针静电纺丝技术

无针静电纺丝技术是一种直接从开放的聚合物溶液表面制备纳米纤维的方法。推动无针静电纺丝发展的最初动机是制造具有高生产率水平的静电纺丝装置，同时规避多针静电纺丝相关的困难。这种方法的生产效率比传统静电纺丝技术高 20~60 倍，[1] 因此可以大规模生产纳米纤维，并且有潜力开发生物相容性和可生物降解的纳米纤维。无针静电纺丝适用于需要高产量和连续生产的应用场景。无针装置纺丝效率高但其喷丝装置具有过于开放的表面会导致溶剂大量蒸发，随时间延长，纺丝液浓度变化使产品质量不稳定。为了解决上述问题，Wang 等[2]用金属螺旋线圈替换金属滚筒作为喷丝装置，可有效抑制溶剂自然蒸发，提高了生产效率，能生产比针式静电纺丝装置直径更细、更均匀的纳米纤维。

总体而言，针头式和无针式静电纺丝装置各具特点，适用于不同的领域。针头式装置因其简易性和灵活性而适用于小规模生产和基础研究，而无针式装置则因其高产量和可调控性而更适用于工业级生产。

---

[1] Angel, N., et al., "Recent Advances in Electrospinning of Nanofibers from Bio-based Carbohydrate Polymers and Their Applications," *Trends in Food Science & Technology* 2022：308-324.

[2] Wang, X., et al., "Needleless Electrospinning of Uniform Nanofibers Using Spiral Coil Spinnerets (Article)," *Journal of Nanomaterials* 2012：1-9.

3. 静电纺丝过程中使用的聚合物

静电纺丝过程中使用的聚合物种类繁多，聚合物的选择应考虑其溶解性。聚合物需要能够完全溶解在所选的溶剂中，并且在形成纤维后能够形成稳定的纳米纤维结构。聚合物应该具有足够高的分子量，以便在静电纺丝过程中发生缠结，而低分子量聚合物的链缠结有限，容易形成珠状纤维。[①] 聚合物的功能性和应用需求也是需要考虑的因素之一。在静电纺丝过程中，可以选择添加具有特殊功能的聚合物，如抗菌剂、抗氧化剂等，以赋予纳米纤维特定的性能和应用功能。例如，添加抗菌剂的聚合物可以制备出具有抗菌性能的纳米纤维面膜，用于医疗和护理领域。

目前已经有超过 100 种聚合物被成功地进行纺丝和表征应用于各个领域。[②] 通过静电纺丝技术生产纳米纤维的聚合物包括天然聚合物和合成聚合物以及两种聚合物的共混物。根据其应用考虑个别材料的特性，可以对静电纺丝工艺进行改性，以产生具有所需形态和性能的静电纺丝纤维。例如，在伤口敷料的应用中，聚合物的选择仅限于对皮肤或组织友好安全的物质。[③]天然聚合物具有良好的生物相容性和生物降解性，免疫原性低，[④] 且在静电纺丝过程中表现出高结合能力，适用于生物医学领域。[⑤] 最常用的天然聚合物有透明质酸、胶原蛋白、明胶、蚕丝蛋白、壳聚糖等。[⑥] 合成聚合物可以根据应用所需的性能进行定制，并且具有较好的均匀性。应用于生物医学和药物递送领域的典型合成聚合物有聚乳酸（PLA）和聚己内酯（PCL）等。此外，

---

① Ewaldz, E. and Brettmann, B., "Molecular Interactions in Electrospinning: From Polymer Mixtures to Supramolecular Assemblies," *ACS applied polymer materials* 3 (2019): 298-308.

② Xue, J., et al., "Electrospinning and Electrospun Nanofibers: Methods, Materials, and Applications," *Chemical Reviews* 8 (2019): 5298-5415.

③ Zanin, M. H. A., Cerize N. N. P., Oliveira, A. M. D. "Production of Nanofibers by Electrospinning Technology: Overview and Application in Cosmetics," *Nanocosmetics and Nanomedicines* 2011: 311-332.

④ Li, J., et al., "Gelatin and Gelatin-Hyaluronic Acid Nanofibrous Membranes Produced by Electrospinning of Their Aqueous Solutions," *Biomacromolecules* 7 (2006): 2243-2247.

⑤ Pierschbacher, M. D. and Ruoslahti, E., "Cell Attachment Activity of Fibronectin Can Be Duplicated by Small Synthetic Fragments of the Molecule," *Nature* 1984: 30-33.

⑥ Fadil, F., et al., "Review on Electrospun Nanofiber-Applied Products," *Polymers* 13 (2021): 2087.

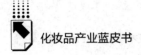

亲水性生物可降解聚合物，如聚乙烯醇（PVA）和聚环氧乙烷（PEO），已被用于生物医学应用。[1]

4. 静电纺丝过程使用的溶剂

静电纺丝过程中所使用的溶剂起着至关重要的作用，不同的应用场景应选择不同的溶剂。

溶剂的选择首先应考虑到聚合物的溶解度、相容性以及最终纳米纤维的性能要求。一般而言，溶剂应具有良好的溶解度，使得聚合物可以充分溶解在其中，并且在纤维形成后能够快速挥发，留下纯净的纳米纤维。其次，在静电纺丝中，适度的溶剂流变性能够使聚合物溶液在电场作用下形成稳定的纳米纤维，避免出现纤维断裂或聚集，保证纤维的均匀性和稳定性。此外，溶剂还可以通过调节其挥发性来控制纳米纤维的形成和排布。在静电纺丝过程中，溶剂的挥发性会影响溶液中聚合物浓度的变化速率，继而影响纳米纤维的形成速度和结构。因此，在静电纺丝过程中，需要根据所需的纤维结构和性能选择合适的溶剂。

不同类型的溶剂具有不同的用途和影响。静电纺丝常用的溶剂有水、氯仿、三氟乙酸、乙酸、甲酸、丙酮、甲醇、乙醇等。[2] 另外，还有一些特殊用途的溶剂，如盐溶剂、酸碱溶剂等。这些溶剂通常用于改变溶液的电导率和表面张力，以增强静电纺丝过程中的电场效应和纤维的拉伸性能。例如，加入盐类溶剂可以增加溶液的电导率，提高纤维的拉伸性能，从而制备出更细、更均匀的纳米纤维。水作为一种无机溶剂适用于制备水溶性高分子纤维。由于水作为溶剂具有环境友好、成本低廉、安全和溶剂残留量低等特点，被大量应用于化妆产品的生产中。许多有机溶剂如丙酮、甲醇等被广泛用于静电纺丝。但需要注意的是，有机溶剂通常具有挥发性，处理过程中需要采取适当的安全措施。在化妆品生产过程中要避免使用有机溶剂，尽管这些溶剂在纺丝过程中会挥发，但其残留可能会对人体皮肤和环境造成不良影响。

---

[1] Tiwari, S. K., et al., "Optimizing Partition-Controlled Drug Release from Electrospun Core-Shell Fibers," *International journal of pharmaceutics* 1 (2010): 209–217.

[2] Pereao, O. K., et al., "Electrospinning: Polymer Nanofibre Adsorbent Applications for Metal Ion Removal," *Journal of Polymers and the Environment* 4 (2017): 1175–1189.

（二）静电纺丝技术的应用研究

1. 研究现状

由于其具有大规模合成纳米纤维的能力，静电纺丝技术在学术界和工程界都受到了极大的关注。Research and markets 发布的数据显示，到 2025 年，全球纳米纤维市场预计将达到 72 亿美元。[1] 预计未来十年全球纳米纤维市场将显著增长。

在先进制造纳米技术工具的推动下，日本、美国、加拿大等国家的多家公司正在开展纳米纤维的商业化前试验。他们的研究不仅涉及纳米纤维材料的制备与调控，还涉及应用领域的拓展和纳米纤维材料的功能化设计。例如，日本 Hirose 公司采用静电纺丝技术合成纳米纤维织物，这种织物在医疗、过滤器、食品包装和电池隔膜等领域具有广泛的应用前景。

一些科研机构和高校通过改进静电纺丝工艺、优化材料配方，成功制备了一系列具有不同形态和性能的纳米纤维材料。由于其结构类似于细胞外基质中的胶原纤维，静电纺丝纳米纤维在组织工程、再生医学、控释药物传递和生物传感器等领域发挥着重要作用。[2] Khadka 等通过静电纺丝建立了纳米纤维仿生纳米复合材料，能够显著增加骨源性细胞活性。[3] 静电纺丝纳米纤维还可用于开发具有模拟天然血管结构潜力的双层结构。[4] 静电纺丝制备的纳米纤维可有效地用于人体皮肤伤口的治疗。此外，电纺纳米纤维被证明可以有效地进行液体输送和吸收。[5]

2. 在化妆品中的应用

近年来关于静电纺丝纤维在生物医药和人类健康领域的应用受到越来越

[1] G. N. , *Market, Trends Analysis & Forecasts to 2021(Infinium Global Research, 2016)*.

[2] Wu, T. , X. Mo and Y. Xia, "Moving Electrospun Nanofibers and Bioprinted Scaffolds toward Translational Applications," *Advanced Healthcare Materials* 6 (2020).

[3] Khadka, D. B. and D. T. , "Haynie, Protein-and Peptide-Based Electrospun Nanofibers in Medical Biomaterials," *Nanomedicine: Nanotechnology, Biology and Medicine* 8 (2012): 1242-1262.

[4] Fang, J. , X. Wang and T. Lin, "Functional Applications of Electrospun Nanofibers," *In Tech* 2011.

[5] Huang, Z. M. , et al. , "A Review on Polymer Nanofibers by Electrospinning and Their Applications in Nanocomposites," *Composites Science & Technology* 15 (2003): 2223-2253.

多人的关注，在化妆品中的应用能够给予消费者一种全新的体验。在化妆品领域，静电纺丝技术可以通过有效地将活性成分捕获在纤维或其网状孔内来克服与保存活性成分有关的问题。干燥状态的静电纺丝纤维会增加营养物质的稳定性，最大限度地减少其氧化或降解，避免使用防腐剂和其他化学物质。[①] 尽管大多数关于静电纺丝纳米纤维的研究都认为该技术简单、经济且易于从实验室扩展到商业生产，但只有少数公司成功将静电纺丝纤维商业化。

新西兰 Evolution fibers 公司开发了一种化妆品纳米纤维敷料——ActivLayr 生物活性胶原蛋白纤维贴片，它是水溶性的，可以与多种植物提取物结合，皮肤修护敷料和抗衰贴片是使用静电纺丝纳米纤维作为输送平台制造的产品。[②] 诺斯贝尔积极探索，经过多年研发，通过静电纺丝技术制备出速溶精华贴等产品，并率先在国内将此项技术实现工业化并推向市场。不仅如此，在 2023 年，诺斯贝尔联合 12 家单位和高校参与起草的《化妆品用静电纺纤维膜》团体标准正式开始实施。为静电纺丝技术在化妆品领域中的发展提供技术支撑和标准支撑。团标详细记录了静电纺丝纤维膜的卫生化学指标、检测规则等，为企业规范化生产提供了一系列科学依据。

（三）静电纺丝纳米纤维面膜应用实例

静电纺丝在化妆品领域中的应用主要集中在面膜产品。利用静电纺丝技术可以制备出一种新型的干态面膜。使用时，少量的水就能溶解里面的有效物质，促进皮肤吸收。干态面膜可以更好地保存活性成分，避免氧化或分解。静电纺丝制备的纳米纤维面膜还具有多种优异特性，使其在化妆品领域得到广泛应用。首先，纳米纤维面膜的特点就是极薄，遇水即溶，又称"隐形的面膜"。它的纤维直径通常能达到纳米级别，能更好地贴附在皮肤表面。其次，纳米纤维面膜还具有较大的比表面积，提高了活性物质在纳米

---

① Morganti, P., et al., "Green Nanotechnology Serving the Bioeconomy: Natural Beauty Masks to Save the Environment," *Cosmetics(Basel)* 4（2016）: 41.

② Hayes, T. R. and Hosie, I. C., *Turning Nanofibres into Products: Electrospinning from a Manufacturer's Perspective*（Springer International Publishing, 2015）.

纤维面膜上的负载量。纳米纤维面膜遇水后会逐步释放功效成分，达到被皮肤吸收的目的。最后，纳米纤维面膜具有良好的透气性、柔软性和舒适性，能够保持肌肤呼吸畅通，避免堵塞毛孔和引起过敏等问题。静电纺丝技术的发展使面膜可以更灵活地设计成各种形状更好地贴合不同部位的皮肤，比如眼膜、法令纹膜等，可满足个性化的护肤需求。

根据消费者的使用需求，可使用不同原料通过静电纺丝技术生产出不同功效的纳米纤维面膜。Xu 等通过静电纺丝以透明质酸、粗多糖和聚乙烯醇为原料制备干态面膜，该面膜具有优异的保湿性和抗氧化性，黏膜刺激试验表明它是温和安全的。[①] Jeong 等将溶胶-凝胶法制备的氧化锌纳米颗粒分散在 PVA 和柠檬酸水溶液中进行静电纺丝，用于祛痘面膜。[②] 纳米纤维面膜还可以与各种功能性成分和技术相结合，如抗氧化剂、抗炎成分等，以提高护肤效果。

虽然静电纺丝制备的纳米纤维面膜有多重优势，但想要制备出一款成功的纳米纤维面膜还需考虑多种因素，克服重重困难。一方面，形成的纳米纤维易出现结团、断丝、孔洞等现象，会严重影响纳米纤维的结构、影响面膜的护理性能，另一方面，纺丝液所添加的营养成分又常常影响纺丝纤维的形成。诺斯贝尔通过不断改进配方，成功制备出一种以透明质酸为骨架的胶原纳米速溶面膜。北京工商大学中国化妆品研究中心于 2019 年进行的诺斯贝尔眼膜 4 周连用功效测试结果显示，连续使用该产品 4 周后，眼周皮肤改善了 12.75%，有效淡化了细纹，并且皮肤光泽度也得到了显著提升。诺斯贝尔还制备出以普鲁兰糖和糖原为主要原料的干态速溶面膜。用共焦激光扫描显微镜对该产品渗透皮肤样品的情况进行测试，结果表明，糖原可以渗透到皮肤深层，显示该面膜有淡化细纹和提亮肤色的效果。同时在高湿度环境下

---

① Xu, H., et al., "Preparation and Characterization of Electrospun Nanofibers-Based Facial Mask Containing Hyaluronic Acid as a Moisturizing Component and Huangshui Polysaccharide as an Antioxidant Component," *International Journal of Biological Macromolecules* 2022: 212-219.

② Jeong, S. and S. Oh, "Antiacne Effects of PVA/ZnO Composite Nanofibers Crosslinked by Citric Acid for Facial Sheet Masks," *International Journal of Polymer Science* 2022.

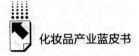

使用时，该面膜在5分钟之后仍未发生明显的吸潮和变形情况，为消费者在使用时提供了很好的体验和便利。这一应用研究不仅有助于解决实际问题，还为国内相关产业的发展提供了技术支持和创新动力，在很大程度上进一步推动了静电纺丝技术在化妆品领域的发展。随着技术的不断发展和应用的不断推广，纳米纤维面膜在护肤品领域的应用前景将更加广阔。

随着技术的不断进步，相信通过静电纺丝技术将制备出更多种类的化妆品，以满足消费者对于高质量化妆品的需求。静电纺丝技术的应用为化妆品行业带来了许多机遇和挑战。

（四）总结与展望

化妆与皮肤护理是人类健康生活必不可少的一部分，随着大众消费的升级，新兴消费群体对护肤有了更加理性和专业化的需求。静电纺丝技术在化妆品领域显示出一定的优势，如增强产品稳定性、保护活性成分等。然而，在化妆品应用方面的静电纺丝技术仍然存在挑战。工业中通过静电纺丝生产纳米纤维都采用有机溶剂，并不适用于化妆品，因此需要开发更多水溶性可纺聚合物，优化材料配方来设计出能纺出具有理想性能纳米纤维的纺丝液。扩大可应用于化妆品的静电纺丝材料的范围是发展静电纺丝技术在化妆品领域广泛应用的关键。展望未来，在消费者对高品质化妆品需求不断上升的推动下，静电纺丝的在化妆品中的应用有望进一步得到拓展。

五　超分子改性技术在化妆品领域的应用研究进展[①]

（一）超分子改性技术现状

近年来，在化妆品行业的技术竞争中，可以看到越来越多的上游原料公司选择走向技术创新之路。化妆品原料作为决定化妆品走向的源头，也是管

---

① 本部分执笔人：王振元、韩知璇、张嘉恒（深圳杉海创新技术有限公司）。

控产品质量的第一个环节，更是化妆品创新的关键所在。化妆品的功效很大程度上取决于原料的功效，小分子活性物、多肽原料以及植物提取成分依旧是应用最广、热度最高的化妆品功效原料。但对于部分功效成分来说，存在水溶性较差、刺激性较强、pH过高或过低、不易透皮吸收、生物利用度低等缺陷，例如有数十年历史的水杨酸虽然祛痘效果得到了广泛的肯定，但低溶解性限制了其功效发挥，较强的刺激性又使敏感人群对它"望而却步"。对于抗氧化、抗衰来说，多肽的功效是其他成分难以媲美的，但多肽类原料通常属于水溶性大分子物质，而皮肤的角质层更利于脂溶性小分子物质通过。因此多肽的实验室数据虽然很好，但难以被皮肤吸收的问题严重影响了多肽的功效发挥。如何提高功效原料的应用效果，开发独家核心功效原料，谋求突围与"话语权"，是化妆品原料厂商的发展重点。

（1）技术概述

超分子化学这一概念最早是由法国科学家Lehn提出的，并将其定义为"超越分子层次的化学"。超分子化学是一种通过"组装"获得新材料的技术手段。人们可以根据超分子自组装原则，以分子间的相互作用力作为工具，把具有特定结构和功能的组分或模块按照一定的方式组装成新的超分子化合物。这些新的化合物不仅能表现出单个分子所不具备的特有性质，还能大大增加化合物的种类和数目。通过精确控制自组装过程，科学家们可以更简便、更可靠地制造出符合预期目标的化合物。

（2）超分子技术前沿研究进展

超分子化学，这一新兴且充满活力的交叉学科，以其创新的理念和广泛的应用潜力而备受国际关注。超分子科学在国际研究领域正蓬勃发展，其应用范围广泛，涵盖了化学药物的研究与开发、光化学、压电化学传感器等技术。对于药物开发来说，药物分子和其他有机分子通过氢键作用结合在一起形成的超分子化合物，可有效改善药物的溶解度、生物利用度等，成为药物制剂的一个新选择。

在生物医药领域，厦门大学的吴云龙教授和其团队开发了一种独特的可注射的超分子水凝胶体系（CD3-PPP/pCAR@α-CD），这种体系能够携带

CAR 质粒，在体内直接对 T 细胞进行编辑，并持续激活 CAR-T 细胞。这一技术在人源化 NSG 小鼠模型上展示了对实体瘤的有效清除能力，这不仅是一项重大科学进展，也为 CAR-T 细胞疗法的应用提供了新的思路。[①] 江南大学的吴俊俊教授和陈坚院士的团队联合开发出了一种新型的超强细胞修护蛋白——超分子弹性蛋白。这种蛋白质具有活性位点的外露、出色的保水性、低分子量以及易于吸收等多项优良特性，仅需 1% 的浓度就能形成水凝胶，且具有强效的水下黏附特性以及促进细胞黏附、增殖和分化的能力，可以加快损伤的修护。[②] 哈尔滨工业大学（深圳）张嘉恒教授领导的团队则探索了一种基于离子液体的热力学稳定微乳液（IL-M）的新方法。通过理论计算和伪三元相图的构建，他们成功整合了离子液体的高药物溶解性和微乳液的高皮肤渗透性。这项研究使铜肽等活性肽类药物的局部递送率提高三倍，同时保持了其生物活性，为局部药物传递和肽类药物的应用开辟了新的途径。[③] 在应用方面，杉海创新与东北大学、大连理工大学等知名高校建立合作，共同研发了离子液体透皮给药技术、多功能超临界流体技术等多项前沿技术；与北京理工大学重庆创新中心共同研发的脂质纳米载体技术用于改善活性成分的稳定性和渗透能力。

除了科研机构，国际品牌也在泛健康领域对超分子技术的应用展现出了极高的敏感性和创新意识。例如，瑞士的奇华顿和法国的嘉法狮两家知名企业采用超分子结构溶剂提取植物活性成分。优色林品牌推出的光引精华，采用了超分子技术包裹核心美白成分肽安密多，透皮吸收效果提高超过九倍。而德国赢创公司制备的 DHA 离子盐也显著提高了生物利用度，达到了传统

① Chunyan Zhu, Lingjie Ke, Xiang Ao, et al., "Injectable Supramolecular Hydrogels for In Situ Programming of Car-T Cells toward Solid Tumor Immunotherapy," *Advanced Materials* 5 (2023).

② Junjun Wu, Lin Zhou, Hu Peng, et al., "A General and Convenient Peptide Self-Assembling Mechanism for Developing Supramolecular Versatile Nanomaterials Based on the Biosynthetic Hybrid Amyloid-Resilin Protein," *Advanced Materials* 4 (2023).

③ Tianqi Liu, Ying Liu, Xiaoyu Zhao, Liguo Zhang, Wei Wang, De Bai, Ya Liao, Zhenyuan Wang, Mi Wang, Jiaheng Zhang, "Thermodynamically Stable Ionic Liquid Microemulsions Pioneer Pathways for Topical Delivery and Peptide Application," *Bioact Mater* 2024: 502-513.

产品的 5 倍。国内品牌同样积极探索超分子技术的应用。珀莱雅使用超分子技术开发了超分子维 A 醇产品，博乐达则推出了超分子水杨酸和超分子活性锌等产品。杉海创新与 MCL 花智蔻合作建立纯净美妆创新研究中心，利用超分子改性技术对牡丹进行高效率的生物活性物质提取。超分子技术的这些应用不仅展示了其在化妆品和个人护理产品中的潜力，而且证明了超分子化学在提升药物和活性成分传递效率方面的巨大优势。这些创新不仅提升了产品性能，也为消费者带来了更多选择，同时推动了相关产业的技术进步和市场竞争力。

（二）超分子改性技术应用平台

为了解决天然功效原料自身及应用中存在的缺陷，国内一些企业搭建了超分子应用平台，在化妆品原料备案表中选取合适的原料对天然功效原料进行改性，大幅度改善了天然功效原料的溶解性、稳定性、刺激性以及功效性能，打破了其配方应用局限性。例如杉海超分子改性技术应用平台，基于超分子改性技术开发了超分子共晶强化技术、NaDES 定向萃取技术、超导协同促渗技术、超分子包裹体微囊技术、生物酶绿色催化技术以及胜肽分级自组装技术等六大平台技术。

1. 超分子共晶强化技术

超分子共晶/离子盐是指功效成分与其他酸、碱、非离子化合物，通过氢键、范德华力、π-π 堆积作用、卤键、离子键等非共价键作用下结合而成的复合物。共晶与离子盐都是将两个或多个分子在同一晶格中，通过一定作用力，形成规则排布的结晶结构，具有更好的稳定性、溶解性、可加工性和生物利用度。通过分子间作用力将活性物在分子维度的晶格中重新配对，有序排列，得到超分子共晶/离子盐的技术即为超分子共晶强化技术。该技术在不改变活性物的分子结构的情况下，可设计性解决原料溶解度差、不稳定、刺激性强等问题，加强活性物之间的协同性，多维度提升功效，促进活性物的经皮吸收、高效利用。

超分子共晶强化技术得到的共晶/离子盐具有优异的三维晶体结构以及

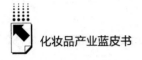

稳定性好、纯度高、杂质少等优点，可有效解决食品、药物、化妆品中功效成分的应用痛点，提高功效成分的生物利用率及安全性。

基于超分子共晶强化技术，杉海创新开发出了甜菜碱系列、壬二酸系列、烟酰胺系列、苦参碱系列等多个"明星单品"。例如萱痘清运用超分子甜菜碱水杨酸共晶，相较于水杨酸刺激性更低，安全性为传统水杨酸的50倍；萱净皙运用超分子烟酰胺壬二酸共晶，提高了壬二酸的水溶性和配伍性；萱皙妍运用超分子传明酸扁桃酸离子盐，通过扁桃酸协助优化传明酸的透皮性能，与传明酸协同缓解深层清洁后的红印问题。

2. NaDES定向萃取技术

生物源超分子溶剂（NaDES）是一种可重现植物细胞内环境的新型天然溶剂，对植物成分有天然的亲和力，可定向萃取和长期稳定储存，被誉为最具创新性的仿生技术之一。与传统的有机溶剂相比NaDES具有廉价易得、低毒环保、结构和性能可调节等特点，且NaDES拥有与天然生物系统相类似的分子识别功能，具有特异的选择吸附性，能大幅提升提取过程中对目标成分选择性的摄取能力；NaDES溶剂还能够加速溶解和破坏植物细胞的细胞壁，有着极好的破壁效果，能促进活性成分的溶出。

天然NaDES绿色溶剂是新型的无毒、无挥发、环境友好的绿色溶剂，可以根据特定用途和性质对其进行个性化设计，满足不同领域和市场的需求，是传统有机溶剂的最佳的替代溶剂，能广泛应用于天然原料中生物碱、挥发油、黄酮类、萜类、多糖类等的快速萃取，并能够重复利用。NaDES溶剂本身即为绿色天然成分，通过科学合理的设计与改性，使NaDES溶剂既是提取剂，也是功能性组分，在使用后不需分离，可直接作为大健康产品的原料使用，安全环保，免去了分离提纯的步骤。

通过NaDES定向萃取技术，NaDES溶剂加速溶解油橄榄叶中细胞的细胞壁，能够精准捕获羟基酪醇、橄榄苦苷，促使活性物流出，在不破坏植物活性成分结构的情况下，与目标活性成分形成一种新的多元的超分子结构体系，进而实现活性成分的高效萃取，得到的提取物中的橄榄苦苷和羟基酪醇的含量更高，且渗透性更好。

3. 超导协同促渗技术

美容多肽由氨基酸通过肽键连接而成，多数美容多肽亲水性强且带电荷，普通的被动扩散透皮吸收速率不能达到理想的透皮效果，无法在皮肤有效部位达到足够的含量发挥其较理想的功效。基于超分子技术的超导协同促渗技术能够在无皮损情况下使有效成分充分达到靶部位发挥作用，减少促渗剂对皮肤的伤害，提升美容多肽的生物利用率及稳定性。超导协同促渗技术遵循绿色化学的理念，有别于传统的促渗技术，可以无损促渗，提高美容多肽的生物利用率，在功能性化妆品等领域具有广泛的应用前景。

超导协同促渗技术制备的玻色因，可以将生物利用度提高 6~7 倍，提高了玻色因的渗透效果及驻留时间；通过超导协同促渗技术制备的蓝铜肽，可以将其生物利用度提升 4~5 倍，其中靶点部位含量提高 45% 以上，渗透效果和驻留时间均获得了里程碑式的提升。

4. 超分子包裹体微囊技术

超分子包裹体微囊技术是指将活性成分包裹进入超分子载体中，使透皮吸收高效、刺激性低、稳定高，还能实现缓释长效的技术，产品包括超分子微囊、超分子脂质体、超分子脂肪乳、超分子胶束等。此外，将超分子溶剂独特的促渗能力和脂质体等包裹技术相结合，实现双重超分子促渗提升，同时进一步增强稳定性和缓释效果。利用高压均质和高压微射流等特殊设备，使制备的超分子包裹产品粒径控制在 300nm 以下，部分产品粒径在 50nm 以下，实现高效吸收；通过辅料成分的调节，可以使产品带不同电位，提高产品稳定性的同时也提高吸收效果。在化妆品领域、功能食品领域和药品领域都有着低成本、高疗效的应用。

超分子包裹体微囊技术特殊设计的微囊球，以最佳的包裹载体及技术，将脂溶性抗氧化抗衰活性物、几乎不溶于水的、刺激性强的 HPR 包裹在其中，提高其稳定性，使其不受到空气、水分及紫外线等干扰而降低功效；显著促进渗透效果，同时具备缓释效应，进一步降低 HPR 的刺激性，使 HPR 到达真皮层，实现低刺激性，精准高效抗衰。

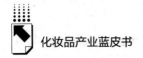

5. 生物酶绿色催化技术

生物酶绿色催化技术是针对传统化工产业技术的短板，集合超分子化学技术与生物催化技术的优势所做出的创新。其反应主要是利用酶或生物有机体作为催化剂进行化学转化的反应过程。在进行生物催化时添加超分子离子液体，提高反应过程中酶的稳定性并保持酶在反应过程中的活性，保证生产的高效性。相比于传统的有机合成工艺，生物酶绿色催化技术生产周期短、原料的利用率更高，能够有效地减少能源消耗和碳排放量。生物酶绿色催化技术是研发高效、廉价、易产业化的功能性糖苷类化合物的关键技术。

应用生物酶绿色催化技术，已开发出 α-熊果苷、甘油葡糖苷（2-α-GG）、VC 葡糖苷（AA2G）等多种天然糖苷类化合物，产品稳定性佳，无毒无菌，不含有机溶剂残留，质量稳定且光学纯度达到 99% 以上，并且生产工艺流程操作简便、副产物极少、便于后处理。

6. 胜肽分级自组装技术

由于胜肽链段上氨基酸残基具有不同的化学结构，多肽可以利用其肽键间氢键作用以及氨基酸残基之间的氢键作用、静电作用、疏水性作用以及 π-π 堆积作用等有效实现分子自组装。结合系统的实验观测、分子动力学和量子化学计算，在精心设计下能够实现定向诱导特定功能和结构的多肽。通过调控多肽分子间氨基酸的类型、数量和相对位置来改变它们的特定折叠结构，进而提高分子自组装的能力，实现胜肽的定向调控。自组装胜肽具有优异的两亲性和对称性，大幅度提升了胜肽稳定性、透皮能力和生物利用度。

肌肽具有抗糖化作用，可作为水溶性抗糖化、抗氧化、抗衰老成分用于化妆品中，但肌肽存在稳定性差和生物利用度低的问题。采用胜肽分级自组装技术，辅以计算机模拟、设计，结合脱羧肌肽及乙酰基肌肽制备出超分子肌肽。实验表明，利用胜肽分级自组装技术，在增效、稳定性、生物利用度三个角度优化了肌肽的实用性。八肽是一种由特定的 8 个氨基酸序列形成的短肽，是一种仿细胞外基质（ECM）材料，但单体功效较差。通过微环境调控、内参数调控，能够定向诱导八肽自组装成形貌各异的纳米网络状结构。自组装后的八肽能够高效激活水通道蛋白、抵御光损伤、高效改善人体皮肤屏障。

六　冻干护肤发展现状、趋势及技术应用[①]

（一）引言

冷冻干燥（Freeze-Drying）全名为真空冷冻干燥（Vacuum Freeze Drying），简称冻干，是指在低温低压条件下利用水的升华性能，使物料低温脱水而达到干燥目的的一种干燥方法。[②] 冻干粉是在无菌条件下通过将湿润的物质或溶液在低温（-10℃~-50℃）环境中冷冻，随后在真空环境（1.3Pa~13Pa）中将其中的水分直接从固态升华成气态，去除水分，形成的干燥固体粉末。

二战期间，血浆和青霉素的冷藏运输难题，推动了冷冻干燥技术的商业化发展。约1960年，冷冻干燥技术的应用扩展到了世界范围。20世纪90年代，随着生物制剂产业的兴起，特别是蛋白质产业的兴起，药物的冷冻干燥得到了推动。[③] 在我国，冻干技术早期用于制药，如抗生素和疫苗的生产。20世纪80年代中期扩展至人参、鹿茸等林产品，现已广泛应用于医药、生物制品、食品、化妆品等行业。

近年来，市场上出现了冻干形式的化妆品，这一趋势正在逐步渗透美容领域。早先，由于冻干设备的高成本以及单个冻干粉制剂的包装和生产成本较高，冻干技术主要被用于保存价值较高的生物医药产品。但是，随着消费者和化妆品企业对产品性能要求的提高，冻干技术在化妆品行业中的使用变得越来越普遍。

---

① 本部分执笔人：桂红、陈红英（珠海贝美生物科技有限公司）。
② 肖宏伟、黄传伟、冯雁峰等：《真空冷冻干燥技术的研究现状和发展》，《医疗卫生装备》2010年第7期，第30~32页。
③ Abla KK, Mehanna MM, "Freeze-Drying: A Flourishing Strategy to Fabricate Stable Pharmaceutical and Biological Products," *Int J Pharm* 2022.

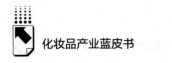

（二）冻干化妆品的政策、产业、市场发展情况

1. 政策监管

2023 年 10 月中国标准化协会发布了团体标准 "T/CAS 772-2020 功能性冻干粉"。这一标准专门针对功能性冻干粉产品，全面规定了产品的技术要求，涵盖了感官指标、理化指标、微生物指标、有害物质限量以及功效宣称指标等多个方面。这些政策与标准的出台为冻干化妆品的生产、检验和市场流通提供了更为明确的规范和指导，有助于推动行业规范化、标准化发展，保障消费者权益。随着冻干技术在化妆品领域的不断应用和发展，预计未来会有更多相关的政策出台。

2. 市场规模

随着国民经济的稳步增长及消费者对美容护肤认知的显著提高，冻干粉凭借其卓越的皮肤护理效果和安全性，已在化妆品市场中获得了消费者的高度认可和青睐。冻干粉具有较长的保存期限，能够有效保留物质的原始营养成分、活性和稳定性。当前，我国冻干粉市场尚未得到完全开发，市场处于发展期。随着技术创新和应用领域的拓展，冻干粉市场将继续保持强劲的增长态势。预计到 2025 年，全球冻干粉市场规模将达到 56.1 亿美元，而中国市场规模更是有望达到 312 亿元，显示出中国市场的快速增长趋势。①

3. 市场竞争

随着冻干粉在化妆品市场的不断推广，消费者对健康、天然来源以及高品质化妆品的偏好日益增强，使冻干粉在市场上的接受度和渗透力持续上升。冻干技术的创新应用还可能催生新的化妆品品类，如冻干彩妆、冻干洁面等，为市场带来新的增长点。在化妆品市场的竞争格局中，冻干技术的应用发挥了显著的正面作用。它不仅激发了行业内的技术创新和产品线的多元化，而且迎合了消费者对高端化妆品品质的期待，为化妆品行业的全面进步和可持续发展提供了动力。

---

① 中研普华产业研究院：《2024~2029 年中国冻干粉行业市场深度调研及投资策略预测报告》。

4. 发展趋势

根据《2023美妆冻干技术趋势白皮书》，冻干护肤市场规模显著增长，淘系电商年规模高达14亿元，同比增长30%，人群规模同比增长35%以上。这表明冻干粉化妆品市场正在快速扩张。随着冻干技术的不断进步及消费者对产品质量、安全性要求的不断提高，冻干粉行业将面临更多的机遇和挑战。冻干粉领域的企业应积极探索与其他产业的协同创新机会，如与医药、食品、美妆等行业合作，共同推动创新产品的开发并探索未开拓的应用范围。通过实施多元化战略和持续的创新驱动，企业能够提升其产品的质量标准和安全性能，进而开拓新的市场空间并增强其市场竞争力。此外，加强行业监管是确保市场规范化、维护消费者权益和推动行业稳健发展的关键措施。

（三）冻干化妆品的优势分析

在冻干化妆品的制造过程中，采用了精密的冷冻干燥技术，这一技术在精确控制的低温和真空环境中操作，旨在去除产品中的水分，同时最大限度地维持成分的生物活性和化学稳定性。这种固态粉末形态的产品，不仅在延长货架寿命方面具有优势，还减少了对肌肤可能产生不良反应的化学添加剂的依赖。与传统液态或膏状护肤品相比，冻干化妆品在活性成分的保护、产品稳定性的提升，以及防腐剂使用的最小化方面展现出显著的比较优势。

冻干技术产品与其他干燥方法产品相比具有以下几点优势。[①]

1. 高活性成分保留

冻干粉是原料在低温低压环境下被迅速去除水分的产物，能够最大限度地保留原料中的活性成分，同时，由于低压缺氧，又可使物料中的易氧化成分不氧化变质，避免了对热敏感及易氧化成分的损坏。

2. 稳定性增强

冻干粉在去除水分后，微生物生长的可能性大大降低，产品的稳定性得

---

① 姚静、张自强编著《药物冻干制剂技术的设计及应用》，中国医药科技出版社，2007。

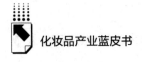

到增强，这使得产品具有更长的保质期，无需添加防腐剂也能保持稳定。且在储存和运输过程中不需要冷链，降低了成本。

3. 安全性提高

冻干粉在生产的过程中不添加防腐剂和其他化学添加剂，因此减少了肌肤刺激或过敏的风险，尤其适合敏感肌肤使用。对于敏感肌肤或对某些成分过敏的消费者来说，使用起来更加安全。

4. 易于吸收

冻干粉在与水或特定溶剂接触后能迅速溶解，释放出高浓度的活性成分，这些活性成分能够快速渗透肌肤，提高吸收效率和护肤效果。

5. 便于携带和存储

冻干粉的粉末形态使其体积小、重量轻，便于携带，同时也易于存储，不易破损。冻干粉在使用时通常只需加水或特定的溶剂即可迅速溶解，方便消费者随时随地使用。

6. 环境友好

冻干粉的生产过程中能耗较低，且由于不含防腐剂，对环境的影响较小，符合当前绿色环保的消费趋势。

（四）冻干化妆品的创新技术及应用

目前，冻干粉已结合多种技术，广泛应用于化妆品中。这些技术的融合，使冻干化妆品能够针对不同肤质和需求，提供个性化的护肤解决方案，引领着高效、科技护肤的新潮流。其创新技术及应用正不断拓展，结合了多种前沿科技，以下是六个方面的探讨。

1. 基因工程技术

基因工程技术可通过对某些基因进行修饰和表达，来改造微生物或植物细胞，使其能够生产特定的活性蛋白或多肽。这些定制的活性成分可以被直接用于冻干化妆品中，提供特定的功效，如抗衰老、修护或美白等。基因工程技术还可以用来开发全新的生物活性分子，这些分子可能在自然界中不存在或难以提取。这些新型成分可以为冻干化妆品的制剂提高稳定性和效率，且能带来独特的护肤效果。[①]

2. 脂质体包裹技术

通过将冻干粉与脂质体包裹技术相结合，活性成分被包裹在类似于细胞膜的双层脂质结构中，从而得到脂质体冻干制剂。实现了活性成分稳定性的增强和皮肤渗透性的提升。同时，脂质体本身具有良好的肤感和保湿性能，能够改善化妆品的使用体验。这种脂质体的双层膜结构与皮肤细胞膜相似，有助于活性成分深入皮肤深层，同时控制释放速率，提高生物利用度。脂质体冻干制剂具有提高稳定性、便于储存运输、改善药物释放特性和增强物理特性等优点，但同时也面临优化过程条件的挑战。[②]

3. 纳米技术

纳米技术可以将化妆品中的活性成分制备成纳米级颗粒，提高其在皮肤中的渗透性和吸收率。冻干技术将这些纳米级颗粒进行冻干处理，得到纳米级冻干粉。利用纳米级别的载体来搭载有效成分形成冻干粉使成分更均匀分散，能够更有效地穿透皮肤屏障，提高活性成分的生物利用度，更易被皮肤深层吸收。[③] 此外，纳米技术还有助于改善冻干粉的溶解性和分散性，确保在不同介质中都能迅速均匀地释放活性成分，提升护肤效果和用户体验。

4. 生物发酵技术

生物发酵技术用于生产特定的活性成分，如多肽、维生素和抗氧化剂等，这些物质对皮肤有显著的修护和保护作用。冻干化妆品中结合生物发酵技术，可以提供更天然、更有效的活性成分，使这些活性成分在冻干粉中能

---

① Kong L., Huang Y., Zeng X., et al., "Effects of Galactosyltransferase on EPS Biosynthesis and Freeze-Drying Resistance of Lactobacillus Acidophilus NCFM," *Food Chemistry: Molecular Science* 2022.

② Franzé S., Selmin F., Samaritani E., Minghetti P., Cilurzo F., "Lyophilization of Liposomal Formulations: Still Necessary, Still Challenging," *Pharmaceutics* 3 (2018): 139.

③ Chen G., Okamura A., Sugiyama K., et al., "Surface Modification of Porous Scaffolds with Nanothick Collagen Layer by Centrifugation and Freeze-Drying," *J Biomed Mater Res B Appl Biomater 2(2009)*: 864-872.

够保持高活性，增强产品的修护和抗衰老能力。生物发酵技术的应用不仅提升了冻干粉产品的安全性和天然健康性，还能快速解决皮肤问题，同时也满足了消费者对绿色、可持续护肤产品的需求。

5.透皮给药技术

透皮给药技术通过优化成分的分子大小和形态，提高其穿透皮肤的能力，实现有效成分的稳定释放。冻干化妆品与透皮给药技术的结合，可优化活性成分的传递效率，确保这些成分能通过皮肤有效吸收。透皮给药技术通过调整分子大小和结构，增强了成分的穿透力，使其直达皮肤深层。这种结合不仅提升了冻干粉的生物利用度，还实现了更精准的局部释放，减少了系统性副作用，为消费者提供了更为高效和安全的护肤体验。

6.智能材料应用

智能材料可以响应环境变化，如温度、湿度或 pH 值的变化。冻干化妆品与智能材料的结合，可引入能够响应环境变化或皮肤条件的先进材料，如 pH 敏感或温度响应型聚合物。这些智能材料能够根据皮肤的需求调节活性成分的释放速率，实现定制化的护肤效果。例如，智能材料可以在皮肤 pH 值变化时释放修护成分，或在接触皮肤热量时释放清凉成分，从而提供更加个性化和动态的护肤解决方案。这种结合增强了冻干粉的功能性和适应性，满足了现代消费者对智能护肤的期待。

（五）冻干护肤的未来发展方向及趋势

随着科技的快速演进以及消费者对个性化和高效护肤产品需求的显著增加，冻干护肤正处于创新多元化发展的关键转折点，未来冻干护肤具有以下发展趋势。

1.更强调功效精准性

随着对皮肤问题研究的深入，冻干产品将更加针对特定肌肤问题进行精准配方设计，通过临床试验和科学研究来验证其成分对皮肤问题的具体效果，如敏感肌修护、色斑淡化、皱纹淡化等。通过生物工程技术的应用，精确地提炼并增强活性成分的性能，实现对特定皮肤状况的针对性和高效性治疗。

2. 天然与科技融合

结合现代先进科技，冻干化妆品将利用科技提取和保存天然成分中的有效活性分子。同时保障天然成分的稳定性和生物利用度，以降低致敏反应和潜在副作用的风险。

3. 个性化定制加强

提供更多定制化选项，如根据每位消费者的具体肤质、护肤需求和生活环境条件等因素来定制个性化的产品配方，以实现高度个性化的冻干护肤解决方案。

4. 智能化结合

利用智能技术，如皮肤分析仪，冻干护肤可以根据皮肤状态实时调整冻干产品的选择和使用方案，实现个性化智能护肤。

5. 多功效复合

冻干护肤品的研发不再局限于单一功效，转而采用集成多种功效的配方策略，例如，将保湿、修护和抗氧化等多重功能整合于单一产品中。这种综合方法依赖于精确的配方设计，确保了成分间的互补和协同增效，从而优化了产品综合效益的发挥。

6. 高阶抗衰

2024年1月，国务院办公厅印发了"银发经济"政策文件——《关于发展银发经济增进老年人福祉的意见》。其中明确提出要发展抗衰老产业，包括深化皮肤衰老机理研究、加强基因技术、再生医学、激光射频等在抗衰老领域的研发应用，以及推动基因检测、分子诊断等生物技术与延缓衰老深度融合。因此，将冻干护肤结合再生医学等抗衰赛道将具备广阔的增长空间。

7. 环保可持续

在原料获取、生产过程等方面，环保和可持续性将成为冻干化妆品的重要考量，更加注重环保和可持续发展。包括使用可回收或生物降解的包装材料，以确保生产过程的环境友好性。

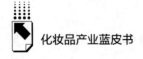

8. 便捷性提升

冻干化妆品将设计更便捷的使用方式，如简化的使用步骤、易于携带的小包装，以及快速见效的产品特性，以适应消费者出行和快节奏生活的需求。

9. 跨领域合作增多

在冻干护肤的领域内，研发与创新活动正日益扩展至多学科和行业间的协作。这包括与医疗、生物工程、材料科学等不同领域的科研机构及企业建立合作伙伴关系，以集体智慧和资源共享为基础，解决皮肤科学中的复杂问题，提升产品的功效和安全性，共同促进产品创新和技术进步。

七 次抛化妆品与 BFS 无菌封装工艺发展[①]

（一）次抛化妆品市场现状

次抛化妆品近年来在化妆品市场中崭露头角，其小巧轻便、锁鲜安全的特点深受消费者喜爱。随着消费者对产品锁鲜、极简、安全需求的日益增长，高浓度、强功效、小剂量的次抛产品受到用户青睐。

1. 市场规模和增长

从市场规模来看，次抛化妆品的市场需求呈现倍增的趋势。近年来随着人们健康、美容意识的增强，次抛精华的市场需求也日益增加。

据中国美妆网统计，2017 年，次抛产品的新增备案数为 15 件，2024 年次抛产品备案数已经增长到 2788 件，8 年时间增长 185 倍。[②]

次抛精华在液体精华市场中的占比也在急速攀升。2017 年占比仅0.77%，2024 年占比攀升至 37.12%（见图 1）。

亮眼的数据得益于众多品牌在次抛赛道的发力。2018 年，华熙生物旗

---

① 本部分执笔人：杨光、龚道勇、温碧莹、周立燕（广东康容实业有限公司）。

② 《年销近百亿，次抛赛道国货赢了！》，搜狐网，2024 年 4 月 5 日，https://www.sohu.com/a/769403710_121123896。

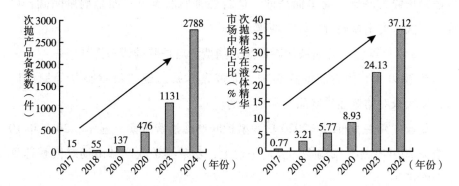

图1　2017~2024年次抛精华的市场分析

资料来源：国家药监局官网。

下品牌润百颜首次面向消费者推出次抛精华；2021年，西安巨子生物推出主打产品次抛精华可复美胶原棒；另一国货美妆品牌丸美以小金针抗衰次抛精华作为2022年的主推产品，全年单品GMV超过了9000万元。

魔镜洞察数据显示，2023年3月至2024年2月，淘宝、京东、抖音线上平台次抛类美妆产品销售额超96亿元，销量超5347万件。[①]

2.消费者行为分析

从消费者的角度来看，活性精华的消费群体相对广泛。不同年龄段、性别和肤质的人群都有对活性精华的需求。次抛精华大热的背后，与消费者需求变化、大环境改变、纯净美妆兴起等因素息息相关。

（1）次抛精华独特优势击中消费者心锚

果集千瓜在《2023年1~6月抖音快手美妆消费市场报告》总结了4大次抛精华消费者购买需求。一是成分活性使用效果明显：针对熬夜加班、环境污染、换季过敏等特定场景，解决相应皮肤问题；二是肤感好，水润不黏腻：产品质地细腻，触感柔滑，基于肌肤水润滋养而不黏腻，让肌肤倍感舒适；三是卫生安全，配方简单纯净：按次使用，干净卫生，单独包装，配方

---

① 《年销近百亿，次抛赛道国货赢了！》，搜狐网，2024年4月5日，https://www.sohu.com/a/769403710_121123896。

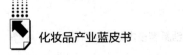
以植物精粹为基础，简单而高效，适合各种肌肤类型；四是剂量明确，可控：一次一支出差旅行，轻巧便携。

（2）"口罩脸"等肌肤问题爆炸，消费者对护肤的认知提升

在2020年，因为疫情的影响，很多人容易出现"口罩脸"等肌肤问题，使大众对功效型护肤品的需求大增。

美业颜究院发布的《2020功效型护肤产品消费洞察》显示，2019年10月至2020年9月，仅淘宝、天猫平台上，功效型护肤产品市场规模就达到了796亿元。

这样大的市场份额，引来了一大批品牌的哄抢追逐，市场上产品同质化问题也日趋严重。作为创新的品类，次抛化妆品顺利地在功效型护肤产品中脱颖而出。次抛作为安瓶的迭代产品更加成熟，更受消费者青睐。

据统计，截至目前，安瓶在小红书上已有19万+的笔记，并有2300多款商品；在抖音上，仅"安瓶"这一个话题下的视频播放量就达上亿次。当次抛化妆品作为安瓶的更优替代产品走进直播间时，消费者能很快地接受这一新品类。

（3）纯净美妆崛起，以植物提取物为代表的纯天然成分成为主流

消费者正在使用的护肤品中，以植物提取为代表的纯天然成分是主流。天猫美妆年度报告数据显示，含有纯天然成分的护肤品占比高达52%。

次抛产品采用无菌塑料包装吹灌封自动生产装备生产，可实现无菌生产，从而不需添加防腐剂，安全性更高，且避免了因多次使用而产生二次污染的风险。纯净美妆与次抛产品相结合，更能更好地发挥纯天然成分的天然、鲜活优势。

3. 市场竞争格局

从市场同类型产品工艺竞争维度综观整个化妆品行业，次抛类型活性化妆品的工艺多样。安瓶、冻干粉等，都曾是市场上主流活性精华包装/品类的代表。

通过表8，我们可以了解次抛化妆品与其他类似产品的区别。

表 8　化妆品包装/品类形式对比

区别类型	次抛	安瓶	冻干粉
工艺特点	BFS 无菌灌装工艺	无菌车间密封,经过高压蒸汽灭菌	无菌真空干燥技术
优点	低防腐/无防腐精华 最大程度保证成分活性	高浓度液体精华	活性保持时间更长
缺点	—	瓶口的碎屑,掉落到精华里会割伤皮肤	需要溶媒液体进行泡发
使用场景	任何场景皆可使用	不适合居家使用	不适合居家使用
综合评价	次抛化妆品无菌一体式封装精华,一次一抛,精准用量,方便使用	玻璃材质,容易割伤皮肤,目前已被次抛化妆品取代,市场仅有极少品牌使用	针对某些成分的冻干活性技术,比较适用于院线,配方相对复杂多型

资料来源：2024 年上半年化妆品市场信息收集调查结果。

　　从次抛赛道的竞争维度看，数据显示，2024 年 2 月，淘宝、天猫次抛化妆品销售额达 35.8 亿元，销量为 1586.7 万件。从平台次抛化妆品品牌销售额 TOP10 榜单来看，国货品牌在上榜数量上呈现"压倒性"优势，占据 8 席。

　　其中，可复美、夸迪、润百颜，分别占据 24.3%、19.6%、13.6%的市场份额，可见次抛化妆品市场已呈现由巨子生物、华熙生物两大巨头主导的竞争格局。

（二）BFS 无菌封装工艺解析

1. BFS 无菌封装工艺原理

　　BFS 无菌封装工艺是 20 世纪 60 年代由瑞士罗姆来格集团发明的一种无菌灌装工艺，由多功能集成单元的机械结在无菌状态下完成吹塑成型（Blow）、灌装（Fill）、封口（Seal），简称 BFS。

　　该技术通过一台设备完成塑料安瓶的成型、液体的灌装、产品的封口，所有工序都是在无菌条件下一次性完成的，整个循环，在 3~4 秒内完成。

　　由于产品是在一台单机上成型、灌装并封口，整个工艺过程在无菌环境下完成，所有的工艺介质（内液、空气等）均经除菌过滤。因此，产品极

少或者完全不受生产环境污染影响。

2. BFS无菌封装工艺流程解析

BFS无菌封装工艺的基本工作原理是，机器的螺杆注塑挤压机将塑料粒子加温热融后，通过挤出头在洁净空气的支撑下形成型坯；在A级风淋的保护和型坯夹的帮助下，型坯进入密封单元的模具中，在洁净压缩空气和真空的作用下在模具内加工成容器；灌注系统在容器中灌入产品的同时排出容器内的气体；密封单元的头模将容器密封后模具单元张开，机械手将产品经通道送出灌装间，送入普通生产区，具体生产工艺流程如图2所示。

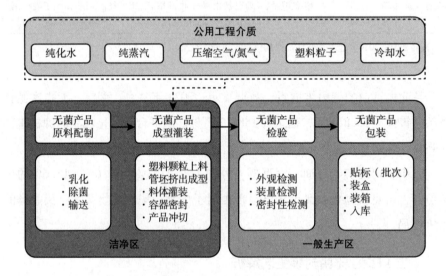

图2　吹灌封（BFS）无菌产品生产工艺流程

资料来源：《吹灌封（BFS）无菌产品生产操作技术规范》团体标准。

（三）次抛化妆品和BFS无菌封装工艺结合

1. 次抛化妆品的优势

（1）保鲜+保质+精简防腐体系

广东康容实业有限公司微生物实验室通过细菌和真菌微生物培养实验证实，与需要添加防腐剂的普通剂型化妆品相比，次抛化妆品具有不添加防腐剂也不会受到微生物污染的优势。

无防腐剂和有防腐剂的次抛和普通剂型化妆品微生物污染测试结果见表 9。由结果可见次抛剂型的样本，不管是否含有防腐剂，都不会被细菌和真菌污染，而普通剂型样本，如不添加防腐剂，则很快就会被细菌和真菌污染。说明普通剂型化妆品需要添加足够的防腐剂才能在非无菌环境下抑制细菌和真菌的生长，而次抛化妆品不需要添加防腐剂也不会被微生物污染。

表 9　次抛和普通剂型化妆品微生物污染测试情况

样本	总菌数（CFU）	真菌（CFU）
次抛（无防腐剂）	0	0
普通剂型（无防腐剂）	4±2	9±3
次抛（含 0.35%杰马 plus 和 0.3%氯苯甘醚防腐剂）	0	0
普通剂型（含 0.35%杰马 plus 和 0.3%氯苯甘醚防腐剂）	0	0

（2）减少甚至不添加防腐剂

次抛化妆品生产和设备实现无菌，小剂量密封包装等特性可以极少添加防腐剂，从而避免刺激。

广东康容实业有限公司微生物实验室通过斑马鱼胚胎急性毒性实验证实，和需要添加防腐剂的普通剂型化妆品相比，次抛化妆品具有不需添加防腐剂、更安全优势。

次抛和普通剂型精华样本对斑马鱼胚胎的急性毒性测试结果见表 10。次抛精华的 LC50 和 LC10 均>100g/L，在 100g/L 浓度下斑马鱼胚胎发育正常，未出现急性毒性特征；而添加了防腐剂的普通剂型精华的 LC50 和 LC10 分别为 14±0.52g/L 和 3.93±2.74g/L，在 100g/L 浓度下斑马鱼胚胎全部死亡，在 9.4g/L 浓度下仍有部分鱼胚胎出现发育畸形或死亡情况。说明普通剂型化妆品中添加的防腐剂会增加化妆品的毒性风险，而次抛化妆品无需防腐剂更安全。

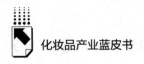

表10 次抛（无防腐剂）和普通装（含0.35%杰马plus和0.3%氯苯甘醚防腐剂）
精华样本急性毒性测试

样本	斑马鱼胚胎半数致死浓度（LC_{50}；g/L）	斑马鱼胚胎10%致死浓度（LC_{10}；g/L）
次抛	>100±0	>100±0
普通剂型	14±0.52	3.93±2.74

（3）利于活性物质保鲜

普通剂型化妆品开封后因无法一次性用完导致内料活性物质与空气长时间接触而失去抗氧化功效活性。次抛化妆品即开即用，可以避免因开封太久活性成分与空气接触导致的变质问题。

水中银（国际）生物科技有限公司实验室通过斑马鱼胚胎抗氧化功效实验证实，和日常使用时需要反复打开的普通剂型化妆品相比，次抛化妆品避免了因接触空气而变质失活的风险，具有更能保持产品活性功效的优势。

次抛（无防腐剂）和普通剂型（开口滴瓶）精华样本对斑马鱼胚胎的ROS清除活性测试结果见表11。测试中阳性对照0.1g/L谷胱甘肽的ROS清除率为35±2.52%（$p<0.05$），说明不同批次间测试稳定。次抛样本在整个测试周期均表现出显著的相近的抗氧化功效，而普通剂型样本，在开封后抗氧化功效显著下降，由第1天的50±2.0%（$p<0.05$）降为第7天的28±2.1%（$p<0.05$）和第15天的7.3±0.2%（$p>0.05$）。该结果说明普通剂型化妆品开封后因与空气接触而失去抗氧化功效活性，而次抛化妆品则呈现很好的与外界空气隔离的状态，能有效保护化妆品的抗氧化效果。

表11 次抛（无防腐剂）和普通剂型（开口滴瓶）精华样本抗氧化功效测试

样本	ROS清除率(%)		
	第1天	第7天	第15天
次抛	50±2.0($p<0.05$)	53±2.0($p<0.05$)	48±1.7($p<0.05$)
普通剂型	50±2.0($p<0.05$)	28±2.1($p<0.05$)	7.3±0.4($p>0.05$)

注：样本测试浓度均为20g/L。

（4）用量精确，方便携带

对于功效型护肤品而言，用量精准很重要，次抛化妆品剂量有利于每次都精准用量，避免无效护肤。除此之外，小包装也便于外出携带，占用空间小。

2. 次抛化妆品的时代意义

BFS无菌封装工艺技术省略了传统化妆品生产制造中瓶子的清洗、消毒程序，杜绝了灌装过程中产生的二次污染可能，大大降低了全产业链给环境带来的污染与消耗，提升了产品供应速度，缩短了消费周期。

护肤精华采用BFS无菌封装工艺包装，首先从源头能够保证无菌化灌装，且一体化的密封塑料安瓶次抛管在出厂时内部液体也是无菌干净的。次抛包装一次一支的使用方式，无须担心产品频繁接触空气，有效避免了长时间开封后细菌滋生的问题。因此，采用BFS无菌封装工艺包装的护肤品无需添加额外的防腐剂，还能够更好保证护肤精华中的活性成分持久锁鲜，BFS无菌封装工艺为研发高活性成分产品提供了便利。

（四）次抛化妆品和BFS无菌封装工艺的研发应用

1. 极简配方的次抛化妆品

团体标准《极简配方化妆品通则》将极简配方定义为使用不超过10个作用明确的成分（10个成分指化妆品标签成分表的原料数）配制的安全且配方功效明确的化妆品。

另外，极简配方的配方设计要求中提到，极简配方应尽可能选用安全温和的替代防腐，尽量不使用防腐剂。得益于BFS生产工艺的无菌高标准，次抛化妆品中不再需要像传统护肤品一样添加抑菌功效的防腐剂、螯合剂、助溶剂等成分，保证了产品成分的极简，低敏低刺激，更符合极简配方的要求。

2. BFS无菌封装工艺的应用市场

近年来，随着人们对产品质量和安全性的日益关注，BFS无菌封装工艺在多个领域得到了广泛应用。例如化妆品市场、食品、医药和宠物保健行业。在化妆品行业，现有BFS无菌封装工艺能够在无菌环境下完成产品灌

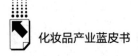

装和封口，有效延长化妆品的保质期，并减少微生物污染的可能性。此外，BFS 无菌封装工艺还能够实现个性化定制和环保包装，满足消费者对化妆品的多元化需求。

（五）未来发展方向和趋势

1. 次抛化妆品的未来趋势

次抛剂型作为一种创新的包装形式，结合了一次性使用的卫生优势和可重复使用的环保理念，为化妆品行业带来了新的发展机遇。

（1）技术革新引领行业发展

近年来，次抛化妆品技术在材料创新、生产工艺以及产品设计方面取得了显著进展。例如，采用符合 IFCC 可回收认证的材料制成的次抛包装不仅保证了产品的卫生安全，还降低了对环境的影响。同时，先进的生产设备和技术确保了次抛化妆品的生产效率和产品质量。

（2）个性化定制成为新亮点

通过数字化技术，消费者可以根据自己的喜好和需求，定制专属的化妆品配方，如五管五剂，一次性灌装五种不同产品如妆前乳、爽肤水、乳液、卸妆水/油和洁颜蜜，满足了真正的个性化消费需求。这种定制化的服务不仅满足了消费者的个性化需求，也为品牌商提供了新的营销方向。

以康容实业为首的中国次抛智造加工业企业，经过多年的不懈努力，先后推出了近 20 多种剂型的专利认证次抛化妆品，为次抛化妆品的发展和 BFS 无菌封装世界作出了巨大的贡献。

（3）绿色环保理念深入人心

环保意识的提升使消费者越来越倾向于选择可持续、环保的产品。次抛剂型作为一种相对环保的包装形式，符合市场趋势。未来，随着技术的进步和环保材料的更新，次抛化妆品将在环保方面展现出更大的潜力。

2023 年，康容实业联合如中山大学、暨南大学等对环保包材有研究权限的大学机构，进行深度合作，重点对"植物纤维制成的无害高降解型"新型环保包材进行深度研发。

（4）智能化发展拓展应用场景

随着物联网、人工智能等技术的发展，次抛化妆品有望实现智能化。例如，通过智能标签或芯片技术，消费者可以实时了解产品的使用情况、保质期等信息，提高使用便捷性。同时，智能化的生产流程也有助于提高生产效率、降低生产成本。

随着次抛化妆品市场的不断扩大，竞争也日益激烈。各大品牌商纷纷加大研发投入，推出具有差异化竞争优势的次抛产品。这种竞争态势将推动行业不断创新，推动次抛化妆品技术的进一步发展。

2. BFS无菌封装工艺的发展方向

（1）智能化技术融合

通过引入人工智能、物联网、大数据等先进技术，实现生产线的自动化、信息化和智能化，从而提高生产效率，降低生产成本，同时减少人为操作带来的误差。

（2）高效能材料研发

BFS无菌封装工艺对包装材料的要求极高，因此，研发高效能、环保的包装材料是未来发展的关键。新型材料应具备优良的阻隔性能、耐热性能、耐候性能以及生物相容性，以满足不同产品的封装需求。

（3）精确控制技术优化

精确控制技术对于提高BFS无菌封装工艺的封装质量和稳定性至关重要。未来，应加强对精确控制技术的研发和优化，如温度控制、压力控制、速度控制等，以实现更精确、更稳定的封装效果。

（4）绿色环保生产推广

随着人们环保意识的日益增强，绿色环保生产已成为各行各业的发展趋势。在BFS无菌封装工艺中，应推广使用低能耗、低排放的生产设备，减少废物产生，提高资源利用率，实现可持续发展。

（5）多样化应用领域拓展

除了化妆品领域，还可将其应用于生物制品、医疗器械、药品、宠物用品、两性用品等多个领域，以满足不同行业的封装需求。

（6）安全性与可靠性提升

安全性与可靠性是 BFS 无菌封装工艺的核心要求。未来，应通过加强质量管理、完善生产工艺、优化设备性能等手段，不断提高产品的安全性和可靠性，保障消费者安全。

（7）法规与标准完善

随着 BFS 无菌封装工艺的广泛应用，相关法规和标准的制定与完善也显得尤为重要。应建立健全行业标准和规范，推动 BFS 无菌封装工艺的规范化、标准化发展，为行业的健康、有序发展提供有力保障。

（8）国际化合作加强

通过与国际先进企业、研究机构的交流与合作，引进先进技术和管理经验，推动 BFS 无菌封装工艺的创新发展，提升我国在全球包装领域的竞争力。

BFS 无菌封装工艺的发展是多元化、智能化、绿色化、安全化的。通过不断的技术创新、材料研发、应用拓展以及国际合作，我们可以期待 BFS 无菌封装工艺在未来取得更加卓越的成就。

八　新型透皮吸收技术在化妆品中的应用①

（一）透皮吸收技术概述

随着功效护肤市场的发展，越来越多消费者对护肤有了更理性更科学的追求。除了科学、有效的原料，护肤功效的实现还需要活性成分被真正地透皮吸收，二者缺一不可，即"功效＝成分＋吸收"。化妆品的透皮吸收是指存在于化妆品中的有效性或者功能性成分作用于皮肤表层或者是进入皮肤的真皮等不同皮肤层，在该部位积聚并发挥有效作用的过程。而要真正被皮肤吸收并发挥作用，首先需突破皮肤屏障阻隔。

---

① 本部分执笔人：李成国、余婷、蔡礼桃［优微（珠海）生物科技有限公司］。

1. 透皮吸收的途径、理论和方法

物质透皮吸收途径分为经角质层渗透和旁路途径渗透。前者可分为细胞间途径和跨细胞途径，后者是指物质经汗管口、皮脂腺和毛囊等皮肤附属器直接进入皮肤真皮层，非主要吸收途径。[1] 物质透皮吸收的理论主要有扩散理论、水合理论、相似相溶理论和结构变化理论等。[2] 基于皮肤结构特征和理化、生物学特性开发出的促进物质透皮吸收的方法主要有化学促渗技术[3]、纳米载体技术[4]、中药挥发油促渗[5]和多种物理促渗技术。物理促渗技术包括离子导入、电穿孔、超声促渗和微针。微针技术本质上是通过物理方法在皮肤上制造微孔，使更大或更多的亲水分子通过微孔渗透到皮肤中。[6] 微针技术促进物质的透皮吸收主要有以下两个方面优势。一是微针刺入皮肤时疼痛微小到几乎无法察觉；二是通过微针进行递送的物质，没有分子量大小限制。[7]

2. 新型透皮吸收技术——微点阵成分控释技术

传统的化妆品促渗方法以化学促渗和纳米载体技术为主，在分子量较大的活性成分及溶解性差的物质的促渗方面仍有较多局限。近年来，一种源于医药科研领域的新型透皮吸收技术——微点阵成分控释技术为化妆品促渗带

[1] Barry B. W., "Novel Mechanisms and Devices to Enable Successful Transdermal Drug Delivery," *Eur J Pharm Sci* 2 (2001): 101-114.

[2] Lin J., He C. F., Dong Y. M., "Transdemal Absorption Mechanism of Functional Compents in Cosmetic," *China Surfactant Detergent & Cosmetic* 4 (2009): 275-278.

[3] Harrison J. E., Watkinson A. C., Green D. M., et al., "The Relative Effect of Azone® and Transcutol® on Permeant Diffusivity and Solubility in Human Stratum Corneum," *Pharmaceutical Research* 4 (1996): 542-546.

[4] Uchida N., Yanagi M., Hamada H., "Physical Enhancement Nanocarrier Current Progress in Transdermal Drug Delivery," *Nanomaterials* 2 (2021): 335.

[5] 杨文国、朱学敏、吴凤烨等：《基于逐步判别法分析辛味中药挥发油"四气"药性、透皮促渗能力和化学成分的关联因素》，《中草药》2019年第17期，第4219~4224页。

[6] Scott J. A., Banga A. K., "Cosmetic Devices Based on Active Transdermal Technologies," *Therapeutic Delivery* 9 (2015): 1089-1099.

[7] Brogden N. K., Milewski M., Ghosh P., et al., "Diclofenac Delays Micropore Closure Following Microneedle Treatment in Human Subjects," *Journal of Controlled Release* 2 (2012): 220-229. Han T. Y., Park K. Y., Ahn J. Y., et al., "Facial Skin Barrier Function Recovery after Microneedle Transdermal Delivery Treatment," *Dermatologic Surgery* 11 (2012): 1816-1822.

来了新的解决方案。该技术源于可溶性微针技术，是其在化妆品领域的技术延展成果。不同于可溶性微针技术，微点阵成分控释技术作用产品的微凸起形态多样，如半圆形、拱形、梯形等，且高度有限，确保凸起在正常操作下不会刺入皮肤活细胞层。通过敷贴于皮肤表面后用指腹按压，一段时间后取下即可。其主要作用原理有三。一是特定高度微米级的固态精华凸起可在皮肤角质层形成大量的可逆渗透通道，暂时性打开皮肤屏障；二是内源性和外源性水分将微点阵固态精华溶解，使皮肤局部形成了活性成分的巨大浓度差，强化扩散效应；三是在封闭环境下，皮肤局部高度水合。三者协同，极大提升了化妆品中功效成分的渗透效率和渗透量，也突破了对活性成分分子量的限制。此外，微点阵成分控释技术作用产品具有成分活性保持率高、无需防腐剂、长期使用屏障无损等优势，该技术已被应用于美白、抗皱、祛痘等功效护肤领域。

（二）新型透皮吸收技术在化妆品行业的研究进展

微点阵成分控释技术是基于可溶性微针技术发展的应用型技术。而可溶性微针技术诞生于 2005 年，Miyano 等人制备了首个可溶性微针，起初主要研究领域集中在透皮给药。2012 年以后，全球科学界形成两派分支，欧美微针领域围绕医药产业研发，日韩围绕化妆品产业研发。3M、久光制药、Toppan Printing 在微针领域的活动频繁。2014 年，一种搭载抗皱成分用于化妆品目的的微点阵贴片面世。2019 年，以液滴拉伸技术（Droplet Extension）生产可溶性微针的韩国 Raphas 在韩国证券交易所上市，成为全球首家上市的微针相关技术企业。

2017 年以后，国内陆续成立了多家将可溶性微针技术应用于化妆品领域的科技型公司，相关研究也快速发展。优微生物制备出搭载了六肽-5、季铵盐-73、棕榈酰三肽-8、脱乙酰壳多糖、六肽-9 等成分的可溶性微点阵产品，用于改善由细菌和炎症引发的痤疮，使用后不脱皮不刺激，具有修护痘印的功效。研究发现，当棕榈酰三肽-8 和脱乙酰壳多糖的质量比为 0.2∶1~0.4∶1 时可发挥协同增效作用，显著提高祛痘修护效果。[1] 李冰等制备出搭载了虾青素、亲水改性的白藜芦醇、胶原蛋白和透明质酸的可溶性微点阵贴片，使用时微点阵打开角质层形成活性成分运输微孔道，将美容活性成分传递至皮下，使其具有抗光老化、修护抗衰的功效。[2]

赵琰等筛选了 75 例女性受试者，研究透明质酸钠可溶性微点阵眼贴对眶下皱纹的临床疗效和安全性。连续使用 12 周后，受试者试验侧皱纹改善率为 54.67%，显著优于对照侧（18.67%）。同时，试验侧皮肤含水量、皮肤弹性改善率均显著高于对照侧，受试者满意度达 88.0%。[3] 此外，搭载多肽、维 A 酸、抗坏血酸等抗衰老成分的可溶性微点阵也已用于面部年轻化治疗，可使治疗区域表皮层、真表皮密度得到不同程度的提升。

杨帆等制作了一款搭载大米发酵滤液的透明质酸可溶性微点阵贴片，通过细胞实验验证其体外生物安全性，通过水分含量测试和经皮失水测试 TWEL 验证其保湿功效；通过 VISIA 观测人体使用效果实验，验证其安全性和抗皱功效；研究了微点阵贴片的特性、溶解进度和透皮深度对其功效的影响。[4] 结果表明，搭载大米发酵滤液的透明质酸可溶性微点阵贴片具有良好的生物相容性、皮肤渗透性、保湿和抗皱功效，且使用中未引起副作用和不适感。

（三）新型透皮吸收技术的化妆品配方与工艺

微点阵成分控释技术配方包括骨架成分、功效成分和制备工艺。

1. 骨架成分

骨架成分主要用于微点阵产品成型，确保阵列凸起具有足够的机械强度，

---

① 冷钢、马永浩、卢美婷、李成国：《祛痘修护组合物、祛痘修护微针贴片及其制备方法和应用（申请号为 202211247336.9）》，2022 年 12 月 30 日。

② 李冰、蒋清晖、周楠著：《一种微针贴片及其制备方法（申请号为 202011632383.6）》，2022 年 7 月 1 日。

③ 赵琰、项蕾红、徐慧等：《可溶性透明质酸微针对眶下皱纹的改善作用》，《中华医学美学美容杂志》2019 年第 6 期，第 478~481 页。

④ 杨帆、周正、郭苗等：《搭载大米发酵滤液的透明质酸可溶解性微针的保湿抗皱效果研究》，《科技广场》2021 年第 11 期，第 42~46 页。

并能兼容搭载多种活性成分，在皮肤中能溶解并控制释放速率。从已上市的化妆品备案信息可知，绝大多数产品的骨架成分为透明质酸及其衍生物，少量产品采用聚乙烯醇、聚乙烯吡咯烷酮等生物相容性良好的合成高分子材料。

透明质酸（HA），又名玻尿酸，具有优异的保湿性、生物相容性和天然可降解性，是生物体内的非硫酸化糖胺聚糖，是组成皮肤组织结构的亲水性成分。[①] HA 已被 FDA 批准用作皮肤填充剂，目前在可溶性微针产品中应用广泛。钦富华等以 HA 为基质材料，采用微模板法制备了搭载重酒石酸卡巴拉汀（RHT）的可溶性微针，并对其经皮渗透性能进行研究。[②] 试验结果表明，500μm 针长的 HA 可溶性微针能有效穿透铝箔，在大鼠皮肤内的溶解时间为 1h；体外经皮试验中，1%RHT 溶液和 RHT 自溶性微针的稳态透皮速率常数分别为 $3.08μg \cdot cm^{-2} \cdot h^{-1}$、$8.04μg \cdot cm^{-2} \cdot h^{-1}$。透明质酸的机械强度差、自由基敏感、稳定性差，使用 HA 制备的微针强度低、韧性差、易脆且不易脱模，透明质酸钠（SH）的力学强度和稳定性均更优，是更适宜的可溶性微针基质材料。[③]

聚乙烯醇（PVA）是一种水溶性聚合物材料，耐酸、碱，对人体无毒，具有良好的生物相容性，成膜性能好，柔韧性佳，在医疗行业有广泛应用，如眼用凝胶、伤口敷料、人工关节等，也是性能优异的可溶性微针基质材料。Liu 等通过溶液浇铸法制备以 PVA 为基质材料的 DMN，在微针制造和干燥过程中，发现较高浓度的 PVA 有助于制备具有药物浓缩在尖端的DMN。[④] 该微针具有足够的机械性能，可以顺利刺入皮肤。

---

① 刘晖、刘爱峰、张宇等：《透明质酸支架在软骨修护工程中的优势和应用策略》，《中国组织工程研究》2022 年第 34 期，第 5518~5524 页。

② 钦富华、魏瑞龙、蔡雁：《重酒石酸卡巴拉汀可溶性微针的制备及透皮性能的考察》，《广东药科大学学报》2019 年第 3 期，第 317~321 页。

③ Suriyaamporn P., Rangsimawong W., Opanasopit P., et al., "Development and Characterization of Gantrez S-97 and Hyaluronic Acid Microneedles for Transdermal Fluorescein Sodium Delivery," *Key Eng Mater* 2020: 125-131.

④ Liu J. L., Feng Y. H., Zhang X. P., et al., "Experimental and Theoretical Studies of Drug-Polymer Interactions to Control the Drug Distributions in Dissolving Microneedles" *J Ind Eng Chem* 2020: 280-289.

聚乙烯吡咯烷酮（PVP），也称聚维酮，是一种水溶性的乙烯基聚合物的衍生物，也是一种安全的生物医用材料，具有优良的生物相容性和生理惰性。PVP 可提高水溶性差药物的生物利用度，调控药物的释放，并能掩盖不愉快的气味。[①] PVP 相对分子量越大，溶解性越差，黏接性越强。李敏姝等将布林佐胺溶于乙醇，加入 PVP K90 溶解后，灌注于微针模具中，干燥后脱模得到眼用角膜布林佐胺自溶性微针。[②]

2. 功效成分

微点阵功效成分的搭载可根据不同皮肤问题匹配，相较于常规化妆品原料，这类原料具有以下几个特征。一是鉴于微点阵搭载量有限，活性成分为少量即能起效的物质，通过高效渗透、靶向释放，发挥功效作用；二是具有良好的人体生物相容性，长期重复使用，可被人体吸收和代谢，安全可靠；三是打破传统渗透分子量上限，可成型即可渗透；四是成分单一、纯度高，不过多引入额外的多元醇、防腐剂等杂质。

由于主要骨架材料为水溶性，最初可搭载的功效成分也局限为水溶性，且搭载浓度有限，一旦超出该范围，微点阵难以成型，或成型后的机械强度和稳定性不足，这就极大限制了化妆品新品类的开发拓展。经过近 5 年的探索和积累，优微生物已积累了丰富的配方调配经验。通过骨架成分分子量和配比调整、不同分子结构功效成分的复配，可实现水溶、脂溶、难溶、不溶原料的搭载和浓度上限提升。可搭载的功效原料数量超 600 种，涵盖多肽/蛋白、多糖、油脂、植物提取物、发酵产物和其他，其中代表性的不溶物有聚左旋乳酸和聚己内酯。

3. 制备工艺

微点阵成分控释技术的实现方法与可溶性微针相同，最常用的制备方法

---

① Franco P., De M. I., "The Use of Poly（N-vinyl Pyrrolidone）in the Delivery of Drugs: A Review," *Polymers* 5（2020）: 1114.

② 李敏姝、于翔、金义光等：《眼用微创布林佐胺可溶性微针》，《药学学报》2021 年第 3 期，第 849~854 页。

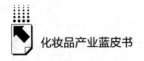

是微模板法，此外还有拉伸光刻法、液滴生成吹气法等。[①] 制备工艺是微点阵成分控释技术实现产业化的必要条件。

（四）新型透皮吸收技术化妆品实践与应用

随着可溶性微针技术研究的不断深入，其在化妆品领域的应用也越来越广泛，由可溶性微点阵凸起与医用胶带组成的可溶性微点阵贴片产品已应用于抗皱、祛痘、淡化色素等多个领域。

目前，全球范围内可溶性微针生产企业主要分布在美国、日本（CosMed）、韩国（Raphas、Small Lab）、中国（优微生物、中科微针、苏州悦肤达、武汉天时维、广州新济等）。综观已上市的可溶性微点阵贴片产品，主要以透明质酸钠为主要基质材料搭载功效物质，胶带主要为水胶体、无纺布、医用PE胶带。大部分产品微点阵凸起高度在 $200\mu m \sim 300\mu m$，顶部宽度在 $30\mu m$ 以下，以确保凸起有足够的机械强度刺入皮肤角质层。在制造工艺方面，除日本 CosMed 制药株式会社、韩国 Raphas 通过拉伸法制备可溶性微点阵外，其余企业均采用微模板法制备可溶性微点阵。

截至 2023 年底，可溶性微点阵化妆品备案数量为 292 个（已注销的除外），来源于全国 17 个省份。其中占比排前四的省份分别为广东省（48%）、重庆市（12%）、江苏省（9%）和湖北省（8%）。产品备案类别主要为保湿和抗皱。另外，该品类共获得 4 个国产特殊化妆品注册证书，主要为祛斑美白类。

优微生物作为拥有备案数量最多的代表性企业，也是国内首家在 JCD（Journal of Cosmetic Dermatology）期刊上发表该技术相关学术研究成果的企业。该公司主打抗衰和祛痘产品，对抗衰产品进行为期 4 周的临床疗效和安全性评价，30 例中国女性受试者将产品用于眼下和眼角，每周 3 次，用超声波测量皮肤紧致度和真皮强度，用 VISIA-CR 和 Primos Lite 检测皮肤皱纹

---

① 李朝：《透明质酸可溶性微针的制备及其在肿瘤透皮治疗中的应用》，硕士学位论文，华中科技大学，2016。

变化。结果表明，抗衰产品可有效增加皮肤紧致度，同时减少鱼尾纹的数量、面积和体积，试验期间所有受试者均无不良反应。[①]

祛痘产品以透明质酸钠、皮傲宁 PIONIN（季铵盐-73）、积雪草苷、包裹型水杨酸、甘草酸二钾为主要成分，通过低温一步快速成型工艺生产制得，可显著改善炎症及痤疮面积，无皮肤刺激性，使用后皮肤屏障可快速恢复。[②]

微点阵成分控释技术通过将皮肤所需的活性成分精华固态化以后，作用于皮肤表面，通过可逆、临时性地打开角质层的吸收通道，促进成分渗透吸收，实现更高效的护肤效果，在护肤领域开发出的新品类为用户带来了高效、便捷的护肤解决方案。

（五）总结与展望

如今，科学护肤、功效护肤的理念已越来越受到消费者的青睐，传统化妆品公司除了从功效原料着手，也越来越关注一些新的吸收技术。很多医药公司为了寻找新的业绩增长点，也在向消费领域进行尝试和探索。微点阵成分控释技术从技术原理和产品实践上所展现出的良好效果使其成为一项新选择。然而，该技术要真正实现其价值，还面临一些考验。

微点阵成分控释技术本身是一项促吸收技术，要真正实现化妆品功效，原料的有效性是至关重要的。因此，该类技术公司必须通过不断寻找安全有效的原料，将技术与原料结合，以开发出更丰富的功效产品。与一些专业的原料公司合作不失为一种不错的选择。一些拥有优质原料的公司也可与该类技术公司联合，以验证其原料的性能，实现合作共赢。

随着功效原料的结合和新品类的开发，未来，微点阵成分控释技术将为广大求美者带来更多居家医美的使用体验。

---

① Ma Y. H., Li C. G., Mai Z. X., Yang J., Tai M. L., Leng G., "Efficacy and Safety Testing of Dissolving Microarray Patches in Chinese Subjects," *Journal of Cosmetic Dermatology* 8（2021）: 3496-3502.

② Ma Y. H., Li C. G., Mai Z. X., Yang J., Tai M. L., Leng G., "Efficacy and Safety Testing of Dissolving Microarray Patches in Chinese Subjects," *Journal of Cosmetic Dermatology* 8（2021）: 3496-3502.

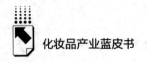

九　生物防腐技术在化妆品中的应用[①]

（一）生物防腐技术概述

将传统化学防腐剂应用在化妆品中会带来有害影响，消费者越来越关注化妆品的天然性、有效性和可持续性，生物防腐技术应运而生。生物防腐技术是通过现代生物技术创新研发生物防腐剂的技术，生物防腐剂是某些植物、动物、微生物及发酵产物或者其他生物源的抗菌物质，被用来替代或减少传统化学防腐剂的使用。

（二）生物防腐剂种类及其在化妆品中的应用

近年来，随着消费者对天然产品的认知和接受程度超过化学合成产品，市场趋势发生了巨大变化，这促使日化行业开发天然产品替代化学合成产品。天然生物防腐剂的来源多种多样，包括植物、动物和微生物等。

1. 植物来源的防腐剂

从天然植物中提取的天然产品，如中香料和精油，除了具有防腐作用，还被广泛用于给饮料增添香气和掩盖成分的难闻气味。《国际化妆品原料标准中文名称目录（2010 版）》共收载植物提取物达 4549 种，约占总收录原料的三分之一。截至 2023 年 12 月，国家药监局化妆品新原料备案共有 117 个，截至 2024 年 3 月，又新增 19 个，其中，2024 年新增的植物新原料备案有 7 个。可见植物提取物作为防腐剂的开发有巨大的潜力。茶树精油、柠檬草、牛至草、迷迭香、菖蒲、薰衣草精油、丁香油等在欧美化妆品中经常被使用，除了有香精香氛的作用，还有杀菌、防腐保鲜的作用。

[①] 本部分执笔人：谢小保、文霞［广东省科学院微生物研究所（广东省微生物分析检测中心）］；张军、吴建飞、秦小燕（广州艾卓生物科技股份有限公司）。

另外，一些中草药提取物如肉豆蔻仁提取物、丁香籽提取物、白桉叶提取物、葡萄柚籽提取物、忍冬花提取物、柚籽提取物、柑橘籽提取物等都含有抑菌防腐效果的活性成分。葡萄柚籽提取物是从葡萄柚的种子、果肉和白色膜中提取的液体，它是一种天然的广谱防腐剂，用于杀死或抑制常见的细菌、病毒、真菌和其他微生物的生长。赤藓酸，又称异抗坏血酸，是一种从蔗糖中提取的植物性添加剂，作为抗氧化防腐剂被广泛应用于加工食品中，与赤藓酸钠一起，它也被用于护发和护甲产品。印棟油是一种从印棟树的果实和种子中榨出的植物油，是一种流行的抗真菌、抗菌和抗原虫剂，它具有恢复活力和排毒的作用，被用于制备化妆品，如肥皂、护发产品、身体乳或护手霜等。[①] 天然水杨酸盐和酯可以从柳树皮、白杨皮和冬青叶中提取，具有抗菌特性，并且与合成的化合物相比，具有更大的水溶性，因此对水性和乳液型化妆品配方更有效。山梨酸可以从紫菀树的果实中提取，这些天然山梨酸可以提供有效的抗真菌特性用于化妆品配方中。十一烯酸可以从蓖麻籽中提取，像山梨酸一样，十一烯酸是一种具有优异抗真菌性能的有机酸。植物提取物和合成防腐剂在化妆品中产生协同作用，可以降低两种成分的浓度。虽然大多数精油被认为是安全的，但有些精油可能会引起接触性过敏或光毒性反应。[②] 目前评价植物防腐剂和中草药抗菌效果的方法还没有标准化，连续性的研究也很少，也缺乏对植物防腐剂和传统化学防腐剂作用的比较。此外，植物防腐剂会在气味、颜色、配伍性、成本等方面有诸多限制，而且有机酸类通常要求配方 pH≤5 才能发挥足够的功效。对植物防腐剂进行平衡的风险效益评估是科学家和监管部门面临的巨大挑战之一。目前，植物防腐剂还不能完全取代传统化学防腐剂，其在化妆品中的应用效果需要进行长期系统的科学研究。

2. 动物来源的防腐剂

动物来源的防腐剂最常见的有壳聚糖、蜂胶和鱼精蛋白。壳聚糖是从蟹

① Anand, S. P., and N. Sati., "Artificial Preservatives and Their Harmful Effects: Looking toward Nature for Safer Alternatives," Int. J. Pharm. Sci. Res 7 (2013): 2496-2501.

② Bello N. S., Antunes F. T. T., Martins M. G., "Essential Oils as Preservatives in Cosmetics: An Integrative Review," Journal of Biomedical Science 1 (2022): 1511-1516.

壳、虾壳中提取的一种多糖类物质，其对抑制细菌、酵母菌、霉菌都有效，研究表明其可以用于饮料、酱类、果蔬等食品的防腐。壳聚糖为天然生物聚合物，从甲壳类动物和节肢动物的外骨骼中获得，具有抗真菌活性和抗细菌活性。壳聚糖的分子量对其抗菌活性有影响，低分子量壳聚糖可有效控制大肠杆菌的生长，壳聚糖分子量对金黄色葡萄球菌的活性也有重要影响。鱼精蛋白是一种在鱼类精核中发现的聚阳离子肽，具有广谱抑菌活性，鱼精蛋白与其他天然添加剂、甘氨酸、醋酸钠等配合使用，抗菌效果更好，适用的食品防腐范围也更广泛。目前，动物来源的防腐剂主要用于食品防腐，在化妆品中的应用较少，但因其为天然来源的防腐剂，仍有成为替代传统化学防腐剂的可能。

3. 微生物来源的防腐剂

微生物防腐技术是指利用微生物或其代谢产物来抑制或杀灭微生物，延长产品保存期限的技术。微生物活菌作为防腐剂研究最多的是乳酸菌，主要是通过添加活性乳酸菌菌体作为发酵剂或辅助发酵剂，与产品中污染或存在的各种微生物共同培养，利用不同微生物间的拮抗和竞争抑制作用，抑制有害微生物的生长而不影响有益菌的增殖，但在化妆品中的应用还较少。噬菌体已经被证明了作为生物消毒和生物保存剂对许多食源性病原体的有效性，对生物膜群落的抑制活性也很明显，但仍然需要更深入地研究以克服其局限性，如配方和稳定性问题，以及噬菌体耐药机制和细菌毒力因子的传播。[①]

乳酸菌发酵后产生的乳酸链球菌素（Nisin）应用相对广泛，已应用在洁面膏、面霜、面膜、乳液、化妆水、精华液、眼唇部护理以及毛发护理类的化妆品中，在这些化妆品中，Nisin 与一些螯合剂协同组成防腐体系应用，其是乳酸菌素中最常见的一种，并已获得美国食品药品监督管理局（FDA）的批准。ε-多聚赖氨酸（ε-PL）是目前天然防腐剂中具有优良防腐性能的微生物类防腐剂，在韩国、日本和欧美的化妆品企业已将 ε-PL 用作防腐

---

① Garvey M.，"Bacteriophages and Food Production：Biocontrol and Bio-preservation Options for Food Safety," *Antibiotics* 10（2022）：1324.

剂，应用于化妆水、面霜、乳液和卸妆液类的产品中，由于其具备良好的抗菌性能和安全性，在日化产业会有较大的应用空间。

曲酸是米曲霉在发酵蔗糖等原料的过程中产生的一种具有抗抑菌等功能的生物活性有机酸，因曲酸对人体皮肤黑色素的生成具有很强的抑制作用，在实际使用中更多地被用在美白类化妆品中。溶菌酶是天然蛋白质型防腐剂，有研究表明溶菌酶用在化妆品中有强化皮肤抗菌性能、抑制细菌繁殖、消炎退肿的作用。另外一种是纳他霉素，美国 FDA 允许纳他霉素作为食品添加剂使用，并将其归类为 GRAS 产品之列。另外，乳酸菌群，包括乳酸菌属、肠球菌属、片球菌属和明串珠菌属等微生物，可产生多种抗菌肽，其除了具有抗菌作用，还具有很好的保湿功效。与更复杂的蛋白质和酶不同，这些相对较小的抗菌肽能耐受极端温度和 pH 值的影响，通常可以耐受远高于 40℃ 的温度，在 pH 值 3~8 有效。抗菌肽的小而相对简单的结构也有助于在化妆品制造过程中以及最终化妆品配方中的广泛温度和 pH 值范围内保持功效，同时，抗菌肽通常不会给最终配方带来显著的颜色和气味。由于其稳定性，抗菌肽成分在最终产品的保质期内也不太可能引起配方颜色的变化。抗菌肽的这些特性提供了其在各种化妆品和个人护理配方中使用的灵活性。

（三）生物防腐技术创新研发及应用

1. 发酵技术制造天然防腐剂

由于动植物和微生物内天然抗菌物质的含量一般极其微量，加之分子量小、分离纯化困难、提取步骤烦琐、得率低等缺点，导致其直接利用率不高，但通过发酵技术可以解决这些难题，发酵技术能提高从植物基质中提取抗菌化合物的效率，还可以改变抗菌化合物的形式和种类，甚至产生具有生物活性的新化合物，其在保存食物中使用了数千年。

此外，通过发酵技术不仅可以获得抗菌活性物，还可以对废弃物加以利用，从而有助于减少这些废弃物产生的环境影响。发酵技术利用微生物或植物细胞的生长特性及生物催化反应体系，与有机物底物发生反应，最终得到具有抑制微生物生长的天然防腐剂。发酵技术在化妆品生产中的应用主要分为细菌发酵、原生生物发酵和真菌发酵。其中，真菌发酵又包括酵母发酵、药用真菌发酵和海洋真菌发酵。从植物中提取的抗菌植物化学物质包括酚类、多酚类、萜类和类黄酮等化合物。有研究者采用酵母发酵葡萄柚皮，发现黄酮类化合物的产量显著增加。[1] 植物乳杆菌发酵乳清后的产物能很好地抑制真菌生长。[2]

许多萜类化合物和多酚类化合物（如芳樟醇、百里香酚、丁香酚、香芹酮、肉桂醛、香兰素、香芹酚、柠檬醛和柠檬烯）是高价值的植物次生代谢产物，已被欧盟委员会接受作为食品调味剂使用，并被美国食品药物监督管理局（FDA）认定为安全的。它们的高抗菌活性表明其在现代工业中作为天然防腐剂具有巨大潜力。随着代谢工程技术的快速发展，利用酿酒酵母作为细胞工厂，可大规模生产天然萜类和多酚。[3] 有研究者用米黑根霉 NRRL5282 发酵葡萄、苹果和火龙果副产物，发现可提高多酚类化合物的回收率。[4] 有研究将天然萜烯化合物（百里醌、香芹酚和丁香油酚）分别包裹在壳聚糖纳米颗粒中，发现壳聚糖纳米颗粒对化妆品中常见微生物具有较高的抗菌性能，并在保湿霜中进行了防腐功效评价研究，认为其具有较好的应用前景。[5] 因

① Tian, X., Liu, Y., Feng, X., Khaskheli, A. A., Xiang, Y., Huang, W., "The Effects of Alcohol Fermentation on the Extraction of Antioxidant Compounds and Flavonoids of Pomelo Peel," *LWT Food Sci. Technol* 2017: 763-769.

② Izzo, L., Luz, C., Ritieni, A., Mañes, J., Meca, G., "Whey Fermented by Using Lactobacillus Plantarum Strains: A Promising Approach to Increase the Shelf Life of Pita Bread," *J. Dairy Sci* 2020: 5906-5915.

③ Martí-Quijal F. J., Khubber S., Remize F., et al., "Obtaining Antioxidants and Natural Preservatives From food By-Products through Fermentation: A Review," *Fermentation* 3 (2021): 106.

④ Zambrano, C., Kotogán, A., Bencsik, O., Papp, T., Vágvölgyi, C., Mondal, K. C., Krisch, J., Takó, M., "Mobilization of Phenolic Antioxidants from Grape, Apple and Pitahaya Residues Via Solid State Fungal Fermentation and Carbohydrase Treatment," *LWT Food Sci. Technol* 2018: 457-465.

⑤ Mondéjar-López M., López-Jiménez A. J., Martínez J. C. G., et al., "Thymoquinone-Loaded Chitosan Nanoparticles as Natural Preservative Agent in Cosmetic Products," *International Journal of Molecular Sciences* 2 (2022): 898. Maria Mondéjar-López, Alberto José López-Jimenez, Joaquin C. García Martínez, Oussama Ahrazem, Lourdes Gómez-Gómez, Enrique Niza., "Comparative Evaluation of Carvacrol and Eugenol Chitosan Nanoparticles as Eco-friendly Preservative Agents in Cosmetics," *International Journal of Biological Macromolecules* 2022: 288-297.

此，为了满足化妆品天然可持续的需求，开发商们可利用已成熟的发酵技术开发生产出能与化妆品高效配伍的天然防腐剂。

2. 分子生物学技术创新防腐性能

分子生物学技术包括基因工程和蛋白质工程。基因工程是指通过重组DNA 或相关体外核酸将基因插入特定的、安全的微生物中，从而增强该生物体的现有功能或赋予该生物体新的功能的技术。目前，CRISPR 是最常用的基因工程技术，它可以通过特殊的蛋白质来促进 DNA 的精确剪切和插入。通过基因工程方法设计和构建许多新的有用的抗菌剂是可以实现的。例如，强大的基因工程工具可以用来构建天然肽及其结构类似物，如 Nisin 是乳酸菌产生的一种普遍可用的细菌素，它的产生通常是由质粒携带的遗传决定因素控制，可以采用基因工程技术进行高效异源表达，提高其产量。

根据文献资料，多种单萜类物质（香叶醇、芳樟醇、柠檬烯等）和倍半萜类物质（法尼烯、方糖、法尼醇等）经由大肠杆菌和酿酒酵母的代谢工程技术生产，具有很高的抗菌性能。这些物质可作为食品或日化产品潜在的防腐剂。[①] 目前这些由基因改造微生物生产的添加剂尚未大规模应用，但是由于其高抗菌性能，未来有可能在工业生产中得到广泛应用。

蛋白质工程通常用于优化酶（或其他蛋白质）的功能，从而提高催化活性以及使酶在温度、pH 或盐浓度远远超出酶的最佳范围的应用条件下更有效地发挥作用。

科学家们通过蛋白质工程和计算机辅助设计，对天然抗菌肽进行改造和优化，以增强其稳定性、降低毒性并扩大抗菌谱。例如，通过调整氨基酸序列、增加特定修饰基团或构建环状结构来提高抗菌效力和减小细菌产生耐药的可能性。通过对耐药菌株进行筛选和研究，科学家正在揭示耐药性产生的分子机制，并据此采用分子生物学技术设计不易诱导耐药性的抗菌剂。由于

---

① Liang Z., Zhi H., Fang Z., et al., "Genetic Engineering of Yeast, Filamentous Fungi and Bacteria for Terpene Production and Applications in Food Industry," *Food Research International* 2021：110487.

工程改造后的抗菌剂的作用方式通常不同于传统抗生素，因此它们在许多情况下能有效对抗已产生多重耐药性的细菌。

（四）新型生物防腐剂应用案例

NAGO®VLC，NAGO®VMC，NAGO®VFC 等产品是广州艾卓生物科技股份有限公司研发的纯植物防腐剂系列产品，其中 NAGO®VLC 是由肉桂树皮提取物、柠檬果提取物、大豆籽提取物、丁二醇科学搭配的植物抑菌剂，其优异的防腐性能在多种个人护理品类中得到很好的体现和应用，特别是在表活洗护体系有非常优异的效果，填补了洗护体系无新型防腐剂可用的市场空缺。单独使用时添加量为 0.8% ~ 1.2%。其特点为，第一，天然植物来源，可通过防腐挑战，在配方体系中替代传统防腐剂。第二，通过鸡胚尿囊膜刺激性测试、角膜细胞刺激测试、斑贴刺激性测试等技术手段显示其刺激性低，安全性高。第三，有高效除螨、祛痘、协同抗氧化等效果，更加凸显其性价比。第四，对于维护皮肤微生态平衡有优异的表现。第五，成分天然，获得 COSMOS 的天然认证证书。一经推出得到了行业内的一致好评，并获得 PCHi 芳典奖。

NAGO®VFC 是经栀子果提取物、黑莓果提取物、白柳树皮提取物科学搭配，以发酵来源的丁二醇作为溶剂的一款纯天然植物抑菌剂。该防腐剂特征性气味小、水溶性和稳定性好，无论是单用还是复配都可以在各类护肤产品中发挥出优异的防腐作用。该产品在提供优异防腐性能的同时不但刺激性低，而且还具有一定的抗氧化、舒缓等性能，是一种具有多重功效的新型植物防腐剂。

（五）生物防腐技术的未来发展趋势

随着消费者对化妆品安全和绿色添加剂需求的提升，天然生物防腐剂的应用很可能在未来得到稳步增长，这也激起了研究者们对天然生物防腐剂的研发热潮。虽然生物防腐剂在食品行业已被应用了多年，但将这些防腐剂生搬硬套到化妆品中是不可取的。生物防腐剂种类繁多，来源广泛，特别是植物和微生物来源的防腐剂，尽管在化妆品防腐中显示了巨大潜力，但要将其大规模推广应用，还有许多问题需要解决。

首先，大多数抗菌数据来源于实验室且目前研究数据并不多，在实际日化体系中使用生物防腐剂的水平可能比实验室试验所需的水平高很多。其次，生物防腐剂的抑菌活性一般较化学防腐剂低，抑菌谱也比较窄，而且添加生物防腐剂也可能会对化妆品的感官性质产生负面影响，这些都是影响开发应用的主要问题。防腐剂的有效性取决于其在产品中浓度、溶解度、分配系数、配方中表面活性剂的性质、pH 值等，因此，开发者们需要更加严格地对生物防腐剂抑菌效果进行评估，并且结合更多的实验数据制定相关评价标准。

另外，为了克服生物防腐剂抑菌谱较窄的问题，可采用各种生物防腐技术联合使用的组合防腐策略，以达到协同效应，提高防腐效果，如有研究者选择益生菌和植物提取物两种生物防腐剂应用于乳剂化妆品中，这些菌株不会破坏乳剂的稳定性或对乳剂的感官特性产生负面影响，并且对控制这些产品中的有害微生物和氧化功效具有协同作用。[1] 同时，针对一些抗菌活性较弱，但功效强的生物防腐剂，可以利用基因工程技术或蛋白质工程技术进行改造，创新防腐性能，如许多生物抗菌物质属于肽类物质，且肽类又具有很好的保湿功效，针对这类生物防腐剂的研究，可以采用基因工程技术进行高效异源表达，解决其抗菌效能低或产量低的问题，但需要考虑各种日化产品配方、不同外部贮藏环境、不同防腐技术的组合等因素对生物防腐剂功效和应用的影响。

① Georgi K., Denkova-Kostova R., Denkova Z., et al., "Biopreservation of Emulsified Food and Cosmetic Products by Synergistic Action of Probiotics and Plant Extracts: A Franco-Bulgarian Perspective," *Food Science and Applied Biotechnology* 2 (2020): 167-184.

比较与借鉴篇

B.13
欧盟化妆品产业政策及对我国的启示

陈静珊 李继超 周文斯 陶丽 孙梅*

摘　要： 欧盟的化妆品的监管标准一直站在世界的前沿，对全球化妆品行业发展起到重要的引领作用，同时也产生着深远的影响。本报告介绍了欧盟化妆品法规背景、化妆品定义、标签宣称要求、化妆品安全评估和技术要求，以及上市通报等要求，归纳了2023年欧盟化妆品法规的主要修订内容，为中国化妆品走向欧盟市场提供了思路和对策。通过研究和借鉴学习欧盟在化妆品领域的法规、技术标准、监督模式，有助于提升我国化妆品质量安全管理水平，完善我国化妆品监管体系，推动行业的发展。不仅能有效地促进经济和贸易发展，还能解决国内外技术性贸易障碍。

关键词： 欧盟化妆品　质量安全　化妆品监管

---

* 陈静珊、李继超、周文斯、陶丽、孙梅（通标标准技术服务有限公司广州分公司）。

一 欧盟化妆品法规背景

欧盟是全球一体化程度最高的区域性政治经济联盟，随着化妆品市场的不断扩大，促使欧盟对化妆品进行统一化监管，以确保化妆产品能顺利地在各成员国自由流通。2009 年 12 月，欧盟委员会正式发布欧盟化妆品法规《化妆品工作组关于化妆品法规适用范围的手册》[*Borderline products manual on the scope of application of the Cosmetics Regulation（EC）No. 1223/2009*] [以下简称（*EC）No. 1223/2009*]，该法规成为欧盟化妆品监管的主要法规，旨在统一化妆品市场规范，保护消费者的健康以及确保化妆品的安全和质量。2013 年 7 月起，欧盟化妆品法规（*EC）No. 1223/2009* 正式全面替代原有的欧盟化妆品指令（*76/768/EEC* 指令）。

欧盟委员会主要负责制定和更新化妆品相关法规工作。欧盟各成员国的主管部门在欧盟化妆品法规基础上，建立本国相应的实施体系，负责监督化妆品市场，确保化妆品符合相关法规要求。欧盟化妆品法规的制定和实施涉及成员国和欧盟各利益相关者，需要多方参与讨论，以确保法规的全面性和有效性，继而确保化妆品法规在整个欧盟范围内得到有效执行，保护消费者的健康和安全，确保各成员国实施的一致性。

二 欧盟化妆品法规的整体框架

欧盟化妆品法规（*EC）No. 1223/2009* 包括 10 章 40 条及 10 个附录，主要内容如表 1 所示。

表 1　欧盟化妆品法规（*EC）No. 1223/2009* 框架

章节	内容
一	适用范围和定义
二	安全性、责任和自由流通

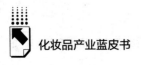

化妆品产业蓝皮书

续表

章节	内容
三	安全性评估、产品信息文件和上报信息
四	某些物质的使用限制
五	动物实验
六	消费者信息
七	市场监管
八	保护条款和违规惩处措施
九	管理合作
十	实施措施和最终条款
附录Ⅰ	化妆品安全性报告
附录Ⅱ	化妆品禁用物质清单
附录Ⅲ	化妆品限用物质清单
附录Ⅳ	准用着色剂清单
附录Ⅴ	准用防腐剂清单
附录Ⅵ	准用防晒剂清单
附录Ⅶ	包装容器上使用的符号
附录Ⅷ	动物实验的替代方法清单
附录Ⅸ	废除的指令及其后续修正案
附录Ⅹ	76/768/EEC 与 (EC) No. 1223/2009 相关性表

资料来源：欧盟化妆品法规（EC）No. 1223/2009。

其中，附录Ⅱ～Ⅵ是对化妆品原料的清单管理。欧盟消费者安全科学委员会（Scientific Committee on Consumer Safety，SCCS）是独立风险评估机构，持续关注化妆品原料的安全风险并进行安全评估，定期对附录中列出的物质进行动态修订。SCCS是欧盟化妆品成分管理体系中最为重要的技术支撑机构，开展评估工作并发布科学意见。

（一）欧盟化妆品定义

法规（EC）No. 1223/2009 对化妆品的定义为，适用于人体表面任何部位，包括表皮、毛发、指甲、口唇和外生殖器等，或接触牙齿和口腔黏膜，其唯一或主要功能是达到清洁、赋予香气、改变外观、保护、使处于良好状

328

态或者矫正人体不良气味等作用的任何物质或混合物。法规规定了通过吞服、吸入、注射或植入人体的物质或混合物不属于化妆品。

在欧盟，化妆品的类型是广泛的，市场上的各种创新和新型产品需要按照法规定义通过评估来判断是否为化妆品。欧盟委员会还会不定期更新（*EC*）*No. 1223/2009*，旨在提供关于产品分类的指导，帮助确定某些产品是否属于化妆品的范畴，或者可能属于其他类别产品（如药品、医疗器械）。2023 年 11 月，欧盟委员会更新（*EC*）*No. 1223/2009* 版本至 V5.3，在其中新增两类被纳入化妆品范畴管理的产品，分别是用于固定假指甲、假睫毛、牙齿上的珠宝等物品的胶水和黏合剂，以及磁性眼线笔。通过（*EC*）*No. 1223/2009* 中对边界产品的解释说明，有助于促进各成员国对化妆品的统一理解和应用。

（二）标签要求

法规（*EC*）*No. 1223/2009* 第 19 条规定了化妆品的产品包装和容器标签上必须标注的内容，主要包括：责任人的名称和地址、产品功能、成分列表、净含量、保质期、原产地、生产批号、预防措施和警示语。其中保质期的标注要求比较特别，需要企业特别注意。保质期低于 30 个月的化妆品，法规的标签要求是必须标注"最好在某年某月之前使用"字样；欧盟法规没有强制要求保质期超过 30 个月的化妆品标签上必须标注最短保质期，但要求标示化妆品开封后对消费者没有任何危害的安全使用期限。除此之外，欧盟也是全球第一个要求化妆品成分表中披露香精过敏原的地区，过敏原清单从最初的 26 种更新到了 81 种。

（三）宣称要求

化妆品的标签宣称扮演着至关重要的角色，不仅向最终用户端传达产品的特性和质量，还有助于在市场上区分不同的产品。法规（*EC*）*No. 1223/2009* 第 20 条规定，在化妆品的标签、市场销售和广告中所使用的文字、名称、商标、图片和数字或者其他标识，不得暗示此类产品具有与实际不相符

的特性和功效。

2013年7月，欧盟委员会颁布法规（*EU*）*No. 655/2013*《化妆品宣称合理性通用准则》，规定了化妆品宣称的六个通用准则，即"合法性原则、真实性原则、证据支持原则、诚实信用原则、公平原则、消费者知情原则"，同时还配套发布了（*EU*）*No. 655/2013* 的指南文件，对化妆品宣称提供明确的指导，确保宣称的准确性和合规性。其中，附录 I 详细描述了化妆品宣称六个通用准则的共同标准，包括一些说明性示例；附录 II 提供了宣称支持证据的最佳实践方法，包括通过实验研究（不限于体外实验、生化实验、志愿者研究等）、消费者感知测试（产品功效测试等）、公开发表文献等。化妆品的宣称应当遵循一系列的合规性准则，以确保消费者免受误导性信息的影响，同时维护化妆品行业的公平竞争和可持续发展。

（四）化妆品安全评估及技术要求

法规（*EC*）*No. 1223/2009* 第 10 条规定，在欧盟市场销售产品前，责任人应确保每个化妆品在相关信息的基础上进行安全性评估，并按照要求编制完整的化妆品安全性报告 *Cosmetic Product Safety Report*（*CPSR*）。2013年11月，欧盟委员会发布了（*EC*）*No. 1223/2009* 补充指南 *2013/674/EU*，该指南详细解读了法规中关于 *CPSR* 的要求，*CPSR* 报告包括两大部分，A 部分化妆品安全信息和 B 部分化妆品安全评估，详细见表 2，前者收集所有供进行安全评估所需的数据，后者是安全评估员针对产品给出的安全性意见。根据欧盟化妆品法规的要求，安全评估员通常需要评估产品的一系列准确完整的报告，才能全面评估化妆品的安全性。

1. 微生物测试

欧盟化妆品法规中没有明确规定具体的微生物指标限值，但 SCCS 发布《化妆品成分测试和安全评估指南》（已发布至第 12 版 *SCCS/1647/22*），指出欧盟化妆品微生物的限值可以参考 *ISO 17516：2014*（*Cosmetics—Microbiology—Microbiological limits*），如表 3 所示。

表2　化妆品安全性报告（*CPSR*）的主要内容

A：化妆品安全信息	化妆品的定量和定性组成
	化妆品的物理/化学特性及稳定性
	微生物质量
	杂质、痕量物质及包装材料信息
	正常和合理可预见的使用
	化妆品暴露信息
	暴露物质
	物质的毒理学研究
	不良反应和严重的不良反应
	关于化妆品的信息
B：化妆品安全评估	评估结论
	标签警示语和使用说明
	推论（对评估结论和声明的科学理由进行说明）
	安全评估员的资质证明和签名

资料来源：欧盟化妆品法规（*EC*）*No. 1223/2009* 补充指南 *2013/674/EU*。

表3　微生物限值要求

微生物类型	适用于3岁以下儿童、眼部和黏膜的产品	其他产品
菌落总数+酵母菌和霉菌总数	≤100CFU/g 或 CFU/ml	≤1000CFU/g 或 CFU/ml
耐热大肠菌群	不得检出（0.1g 或 0.1ml）	不得检出（0.1g 或 0.1ml）
铜绿假单胞菌	不得检出（0.1g 或 0.1ml）	不得检出（0.1g 或 0.1ml）
金黄色葡萄球菌	不得检出（0.1g 或 0.1ml）	不得检出（0.1g 或 0.1ml）
白色念珠菌	不得检出（0.1g 或 0.1ml）	不得检出（0.1g 或 0.1ml）

资料来源：欧盟消费者安全科学委员会（SCCS），《化妆品成分测试和安全评估指南》（第12版，*SCCS/1647/22*）。

2. 防腐剂挑战测试

欧盟化妆品法规要求确保化妆品在生产和使用过程中能够抵抗微生物污染，从而保证产品的质量和安全性。欧盟防腐挑战测试主要依据 *ISO 11930*：*2019*（*Cosmetics—Microbiology—Evaluation of the antimicrobial protection of a cosmetic product*）和欧洲药典方法。欧盟化妆品法规及 *ISO 29621：2017*（*Cosmetics—Microbiology—Guidelines for the risk assessment and identification of microbiologically low-risk products*）指出，对于一些特殊类型的化妆品，例如低风险产品（包括不含水的产品、有机溶剂为主的产品、乙醇含量高于 20% 的产品、产品 pH 值≥10 或 pH≤3 的产品等）、一次性使用产品等，这些产品在生产或预期使用过程中出现微生物污染的风险较低，可以不进行防腐挑战测试。

3. 重金属测试

欧盟化妆品法规除了将特定的重金属如汞、铅、砷、镉等列为禁用物质，对于重金属杂质没有设定具体的限值。

1985 年，德国联邦健康办公室（BGA）发布了《技术上不可避免的化妆品中重金属杂质含量的调查报告》，对重金属限值提出要求；2016 年 12 月，德国联邦消费者保护和食品安全局（BVL，2002 年起替代了 BGA）发布了《化妆品中重金属杂质含量的调查报告》，对重金属限值提出了新的要求（见表 4）。尽管这些限值并非欧盟化妆品法规的一部分，但这些报告和限值是德国乃至欧盟化妆品安全监管的重要参考，在实践中被广泛参考和应用。

表 4　BGA/BVL 重金属限值要求

重金属	BGA 限值要求	BVL 限值要求
汞（Hg）	≤1mg/kg 或 mg/L（1ppm）	0.1ppm
铅（Pb）	≤20mg/kg 或 mg/L（20ppm）	化妆粉、口红、眼影、眼线笔、眼线膏以及剧院、粉丝或狂欢节所用化妆品：5ppm；牙膏：0.5ppm；其他化妆品：2.0ppm
砷（As）	≤5mg/kg 或 mg/L（5ppm）	剧院、粉丝或狂欢节所用化妆品：2.5ppm；牙膏：0.5ppm；其他化妆品：0.5ppm

重金属	BGA 限值要求	BVL 限值要求
镉（Cd）	≤5mg/kg 或 mg/L（5ppm）	0.1ppm
锑（Sb）	<10mg/kg 或 mg/L（5ppm）	0.5ppm
溶出性镍（Ni）	<10mg/kg 或 mg/L（5ppm）	—

资料来源：德国健康署 BGA（德国健康杂志 1985 年 7 月第 28 期推荐），德国健康杂志 No.7/1992，session 45，德国联邦消费者保护和食品安全局 BVL（2016 年 10 月 6 日在线公布）。

需要注意，中国《化妆品安全技术规范（2015 年版）》明确了具体的重金属限值要求，而世界上其他主流化妆品市场也大多公布了各自对重金属限值的要求，这些限值与德国（欧盟）存在差异，因此出口企业需要留意不同地区的不同监管要求，确保满足各地的标准要求。

4. 稳定性和兼容性测试

为了确保产品在预期的储存和使用条件下能够保持其稳定性，通常要求对化妆品在不同条件下（如不同温度、湿度、光照等）的稳定性以及料体与包装的兼容性进行评估，测试还可能涉及产品的物理性质、颜色、气味和质地、包装外观等方面的评估。

三 欧盟化妆品上市要求

（一）欧盟境内责任人

法规（EC）No.1223/2009 第 4、5 条规定，所有投放欧盟市场的化妆品都需要有指定的欧盟境内责任人。化妆品责任人的主体需由欧盟境内的企业法人或自然人担任，责任人可以是化妆品生产企业、进口商、经销商，如通过书面授权的形式，也可由第三方法人或自然人担任。化妆品产品标签上必须标注欧盟境内责任人的名称及地址。

责任人的义务一般包括：承担产品安全和合规责任、完成上市前的通报、准备产品信息文件、应对主管机构的检查、根据情况更新通报和产品信

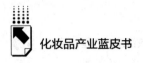

息文件、上市后进行产品的不良反应监测、按照欧盟关于不良反应相关要求上报严重不良反应事件以及必要时撤回或召回产品。

（二）欧盟化妆品产品信息文件

化妆品投放市场时，责任人应保留其产品信息文件 Product Information File（PIF）。产品信息文件包括产品描述、CPSR、生产方法的描述、符合良好生产规范的声明（GMP）、产品功效证明、有关化妆品或化妆品成分的开发及安全性评估所进行的动物实验数据。PIF 的信息和数据需要进行定期维护更新，确保产品准确性和完整性，并且在最后一批化妆品投放市场后，必须保存至少 10 年。

（三）欧盟化妆品上市通报要求

法规（EC）No. 1223/2009 第 13 条规定，所有在欧盟市场上销售的化妆品，责任人应首先对产品进行通报。责任人需通过线上的化妆品通报门户 Cosmetic Product Notification Portal（CPNP）完成操作。产品在 CPNP 完成通报后，则无须在欧盟成员国做进一步的通报。线上的通报要求提交的信息有产品类别和名称、责任人名称和地址、联系人及其联系方式、原产国（进口产品）、上市的成员国、产品配方（是否含纳米材料、CMR 类物质等）、标签和包装等。需要注意的是，当产品中含有纳米材料时（纳米材料作为防腐剂、着色剂、防晒剂除外），需要在上市前 6 个月提前通报。

四 欧盟化妆品法规修订

截至 2023 年 12 月，欧盟委员会不间断地更新和修订法规（EC）No. 1223/2009，达到 49 次。2023 年，欧盟委员会先后发布官方公报（EU）2023/1490 和（EU）2023/1545 对化妆品法规进行修订。

（一）新增香精过敏原标注要求

欧盟化妆品法规附录Ⅲ原有香精过敏原 26 种，并于 2017 年 8 月发布

（*EU*）*2017/1410* 将其中的新铃兰醛纳入禁用物质清单，2021 年 10 月发布（*EU*）*2021/1902* 将铃兰醛纳入禁用物质清单。至此，化妆品的标签成分列表需要标注的香精过敏原从 26 种降至 24 种。

2023 年 7 月，欧盟委员会发布新的公报（*EU*）*2023/1545*，修订欧盟化妆品法规关于化妆品中香精过敏原标注规定，新增 57 种需要标注的香精过敏原。欧盟化妆品法规对香精过敏原提出一系列具体要求，旨在保护消费者尤其是对某些香精成分敏感的人群。法规（*EC*）*No. 1223/2009* 的标签要求规定，在欧盟市场销售的所有化妆品，其香精过敏原在驻留类产品中的含量超过 0.001%，或在淋洗类产品中的含量超过 0.01% 时，则应在化妆品产品标签上的成分列表中单独进行标识。

在中国，化妆品标签上对香精过敏原的标注要求主要针对儿童化妆品。根据《儿童化妆品技术指导原则》，儿童化妆品在配方上应尽可能避免使用香精或香料，如果产品中使用了含有国内外权威机构发布的易致敏香料组分（与欧盟原 26 种香精过敏原清单一致），若其在驻留类产品中>0.001%，在淋洗类产品中>0.01% 时，应当对儿童使用安全性进行充分评估，并在产品标签中标注。对于其他类型的化妆品，《化妆品标签管理办法》并未提出标注香精过敏原的要求。目前全球市场中，韩国、加拿大、美国等市场均已立法或正在立法将香精过敏原标注在标签上，这有利于更大程度上通过信息披露保护消费者的安全。这也是当前我国化妆品法规值得学习和借鉴的部分。

（二）新增化妆品禁用原料

欧盟化妆品法规对化妆品原料管理有明确的规定，其中禁用物质清单是产品安全性评价的重要依据。2023 年 7 月，欧盟委员会发布（*EU*）*2023/1490*，修订化妆品法规附录 II 禁用物质清单，修改 1 种物质信息并新增 30 种被认定为致癌、致突变或生殖毒性（CMR）的物质。新增的禁用物质中，有 6 种原料被收录在我国《已使用化妆品原料目录（2021 年版）》，可以在中国的化妆品行业中使用，出口欧盟的企业需要特别关注。同时，欧盟化妆品法规对禁用原料的修订也应当引起我国化妆品监管部门的关注。

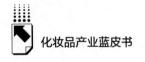

（三）2023年化妆品召回情况

2016 年，欧盟发布了欧盟非食品类产品快速预警系统（RAPEX），确保在一个成员国通报某个产品的相关信息时，能迅速传达给其他成员国的监管机构和欧盟委员会，从而有效地采取后续跟进措施，防止产品到达消费者手中。当化妆品被发现存在安全问题或不符合欧盟化妆品法规要求时，相关产品可能需要从市场上召回。2023 年，RAPEX 共发布 1088 条化妆品通报，其中我国销往欧盟的化妆品共涉及 57 条通报。被通报的化妆品中，因产品检出禁用的香精过敏原铃兰醛的占到九成以上。

五　欧盟化妆品法规对我国行业创新
和化妆品监管的启示

欧盟化妆品法规已有近 50 年历史，欧盟是全球最早系统地建立化妆品法规的地区，一定程度上支持和促进欧盟成为全球第二大化妆品市场。除此之外，欧盟也为全球化妆品行业提供了一个成熟的监管模式，对今天的中国、东盟、加拿大、新西兰、海湾地区国家、韩国等国家或地区的化妆品法规建立具有重大的影响。我国也正通过借鉴欧盟化妆品法规的经验和实践，完善国内化妆品法规和监管体系。

（一）欧盟化妆品法规对行业创新的影响

原料安全对于化妆品安全至关重要，欧盟化妆品法规也正是基于这样的思路建立了禁用物质清单、限用物质清单和允许使用的物质清单，这些清单覆盖了对关键成分的要求，包括防晒剂、防腐剂、着色剂等。除此之外，欧盟没有其他对原料使用的特别限制，也不存在新原料的说法。只要有足够的证据确保其安全性，各种原料均可在产品中使用。欧盟委员会致力于基于原料危害分类，并结合流行病学调查的最新成果，将风险较高的物质及时列入禁用物质清单或其他限用清单，或更新现有清单中的原料限制要求，最大限度确保消费者安全。欧盟委员会委托其下属技术机构 SCCS 对这些内容进行评估，也接受企业提出新的证据推翻之前的结论，在技术上保持开放性。可以说，这样的制度对行业的创新是非常有利的，有助于推动安全与创新并行的发展。

欧盟是全球第一个禁止化妆品动物测试的地区，这一举措对于化妆品安全评估提出了非常大的挑战，意味着化妆品安全评估将不会有更多的动物试验数据的支持。在这样的背景下，替代方法和新的化妆品安全评估技术在欧盟得到了大力发展，也再次让欧盟在这些技术手段上领先于全球其他国家和地区。如今，化学物的交叉参照、毒理学关键阈值方法、有害结局通路、新一代安全评估策略（NGRA）在欧盟蓬勃发展。

（二）欧盟化妆品法规对我国化妆品法规体系的启示

现阶段，中国已经建立了一套以《化妆品监督管理条例》为核心的，且较为完整的化妆品监管法规体系，相关法规和制度已全面覆盖国内化妆品行业的各个方面，包括化妆品功效评价、化妆品安全评估、不良反应监测、新原料注册备案要求、儿童化妆品技术要求、生产质量管理、网络经营监督管理、化妆品风险监测规程等等，其系统性程度已远超其他主流化妆品市场。但我国化妆品的监管法规在专业层面上仍有必要借鉴学习欧盟的先进做法，促进化妆品行业健康发展，尤其是其在原料安全性评估、新技术的发展应用、对环境可持续发展的综合考虑、对试验动物的人道关怀等方面的理念，帮助我国更好地保护消费者权益。当然，不同的国家和地区会有不同的监管模式，这些模式更多地应当考虑本国和地区的实际情况，切不可生搬硬套，但总的态势是不断互相借鉴和融合发展。

附录一
中国化妆品产业地图

品牌企业

原料企业

注：排名不分先后

附录二
案例分析

一 芦荟全产业上下游协同创新模式[①]

（一）背景介绍

完美（中国）有限公司（以下简称"完美公司"）以芦荟为核心原料，设计研发了完美芦荟胶、芦荟保湿舒缓面膜等化妆品系列，芦荟沐浴露、芦荟牙膏等个人护理系列，以及芦荟超浓缩洗衣液、芦荟浓缩餐具洗洁精等家庭洗护用品系列共 25 个产品。作为完美公司的拳头产品，完美芦荟胶的产品质量与销量稳居行业前列，深受消费者的认可和喜爱，在消费层面具有极强品牌美誉度和认知度。据不完全统计，近 30 年来，通过完美公司官方授权渠道销售的完美芦荟胶累计已经超过 5 亿支。经世界品牌实验室及其独立的评测委员会评测认证，完美芦荟胶入选 2023 年中国 500 最具价值品牌，2022 年度品牌价值为 52.27 亿元。

完美公司联合上游种植企业及科研院校共同开展了"芦荟精深加工及高值化关键技术开发及产业化应用"研究。该项目创建了库拉索芦荟高效种植技术与原料质量检测方法，改进了芦荟凝胶粉稳态增效加工技术装备、芦荟日化健康产品设计加工关键技术装备，研发了系列芦荟日化产品，形成

[①] 本部分执笔人：编委：李晓敏、闫永涛；作者：闫永涛、李明坤、李艳、林燕惜、林小峰［完美（中国）有限公司］。

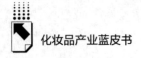

了种植管理规程 1 项、行业标准 1 项，授权发明专利 9 项，发表论文 43 篇，赋予产品科技含量，提升了产品质量和竞争力。随着对芦荟的深入研究与应用，完美公司申报的"芦荟大健康产品创制全产业链关键技术与产业化"和"芦荟日化健康产品创制全产业链关键技术与产业化"分别获得广东省2022 年度科技进步二等奖和 2023 年度中国轻工联合会科技进步三等奖。完美公司重视全产业链的布局和研究，对芦荟进行了系统的研究、开发，对产品进行了标准化建设，对中国芦荟产业高质量发展起到了积极的推动作用。

完美公司搭建形成的"原料种植—配料加工—产品研发—产业化生产"上下游协同创新链模式，已在完美公司以人参、沙棘等为核心原料的其他系列产品生产中应用，该模式可在化妆品行业复制推广。

（二）芦荟的种植、加工与检测技术

1. 芦荟种植及加工技术

芦荟是百合科多年生草本肉质植物，属内共有 500 多个品种，库拉索芦荟是具有典型使用价值的芦荟种类之一。芦荟在福建、台湾、广东、广西、四川、云南等地均有栽培，在云南元江有野生芦荟的存在。库拉索芦荟在生长期间，很少有病虫危害。黑斑病是影响芦荟鲜叶产量最为严重的病害之一，其引发因素主要是低温高湿，当气温连续三天低于 23℃，且湿度大于58%时，易导致芦荟植株新陈代谢减慢或受阻，抵抗力下降。

芦荟鲜叶直接干燥，其干粉中芦荟多糖仅为 2.5%~3.5%，去皮的芦荟凝胶直接干燥，其芦荟多糖含量也仅为 4%~6%，无法满足各领域的需求。将芦荟凝胶汁原料经浓缩至其可溶性固形物的 18%~22%，经过滤、杀菌制得芦荟凝胶浓缩汁，再经三级离子交换吸附，完成芦荟多糖的精制，最后经常规处理可得到高含量高纯度芦荟多糖汁或干粉。

不同分子量范围的芦荟多糖具有不同的功效作用。对芦荟多糖进行分级提取后，每一级的含量也不一样，加之芦荟多糖分子量分布广，理化性质很相似，因此，使用化学法分级提取芦荟多糖时，常会因受热或其他化学作用而破坏芦荟多糖的结构和生物活性。可以通过在浓缩芦荟制品中加入 8~10

倍95%的乙醇搅拌后静置沉淀、过滤、回收，收集芦荟粗多糖，再加水搅拌溶解后，逐级过截留分子量为200000~4000的超滤膜，再经纳滤膜浓缩，得到不同分子量的芦荟多糖。

在化妆品领域，化妆品原料中的钙、镁等离子的含量高，会影响配方体系。由于芦荟在种植过程中吸收了大量无机盐离子，致使芦荟凝胶汁在存放过程中会出现沉淀物，这些沉淀物大多是钙、镁等离子的析出物质。如果不去除钙、镁等离子，会影响芦荟产品的质量。去除钙、镁等离子的方法有大孔阴离子树脂脱除、强酸阳离子交换树脂脱除、弱碱阴离子树脂脱除等。

2.芦荟检测技术

根据现有研究，已知芦荟含有超过160种化学成分，具有药理活性和生物活性的组分也不下100种。其成分由于芦荟品种、产地，季节的不同而具有很大的差别，但总体上均可归纳为蒽醌类衍生物、糖类衍生物、氨基酸、有机酸类、维生素、甾族化合物、酶类化合物、多肽等。

随着仪器设备的改良，以及分离提纯方法的多样化，不断有新成分被发现。完美公司牵头的"芦荟大健康产品创制全产业链关键技术与产业化"课题组基于LC-MS/MS的分子网络结合小分子定向分离技术，从库拉索芦荟中分离得到35个化合物，包括18个蒽醌/蒽酮类成分、13个色原酮类成分和4个吡喃酮类成分；其中6个为新化合物，包含4个新色原酮类化合物和2个新蒽酮类化合物。

（三）芦荟的产业化应用——完美芦荟胶研究介绍

完美芦荟胶采用脱色芦荟凝胶冻干粉等优质原料进行科学复配，并形成了发明专利《一种芦荟凝胶及其制备方法》，该发明专利提供了一种具有保湿、抗炎、抗刺激等功效的芦荟凝胶及其制备方法。完美公司在不断地丰富芦荟胶的研究，完美芦荟胶被证实具有保湿、祛痘、舒缓、修护、滋养、紧致等功效。

在化妆品中，抗炎与舒缓、祛痘、抗皱、紧致等功效存在密切关系，完美公司进行了芦荟胶抗炎功效的研究。研究结果表明，芦荟胶可抑制佛波酯

（TPA）诱导的小鼠耳朵肿胀；对斑马鱼胚胎中性粒细胞聚集有显著抑制；可显著抑制 RAW264.7 细胞分泌 TNF-α、IL-6。芦荟胶对脂多糖（LPS）诱导的 RAW264.7 细胞分泌的 IL-6 的抑制作用如图 1 所示。芦荟胶对金黄色葡萄球菌和痤疮丙酸杆菌的 MIC 分别是 12.5mg/mL 和 3.125mg/mL，对金黄色葡萄球菌、痤疮丙酸杆菌的抑菌率随着芦荟胶的作用时间延长和浓度增加而升高。综上，芦荟胶可通过减少中性粒细胞聚集、抑制炎症因子 TNF-α 和 IL-6 产生，以及抑制金黄色葡萄球菌和痤疮丙酸杆菌实现其抗炎功效。①

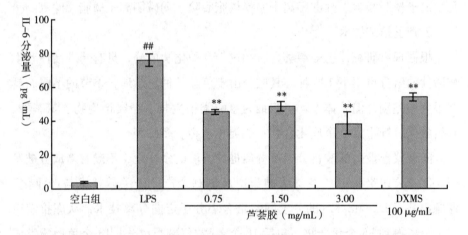

图 1　芦荟胶对 LPS 诱导的 RAW264.7 细胞分泌的 IL-6 的抑制作用

　　皮肤作为人体免疫的第一道防线，是抵御化学物质和病原体等外部有害物质的保护屏障。芦荟胶能促进角质细胞和成纤维细胞的细胞增殖和迁移，能显著提高 FLG 和 Cldn-1 表达水平；使用芦荟胶 28 天后，受试者皮肤泛红、脱屑、干燥度、敏感度、灼热感及紧绷感较使用前皆有改善；受试者在使用芦荟胶 4~6 天后，皮肤角质层含水量显著上升，皮肤经表皮失水率、皮肤血红素以及泛红区面积显著下降。综上，芦荟胶具有屏障修护功效，与促进表皮细胞增殖和细胞愈合、促进屏障基因表达等有关。

---

① 李晓敏、张红霞、范莹等：《芦荟胶抗炎功效研究》，《日用化学工业》（中英文）2022 年第 12 期，第 1320~1325 页。

Ⅰ型胶原蛋白作为人体内含量最丰富的胶原蛋白，是皮肤结构的主要组成成分之一。皮肤中的胶原蛋白含量逐渐流失，会造成皮肤松弛并产生皱纹。[①] 采用 Elisa 法检测不同浓度芦荟胶对 UVA 辐照后 HDF 细胞合成的Ⅰ型胶原蛋白含量的影响，结果如图 2 所示，添加 4.00mg/mL 的芦荟胶能显著提升Ⅰ型胶原蛋白含量（P<0.01），与 UVA 组相比，其含量提升 20.90%，结果表明芦荟胶能提升真皮成纤维细胞合成胶原蛋白水平，有助于皮肤紧致和抗皱。

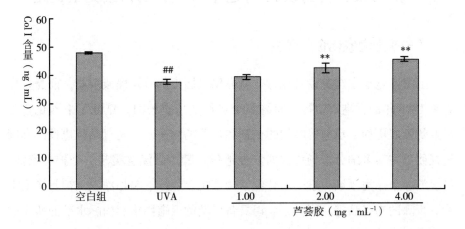

图 2　不同浓度芦荟胶对 UVA 辐照后 HDF 细胞合成的Ⅰ型胶原蛋白含量的影响

（四）展望

完美公司重视芦荟全产业链的布局和研究，通过"产、学、研、用"搭建形成了芦荟"原料种植—配料加工—产品研发—产业化生产"上下游协同创新链，建立了芦荟产业良性生态圈，引领带动了我国芦荟产业发展。

目前芦荟原料以鲜叶为主，对芦荟花的研究相对较少。完美公司已经完成了芦荟花的首期研究，明确了芦荟花中所含多酚、黄酮等活性物质的主要化学组成与结构，发现了芦荟花提取物的美白、抗炎等护肤功效。接下来，

---

① Khavkin J., Ellis D.A., "Aging Skin: Histology, Physiology, and Pathology," *Facial Plastic Surgery Clinics of North America* 2（2011）：229-234.

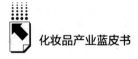

完美公司将拓展芦荟花提取物在功能性食品和化妆品中的应用范围，开发芦荟花精深加工关键技术，设计开发健康产品，并评价其功能活性，进一步提高芦荟综合利用价值，创造新的经济价值增长点，推动芦荟产业多元化与高值化发展。

二　佰草集：科创致美 打造中医护肤的科技化全链路①

（一）上海家化企业概述

上海家化是中国美妆日化行业具有悠久历史的百年民族企业，前身是成立于1898年的香港广生行。跨越三个世纪的历史长河，见证了中国化妆品行业的发展历程，承载着时代的变迁和产业的演进。公司对品牌建设的高度重视使其在众多细分市场均占据领先地位。其产品涵盖美妆、个护、家清、母婴等多个品类领域，旗下品牌包括佰草集、双妹、美加净、六神等备受消费者青睐的知名品牌。同时，公司具备广泛的渠道网络和国际水准的研发制造能力，为其持续稳健发展奠定了坚实基础。

（二）佰草集品牌的品牌理念与特色

1.佰草集品牌理念

百年匠心，孕育了具有中国特色的中高端民族品牌——佰草集。自1998年创立以来，佰草集以中医中草药护肤理念为基石，致力于传承和弘扬中国美颜经典。中医中草药一直是品牌独特的财富，赋予佰草集独特的品牌地位，也是中国文化在护肤品领域的珍贵传承与发扬。因此，坚持专研中国特色本草成为品牌不变的核心定位。

佰草集与中医药大学联合建立了有600多首美容方剂的数据库，形成了基于数字化的全链路中医中草药开发模式。从实效中草药的高通量筛选到提

---

①　本部分执笔人：门晨辰、沈佳、冯春波（上海家化联合股份有限公司）。

取分离、精制提纯，再到药效、药理实验分析，指纹图谱检测，在线质量评价和标准化控制等，佰草集引领着中草药在美容护肤领域的应用。

中医美妆以其基于深厚中医文化的独特理念和安全、高效的产品特性，致力于为消费者提供更安全、更有效、更具特色的美容护肤方式和产品。佰草集品牌在中医美妆领域展现了出色的科研实力，已获得 80 余项发明专利授权，发表 SCI 科研论文 100 余篇，开创行业 AI+TCM 的创新模式，解决了传统中草药美妆应用中的诸多难题，为品牌科技发展注入了新的动力。

2. 佰草集"四化"策略，全面变革

在追求卓越的道路上，佰草集砥砺前行，坚持高端化、专业化、体验化和营销整合化的四化策略，为消费者提供更优质的产品和服务。

首先，深耕并细分抗老赛道，品牌将产品进一步高端化。通过对当今中高端抗老市场的深刻洞察，品牌从不同的抗老护肤细分需求和场景出发，于 2024 年推出了四条高端抗老产品线，构成了高端抗老产品矩阵。全新高端抗老紫御龄系列，进一步提升了抗老护肤的品质标准；同时，抗初老的太极系列 2.0 也全面焕新，以满足不同年龄段消费者的需求。

其次，品牌致力于探索高功效、高安全的科技和成分，实现专业化进阶。2024 年佰草集与国内顶尖大学药学院合作，发现特定结构人参皂苷不但可以精准锚定与衰老细胞定向结合，同时也能够解决皮肤透皮吸收，相关的研发成果已经发表在药学领域国际顶级期刊 *Journal of Controlled Release* 上，这项佰草集独家专利技术——TCM 精准注能科技，为高端抗老赛道产品线带来了核心技术的升级。

在用户体验化上，佰草集将进一步提升消费者从产品购买决策，营销到渠道的全触点的整合体验升级，产品端将更注重核心用户体验的迭代，更敏捷地提升迭代的速度和连带品类的扩充，更将最新研发的 AI 技术——TCM 药理学 AI 的肌肤测试、面部护理等疗程赋能各渠道不同客群的专属体验。

同时，品牌将在营销整合化上迈出关键一步。2024 年，佰草集将继续与消费者生活体验场景的各种文化 IP 合作，以更加内容化的方式传递品牌理念并与消费者进行沟通。

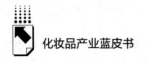

（三）TCM 精准注能科技——实现功效和安全平衡之美

1. 独家专利赋能高安全、高功效的国色本草

TCM 精准注能科技是佰草集独家专利技术，其是一种"指纹"结构的靶向多层控释微囊体包裹技术。佰草集运用该专利将具有潜在健康风险的物质替换为更加安全和强抗老功效的组分——稀有人参皂苷，制得的人参皂苷微囊体具有良好的纳米级粒径窄分布（平均粒径 145nm）、高稳定性、高载药量、强渗透性、安全性和长效控释功能。尤其是稀有人参皂苷与特定衰老细胞表面的葡萄糖转运蛋白 Glut1 受体定向结合，可实现靶向中草药物递送和富集，使得抗老功效更能充分地发挥出来。

佰草集太极肌源修护系列产品革新精准抗老护肤技术，运用 TCM 精准注能科技将明星成分白牡丹原生细胞、灵芝孢子油、乌药精粹递送到肌肤肌底衰老靶向部位，起到促进肌肤自身胶原再生、紧致肌肤、改善垮脸发腮等作用。

2. "中国美"带给全世界

"中国美"传承着丰富的文化底蕴和独特的审美理念，而数智化和中草药的结合为国货美妆行业带来了研发上的弯道超车机会。上海家化率先开创了行业内 AI+TCM（传统中草药）研究的创新模式，通过解决传统模式下 TCM 应用存在的有效成分不明、认知度不高、功效机理不清等痛点，为国货美妆注入了新的活力，部分科研成果论文发表在 SCI 期刊 *Heliyon*、*Molecular Pharmaceutics* 上，已成功应用于佰草集品牌产品中，为中草药护肤开辟了全新的增长空间。这一创新模式的引入不仅提升了中国美妆产品的品质和竞争力，也将"中国美"这一独特文化概念带给了全世界，展现了中国品牌在国际舞台上的自信与魅力。

（四）佰草集积极践行 ESG 理念，展现企业可持续发展的价值

上海家化在建立产品全生命周期环境和社会影响的定性评估理念方面取得了重要进展，该理念贯穿产品从原料与配方、包装、生产/工艺、运输与物

流、使用到处理等各个环节。这一理念被应用到了新产品开发或产品升级过程中。在原料与配方开发方面，上海家化制定了《上海家化化学品安全管理政策》，并公布了《禁用与受关注化学成分清单》。

在成分选择阶段，上海家化优先选用国际安全评级体系评为绿色的原料，以确保产品的安全性，为消费者提供更加放心的产品。此外，公司还充分利用中国丰富的特色植物资源，长期致力于中国植物研究。在包装方面，公司一直坚持 3R（Reduce，Reuse，Recycle）原则，即减少、重复利用和回收，以开发设计出符合可持续发展要求的产品包装，并制定了《可持续包装管理办法》。

上海家化佰草集品牌核心产品御龄系列，主包装设计不仅在外观上精心打造，更融入了中国传统文化和美学，将现代时尚审美与中草药古方新用理念相融合。此外，产品包装内部采用可替换芯设计，用户在使用完膏体后只需购买带膏体的替换芯即可，可实现包装的重复利用。这一设计不仅有效降低了用户的购买成本，也彰显了品牌对可持续发展理念的积极践行。

上海家化旗下的佰草集品牌在国货美妆领域的科研实力及创新实践为其带来了巨大潜力。随着行业的不断发展和技术的不断进步，相信会迎来更加辉煌的未来。

三 衡美肤：以精准功效为导向的化妆品革新配方实践之路[①]

（一）企业概述

衡美肤品牌隶属于广州青岚生物科技有限公司，该公司是一家集研发、生产、销售、培训、服务为一体的全产业链高新技术企业，先后获评国家高新技术企业、国家知识产权贯标企业、广东省专精特新企业、广州科技创新

---

① 本部分执笔人：陈汉坤、杨黎莎、王恩瀚（广州青岚生物科技有限公司）。

小巨人等企业荣誉，连续 6 年入库"科技型中小企业"，并已在中国第一大国际金融中心上海、中国电子商务之都杭州、海滨邹鲁经济特区汕头创建分公司。并斩获多个美妆时尚媒体奖项："cosmetic store 最佳合作品牌奖""2018 年度中国美妆年度个人护理标杆品牌""2021 年度化妆品报年会年度推荐品牌""2021 中国美妆年度大奖年度功效护肤品牌""2023 年度最受消费者喜爱品牌""2023 瑞丽美力大赏年度美白配方大奖""2023 瑞丽美力大赏星评官大奖油敷王者精华油大奖"等。

衡美肤的自有工厂坐落于广州明珠工业园，建筑面积达 10000 多平方米，工厂引入先进的生产工艺和管理体系，拥有瑞士精密智能称量管理系统、日本美之贺均质乳化设备、法国全自动灌装线等先进设备，严格遵循国家 GMP 生产环境标准、国际质量管理体系和 GMPC 欧盟化妆品良好生产规范，生产区域空气洁净度高达 10 万级，确保化妆品生产过程的安全可控，为产品的质量保驾护航。

衡美肤研发中心位于广州中医药大学科技产业园，该园区是国家开展中药新药研发的重要基地，也是华南地区最大的中成药临床安全评价中心。衡美肤借力高端研发资源优势，协同多领域专家，把皮肤学、药学、生物学最前沿的科研成果应用在护肤领域，自主研发更适合国人皮肤需求的功效护肤品，在原料创新、配方开发、产品安全性评估、功效性评价方面均达到国内外先进水平。

（二）坚持科研长期主义，积极转化皮肤科学研究成果

虽然我国已成为世界第二大化妆品消费市场，但民族企业迄今为止的表现并不尽如人意，本土品牌落后于人。广东省化妆品学会理事长杜志云教授指出：在耀眼数据的背后，我国的化妆品产业却存在"卡脖子"难题，严重制约着整个产业的发展。目前，高端化妆品市场甚至中高端化妆品市场几乎被欧美国际大牌垄断，产品附加值高。而我国化妆品品牌溢价能力不足，产品大多靠着"高性价比"的"优势"在低端市场竞争，产品定价大多数在 100~200 元，有些甚至在百元以下。背后深层次的原因在于我国化妆品

企业研发投入严重不足，皮肤科学研究成果转化率过低。因此，厘清化妆品多学科交叉的特性，彰显化妆品的科技属性，促进美妆行业走向科技驱动和科技创新的道路，是本土品牌实现跨越式发展和国际化的关键。

自衡美肤品牌成立以来，潜心研发，加大研发投入，坚持创新科研长期主义，打破同质化竞争困境，积极将皮肤科学研究成果转化为消费者真正用得上的革新配方。近年来，衡美肤累计获得中国发明专利授权 6 项，1 项发明专利先后获得中国、日本、澳大利亚、卢森堡和英国授权。2017~2024 年衡美肤旗下产品共荣获 18 项广东省高新技术产品、9 项名优高新技术产品称号，并在国内外权威杂志发表相关学术论文 17 篇（其中 SCI 论文 4 篇，累计影响因子超过 15）。

在美妆功效品赛道，衡美肤坚信"配方"是好产品的源头和根本。衡美肤配方师沿袭中国古代中医药君臣佐使配伍原则，自创"+-×÷配方定理"。在该定理中，衡美肤主张攻守兼备、刚柔并济，一旦瞄准了明确的皮肤靶点，就苛求精准功效的配方实现，并应用各种不同的功效检测方法，以及大量实体用户面对面的服务经验，达到强功效与高温和之间的平衡。

功效护肤品牌衡美肤科研团队认为好配方包含三个层面：产品的好配方、品牌的好配方以及行业的好配方。产品的好配方即一张有效果的配方，同时兼顾了安全性和生产的可能性；品牌的好配方则要平衡产品价值与消费者情绪价值，品牌要思考如何打造更多的方式和触点让消费者感受到品牌的主张；而行业的好配方，则是探寻品牌价值和社会价值的平衡，是立足于行业革新，推进技术进步的创新配方。

（三）衡美肤以精准功效为导向的化妆品革新配方实践之路

衡美肤的产品配方使用大量活性成分。活性成分是一类有效果，但是化学性质活泼、不稳定或者有刺激性的成分。要用好它，往往需要把配方设计成一个与它相适应的载体，这将面临很多挑战，或许不能用传统增稠剂，或许体系的 pH 值不在通常范围，或者不能见光和空气。而这其实并没有现成的理论知识可以直接套用，衡美肤的配方皆为原创，所以也没有过去的经验可以参考，而是需要一点点探索，衡美肤努力实现稳定性、功效性、安全性与使用感的平衡，并且在这条革新配方实践之路上衡美肤持续挖掘几千种中草药成分，自主研发制备高功效的中国特色原料。

（四）衡美肤的革新配方通过4个维度来验证精准功效

1. 锚定靶点

衡美肤潜心研发十余年，深耕线下实体渠道直面诸多有敏、痘、斑、衰老肌肤问题的消费者，拥有庞大国人问题肌案例库，通过精研皮肤科学、组学技术、生物信息网络、计算生物学等手段，不断探索皮肤问题靶点的锚定，找出可以调节皮肤机能的关键分子和通路。

比如，衡美肤研发团队使用网络医学框架方法，计算皮肤老化和东当归之间的邻近度，并筛选出 8 个 AAK 关键化合物（莰烯、环己烷、亚叶酸、吲哚、异槲皮素、柠檬烯、硬脂酸、α-蒎烯）。这些化合物通过调节 29 个皮肤衰老靶点发挥作用，其中上调靶点 13 个，下调靶点 16 个，参与调节细胞增殖和凋亡、线粒体能量代谢和皮肤衰老过程中氧化应激水平。分子对接结果表明，8 个关键化合物通过与蛋白 AR、BCHE、HPGD 和 PI3（被确定为诊断皮肤衰老的特异性生物标志物）有效结合，能发挥抗皮肤衰老的作用。[①]

2. 精准筛选

衡美肤的配方总工同时也是原料开发工程师的工作围绕着一整套严密的高质量原料验证科学体系展开。这是配方形成的第一步。这一步并非随意决断，而是结合着严格的证据链进行反复验证、综合分析，最终才能确定配方的原料清单。这个证据链包括了 100M-28E-6T：不低于 100 项原始数据的研究；不低于 28 个功效证据链的考证；不低于 6 种大型精密设备的验证。

---

① Jiaxin Mo, Zunjiang Li, Hankun Chen, Zhongyu Lu, Banghan Ding, Xiaohong Yuan, Yuan Liu, Wei Zhu, "Network Medicine Framework Identified Drug-Repurposing Opportunities of Pharmaco-Active Compounds of Angelica Acutiloba (Siebold & Zucc.) Kitag. for Skin Aging," *Aging* 11 (2023): 5144-5163.

比如，衡美肤研发团队通过动物和细胞实验发现（-）-α-红没药醇可降低衰老相关 β-半乳糖苷酶（SA-β-Gal）及 SASP 的表达水平（P<0.05）。局部涂抹（-）-α-bis 凝胶改善了衰老小鼠背部的表观、TEWL 和皮肤屏障指数。其增加了表皮厚度，真皮胶原纤维和 I 型胶原纤维的含量（P<0.05），[①] 本研究为（-）-α-红没药醇在护肤品中的应用提供了坚实的数据支撑。

3. 多阶功效评价

衡美肤坚持以最高的功效检测标准要求自己，持续开展人体功效评价实验、消费者使用测试实验、细胞生物试验等，以此确保产品配方达到精准功效。衡美肤全线近 40 款产品拥有 108 份人体功效检测报告，每一份报告都见证着衡美肤不计成本钻研探索，将"精准功效进行到底"的信念与决心。

4. 精准服务

多年来衡美肤坚持自建专业皮肤规划师团队，为敏、痘、斑、衰老肌肤制定《分级精护一面一方》完整方案，在线上及线下渠道同步提供 1 对 1 望问诊精准服务，24 小时在线解答顾客的护肤疑问，及时给予贴心和专业的护肤指导。

[①] Meixing He, Panyu Zhou, Hankun Chen, Junhong Zhang, Yating Zhang, Xianhui Zheng, Wei Zhu, Ling Han, "（-）-α-Bisabolol Inhibits D-Gal-induced HSF Cellular Senescence in Vitro and Prevents Skin Aging in Vivo by Reducing SASP," *Iranian Journal of Basic Medical Sciences* 27 (2024).

Abstract

The external environment currently faced by the cosmetics industry is increasingly complex, severe, and fraught with uncertainty. Concurrently, ongoing domestic structural adjustments present new challenges. However, the continued release of positive macro policy effects, a warming trend in external demand, and the accelerated development of new quality productive forces provide fresh support. Overall, China's cosmetics industry continues to exhibit a positive growth trajectory and innovative potential.

At this stage, domestic upstream and downstream cosmetics enterprises are in the midst of a transformation driven by technological innovation to promote high-quality industry development. It is essential to strengthen foundations in areas such as technological strength, product power, endurance, international influence, communication capabilities, and cultural strength. Seizing opportunities, mobilizing the collective efforts of government, industry, academia, research, medical, application, media, and capital, with the enhancement of beauty technology innovation at its core and collective interests as the bond, is crucial. Jointly creating a collaborative innovation platform will facilitate the effective integration of beauty technology with the entire industry chain's supporting facilities. This approach aims to establish more "Made in China" brands with international influence, driving the industry towards high-end, intelligent, and green transformation, and welcoming the new era of China's cosmetics industry.

This book is organized into sections including policy and regulation reports, industry reports, special topics, technological innovation report, and comparative reference. Policy and regulation reports focuse on cosmetics standards from the International Organization for Standardization (ISO), the European Union, the United States, France, and South Korea, and compares China's national, industry, and group standards, proposing suggestions for enhancing cooperation and innovation in the field of standardization, promoting application, and fostering international cooperation and exchange. The policy and regulation reports review the development status of cosmetics regulations, policy systems, cosmetics safety assessment, and the application and supervision of efficacy evaluation technology since the implementation of new regulations, offering targeted solutions and recommendations. Industry reports focuse on major cosmetics categories, including skincare, makeup, hair care, and body care, detailing their development history, current status, and future opportunities and challenges. Special topics, starting from the unique sub-segments of cosmetics, interpret the current status and future trends in the development of cosmetics raw materials, new dosage forms, packaging, patents, and other industries. Technological innovation report shares key and emerging technologies in cosmetics production, highlighting their fundamental characteristics and applications in cosmetics. Comparative references provide a detailed introduction to the insights gained from European and American cosmetics regulations and policies for the development of China's cosmetics industry.

In the new era of high-quality development for cosmetics, the Guangdong Cosmetics Society pools the wisdom of industry experts to conduct continuous research on the comprehensive development of the cosmetics industry, empowers the development of the cosmetics industry with new quality productivity and driving force, provides references and guidance for government regulatory departments, enterprises, and beauty industry investors.

Keywords: Cosmetics Industry; New Quality Productive Forces; Technological Innovation

Contents

I Policy and Regulation Reports

Abstract: Cosmetic standards are a vital technical safeguard for the regulated and orderly development of the cosmetics industry. This report, grounded in the context of cosmetic export trade, places a spotlight on the cosmetic standards of the International Organization for Standardization (ISO), the European Union, the United States, France, and South Korea. It distills the current state of development across various aspects such as the objects of standardization, the efficacy of standards, and the mechanisms and principal entities for standard management, offering insights for China's development. The report then delves into the current state of China's national standards, industry standards, and group standards for cosmetics, summarizing the characteristics of a focused scope of standardization targets, a diverse array of standard-setting mechanisms and entities, the pivotal role of technical institutions in formulating standards, and the escalating emphasis placed on group standards by governmental bodies, the industry, and enterprises in China. It analyzes issues such as the need for further refinement of the national standard system for cosmetics, the generally extended "shelf life" of related standards, the uneven development of group standards, and the problem of overlapping and redundant standards. The report suggests that there is a need to enhance top-level design and systematic planning in the work of cosmetic standardization, to intensify the formulation and revision of cosmetic standards, to foster collaborative innovation in the field of standardization, to promote the application of cosmetic standards, and to strengthen international cooperation and exchange regarding cosmetic standards.

Keywords: Cosmetics; National Standards; Industry Standards; Group Standards

B.2 Research on the Application and Regulation of Cosmetic Safety

and Efficacy Evaluation Technology   / 014

Abstract: In recent years, with the introduction and enforcement of the "Cosmetics Supervision and Administration Regulations," China has ushered in a new era of cosmetic regulation. This report initially provides a comprehensive review of the regulatory requirements and safety assessment content for cosmetic ingredients in China, the United States, the European Union, Japan, and South Korea. While each country's regulatory model is distinctive, they all employ the principle of risk management. China is progressively aligning with international standards, underscoring the significance of governmental oversight and the responsibility system for cosmetic companies. It is also integrating new concepts, methodologies, and tools for the safety assessment of international cosmetic ingredients. Furthermore, the report investigates the management of cosmetic claims within China. Cosmetic claims are descriptive explanations of products, diverse in form and covering aspects such as product functionality, ingredients, and characteristics. The report categorizes cosmetic claims, including safety-related claims, objective efficacy claims, subjective efficacy claims, cultural claims, and ingredient composition claims. Additionally, the report outlines common efficacy testing methods for businesses and readers by briefly discussing relevant regulations and evaluation approaches for several efficacy types.

Keywords: Cosmetic Ingredient Regulation; Safety Assessment; Cosmetic Efficacy Regulations; Efficacy Evaluation

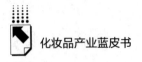

B.3　Analysis Reports on Compliance of

　　Cosmetic Network Operation

Xiao Jiashang, Jiang Shuangbiao, Hu Lei,

Ren Jiang and Deng Chengzhong / 052

Abstract: The internet e-commerce model is rapidly emerging and has become the main channel for consumers in China to purchase cosmetics. However, as the scale of the online cosmetics sales market continues to expand, new challenges in compliance and regulation have arisen. This report, which combines the current state of China's cosmetics online sales market and the regulatory situation, emphasizes the importance of regulating the responsibilities of cosmetics businesses in online operations. It analyzes transaction models in online sales, illegal and non-compliant situations, and risk points, and offers suggestions for cosmetics companies to strengthen online business regulation, improve monitoring platforms, and enhance the specificity and effectiveness of regulation. At the same time, for emerging channels such as cross-border e-commerce and live-streaming e-commerce, the report underscores the necessity of constructing a multi-tiered regulatory system.

Keywords: Network Operation; Transaction Models; Compliance Assessment

B.4　Analysis Report on Chinese Toothpaste

　　Policies and Regulations

Chen Minshan, Xiao Junfang / 072

Abstract: This article primarily discusses the development of the toothpaste industry in China, providing a detailed introduction to the regulation of the industry from the evolution of regulatory frameworks, the development of toothpaste standard systems, and the basic requirements of new toothpaste regulations. With the release and implementation of new toothpaste regulations, the article also looks forward to the future development of the toothpaste industry. The formal implementation of the new toothpaste regulations has made clear stipulations for the entire industry chain, from raw materials to finished products, and from research and testing to production and business operations. It has set stricter requirements for every link in the chain, further strengthening the primary responsibility of enterprises for quality and safety. This also signifies that the toothpaste market management system is gradually being perfected, representing both new regulations and a new impetus for the industry.

Keywords: Toothpaste Regulation; Toothpaste Filing; Toothpaste Industry Development; Consumer Rights and Interests

II Industry Reports

B.5 Report on the Development of China's Skincare Industry

/ 082

Abstract: This report delves into several common areas of skincare, including skin barrier repair, anti-aging, whitening and spot removal, precision skincare, men's skincare, and skincare for night owls. It discusses various aspects such as the skin's composition, the mechanisms behind the emergence of skin issues, effective ingredients, product solutions, product evaluation, and future development trends. In the realm of skin barrier repair, the report synthesizes the differences between body and facial skin regarding cell layers, keratinocyte turnover rates, cell types, and lipids. It examines the factors affecting skin barrier damage and the skin problems it triggers, provides a comprehensive review of materials and product applications for repairing the skin barrier, and suggests strategies to address skin barrier impairment. Regarding anti-aging, the report differentiates between intrinsic and extrinsic aging, emphasizing the close relationship and pivotal role of ingredients in the development of anti-aging products. In the context of whitening and spot removal, the report starts with the high demand and awareness among Chinese consumers for such cosmetics, analyzes the current application,

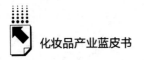

化妆品产业蓝皮书

characteristics, and mechanisms of action of whitening and spot-removal additives, evaluates the efficacy of these cosmetics, and introduces the development trend of new botanical ingredients, with a focus on roses. Precision skincare is discussed by demonstrating the principles and effective solutions that utilize biological research, omics studies, large-scale bioinformatics databases, and network artificial intelligence technologies to systematically analyze the causes, phenomena, and mechanisms of skin diversity. For men's skincare, the report addresses common misconceptions such as over-cleansing, over-reliance on single products, and neglect of sun protection, as well as deceptive advertising and consumer misguidance, to formulate a scientific skincare routine. Finally, concerning skincare for night owls, the report analyzes the development of the current market, dissects the seven major phenotypic issues of night owl skin from a skin mechanism perspective, and proposes "inside-out" solutions for night owl skin.

Keywords: Skin Barrier Repair; Anti-Aging; Whitening and Spot Removal; Precision Skincare; Men's Skincare; Night Owl Skin

B.6 Report on the Development of China's Cosmetics Industry

Lin Yanjing, Fang Yangyang / 128

Abstract: This report provides an in-depth analysis of the current state and future trends of China's color cosmetics industry, revealing the key drivers and challenges faced by the industry. With economic growth and the increasing pursuit of personal image and quality of life among consumers, color cosmetics have become an essential part of daily life for many Chinese consumers, especially among the younger demographic. The report highlights that technological innovation and product personalization are the core factors driving the development of the color cosmetics industry. Additionally, the continuous growth in market demand for natural and harmless ingredients in cosmetics, as well as the heightened attention to cosmetics suitable for sensitive skin, indicates a consumer focus on health and environmental concerns. In the face of fierce market competition, product homogenization and increasingly stringent market regulation remain the main challenges for the industry.

Keywords: Cosmetics Industry; Technological Innovation; Personalized Customization

B.7 Report on the Development of China's Hair Care Industry

/ 138

Abstract: This report focuses on the development of silicone-free shampoos and hair loss products in the hair care cosmetics market. As consumer perspectives shift, there is a growing emphasis on the naturalness, affinity, and environmental friendliness of products, alongside the pursuit of cleansing and care. Consequently, silicone-free shampoos are increasingly favored by consumers. The scale-like biomimetic technology, which repairs damaged hair cuticles through surface film formation, is becoming a developmental trend for silicone-free shampoos. Hair loss has become a widespread issue among the population, showing a trend towards younger ages. Currently, the new domestic hair care products registered for anti-hair loss feature a mainstream product characteristic of extract of platycodon grandiflorus leaves with homogenization competition becoming increasingly severe. For the long-term healthy development of new anti-hair loss cosmetic products, it is necessary to make full use of China's abundant plant resources in combination with modern technology, continuously innovate, and technologically advance to become a leader in future market competition.

Keywords: Silicone-Free Shampoo; Nano Lipid Emulsification Technology; Scale-Like Biomimetic Technology; Hair Loss Prevention; Natural Extracts

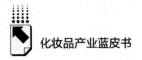
化妆品产业蓝皮书

B.8 Development Report on the Body Skin Care Industry / 155

Abstract: This report first analyzes the development of body care in China, synthesizing data from major platforms to introduce relevant technologies in currently popular product categories from aspects such as market status, category status, and brand competition. It showcases the excellent technologies and philosophies of outstanding brand development and summarizes four major trends for the future development of the body care market: the extension of popular facial care ingredients to body care, the advancement of multi-fragrance and emotional aromatherapy, the emergence of "self-developed ingredients" and "ingredient-brand" registered materials as new trends, and the nurturing of skin with oils. Secondly, through research on the pigmentation of Chinese people's body skin, the report finds that the most severely pigmented areas among young Chinese women are the back of the neck, ankles, elbows, and popliteal fossae, with more melanin in sun-exposed areas and collagen disruption in the dermis. The report proposes more suitable solutions for whitening needs from the perspectives of ingredients and skincare products, providing insights for the development of whitening products for a broad range of brands.

Keywords: Body Care; Pigmentation Atlas; Nurturing Skin with Oils; Body Whitening

III Special Topics

B.9 Analysis Report on the Market and Technology
of Chinese Characteristic Cosmetics Raw Materials

/ 171

Abstract: This report focuses on the development of extraction and synthesis technologies, efficacy evaluation, and process design for natural plant cosmetic raw materials represented by peony, Tengchong red camellia, Menghai large-leaf variety, and cactus pear, as well as synthetic cosmetic raw materials represented by collagen and ceramides. The report first analyzes the characteristics of plant raw materials, including polysaccharides, proteins, oils, polyphenols, and other active components. It discusses the current application status of natural plant raw materials in cosmetics, including their moisturizing, whitening, soothing, and anti-aging skincare effects, as well as the challenges they face. The report conducts an analysis of the active components and effects of different regions and parts of peony, Tengchong red camellia, Menghai large-leaf variety, and cactus pear, studies the technology of extracting effective components using supercritical carbon dioxide extraction and bio-fermentation techniques, and explores the raw material addition process and usage effects in cosmetics. Secondly, the report analyzes the synthesis technology of recombinant collagen, discusses the intelligent methods of discovering new collagen raw materials, scientific formulations, and innovative applications of recombinant collagen products. Furthermore, the report reviews the development journey from the initial animal-derived ceramides to plant-derived ceramides, and then to the third-generation ceramides, EcoCeramide, which are closer to the components of human skin. It provides solutions with a richer composition of fatty acid chains, closer to human skin components, and more effective in repairing the skin barrier, offering more possibilities for human skin health and beauty. Lastly, the report studies the development examples of sunscreens and the future development trends and prospects of sunscreen products, all aiming to increase the molecular weight of sunscreen agents and reduce the usage amount.

Keywords: Natural Plant Raw Materials; Recombinant Collagen; Ceramides; Sunscreen Agents

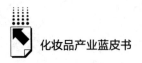
化妆品产业蓝皮书

B . 10 Cosmetic Packaging Development Research and Future Trends

Peng Yanhui, Pan Qingwen, Wang Beiming,
Pan Hongju, Gong Junrui and Zhang Qiqi / 223

Abstract: Cosmetic packaging development is a core issue in industry innovation, facing challenges and opportunities such as the strengthening of environmental regulations, the rise in consumer demands for personalization, and intensifying market competition. This report constructs five key dimensions for packaging development: functionality, sustainability, aesthetics, user experience, and differentiation of advantages. It ensures the performance and safety of packaging through testing for functionality, safety, compatibility, and user experience. Future trends include sustainable development, intelligent and personalized design, cross-industry collaboration and interactive design, and packaging development driven by AI intelligence. These trends indicate that cosmetic packaging will focus on ecological sustainability, intelligent interactivity, personalized customization, and consumer engagement, adapting to market changes and meeting diverse demands. The report aims to provide a framework and reference for development trends in the cosmetic industry, promoting innovation and assisting in the implementation of the national dual-carbon strategy.

Keywords: Cosmetic Packaging; Development & Testing; Packaging Trends; Dual-Carbon Strategy

B . 11 Research Report on the Cosmetic Patents in China

Hu Yang, He Minbin and Zhang Zhen / 240

Abstract: This research report aims to fully explore the immense potential of patents in propelling the Chinese cosmetics industry towards a stage of high-quality development. By deeply analyzing the innovative applications of patented technologies, it is found that this can not only assist the cosmetics industry in enhancing product quality and creating more competitive brand images but also meet the growing personalized demands of consumers, bringing a more diverse range of choices to the market. At the same time, the promotion and implementation of patents can effectively foster the concepts of green environmental protection and sustainable development within the cosmetics industry, injecting new vitality into the long-term and healthy development of the sector. The report also provides a detailed analysis of the current patent situation in China's cosmetics industry and, based on this, discusses how to empower the industry for high-quality development through patents, offering valuable references and insights for the industry's future progress.

Keywords: Cosmetic Patents; Technological Innovation; Personalized Demand; Sustainable Development

Ⅳ   Technological Innovation Report

B.12   Research and Application Report on Innovative

Technologies in Chinese Cosmetics   / 256

Abstract: This report provides a comprehensive study of key technologies in the cosmetics industry, including plant extraction and purification, biotechnological fermentation, synthetic biology, electrospinning technology, supramolecular modification, high-quality freeze-drying skincare technology, single-use cosmetic and Blow-Fill-Seal (BFS) aseptic packaging technology, transdermal delivery technology, and bio-preservative technology. These advancements have not only enhanced the efficacy and safety of products but also met market demands for personalized and environmentally friendly offerings. In the realm of plant extraction, the report emphasizes the significance of sealing technologies in maintaining the activity and safety of extracts and discusses the role of decolorization and deodorization techniques in improving product stability and safety. The section on

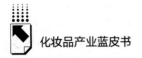

biotechnological fermentation highlights the application prospects of traditional fermentation, recombinant protein fermentation, and metabolic control fermentation, suggesting a broad application in the cosmetics industry. Synthetic biology utilizes foundational scientific knowledge in biology to design and engineer living systems for specific purposes, offering a new biomanufacturing platform for the cosmetics sector. Electrospun nanofiber masks, prepared using electrospinning technology, have become favored in the high-end cosmetics market due to their excellent adhesion and biocompatibility. Supramolecular modification technology, through various platform technologies such as supramolecular co-crystallization reinforcement and green enzymatic catalysis, has improved the solubility and stability of raw materials, thereby enhancing product efficacy. The application analysis of freeze-drying technology demonstrates its innovative potential in fields like genetic engineering and nanotechnology, predicting future development trends. The combination of single-use cosmetics and BFS aseptic packaging technology provides convenience and safety for disposable products. Research on transdermal delivery technology reveals the long-term safety and efficacy of microarray component controlled-release technology. Bio-preservative technology, with its natural and mild characteristics, meets market demands for natural or "additive-free" ingredients.

Keywords: Plant Extraction and Purification; Biotechnological Fermentation; Synthetic Biology; Electrospinning; Supramolecular Modification; Freeze-Dried Powder; Combination of Single-Use and BFS Aseptic Packaging; Microarray Component Controlled-Release; Bio-Preservative

V　Comparison and Reference

B.13　Introduction to the EU Cosmetics Regulation

and Enlightenment for China's Cosmetics Regulation

Chen Jingshan, Li Jichao, Zhou Wensi, Tao Li and Sun Mei / 326

Abstract: The regulatory standards for cosmetics in the European Union (EU) have always been at the forefront of the global stage, playing a significant leading role in the development of the cosmetics industry worldwide and exerting a profound influence. This report introduces the background of EU cosmetics regulations, the definition of cosmetics, requirements for labeling claims, safety assessment of cosmetics, and technical requirements, as well as notification requirements for marketing. It also summarizes the main revisions of the EU cosmetics regulations in 2023, providing insights and strategies for Chinese cosmetics entering the EU market. By studying and drawing on the EU's regulations, technical standards, and supervisory models in the field of cosmetics, we can enhance the quality and safety management level of cosmetics in our country. This, in turn, helps to improve our cosmetics regulatory system and promote the development of the industry. It not only effectively promotes economic and trade development but also addresses technical trade barriers both domestically and internationally.

Keywords: EU Cosmetics; Quality Safety; Cosmetics Regulation

皮书

智库成果出版与传播平台

❖ 皮书定义 ❖

皮书是对中国与世界发展状况和热点问题进行年度监测，以专业的角度、专家的视野和实证研究方法，针对某一领域或区域现状与发展态势展开分析和预测，具备前沿性、原创性、实证性、连续性、时效性等特点的公开出版物，由一系列权威研究报告组成。

❖ 皮书作者 ❖

皮书系列报告作者以国内外一流研究机构、知名高校等重点智库的研究人员为主，多为相关领域一流专家学者，他们的观点代表了当下学界对中国与世界的现实和未来最高水平的解读与分析。

❖ 皮书荣誉 ❖

皮书作为中国社会科学院基础理论研究与应用对策研究融合发展的代表性成果，不仅是哲学社会科学工作者服务中国特色社会主义现代化建设的重要成果，更是助力中国特色新型智库建设、构建中国特色哲学社会科学"三大体系"的重要平台。皮书系列先后被列入"十二五""十三五""十四五"时期国家重点出版物出版专项规划项目；自2013年起，重点皮书被列入中国社会科学院国家哲学社会科学创新工程项目。

权威报告·连续出版·独家资源

皮书数据库
ANNUAL REPORT(YEARBOOK)
DATABASE

分析解读当下中国发展变迁的高端智库平台

所获荣誉

- 2022年，入选技术赋能"新闻+"推荐案例
- 2020年，入选全国新闻出版深度融合发展创新案例
- 2019年，入选国家新闻出版署数字出版精品遴选推荐计划
- 2016年，入选"十三五"国家重点电子出版物出版规划骨干工程
- 2013年，荣获"中国出版政府奖·网络出版物奖"提名奖

皮书数据库

"社科数托邦"
微信公众号

成为用户

　　登录网址www.pishu.com.cn访问皮书数据库网站或下载皮书数据库APP，通过手机号码验证或邮箱验证即可成为皮书数据库用户。

用户福利

- 已注册用户购书后可免费获赠100元皮书数据库充值卡。刮开充值卡涂层获取充值密码，登录并进入"会员中心"—"在线充值"—"充值卡充值"，充值成功即可购买和查看数据库内容。
- 用户福利最终解释权归社会科学文献出版社所有。

数据库服务热线：010-59367265
数据库服务QQ：2475522410
数据库服务邮箱：database@ssap.cn
图书销售热线：010-59367070/7028
图书服务QQ：1265056568
图书服务邮箱：duzhe@ssap.cn

S 基本子库
UB DATABASE

中国社会发展数据库（下设 12 个专题子库）

　　紧扣人口、政治、外交、法律、教育、医疗卫生、资源环境等 12 个社会发展领域的前沿和热点，全面整合专业著作、智库报告、学术资讯、调研数据等类型资源，帮助用户追踪中国社会发展动态、研究社会发展战略与政策、了解社会热点问题、分析社会发展趋势。

中国经济发展数据库（下设 12 专题子库）

　　内容涵盖宏观经济、产业经济、工业经济、农业经济、财政金融、房地产经济、城市经济、商业贸易等 12 个重点经济领域，为把握经济运行态势、洞察经济发展规律、研判经济发展趋势、进行经济调控决策提供参考和依据。

中国行业发展数据库（下设 17 个专题子库）

　　以中国国民经济行业分类为依据，覆盖金融业、旅游业、交通运输业、能源矿产业、制造业等 100 多个行业，跟踪分析国民经济相关行业市场运行状况和政策导向，汇集行业发展前沿资讯，为投资、从业及各种经济决策提供理论支撑和实践指导。

中国区域发展数据库（下设 4 个专题子库）

　　对中国特定区域内的经济、社会、文化等领域现状与发展情况进行深度分析和预测，涉及省级行政区、城市群、城市、农村等不同维度，研究层级至县及县以下行政区，为学者研究地方经济社会宏观态势、经验模式、发展案例提供支撑，为地方政府决策提供参考。

中国文化传媒数据库（下设 18 个专题子库）

　　内容覆盖文化产业、新闻传播、电影娱乐、文学艺术、群众文化、图书情报等 18 个重点研究领域，聚焦文化传媒领域发展前沿、热点话题、行业实践，服务用户的教学科研、文化投资、企业规划等需要。

世界经济与国际关系数据库（下设 6 个专题子库）

　　整合世界经济、国际政治、世界文化与科技、全球性问题、国际组织与国际法、区域研究 6 大领域研究成果，对世界经济形势、国际形势进行连续性深度分析，对年度热点问题进行专题解读，为研判全球发展趋势提供事实和数据支持。

法律声明

"皮书系列"（含蓝皮书、绿皮书、黄皮书）之品牌由社会科学文献出版社最早使用并持续至今，现已被中国图书行业所熟知。"皮书系列"的相关商标已在国家商标管理部门商标局注册，包括但不限于LOGO（▓）、皮书、Pishu、经济蓝皮书、社会蓝皮书等。"皮书系列"图书的注册商标专用权及封面设计、版式设计的著作权均为社会科学文献出版社所有。未经社会科学文献出版社书面授权许可，任何使用与"皮书系列"图书注册商标、封面设计、版式设计相同或者近似的文字、图形或其组合的行为均系侵权行为。

经作者授权，本书的专有出版权及信息网络传播权等为社会科学文献出版社享有。未经社会科学文献出版社书面授权许可，任何就本书内容的复制、发行或以数字形式进行网络传播的行为均系侵权行为。

社会科学文献出版社将通过法律途径追究上述侵权行为的法律责任，维护自身合法权益。

欢迎社会各界人士对侵犯社会科学文献出版社上述权利的侵权行为进行举报。电话：010-59367121，电子邮箱：fawubu@ssap.cn。

社会科学文献出版社